U0327618

国家重大出版工程项目
“十二五”国家重点图书

中国古建筑丛书

四川古建筑

◎陈颖 田凯 张先进 等编著

中国建筑工业出版社

审图号：GS（2015）2780号

图书在版编目（CIP）数据

四川古建筑／陈颖等编著．—北京：中国建筑工业出版社，2015.12
（中国古建筑丛书）
ISBN 978-7-112-18802-4

Ⅰ．①四… Ⅱ．①陈… Ⅲ．①古建筑－介绍－四川省 Ⅳ．①K928.71

中国版本图书馆CIP数据核字（2015）第293523号

责任编辑：李东禧 唐 旭 吴 绫 杨 晓
书籍设计：康 羽
责任校对：李美娜 党 蕾

中国古建筑丛书
四川古建筑
陈颖 田凯 张先进 等编著
*
中国建筑工业出版社出版、发行（北京西郊百万庄）
各地新华书店、建筑书店经销
北京嘉泰利德有限公司制版
北京顺诚彩色印刷有限公司印刷
*
开本：880×1230毫米 1/16 印张：$20^1/_4$ 字数：531千字
2015年12月第一版 2015年12月第一次印刷
定价：328.00元
ISBN 978-7-112-18802-4
（25825）

《中国古建筑丛书》总编委会

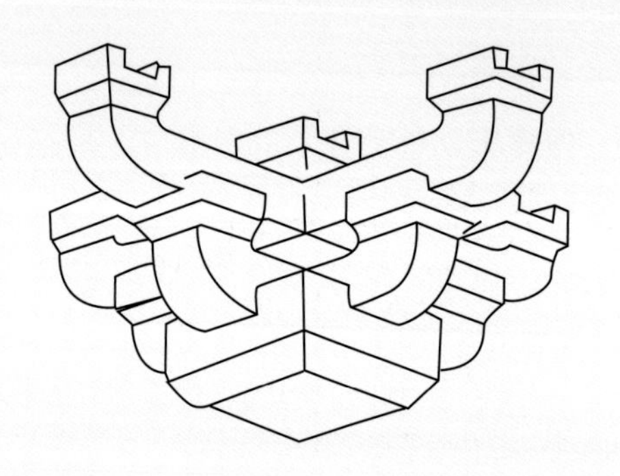

#《四川古建筑》

陈　颖　田　凯　张先进　等编著

参编人员： 朱小南　蔡燕歆　王及宏　熊　瑛　贾玲利
张　宇　李　路　潘　熙

审稿人： 庄裕光

总　序

中国历史悠久，地大物博，人口众多，是一个多民族的国家，文化遗产极为丰富。中国古建筑是世界建筑史上的四大体系之一，五千年来，光辉灿烂，独特发展，一脉相传，自成体系。在建筑历史发展过程中，从来都没有中断过，因而，积累了大量的极为丰富的优秀建筑文化遗产。中国古代建筑的实践经验、创作理论、工艺技术和艺术精华值得总结、传承和发扬。

中国古代建筑具有强大的生命力，首先是独特的地理环境。中国位于亚洲东方，北部有长白山、乌苏里江高山河流阻挡，西有天山、喀喇昆仑山脉和沙漠横贯，西南有喜马拉雅山脉，东南则沿海，形成封闭与外界隔绝的地域，加上地处热带、温带和寒带，宽阔的地理和悬殊的气候，促进建筑与环境的巧妙和谐结合。

其次，独特的民族性格。中国是以汉族为主的多民族所组成。以中原文化为主的汉族人民团结、凝聚着居住和生活在各地的少数民族。由于各民族的历史、文化、宗教信仰、生活习俗与审美爱好的不同，以及他们所处地区的自然条件和地理环境的差异，长期的劳动实践，形成了各民族独特的性格和绚丽灿烂的建筑风貌。

其三，文化的独特体系。中国文化是以黄河流域中原文化为中心，周围有燕赵文化、晋文化、齐鲁文化、吴越文化、楚文化、秦文化和巴蜀文化所烘托，具有历史渊源长久、人类智慧集中、思想资源丰富的特点。中国传统文化思想的集中表现是以儒学、道学为代表，其后，佛教的传入与中国传统文化的结合，形成以儒学为主的儒、道、释三者合一的中国传统文化思想。归纳起来，就是天人合一的宇宙观念，以人为本、和为贵的人文思想，整体直觉的思维方式，真善美相结合的美学观念。

封闭而独特的地理环境，团结凝聚而又富于创造的民族性格，以儒学为主的文化独特体系，创造了中华民族的雄伟壮丽的建筑工程。长期的经验积累，独树一帜，虽经战争的炮火，民族之间的斗争与融合，外来文化之传入及本土化，但中华民族建筑始终一脉相传，傲然生存下来，顽强发展，独树一帜而不倒，在世界建筑史发展中是罕见的、独有的。

中国古代建筑发展经历了原始社会、奴隶社会和封建社会三个历史阶段。

旧石器时代，原始人群利用天然崖洞作为居住场所。南方湿热多雨，虫害兽多，出现巢居。1973年，在浙江余姚河姆渡村发现大约建于6000～7000多年前的、长约23米、进深约8米的木构架建筑遗址，推测是一座长方形、体量相当大的干阑式建筑，这是我国最早采用榫卯技术构筑房屋的一个实例。

原始社会晚期，黄河流域有广阔而丰厚的黄土层，土质均匀，含有石灰质。黄河中游的氏族部落，在利用黄土层作为壁体的土穴上，用木架和草泥建造简单的穴居，逐步发展到浅穴居，再到地面上的房屋，形成聚落。

奴隶社会，夯土技术逐步成熟，宫室建于高大的夯土台上，木构建筑逐步成为中国古代建筑的主要结构方式。等级制度出现。工程管理有了专职的“司空”，以后各朝代沿袭发展成为中国特有的工官制度。

封建社会初期，高台建筑盛行，修建了长城、驰道和水利工程。东汉时代，建筑中已大量使用成组的斗栱，木构楼阁增多，城市和建筑类型扩充，中国古代独特的木构建筑体系基本形成。

两晋南北朝是我国历史上充满着民族斗争和民族融合的时期，佛教的传入，宗教建筑大量兴建，高大的寺庙、壮丽的塔幢，石窟中精美的雕塑和壁画，这是我国古建筑吸收外来文化使之本土化的创造时期。

隋、唐统一全国，开凿贯通南北的大运河，促进了我国南北物资和文化的交流和发展。唐代的长安、洛阳成为世界上最大的城市。木构建筑的宫殿、楼阁和石窟、塔、桥，无论布局或造型都具有较高艺术和技术水平，唐代建筑已发展到成熟的阶段。

宋、辽、金时期，南方在经济和文化方面居于先进地位。由于手工业分工更加细致，国内商业和国际贸易活跃，城市逐渐开放，改变了汉以来历代都城采用的封闭式里坊制度，形成沿街设店的方式。建筑的设计和施工达到一定程度的规格化、制度化，公元12世纪初在总结经验的基础上编写了《营造法式》这一部重要文献。

元代大都建立，喇嘛教和伊斯兰教建筑影响到各地。明、清时期官式建筑已经达到完全程式化、定型化阶段。明代后期出现资本主义萌芽，清代在城市规划上、建筑群体布局和建筑艺术形象上有所发展，例如北京城、故宫、天坛等。民居、园林和民族建筑遍布各地，呈现一片繁荣景象。

中国古建筑有明显的特征。在城市规划上，严谨规整、对称宏伟，表现出庄重威武的中华民族性格。单体建筑中，雄伟的飞檐屋宇、大红的排列柱廊、高大的汉白玉台基，呈现出崇高壮丽又稳定的形象。黄河流域盛产的木材资源，形成了中国古建筑木构架体系的特色。室外装饰的富丽堂皇、金碧辉煌，室内陈设装修的华丽多样、细腻雕饰，体现了中国古建筑绚丽多彩的民族风格。

聚居建筑方面，包含民居、祠堂、家庙、书院等遍布全国各地，它们与人民生活息息相关。各地各族人民根据自己的生活习俗、生产需要、经济能力、民族爱好和审美观念，结合本地的自然条件和材料，因地制宜、因材致用地进行设计与营造。他们既是设计者，又是营建者、使用者，可以说设计、施工、使用三位一体，因而，这种建造方式所形成的民宅民间建筑，既实用简朴，又经久美观，并富有民族风格和地方特色。

中国古园林的特征。以自然山水即中国山水画为蓝本，并以景区、景物和建筑、山水、花木为构件，由景生情，产生意境联想，达到艺术感受。皇家园林因其规模大、范围广，其园林布局自秦、汉时期的一池三岛，到唐、宋以山水画为蓝本，明、清仍沿袭池中置岛古制，但采用人工造山置水的方法。

明、清私家园林因属民间，士大夫文人常在宅后设园休闲宴客，吟诗享乐，其特点是以最小的场所造成无限的景色为目的。因其规模小，常以叠石或池水为主，峰峦洞壑、峭壁危径或曲径通幽取胜。在情景中则采用巧于因借、精在体宜的手法。

我国是一个人口众多的多民族国家。相传秦汉以前，中华大地上主要生存着华夏、东夷、苗蛮三大文化集团，经过连年不断的战争，最终华夏集团取得了胜利，上古三大文化集团基本融为一体，历史上称为华夏族。春秋、战国时期，东南地区古老的部族称为“越”，逐渐为华夏族所兼并而融入华夏族之中。秦统一各国后，到汉代都用汉人、汉民这个称呼，直到隋、唐，汉族这个名称才固定下来。

由于各民族的历史文化、宗教信仰、生活生产、习俗性格的不同，又由于各族人民所处地区的自然条件和环境的不同，导致他们各自产生了富有特色的建筑和民宅，如宏伟壮丽的藏族布达拉宫，遍布各族聚居地的寺院庙宇、寨堡围村、楼阁宅居，反映了绮丽多彩的民族风貌。

中国传统文化渗透了中国古建筑，中国古建筑深刻地体现了中国文化。

新中国成立后，作为全国性有领导有组织地编写中国古代建筑史，第一次是1959年，由原建筑科学研究院组织“编写三史”开始。当时集中了全国高等院校、科研部门分工编写，1962年由中国工业出版社出版《中国建筑简史》第一册（古代部分）。随后，又组织有关院校、文化、历史、考古等单位对古代建筑史有研究的人员，经多次修改，由刘敦桢教授执笔主编的《中国古代建筑史》，于1966年完成。由于“文化大革命”，未能出版，1980年才由中国建筑工业出版社正式出版。作为高等院校的中国建筑史教材则由全国高校教师编写，参考了上述专著，由中国建筑工业出版社1982年出版。

作为系统的、全面的、编写中国古建筑丛书是从1984年开始，当时作为《中国美术全集》中的一个门类——建筑艺术，称为《中国美术全集·建筑艺术编》，共6辑，包含宫殿、坛庙、陵墓、宗教建筑、民居、园林，1988年完成出版。

第二次编写从1992年开始，编写的原因是《中国美术全集·建筑艺术编》6辑出版后，各界反映良好，但感到篇幅不够，它与我国极为丰富的建筑文化遗产大国不相适应。于是，再次组织编写《中国建筑艺术全集》丛书30辑，其中古建筑24辑，近现代建筑6辑。古建筑部分仍按类型编写。该丛书中的24辑于1999年5月出版。

由于这两次丛书都是全国性编写，按类型写，又着重在艺术，因此，一些地方特色和民族特色的、中型的优秀古建筑就难于入选。为了弘扬和传承优秀传统建筑文化体系，总结经验和规律，保护我国优秀传统建筑文化遗产，因此，全面地、系统地、按省（区）来编写古建筑丛书是非常必要的、合时宜的。

本丛书编写的主要特点是：其一，强调本省（区）古建筑的民族特色和地方特色；其二，编写不限于建筑艺术，而是对本省（区）古建筑的全面叙述，着重在成就、价值、特色、技术和经验、规律等各个方面，这是我国民族和地区的资料比较全面和丰富的传统建筑文化丛书。

陆元鼎

2015年1月10日

前 言

四川省位于中国疆域的腹心地带，是中华文明在长江上游的重要发源地。四川古代建筑和城镇聚落具有深厚的历史文化背景和民族民系背景。数千年前，蜀地先民陆续从川西北高原迁徙到成都平原和四川盆地，成为四川最早的定居族群，并创造了灿烂而独特的古蜀文明。公元前316年，秦灭巴蜀，以秦人为主的北方华夏族群大举入川，古蜀文化逐渐融入中原文明中，形成了汉族建筑的完整体系。明末清初战乱后，大量的湖北、广东、福建、江西等省移民进入四川，带来了各地的原乡文化，为四川既有建筑文化添加了新的色彩。而川西北高原和川西南山地地区自古聚居的藏、羌、彝等少数民族人民则保持着各自特有的建筑文化，形成特色鲜明的民族建筑。

四川地形复杂、地貌多变，地势起伏显著，奇特的地理形势和多元的地域文化，极其独特的自然人文背景和历史演变脉络，形成了这一地区建筑的鲜明风格和独特品质。

首先，四川古建筑是中国古代建筑史不可或缺并无法取代的重要组成部分。先秦时期的广汉三星堆文化遗址、成都金沙遗址、十二桥建筑遗址大大丰富了中国早期建筑发展的内容。四川汉阙和汉画像石、画像砖、明器陶楼遗存数量居全国之首，清晰地记载了汉代建筑从群体组织到单体形象、细部做法的特征和地方风格，是国内研究汉代建筑发展的重要资料。江油云岩寺飞天藏，作为四川省现存较完整的宋代木构，是宋、辽、金时代小木作的重要实例；位于平武的报恩寺是我国保存最完整的明代古建筑群之一。

其次，四川建筑具有兼收并蓄、多元融合的建筑特性。各地移民的杂处、交流，使各地文化与技术经验互相影响、取长补短、创造更新，塑造出多元融合的地域风格。如雅朴恬淡、疏朗自然的蜀派园林，尤以纪念历代文化名人的园林遗构为代表，兼收了北方的端庄和南方的婉约，更吸取了西蜀田园的自然风致，故而风格独特，自成一派。四川汉族民居取南北所长，形成与地域环境相适应的外封闭、内开敞格局。此外，四川西部位于古代历史上“藏彝民族走廊”的核心地段，是民族迁移、分化、演变的大通道，多元民族文化的交融在建筑上也得以体现，如藏羌地区独特的“邛笼”体系建筑营造技术，藏羌木架坡顶板屋、彝族民居表现出的本土建筑文化与汉族建筑技术融合的痕迹，具有民族特色的藏传佛教建筑中局部地融入汉地建筑屋顶的形式等。在“移民活动”背景下还产生出本土文化与异域文化相融合的四川会馆建筑类型。

其三，因地制宜是四川传统建筑营建的基本原则。建筑与地理环境的融合造就了多样的营造技术与丰富的形式风格。四川境内的地形地貌复杂多样，人们在利用自然、适应环境方面积累了丰富的经验。

无论是城镇聚落群体还是民居单体、宗教建筑、祠庙会馆，建筑布局随形就势，灵活多样，与自然相生相依。

其四，四川传统建筑与中原传统建筑同中求异，不拘于礼制。受中国主流传统文化的影响，四川汉族地区传统建筑多以院落式布局为主，大多序列主次分明，尊崇传统伦理的礼仪规范。但由于四川地理环境较为封闭，远离政权中心，同时作为道教发源地，建筑传统受道家文化精神浸染，更加自然质朴、不拘泥于制式。四川民间信仰盛行，泛神崇拜，不少寺观祠庙都与儒家思想、民间信仰渗透融合，出现许多诸教杂糅、多神供拜的地方色彩浓厚的宗教建筑和祠庙建筑。在城镇布局上也摆脱礼制秩序的方正格局，大多都随地形环境的变化而呈现出丰富的形态，地理自然条件对城镇的影响超越了森严的礼制秩序的拑制。

其五，四川传统建筑具有浓厚的民间气息，不拘于中原法式、经典，粗犷质朴之中带有工巧细丽的自在表达，呈现出别具一格的气质品格。如现存的元、明两代的大式建筑，受中原大式建筑的影响明显，但在间架结构及构件形式上又有鲜明的四川地方特色。经过明末战乱，大式建筑特别是王府宫殿建筑损毁殆尽，连传承技艺的工匠都再所不存。因此清初四川重建中大量使用了本地民间建筑的传统做法，即以小式的木穿斗构架为主，在此基础上于较大的建筑中适当间以大式的抬梁结构。这是由于清初重建物资匮乏、财力有限而采取的因地制宜和因陋就简的技术路线，也使四川地方特色的以木穿斗结构为主的小式建筑不断发展完善，逐渐形成了自成体系的“川式营造”。

本书以深入挖掘和系统整理四川古代建筑遗产并对其进行建筑学价值和文物价值的分析与评价为宗旨，对四川古代建筑进行系统的、全面的、多层次的研究与论述，并注意突出不同亚地理区域、不同民族与民系、不同宗教建筑风格及形态的差异和特点，以使读者对四川古代建筑有更为深入全面的了解。

本书的研究体系从四川的自然人文背景展开分析，次有城镇聚落，再有各类建筑以及建筑营造装饰的论述。在建筑类型选择上，根据四川古代建筑遗存的状况及特点，分为祠庙建筑，宗教建筑，文庙、书院、考棚建筑，会馆建筑，园林，居住建筑，塔幢、牌坊、阙、桥等其他建筑共七类，具有普遍性和代表性。

四川古建筑涉及的建筑类型多、数量大，由于编写者水平所限，错误和不足在所难免，诚望专家学者指出斧正，以利今后改进和提高。

作者

2015 年 11 月 13 日

目　录

第八章　居住建筑

第九章　其他建筑类型

四川古建筑

第一章 绪论

第一节　自然环境

一、地理环境

四川省位于中国西南地区，北邻陕西、甘肃、青海，南接云南，东连重庆、贵州，西边与西藏自治区接壤；东经 97° 21′ ～ 108° 31′ 和北纬 26° 03′ ～ 34° 19′ 之间，东西长 1075 公里，南北宽 900 多公里，面积 48.5 万平方公里。

四川横跨我国大陆地势三大阶梯中的第一级和第二级阶梯，境内地形复杂多样，地势西高东低，是我国地势起伏变化最显著的省区之一。以龙门山—大凉山为界，四川被划为东、西两部分。东部为四川盆地、丘陵，海拔 300 ～ 800 米，盆地边缘地区大多以海拔 1000 ～ 3000 米的中低山地为主；西部为川西高原及川西南山地，海拔多在 4000 米以上，地形复杂多样。境内有高原、山地、丘陵、平原等各种地貌类型，以山地为主，丘陵次之，平原、高原较少，四种地貌类型分别占全省总面积的 77.1%、12.9%、5.3% 和 4.7%[①]。

四川东部盆地是我国四大盆地之一，面积 16.5 万平方公里。盆地内河道纵横，皆属长江水系。长江干流横亘盆地南部，岷江、沱江、嘉陵江三大支流也自北南注。盆地西部为川西平原，土地肥沃，为都江堰自流灌溉区，土地生产能力高；盆地中部为坡陡顶平的方山丘陵区，海拔 400 ～ 800 米，地势微向南倾斜；盆地东部为川东平行岭谷区，分别为华蓥山、铜锣山、明月山。盆地四周为群山环绕，北有秦岭，东为米仓山、大巴山，南部为大娄山，西北部为龙门山、邛崃山等山地。相对封闭的盆地地形使四川在传统农业社会中有了相对隔绝的发展环境。

四川的西部为川西北高原和高山峡谷区，以今川藏公路为界，北部是川西北高原，南部是川西高山峡谷区。川西北高原属于青藏高原的一隅，海拔 3000 ～ 5000 米，以高寒气候为主。高山峡谷区起自横断山脉北段，山河相间，山河呈南北走向，自东向西依次为岷山、岷江、邛崃山、大渡河、大雪山、雅砻江、沙鲁里山和金沙江。由于雅砻江、大渡河、岷江等河流的长期切割，地形崎岖，山高谷深，形成丰富的自然地形。其中，大雪山主峰贡嘎山海拔 7556 米，为四川第一高峰，而横断山区又是我国有史以来地震记录最多的地区。复杂的地形条件使四川建筑类型十分丰富。

二、气候条件

四川处于亚热带，由于地形和不同季风环流的交替影响，气候复杂多样，季风气候明显，雨热同季，四川地区区域差异显著。大致的说，东部的四川盆地属亚热带湿润气候；而西部的高原地区受地形影响，气候类型丰富。

在东部盆地地区，四季分明，无霜期为 280 ～ 300 天，全年日照 900 ～ 1600 小时，是全国日照最少的地区，故有“蜀犬吠日”的说法。四川盆地年平均气温 14 ～ 19℃，高于中国同纬度的其他地区。盆地大部年降水量 900 ～ 1200 毫米，其中盆地周边山地多于盆地腹地，冬干夏雨，雨热同期。

四川西部的川西北高原地区为高寒气候区。该区海拔高差大，气候立体变化明显，从河谷到山脊依次出现亚热带、暖温带、中温带、寒温带、亚寒带、寒带和永冻带。总体上以寒温带气候为主，河谷干暖，山地冷湿，冬寒夏凉。大部分地区天气晴朗，日照充足，年日照 1600 ～ 2600 小时，年平均气温低于 8℃，全年无夏，冬季漫长。川西高原大部分地区降雨稀少，年降水量为 600 ～ 700 毫米，其中金沙江河谷小于 400 毫米，是全省最干旱的地区。该地区干、雨季分明，6 ～ 9 月为雨季，11 ～ 4 月为干季。

而西部的高山峡谷地区气温因地形而异，年平均气温高于川西北高原其他地区，年均气温 12 ～ 20℃，年较差小，日较差大，早寒午暖，四季不明显，但干湿季分明。降水量较少，全年有 7 个月为旱季，年降水量 900 ～ 1200 毫米，90% 集中在 5 ～ 10 月。云量少，晴天多，日照时间长，年日照多为 2000 ～ 2600 小时。其河谷地区受焚风影响形成典型的干热河谷气候，而山地则形成显著的立体气候。

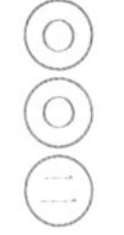

第二节　历史与文化

一、历史沿革

四川有人类活动的历史可以追溯到200万年以前。在大约1万年以前，四川进入新石器时代。新石器时代的文化遗物，如磨光石器、陶器、家畜遗骸等，在东起长江三峡，西至甘孜、阿坝的全川范围内广泛分布，迄今发现遗址200处以上。大约4000年前，原始形态的刻划文字和青铜器在广汉三星堆已经出现，标志着一个古文明中心的产生。而这一时期，大约同中原的夏、商、周时期相当，关于这一时期的史载古史传说内容丰富，如三代蜀王——蚕从、柏灌、鱼凫，又如大禹导江、杜宇化鹃、长弦化碧等。三星堆、金沙、十二桥等遗址的考古发掘和口头传说证明，最迟到商代，成都平原已经进入奴隶社会。蜀人部落从今岷江上游迁徙至成都平原，蜀国建立后，势力基本覆盖了整个四川盆地。

公元前316年，秦国为获取巴蜀地区富足的物质、人力资源，继而东向伐楚与统一天下，遂遣兵从金牛道伐蜀，又乘胜攻占巴国。秦统一四川后，先后设巴、蜀、汉中三郡县。这一时期的四川开始融入中原文化，文化特征、城市面貌、人文环境都开始发生了一些变化。公元前227～前247年，李冰任秦国蜀郡太守，以农田水利建设为重点，修建都江堰，开凿广都盐井，疏通成都二江（郫江、流江），使川西平原日渐富饶。秦还将关中地区及六国大批怀有异心的旧贵族等陆续迁入蜀地，以加强控制；原来地广人稀的蜀地因此而迎来了文化交融期及手工业、商业的发展期。四川各地开始兴建城池、设置城防、粮仓以及盐官、铁官、市官等，修通道路，促进了巴蜀地区社会经济、文化的飞跃。入汉以后，四川地区因繁华程度超过关中地区而被誉为“天府之土”。直至今天，人们还用“天府”或“天府之国”来指代四川。

汉初，封建统治者实行休养生息政策，并继续向蜀地移民。蜀地社会经济持续发展。但文化事业相对落后。汉景帝（公元前156～前141年在位）末年，文翁出任蜀郡太守，首创官学，将兴办教育列为治蜀首要目标。从此蜀郡学风大盛。汉武帝时期（公元前140～前87年），对四川影响最大的一项重大举措是开发西南夷，最终将西南的大部分地区归入汉朝版图，并在成都设益州以统辖。四川民族地区在汉代开始了与内地的联系，汉代政府在今甘孜州、凉山州、阿坝州内都开始设置郡县。

西汉末，公孙述占据益州（今四川），自立蜀王，国号“成家”，建都成都。这是自秦并巴蜀后，四川地区建立的第一个封建割据政权。东汉时四川复归汉有。东汉末，刘备在成都称帝，史称“蜀”或“蜀汉”（公元221～263年），公元263年，蜀国被曹魏所灭。西晋后期，四川爆发震撼全国的流民起义，公元306年，起义领袖之一李雄在成都即皇帝位，国号“大成”，后其侄又改国号为“汉”。历史上合称为“成汉”。这是秦以后西南地区出现的第一个少数民族封建割据政权，也是“十六国”中最早建立的国家之一。东晋永和三年(公元347年)，桓温征蜀，四川地区重归晋朝版图。自此至隋开皇元年（公元581年)，四川地区先后历经东晋，前秦，谯纵的西蜀，南朝的宋、齐、梁，北朝的西魏、北周共八个政权的统治，政治动荡，战乱频繁，社会经济基本处于停滞状态。

隋唐时期，四川地区没有大规模的战争征伐，社会局面相对比较安定，从而使封建经济进入一个极盛时期。唐代四川生产发展，为了便于直接或间接统治少数民族而增置州县。当时四川的纺织业、盐业、冶炼业、军器制造发达，交通四通八达，从金牛道北通陕西，川西北则由灌松古道灌县汶川，松潘到吐番通西藏。西南由南方丝绸之路经南诏而至天竺，水路自成都从岷江下长江出三峡。当时四川（主要指剑南道，后分为东、西两川）经济和江南经济同为唐王朝财赋的两大支柱。唐代成都城扩大到周围48里，有“扬一益二”之说，其他城市如梓州、嘉州、彭州、蜀州、汉

州等城市都发展起来，成为人口达3万以上的城市。农村则因交易需要出现集市——“草市”。唐末中原地区战乱不止，四川前后出现王建所立的前蜀（公元907～925年）和孟昶所建的后蜀（公元934～965年），当时的蜀中时局安定，国富民丰，史有“斗米三钱”“居民夜不闭户”的记载。由于经济繁荣，还创立了“花间文化”，绘画、雕刻艺术的发展，历史罕见。王建墓永陵的建造技术和二十四乐伎栩栩如生的雕刻，至今为人称赞。后蜀孟昶重视城市美化，命园艺工在城墙上遍植芙蓉，每当秋日，“四十里高下相望”为成都又添一爱称——芙蓉城，简称蓉城，千百年来，一直为成都城的代称。

川西高原上一些民族开始与中央王朝发生联系。唐朝政府与吐蕃长期处于时战时和状态，交往关系频繁。因军事、政治之需要，甘孜、阿坝地区成为吐蕃王朝与中原交往的重要通道，区域交通得到了相当规模的开发，有数条道路可以互通，并沿交通干道建立了最早的军戍城镇。宋代以后，尤其是到了明代，随着茶马贸易的发展，途经甘阿地区的川藏道作为主要商道、贡道，在川藏交通中具有重要的经济、政治意义，作用巨大，运输十分繁忙，过往旅客充盈。明正统年间（1436～1449年），川藏道开始作为官道，成化年间正式作为驿道。具体路线走向为：成都—雅安—康定—理塘—巴塘—贡觉—察雅—昌都—恩达—工布江达—拉萨。到了清代，随着茶马贸易的重心逐渐南移，川藏道上的康定、雅安等城市逐渐兴盛起来，成为川藏道上重要的节点城市。

今凉山彝族自治州地区，自唐代以来即为乌蛮和白蛮为主建立的南诏、大理地方政权所统治。

北宋咸平四年（1001年），蜀地分为益州（今成都）、梓州（今三台）、利州（今广元）、夔州（今奉节）四路，称为“川峡四路”，简称“四川路”，从而得名“四川”。宋代四川经济发展水平在全国依然处于遥遥领先的地位，宋真宗天禧五年（1021年），四川发行了世界上第一张纸币，称为“交子”。南宋全盛时，川峡四路的人口占南宋全国的23.6%，经济总量占南宋全国的1/4，军粮占1/3，是南宋经济发展水平最高的地区之一。南宋时，四川成为抵抗金、蒙的大后方。1231年蒙古人引兵攻掠四川，开始了四川境内近半个世纪的大屠杀、大掠夺和大破坏。

元至元二十三年（1286年），设“四川行中书省”，简称“四川行省”，此为四川建省之始。同时对州县大加减并，基本形成了后来各县属的分布格局。今四川地区在元代分属“四川行中书省”（今四川盆地地区）、“陕西行中书省”（川西高原北部）、“云南行中书省”（今凉山彝族自治州地区所辖）。

明太祖洪武四年（1371年），四川地区复入明朝版图，辖区除现在的重庆市、四川省外，还包括今贵州省遵义和云南省东北部及贵州省西北部。之后开始组织移民，使四川的经济文化得到恢复。明末张献忠率军入川，建立“大西”政权（1644～1646年），将成都作为政权中心，定名西京。清初，分全国为18行省，四川南部省界基本确定。西部高原少数民族聚居区，从清雍正年间（1723～1735年）至清末，施行改土归流，疆域基本稳定。

清初的30多年间，四川社会一直处于动乱之中，直至清康熙二十年（1681年）以后，才算步入一个持续稳定时期。明末清初时的长期战乱导致四川人几乎损失殆尽。于是，清廷在顺治年间（1644～1661年）到乾隆年间（1735～1796年）陆续进行大规模的移民运动，史称“湖广填四川”。这次历时100多年的移民运动。使得此前人口缺乏的四川获得大批劳动力，经济得到恢复。随着国力的增长，清代四川疆域向川西北藏区拓展，在今甘孜、阿坝、凉山建立驿道，设厅治、粮台。清末，阶级矛盾与民族矛盾交织，清嘉庆元年（1796年），四川爆发白莲教大起义，历时9年清廷才将起义镇压下来。接下来，四川教案不断，《马关条约》增开四川的沿江门户重庆为通商口岸，四川社会自然经济逐步崩溃并且半殖民地化，民族资本主义在四川开始萌芽。

二、文化特性

（一）古蜀文化的影响

蜀文化以成都平原为中心在距今四五千年前的新石器时代晚期兴起，留下三星堆、金沙、十二桥等重要文化遗址，证实了长江上游是中华文化的又一重要发源地。在距今 2500 年前的东周时期，由于巴文化的兴起，逐渐融汇为巴蜀文化，扩大为巴蜀大文化体。至秦汉时期，随着政治版图的变化，巴蜀文化开始逐渐融入中华文化之中，成为汉文明的一部分。

在这些交流过程中，曾经辉煌了千余年的古蜀物质文明虽然已成历史，但凝聚这一文明的古蜀文化作为一种沉淀了上千年时光的传统文化，以特殊的方式在历史中沉淀下来。由于蜀文化传承过程中的自然环境、社会环境的同一性，人们在长期社会生活和生产活动中所形成的心理观念、生活模式和行为模式仍保留着一些固有的特点。

蜀人的性格多“工巧文慧，少愁苦，多逸乐，好聚会”,这与其生活方式有很大的关系。秦汉以来，由于经济的发展、物质的丰富，以及中原发达地区移民的影响，蜀人在衣冠、嫁娶、丧葬等各个方面开始向丰富逸乐看齐。“故工商致结驷连骑，豪族服王侯美衣，娶嫁设太牢之厨膳，归女有百两之徒车，送葬必高坟瓦椁，祭典而羊豕夕牲，……盖亦地沃土丰，奢侈不期而至也”。[②]

四川地区优越的地理环境和生产条件也成为滋生这种安于闲适享乐的生活方式的土壤。由于土地肥沃、水利发达，早在秦汉时期，四川就成为全国农业最发达的地区之一，自然条件的优越容易成为滋生奢靡风俗的土壤[③]。蜀人“多溺于逸乐，少从宦之士，女勤于作业，而士多自闲……聚会宴饮，尤足意钱之戏。”“民勤于耕作，无寸土之旷，岁三四收。其所获多为遨游之费”[④]。蜀人安于富饶，不求宦达，醉心于享受的生活方式，早在唐宋已成为共识。宋代以来四川的“地狭人稠”，耕地面积有限，人们既不可能投入手工业和商业之中，以扩大经营规模，也不容易更多地投入购买大量土地，于是整个社会财富便不得不消耗于游乐消闲之中。因此古蜀人对乐舞的喜爱，对娱乐艺术的热爱都很容易发展成为对于享乐生活的追求，这也是四川一直以来游乐之风兴起的原因。直到清末，公众聚会的场所仍十分丰富，所以四川各地的会馆、祀庙、茶铺或其他公共祀神场所数量可观。

在古代世界，四川地区在地理环境上长期处于相对隔绝的位置，在地理上的独立性也反映在文化的独立性上。四川地区尽管也受到中原礼制宗族制度的浸染，但由于特殊的自然环境与移民文化，保持着轻礼教、重习俗的传统。不仅常在传统建筑中出现僭越等级约束的现象，在民居中也发展出以小家庭为单元的聚居形式。四川家庭组织多以小家庭为主，“父子异居自昔即然”[⑤]。四川土地的肥沃，相对于中原易于生存，也是小家庭制度存在的客观原因。同时，穿斗式住房易于搭建，材料便宜，适于小家庭制度，成为四川农村住宅的优先选择。

（二）巴蜀之文风

巴蜀素好文雅，其来久远。扬雄《蜀王本纪》说：“蜀王纳武都女子为妃，不习水土，欲归。蜀王心爱其女，留之，乃作《东平之歌》，以乐之。及其物故，蜀王乃作《臾邪歌》、《龙归曲》，以哀之。”这些歌辞未流传下来，亦说明诗歌远在先秦，就是巴蜀文化特色之一。自秦汉之起，蜀的文风一直长盛不衰，诗人雅士，踵相承接。汉代时期文翁兴学，蜀学比于齐鲁，西汉时司马相如、杨雄、王褒、严君平等一代大师，将蜀文化提升到新的高度。此后蜀中人才辈出，一个家族、一座寺庙、一个州县形成一个文学群体或学术派别，是屡见不鲜的，如眉山苏氏三父子，新都杨廷和、杨慎父子，阆中陈氏等。

早在西汉，西蜀私人讲学、授徒及游学之风，就很盛行。东汉初，资中杜抚治五经，授门徒三千。从四川广汉出土的汉砖《讲学图》，至今我们还可概见当时的盛况。这种风气发展到宋代，就

兴起了办书院的制度，蜀中不少杰出文士皆由书院培养而声名卓著。

另外，聚书印书的优良传统促进了文化进步和洒脱自由的文风。从汉代文翁置书室，蜀人就有聚书的传统。四川盛产竹麻，造纸业历来发达。唐代又两次把成都定为陪都，印刷业开始发展起来。到宋代，蜀刻已甲天下，不仅文集巨细皆备，而且校刊精细[⑥]。

（三）移民文化及多元文化的影响

四川汉族人口大多为外来移民，特别是经历了秦代、明初和清初三次大移民后，四川的文化糅合了各省作风，建筑的发展更是充分体现了四川作为移民社会的庞杂丰富。

此外，四川是个多民族聚居的省份，拥有55个少数民族，其中世居少数民族有彝族、藏族、羌族、苗族、回族、土家族、傈僳族、纳西族、蒙古族、满族、布依族、白族、傣族、壮族等14个。据2010年第六次人口普查统计，四川常住人口8041万，少数民族人口490.8万，占全省总人数的6.1%。其中人口最多的有彝族、藏族、羌族，是我国最大的彝族聚居地，全国第二大藏区，中国唯一的羌族聚居区。少数民族的风俗习惯和汉人不同，由于多民族杂居，不同民族产生不同类型文化，多民族多文化使建筑风格具有千姿百态的特点。

（四）信仰方式的传承

古代蜀人有独立的鬼神思想系统。三星堆祭祀坑和金沙村祭祀坑的发掘都表明，当时巴蜀人对自然、神灵已有一个较为系统的认识，存在着万物有灵的观念，以及对天、地、山、河的崇拜，并且有了巫术思想。这些巫术主题有占卜、泛灵信仰、主神信仰、祖先崇拜、大石崇拜等，其中，大石崇拜的遗迹保存下来的形式比较多，可分为墓石、独石、列石三类。墓石遗迹集中分布在川西南安宁河流域，年代约在东周至西汉。独石遗迹集中分布于成都市，主要有石笋、石镜、天涯石、地角石、支矶石、五块石等，可能多为远古冰川洪水活动遗存，后人以人力所不能及而神祭之。

秦统一全国后，祭江水祠、渎山（汶山、岷山）祠得到秦朝廷认可，颁布了统一的祭祀级别与祭礼。在政府的推动之下，巴蜀地区的庙祀之风迅速普及，为秦汉巴蜀文化的一大特征。

战国时，道家思想传进巴蜀，开始与蜀地原有的巫术思想结合起来，构成为一种讲灾祥、律历、占卜和神仙学的学派。西汉时成都人严君平著《老子指归》，影响及于东汉，为道教创始人张道陵所吸收，把《老子》一学从人学变为神学，为道教正一派的创立奠定了基础。我国的本土宗教——道教滥觞于巴蜀大地，正是中原的道教思想与蜀人的信仰方式及传统文化相融合的结果。[⑦]

佛教在汉代就传入四川，南北朝时，四川就是中国佛教南北两大系统的接触点。南朝重义理，多习经论；北朝重修行，多习禅定。四川处于南北之间，归属多次变化，时南时北，这就使四川佛教兼具南北之特点。就禅学而言，四川也是重要的传布区域。宗教思想中尊重自然、谐和环境的观念在四川建筑中表现得非常鲜明。

第三节　古代建筑概况

一、建筑发展概况

四川古代建筑不仅是中国古代建筑整体不可分割的一部分，而且在中国建筑历史上，四川古代建筑占有不可或缺的地位。

1. 先秦时期的四川建筑

据考古资料证明，两百多万年前的旧石器时代早期，四川便开始有了人类活动。距今4000～5000年前，成都平原地区以古蜀族为中心建立的蜀国，是长江上游区域文化的起源地，也是中华文明在长江流域的发祥地，其中广汉三星堆和成都金沙遗址，是古蜀国政治经济和文化中心。

先秦时期，四川建筑的发展同时包括穴居体系及干阑体系。新石器时代广汉三星堆出土的“木骨泥墙”建筑遗址，以及成都十二桥出土的商代干阑建筑遗址（图1-3-1），都是四川建筑在先秦时期

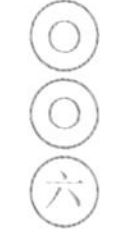

的发展例证。夏商时期的四川城市和建筑，可以从考古资料、历史记载中探究其发展。这一时期的建筑类型有居住建筑、宫殿建筑、礼制建筑以及墓葬。处于商周时代的金沙遗址东北部，发现一处由8座房址组成的大型宗庙或宫殿建筑，由门房、厢房、前庭、殿堂构成，总长90米，宽50余米，总面积约5000平方米，这是我国西南地区发现的先秦时期最大的一组建筑，建筑为木骨泥墙式建筑，屋顶覆以茅草。这为中国传统木构体系建筑在长江流域的发展状况提供了有力的证据。

2. 秦汉时期的四川建筑

秦汉时期，秦国征服了蜀国，在秦的统一治理下，先进的生产技术推进了四川地区的经济，同时先进的中原文化不断向地域文化渗透，四川建筑更有很大的变化。晋常璩《华阳国志》载，秦时成都城池的修建，已“与咸阳同制”。四川出土的大量汉代画像石、画像砖和明器陶楼，清晰地记载了四川建筑在这一时期从院落群体组合、单体形象直到构造做法、装饰纹样等方面的建筑特征和地方风格（图1-3-2），成为国内研究汉代建筑发展不可多得的重要资料。丰富的汉代崖墓和汉阙遗存进一步展现了汉代四川建筑的基本特征。

西汉末年，佛教开始传入中国，至东汉流行渐广，而四川又是道教的主要发源地，因此寺庙宫观建筑在汉代开始出现。佛教寺院如新都宝光寺、峨眉山金顶普光殿，都建于东汉。宝光寺为川西平原最大的寺院之一，“寺塔一体，塔居中心”，为我国早期寺院建筑布局的典型实例。青城山为道教“第五洞天”，一直是全国著名的道教圣地。汉文翁立“石室”兴学倡教，促进了秦汉时巴蜀建筑文化的发展。

3. 魏晋南北朝至唐宋时期的四川建筑

魏晋南北朝时期（公元220～589年），四川经历了蜀汉、西魏，北周等政权的统治，连年战争，经济凋敝，建筑成果寥寥，乏善可陈。但这一时期是四川文化特点形成的重要阶段之一，文化的兼容性和再生性凸显出来。这一时期的蜀文化，几乎容纳了东南西北四方文化，进而形成蜀地的一种独立文化类型。

唐宋时期，四川经济文化的发达，使四川已成为封建王朝的重要经济支柱之一，四川建筑亦达于鼎盛。四川建筑从汉代雄浑、质朴的风格，经南北朝文化的变迁，到唐宋时期更趋宏伟明丽，装饰手法日趋丰富、灵巧多变，但并不琐碎，然而由于四川地区的气候使木构不易保存，因此至今没有唐宋木构见世。仅江油窦团山云岩寺的转轮藏（图1-3-3），

图1-3-1　十二桥商代干阑建筑复原示意图（来源：《四川省志·建筑志》）

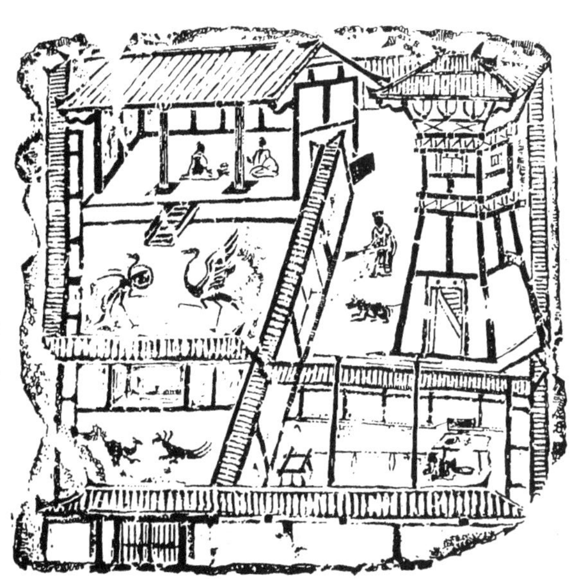

图1-3-2　成都出土汉代画像砖上院落式住宅（来源：《中国古代建筑史》）

图 1-3-3　江油云岩寺飞天藏殿天宫楼阁（来源：朱小南　摄）

为宋代小木作精品，可由此推断大木作殿宇的建筑水平一定不低。从唐宋时期四川地区的摩崖石刻中所表现出的建筑形制可间接证明这一时期的建筑成就。此外，唐宋时期的四川砖石结构建筑承传两汉成就，砖石塔和墓葬建筑体现了这一时期砖石结构建筑的特点，如前蜀皇帝王建墓的石砌拱肋券结构技术和塑像雕刻即是杰出代表（图 1-3-4）。自南北朝佛教兴盛，凿崖兴造石窟寺之风大盛，至南宋，其他地区渐次式微，而发展重心南移至蜀中，其间产生了安岳石窟和大足石窟等传世之作，同时营造与艺术风格发生了根本的转变。

在城市建设上，蜀汉时期建都成都，基于汉代城市的基础，修建了华丽的蜀汉宫室。左思《蜀都赋》有"既丽且崇实号成都，辟二九之通门，画方轨之广涂"，"金辅交映，玉题相辉"可窥其一斑。唐宋时期四川地区的城市更为繁荣，"素号繁丽"的成都，这时已成为"西南大都会"，"万井云错，百货川委，高车大马决骤于通逵，层楼复阁荡摩乎半空。"[8] 呈现出城市繁荣和商业发达的景况。

这一时期的城市街巷与民居建筑实物无存，但考古发现为人们再现了唐宋四川的城市面貌。从大科甲巷和江南馆街遗址发掘出的唐宋时期排水渠、铺砖道路、泥土支路和房屋遗址布局，充分反映了唐宋时期成都的城市规划和建设管理水平。

这一时期宗教极为盛行，成都金堂县云顶山寺、成都文殊院、峨眉山万年寺、青城山上清宫、梓潼文昌宫等都创建于这一时期。除大规模兴建祠庙宫观以外，也兴起开凿摩崖石刻之风。由于南北朝的益州是南北僧人交往的必经之道，一方面促进了石刻艺术的发展，另一方面也使佛教造像深受南北不同风格的影响，具有融汇南北的特点。唐代凿岩造像建寺之风极盛，四川兴建了不少石刻大佛和石窟

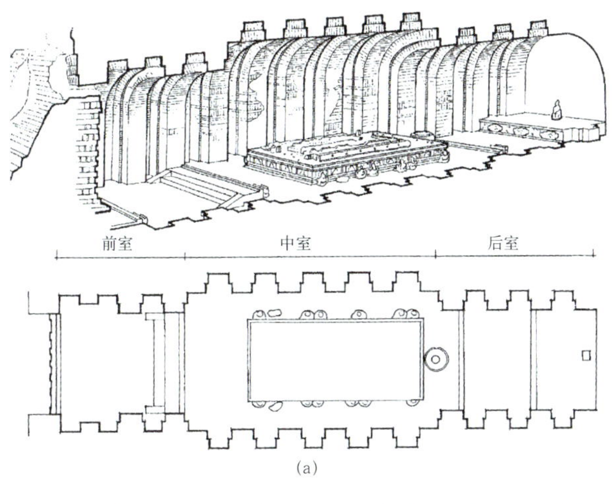

(a)

(b)

(c)

图 1-3-4　永陵 - 王建墓（来源：《中国古代建筑史》第二卷；文保单位资料）
(a) 墓室平面、剖面示意图；(b) 棺床正面雕刻；(c) 墓室室内

寺，如乐山大佛、广元千佛崖、夹江千佛崖等都表现出古代雕刻家很高的艺术造诣。随着藏传佛教在四川藏区的广泛传播，于宋代创建了首座藏传佛教寺院白玉县嘎托寺。

砖石结构建筑中四川地区唐宋时期砖石塔的发展引人注目。隋唐之际，渐用砖造佛塔。唐代四川所建石塔颇有特点，因为四川位于佛教传入通道的南方丝绸之路上，所以一些砖塔仍有着浓郁的天竺风格，如都江堰灵岩山千佛塔。此塔所在的灵岩寺为唐开元年间（公元 713 ~ 741 年），印度僧人阿世多尊者重建。该塔为唐代石雕窣堵坡式实心塔（图 1-3-5），石雕钟式，塔身分 13 层，各层雕满结跏趺坐佛像，故名“千佛”。佛像由下至上依次缩小，下 3 层趺坐佛塔佛像，有莲瓣背光。塔顶饰莲瓣 2 层，上安莲座，座上置铁铸释迦牟尼入定趺坐像一尊[9]。另有彭州唐代龙兴寺塔（图 1-3-6），高 34.5 米，为密檐式 17 级方形砖塔，因地震毁坏，今尚存 1/4。从塔的级数 17 级、内部结构为空筒式、旧砖重砌、有六朝唐代花纹砖、粘合材料未用灰浆、无扁铁做强筋等方面来看，有唐代佛塔的特征。新都宝光寺塔也为唐塔，与龙兴寺塔一样，都是以塔为中心的寺庙。

建造佛塔之风唐后渐盛，大量宋塔留存至今。四方形密檐塔在中原地区盛于唐，到宋代已很少见，而四川却延续于宋元时期，四川宋塔平面多为正方形，其余为六角形、八角形。大部分为楼阁式塔，密檐式塔较少，外观中均有大量的砖石砌仿木构件，这些仿木构件忠实地记录了中国传统木构建筑营造技艺的变迁。

城市园林也从唐代开始兴盛，如成都市由于二江的水量丰沛，在整体上塑造出有利于园林发展的城市景观。加之唐代解玉溪的开凿，金水河的贯通，

图 1-3-5　都江堰灵岩寺千佛塔（来源：文保单位资料）

图 1-3-6　彭州龙兴寺塔（来源：《一百年前的成都——美国摄影家路得·那爱德作品展》）

使成都的城市水系更加充满生机。当时著名的城东玉溪院，城东南二江汇合处的合江园及合江亭业已具有城市园林的公共性与标志性。唐朝中期“安史之乱”北方士人入蜀，园林作为士大夫寄心养性之所，蜀中园林受到士大夫文化的影响，再加上社会相对稳定，物产丰饶，为成都园林的兴盛创造了良好的条件。

4. 元明清时期的四川建筑

元明清时期，四川建筑类型普遍增多，建筑规模及数量空前扩大，独创性更为突出，风格的趋同性进一步加强。四川元代木构建筑留存不多，已知有峨眉飞来殿等 11 处。飞来殿为保存最完整的元代遗物，较多地反映了宋代的特征。

进入明代以后的四川虽在短暂平静期中得到一定程度的发展，建筑营造达到了一波小高潮。但明末清初连续 40 年不断的战乱、瘟疫和天灾交织，造成人口急剧下降，生产再度荒残。1661 年，清政府对四川进行户籍清理，全省仅有人丁 16000，如果按一丁五口计，总人口才 8 万人左右。面对如此局面，清政府利用行政手段和减免田赋、鼓励垦荒、准予入籍等诸多优惠政策，大规模地从今湖北、湖南、江西、福建、广东、陕西等省招来移民，形成所谓“湖广填四川”的史上第二个移民高潮。清初的移民入川，一直延续到清乾隆中叶。在这期间，四川人口得以迅速增长，垦田面积也迅速增加。到清咸丰元年（1851 年），四川人口已达到了百万，占了全国总人口的 1/10，居于全国首位。随着人口数量的增加和商业人口比重的上升，巴蜀地区的社会经济得到了迅速的恢复和发展，同时由移民带来的不同的建筑文化也为巴蜀地区的建筑发展注入了新鲜的血液。

明清时期四川的城市建设奠定了今天四川城市的基础。明初，太祖朱元璋在发家时，称帝自立门号之前第二年，采纳谋士朱升之“高筑墙，广积粮，缓称王"的建议，开始建设南京城。1368年称帝之后，立即推广他的成功经验，诏令天下筑城，四川迎来了城垣建设的高潮，大多数城镇经此次建设，奠定了以后古城的规模。随着明朝全国性的建城活动的展开，巴蜀地区的城市建设水平也达到了一个新的高度，各府、县治城纷纷增建了砖筑城墙，城市的内部功能布局也初具规模，进一步发展了宋以来临街设店、按行成街的布局模式，为之后清代的大发展打下了坚实的基础。与此同时，随着经济的逐渐恢复，处于城市下一级别的场镇也发展起来，出现了许多新兴的手工业、商业场镇，成为连接城市与农村的重要过渡性体系。

城市数量增加的同时，城市的内容进一步丰富。清代中期随着经济的发展和区域市场的成熟，四川地区的大城市内部功能在明代的基础上进一步发展完善，同时新兴的场镇大量涌现，总量达到了数千个。在城镇和乡村中，会馆、书院、宗祠、祠庙、戏院、旅店、餐馆等公共性质的建筑大量出现。明清时期巴蜀私家园林增多，同时在巴蜀地区极具代表性的名人纪念性园林和寺庙宫观园林在这期间也有长足的发展。这些园林大多是在明清时期基本奠定了现如今的总体空间布局。

四川地区城市人口密度大大增加，首先影响的是城市的空间格局，城市内建筑平面密度增加，层数加高，经济的繁荣也使得手工业、商业和服务业类型的建筑在城市中占有很大的比重。同时，商业街区在城市整体空间布局中也占有越来越重要的位置，成为组织城市布局、丰富城市空间的重要手段。

明清四川城乡建筑类型极大丰富。四川大量古建筑为明清时代所建，乃为四川建筑风格的集中体现，其类型多样，异彩纷呈，大量的建筑自成体系，独具一格并富于创造性。衙署、府邸、寺庙、宫观、会馆、民居、园林等遍及城乡各地，遗存颇丰。

移民建筑。明清时期四川历经两次大规模移民，促进了生产的发展，也促进了建筑风格的融合。大规模的移民使同乡会馆、行业会馆得以发展，各乡镇常以"九宫十八庙"加以泛指。如自贡西秦会馆，叙永春秋祠，洛带湖广会馆、广东会馆与江西会馆等都负有盛名。

文教建筑。明清以来提倡文教，奎星阁及文峰塔普遍兴建。四川奎星阁的华丽精巧为全国之最；乐山清代魁星楼，是仅次于应县木塔的层楼式建筑；唐宋以来大都邑常建文庙，清代极盛，各县均有文庙，且规模庞大，现存德阳文庙、富顺文庙、资中文庙都十分华丽壮观。明代书院发展很快，四川大多数府州都有书院设立。清代由于科举制度最盛，各州县考棚林立，现存阆中考棚建于清嘉庆二十二年（1817年），曾进行过四届考试，其平面布局有一定的代表性。

明清时期四川地区随着经济的发展，城镇内增加了祠庙、戏院等公共建筑。一般多由地方、民间设立，并与民间信仰结合，因此先贤庙具有广泛的民间性和教化性。这些祠庙多设在名人的故乡，或其主要的活动区域，或采用祠墓合一的布局。如梓潼七曲山的文昌宫，是张亚子的故乡；眉山的三苏祠，是苏洵父子的故乡；都江堰的二王庙为李冰治水处；成都的杜甫草堂是杜甫曾经生活过的地方；成都的武侯祠和阆中的桓侯祠则是祠墓合一的布局。这些祠庙多带有民居风格，采用四川地区当地的建筑营造技术，外形特征的地方色彩比较强烈。由于四川梓潼人张亚子在元代被封为文昌帝君，巴蜀各地在元明清时期建有大量的文昌宫，尤其以其故乡梓潼的文昌宫影响最大。另外祭拜三国人物也是四川地区先贤庙建筑当中最具人文色彩的一类。

四川地区的祠庙会馆与四川人喜爱娱戏的传统结合起来，许多祠庙会馆带有观演的戏台。这些城镇祠庙会馆中的戏台承担着教化民众、联结乡谊的作用。

宗教建筑也有长足发展。四川地区现存的30余处明代建筑也多为宗教建筑，其中佛教建筑数量最多。由于明清以来，朝廷对宗教活动采取了抑制政策，汉传佛教的发展更多依靠民间力量，所以四川佛教建筑表现出更加浓厚的地域特色。随着四大佛教名山的崛起，峨眉山成为巴蜀乃至全国的佛教中心。峨眉山的佛教建筑随即迅速发展起来，成为四川地区佛教建筑最为集中的地区。清康熙以后，国势渐定、经济发展，巴蜀境内的古佛寺皆得到了培修或重建，也新建了不少佛寺或殿堂。明清时期的四川佛教建筑敦厚朴实，早期建筑的大木作技术仍然保留了许多宋元的遗风，建筑结构充分反映了穿斗结构的影响，是北方建筑风格与四川地域建筑技术的完美结合。其中，山区的佛教建筑集中体现了四川建筑对山地地形的成熟营造策略。元代之后，巴蜀地区佛塔的建造逐渐停滞，取而代之的是以风水和标志性为目的的文峰塔和魁星楼，四川各地在明清时期建造了大量此类的楼阁与塔。

清代道教民间化以后，四川道教建筑与民间民居形式及地势相结合，形成了自由式布局，如青城山在山林中建观，与地势结合，空间变化出人意料。而青羊宫建在城郊，采用层层主殿、不设配殿的道观布局，形成富有变化的道观形态。

清代园林建筑空前发展，为清代建筑史上的重大成就。自然山水园林、私家宅园、衙署附园、祠堂或寺庙园林都大量涌现，而以川西较为集中。成都地区清代末年就有数百个园林建筑，其风格多具有民居特色，小巧秀丽，古朴自然。

民居建筑的形制定型，质量也有所提高。出现了临街联排店铺与住宅结合的形式，城镇中这一住商结合的居住模式日趋成熟，并逐步发展成为一种特有的居住模式，这种建筑的沿街门面皆为活动门板，具有灵活自由的特点。在经历了移民活动之后的文化融合，巴蜀建筑在清代形成了自己独特的建筑风格和成熟的建造体系。这种体系以穿斗构架为主要构造特征，形成了适应本土气候条件的“大挑檐、小天井、冷摊瓦”的整体外部风格。这种建筑风格从住宅建筑影响到宗教、会馆等公共性建筑，使得这些公共建筑在清代逐渐脱离了纯粹的抬梁构架，转而大量使用穿斗式的构架。

二、建筑类型与地域特征

四川是我国文化遗产数量较多的省份之一，第三次全国文物普查调查登录的各类不可移动文物共65231处，其中古建筑类有17465处。目前有全国重点文物保护单位227处，省级文物保护单位1043处，市县级文物保护单位3000余处。其中古建筑类有全国重点文物保护单位126处，四川省文物保护单位539处。国家历史文化名城8座，中国历史文化名镇24个，中国历史文化名村6处，列入中国传统村落84个，省级历史文化名城26座，四川省历史文化名镇56个，四川省历史文化名村15处。

四川的古建筑数量多，类型丰富。在城镇村落中分布着各类祠庙、宗教建筑、会馆、书院、园林、塔幢、牌坊、亭阁、石阙、桥梁、石窟、陵墓，以及不同民族风格的民居建筑。由于文化的差异，各种类型分布并不均衡，汉族地区各类型均有分布，以寺庙、会馆、祠庙居多，而藏、羌、彝族地区以传统民居为主。藏族地区的公共建筑主要为藏传佛教建筑，彝族、羌族地区公共建筑较少，主要为原始宗教的自然崇拜场所或设施，民族过渡混居区域有汉文化或藏文化的影响，出现祠观庙宇等类型。从时间角度来看，四川现存的古代建筑，最早的为汉代石阙，木构建筑最早的为云岩寺飞天藏，是四川省现存唯一较完整的宋代木构，也是宋辽金时代的小木作的重要实例。大木建筑最早为元代实物，保存较完整的多为明代木构建筑，现存大量的建筑实物为清代之后所重建。

四川古建筑是中华民族传统建筑文化的重要组成部分，既有中国古建筑一脉相承的独立体系的共性特点，又因地域自然与民族文化的差异而呈现地方特色的多样性。四川传统建筑在长期的实践积淀中形成了自己的独特风格和文化品格。建筑风格朴实素雅、通透轻灵，呈现出开放包容、交流融合、兼收并蓄的精神品格。

四川是道教发源地，民间传统受道家文化精神浸染，形成自然、质朴、不拘泥于制式的率直个性。

加之各地移民的杂处、交流，各地文化与技术经验互相影响、取长补短、创造更新，塑造出不拘一格、随行就市、丰富多样的地域风格。

（一）兼收并蓄、多元融合的建筑文化特性

四川的地理环境相对封闭围合，自然环境与社会文化使得各民族聚居地孕育发展了各自独具特色的建筑文化。

本土的巴蜀文化伴随着明清之际的“湖广填四川”移民活动，与移民文化相结合而自成一体，使四川汉族民居在地理上，北部融入中原北方之风，南部兼有湖广、客家等南方特色，兼糅五方特色于自己的体系当中。一方面相互兼收并蓄，趋于一同，形成本地荟萃型的四川民居；另一方面各种文化多元并存，使得不同移民集中地区表现出各自不同的原住地的特色。如洛带、土桥盛行的会馆建筑，成都东山客家民居等自成一体。

四川汉族地区建筑普遍采用院落式布局形式，但在布局上既有北方宽大的院落，又有南方精巧通透的天井。天井式院落比北方小，而比南方大，在城镇人口密集区，孕育出本土特色的店居形的小天井式联排民居。

在建筑外部形态上既有北方封闭、凝重的气质，又兼有南方通透、精巧的风格。质朴的露明穿斗构架间镶以轻薄的白色夹壁墙，轻盈的小青瓦屋顶平缓舒展，形式各异的挑头、撑栱支撑着深远的檐口，开敞的厅堂使得院落与室内连成一片，形成传统建筑的整体艺术风格。由于场镇建筑的高密度，封火墙的使用也是一大特色，空斗砖墙砌筑的高低错落的封火墙高高伸出屋面，其柔和的曲线和精心雕饰的脊线、檐口打破了线性街道的单调。

民居在装修和色彩上朴实自然，为了表达主人的祈福心理和精神夙求，建筑装饰选择有吉祥长寿寓意的图案。精心雕琢的木质吊瓜、坐墩、撑栱、门窗棂格，石雕柱础，砖雕大门、照壁，叠瓦、灰塑嵌瓷的屋脊、脊饰等丰富了建筑的细节，也反映出工匠的技艺与审美意趣。除木构件用桐油饰面外，材料基于本色展示，重技艺轻彩饰，以突出材料本质为目的。

四川西部位于古代历史上“藏彝民族走廊”的核心地段，是民族迁移、分化、演变的大通道，也是吐蕃文化与中原汉文化的过渡地区。部落文化、民族文化碰撞与交融，呈现出多元化面貌。相邻地区的建筑也有相互影响，如藏羌地区的木架坡顶板屋、彝族的土墙瓦房都能看到本土建筑文化与汉族建筑技术融合的痕迹。此外，藏、羌“邛笼”体系建筑相似的营造技术特色，以及羌族建筑中吸收的藏式、汉式文化与装饰元素等，均是不同民族建筑文化融合的具体体现。

由于移民文化与民族文化的影响，四川建筑形成了兼收并蓄、不拘一格、丰富多样的共性特征。

（二）融于自然、持续发展的营建观

四川境内的地形地貌复杂多样，人们在利用自然、适应环境方面积累了丰富的经验，传统聚落与周围环境共生共荣，渐进式地增生。无论是聚落群体还是民居单体，建筑布局随形就势，灵活多样。汉族地区场镇聚落类型多样化与四川地理变化丰富密不可分。而藏、羌民居利用边坡岩地建房，宝贵的土地开垦耕种，在利用地形、节约用地、争取空间方面独具特色。村寨仿佛从大地中生长出来般自然、和谐，营造出“天人合一”的人居环境。而利用自然的建造理念，使得民族地区建筑类型极为丰富，率性真实、不拘一格，并形成独特的文化景观。

注重环境和园林化是四川建筑的一大特色。祠庙宫观建筑融于自然环境中，或将人工环境自然化，形成寺观园林、祠庙园林。居住建筑也常常与园林相结合，一般住宅的天井院内均种植花果树木、四季花卉，并砌花台、置水池、设鱼缸等，小小的天井充满生机。大户人家还在屋后另建花园，挖池、堆山、架桥、建亭，种植花草，提升建筑的环境品质。

（三）同中求异、层次丰富的空间序列

受中国主流传统建筑文化的影响，四川汉族地区传统建筑以院落式布局为主，院落民居也讲究秩

序，序列主次分明。无论是纵深发展还是横向扩充的布局，宅院空间都具有较为严谨的组织规律。府第、宅院序列，从大门、二门、过厅、堂屋直至后院，层层递进变化，由厅至堂的房屋尺度逐渐增大，俗称“步步高升”。庭院呈现出由宽敞到紧凑、由大到小的规律和特色，空间层次丰富。也反映出尊崇传统伦理的礼仪规范。

大多宅院四周以房屋或院墙围合成封闭的外部环境，而内向的庭院、天井十分开敞。不同功能的房屋依靠通透的厅、廊和天井院落连成一片，顺应地形就势展开。民居建筑外封闭、内开敞，平面布局围绕核心自发生长，大同之中存小异，各具特色。

（四）因地制宜、灵活多样的建造手法

就地取材、因地制宜是四川传统建筑营建的基本原则。不同的地理环境造就了多样的营造技术与丰富的形式风格，各地区建筑材料与结构形式的差异源自当地自然与资源环境，便捷的手法、适宜技术的应用。

1. 空间处理

四川盆地气候温和，多雨、少风，空气湿度大，夏季闷热。民居常采用小天井、敞口厅、大出檐等做法以适应气候特点。为利于通风，房屋由院、天井、厅堂、通廊等加以联系。过厅、中堂前后常不设门窗，完全敞开，称为“敞口厅”。厅堂室内彻上明造，空间高敞。居室上部则架楼板形成阁楼，既隔热又可用于储物。

檐廊空间是四川建筑的一大特色。出檐一般达两步架，特别是前檐出挑深，有以梁双挑出檐，也有用撑栱承檐出挑。地面做成宽大的阶沿，方便了雨天的居家活动，也使酷暑季节通风凉爽。沿街民居往往退进几步架，形成檐廊，或利用二层出挑房屋的下部空间作为空廊成为街道的一部分，临街开敞式铺面前的檐廊成为既遮阳又避雨的全天候街道，也是室内空间向公共空间的中介过渡，扩大了店铺的商业活动范围。而宅院民居在厅堂前部常设宽大的檐廊，有的连同厢房形成回廊，还有些二层房屋向内院出廊形成走马转角楼。使外观造型虚实结合、层次丰富。

藏羌地区则因当地的特殊气候条件和地理环境，形成了平面方整紧凑、墙体厚实、对外封闭的建筑形式。注重建筑蓄热、保温、防风性能，改善室内微环境。藏羌碉房建筑在内部空间的分合组织，以及竖向发展的错层、退台组织方面积累了丰富的经验。

2. 结构类型

适应地形、利用地形，形成丰富的空间变化。如汉族地区民间建筑普遍采用穿斗结构，穿斗结构用料小，构造简单，取材容易，扩展简便、灵活。人们在适应和利用地形上因地制宜、填挖筑台，灵活的穿斗架实现了挑、坡、吊、架等多样化的处理，以简便的方法获得更多的建筑空间。大部分建筑都为小式作法，规模较大的建筑局部使用梁柱式的抬梁结构，或将穿斗式与抬梁式混合使用，只有重要的寺庙殿堂或祠庙厅堂才使用大木作法。

藏羌地区主要有墙承重体系石碉房、梁柱体系框架式藏房、井干式“崩空”房、木架坡顶板屋几种类型。

3. 建筑材料

建筑营建本着因地制宜、就地取材的原则，四川传统建筑一般使用价廉、易得、加工方便的材料。有全木构，砖木、石木、土木混合几种类型。墙体有竹编夹泥墙、空斗砖墙、镶板墙、土坯或夯土墙，以及石砌墙几种。屋面以用“冷摊瓦”铺设方式的轻薄小青瓦顶居多。

四川传统建筑不拘泥于法式、经典，多元融合。粗犷质朴之中带有工巧细丽的自在表达，呈现出别具一格的气质品格。

注释

① 《四川年鉴》2014卷，引自 http://www.sc.gov.cn。

② 刘琳校注．华阳国志校注（卷1）．成都：巴蜀书社，1984：28．

③ 汉·班固．汉书．北京：中华书局，2000．《汉书》曾载有“巴蜀有江水沃野，山林竹木、蔬食果食之饶，民食稻鱼，亡凶年忧，俗不愁苦，而轻易淫佚”。

④ 魏徵等．隋书．地理志二十四．北京：中华书局，1973：564．

⑤ 清张澍．蜀典（卷6·风俗类，1816）．北京：全国图书馆缩微文献复制中心，1992．

⑥ 廖永祥．巴蜀文化源远流长．巴蜀文化论集．成都：四川民族出版社，1999．

⑦ 陈世松．巴蜀文化与蜀文化的认识发现过程综述．巴蜀文化论集．成都：四川民族出版社，1999：57-89．

⑧ 李良臣．东园记．李玉宣，衷兴鑑等纂修．重修成都县志（卷13清同治十二年（1873年）刻本，方志集成本第2册）．

⑨ 原塔已毁。现存塔是20世纪80年代以后，文物部门收集部分遗存构件，多次进行维修，才逐步恢复旧貌。

四川古建筑

第二章　城镇与村落

四川城镇聚落分布图

1. 阆中
2. 会理
3. 成都
4. 松潘
5. 尧坝镇
6. 罗泉镇
7. 罗城镇
8. 宝箴寨
9. 花楸村
10. 梭坡乡莫洛村
11. 拉日马藏寨
12. 鹰嘴河羌寨
13. 桃坪羌寨
14. 迤沙拉村
15. 丹巴古碉群
16. 直波碉楼
17. 布瓦碉楼

（地图引自：中华人民共和国民政部编．中华人民共和国行政区划简册 2014. 北京：中国地图出版社，2014.）

聚落源于建筑而成，建筑在各种聚落中生成发展，城市—场镇—村落所形成的聚落作为建筑所生存的空间是四川建筑历史中的重要组成部分，我们可分别从四川古城、古镇、村落来了解四川建筑的群体空间组织。四川地区的城镇村落由于四川地理环境复杂，气候条件差异大，以及文化的多样性，呈现出明显的地域性和多元化。先秦至秦汉时期为城市的起源与发展时期，经过三国、两晋南北朝时期城市发展的低谷，至隋、唐、五代、宋代时期四川城市持续发展，元、明、清四川城市历经战后的萧条再次迎来城市发展的高峰期。

第一节　城邑

秦汉之前，古代城市被称为“邑”，从象形文字上看，“邑”为表示城墙围合的“□”和表示人的居住的“巴”组成，原本指拥有城郭的聚落。到了秦代，郡县制的城市体制取代了邑都制的城市体制，城市泛指县城以上行政机构所在的人口稠密的聚落。

一、概述

（一）城市发展

四川城邑在发展初期即表现出明显的地域特色。距今 4500 ~ 3700 年前，四川的平原地区已有史前城址出现，这些聚落城址正是四川城市的初始起源，各城址虽然规模各异，但大都依据自然地势修筑而成，选择的是与河流平行的地垄台地布局。在水患不断的古成都平原，城址与河流台地方向一致无疑更有利于城市的安全。这些古城遗址还出现了大量采用卵石和砂土来加固城墙的堆筑方法，地域特色十分明显。经过早期部落酋邦，四川进入了古蜀国时期，伴随着农业经济的发展，城市在数量与规模上都有了较大的发展，广汉三星堆与成都金沙遗址的发现为这一时期的城市发展提供了充分的佐证。

公元前 316 年，秦灭巴蜀后，郡县制在四川的推行使四川城市进入了一个新阶段，四川城市形成了以郡治、县治为中心城市的等级体系，并被纳入了全国城市行政体系。经过两汉时期的发展，四川郡县城市数量进一步增加，分布也更加广泛。汉代城市经济的繁荣，使城市作为区域经济中心的地位得以加强，并出现了一批因手工业、矿产发展的城市，四川首府成都不仅成为西南的政治文化中心，也成为全国五大商业都市之一。经过两晋南北朝的动荡，四川地区的城镇在唐宋时期进一步发展，与中原城市体系进一步融为一体。随着生产发展，人口增多，疆域变迁，县城一度增加到 240 个。唐代四川城市和长安一样推行坊市制，各州城与县城都设有“市”。宋代四川城市经济进一步发展，城市临街设店，商业街的形成使城市中店宅合一的街坊布局在宋代开放的城市建设中成为一大特色。经过元代四川城市的衰落，明代四川地区大规模的筑城活动奠定了明清时期城镇规模和布局的基础。明末清初，由于四川祸接兵连。全省城镇及建筑破坏殆尽。经过清代康、雍、乾三朝的恢复发展，城市开始复苏，大量涌入的外地移民为四川城市建设带来多元化的文化风格。许多新的建筑类型丰富了城市内容，各地移民所建联络乡谊的同乡会馆成为四川城市特点，其类别之繁、规模之大，可以说是冠于全国。

（二）城市特点、类型与构成

在相对复杂丰富的地理环境中，四川城市的发展遵循着一定的自然法则，比如区位、气候、防御以及其他因素等。除此之外，功能、经济、政治和宗教等方面的因素也对城市的运转和发展产生着复杂多样的影响，古城在发展中形成了鲜明的特点。

1. 城市特点

（1）四川城市和北方、东南地区不同，四川城市并不是均质分布。四川城市的分布密度由盆地西部成都平原向东部，再向盆周山地和川西山地高原呈梯度递减趋势。清代四川有 125 座城市，其成都平原地区开发较早，地势平坦，经济十分发达，一般城池规模都比较大，如成都城周长有 22 里 3 分，而位于四川盆地地区及周围的城池 8 里以上城池的就有 14 座之多。而占据四川土地面积约 51% 的四川川西高原地区在清代只有 8 座城市，其中有城池

的只有4座。

（2）中国传统城市在千年的礼制秩序笼罩下，城市的规模、城墙的修建都由其行政等级决定，不能僭越其等级。但是四川地区的城市不是严格按照行政等级来确定的，许多府城的规模没有其所辖的某些县城大，如雅州府境内的清溪县城比雅州府城城市规模大、邛州府内的大邑县城的城市规模逾越了府城邛州城。此外，遂宁县城比潼川府城、南溪县城比叙州府城、资阳县城及内江县城比资州城的城市规模都要大出许多，这种情况在四川地区成为普遍现象，约占清代所有府州总数的近1/3。造成这种状况的原因比较复杂，可能与经济发展情况有关，城市发展受地理条件限制，更重要的是四川地区远离中央大一统政权中心，地理自然条件的影响超越了森严的礼制秩序的掯制。

（3）四川城市形态上很少能像平原城市那样效仿《周礼·考工记》中的“匠人营国”的制度，建成方正的城池。城池多沿江河分布，受地理条件约束大，城池一般都不是简单的几何形态，大多数的城池都随地形环境的变化而呈现出丰富的形态。阆中、眉山、松潘、叙永、绵竹等城市都呈不规则形态，崇州、绵阳等呈局部不规则形态（图2–1–1）。

（4）四川古城选址的目的中包含着深刻的社会因素和环境因素。四川长期以来战乱频繁，易守难攻形成了城市选址的要塞原则，由于四川地形复杂多变，关隘重重，一些要地、要塞、要冲、要津，成为控制一方具有战略意义的据点，这些据点发展成为控制一方的城市，如剑阁、昭化、松潘等古城。其次由于四川地区水系发达，大多数城市都分布在河道流域，在嘉陵江流域，由北至南均匀地分布着广元县、保宁府（阆中）、顺庆府（南充）；涪江流域分布着龙安府（平武）、绵州、潼川府（三台）以及遂宁；岷江流域分布着松潘厅、茂州、灌县、眉州、嘉定府和叙州府；沱江流域则分布着汉州、资州和内江县。河道在城市形成之初影响着城镇的结构布局和建筑分布。

（5）将区域交通与城市等级相结合，可以看出几乎所有的府、州一级的城市都分布在主要的交通路线上，在府一级的城池中，除了保宁府、绥定府以及宁远府外，四川基本所有府城均位于两条以上的交通线的交叉处（如果水路与陆路方向一致，则并为一条线考虑）。其中，成都有六个方向的交通线，显示了它作为川西和四川地区核心城市的地位。

2. 四川城市的类型

由于政治、历史和地理条件等诸多因素的影响，城市分为多种类型。大多城市作为封建统治的中心城市，是各级的政治、军事、文化中心，即府、州、县的行政中心，不同的城市由于其不同的行政等级而发挥着不同的政治功能，其中省城成都多次作为割据政权的都城。还有一些交通功能十分重要的城市，如泸定、康定、德格、甘孜、巴塘、都江堰、汶川、理县、茂县、松潘等高原城镇就是随着“茶马古道”“松茂古道”的开通、繁荣而相继出现的。雅安、芦山、西昌则伴随着南方丝绸之路的发展，成为地方中心城市。从明代以后，由于封建社会手工业的发达，便逐渐形成一些以手工业为基础

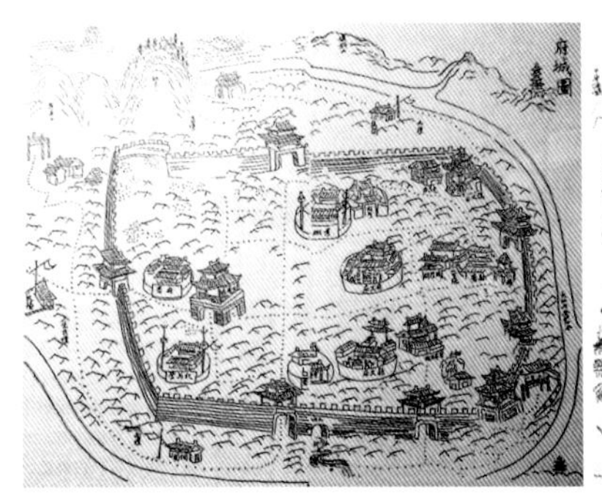

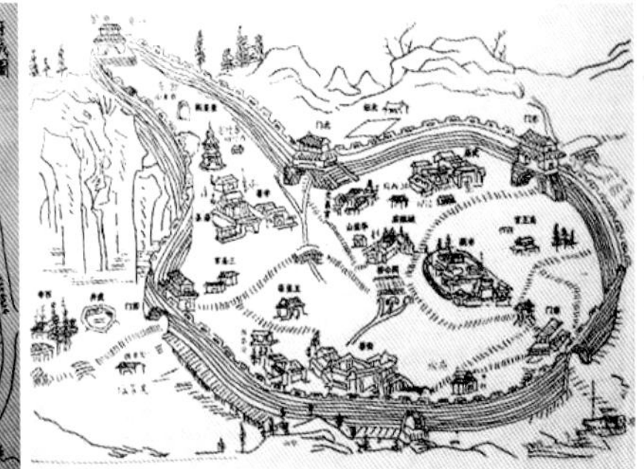

图2–1–1　多样化的城市布局（来源：《四川历史文化名城》）

图 2-1-2　古城景观（来源：何龙　摄）

而发展起来的城市，如：制盐业中心（自贡）、制糖业中心（内江）、酿酒业中心（宜宾）等。这类城市多具有发展某些手工业的特殊的经济地理条件，如自流井附近的盐业及天然气，一般也具有便利的交通条件，便于商品的运输。盐业城市的发展形式，因受作坊的影响，一般呈不规则形，无城墙，城区遍布作坊，与居住区混杂。另有一些商业功能凸显的城市，古代商品运输大量依靠水运，因此这类城镇多在通航的天然河道或运河的近旁或两河交汇处。如长江与岷江交汇处的宜宾。这类城市因为商业繁荣、城市经济发达、城市人口集中、规模较大，居住着一些富商，集中着一些为商人服务的旅店、饭馆、酒楼、货栈，在城市中靠近交通要道或是靠近河流处有繁华的商业区，也集中一些行会及会馆建筑。许多城市兼有多种功能，如成都城。

3. 四川城市的构成要素

古城多由高大墙垣围合，建有城门谯楼，城内大体分为公共建筑、民居、市井三个部分，其中最为丰富的是公共建筑，它体现了我国古代建筑的最高水平（图 2-1-2）。

城镇中的公共建筑以衙署、学宫书院、祠庙寺观为主。这些公共建筑不仅数量庞大，也为城市提供了交流交往的公共空间，并且表现了四川建筑的最高艺术水平。其中作为行政机构的衙署存在于县级以上的城市中，作为城市的权力中心，它们往往占据了城市的最优空间。在有些市镇，也会安排巡检司等衙署机构作为税收机关占据市镇中心。城镇中的教育机构有学政署、学宫、贡院、书院等，此外还包括私人集资创办的义塾、家学、学堂等。

作为礼制统治中心，四川县级以上的城市会安排国家礼制祭祀空间：厉坛、社稷坛、风雨雷电坛（山川坛）、城隍庙，圣贤崇拜型的祠庙也自明清以来在四川地方城市中普遍出现，如文庙、武庙等。由于四川地区浓郁的地方文化，一些城镇设有地方文化所崇拜的祠庙，如川主庙、王爷庙、山神庙、秦祖庙、东岳庙，一些城市大家族建有家庙、宗祠等。

作为移民社会，清代四川城镇出现大量的会馆和公所，会馆公所多为省会或某地区的移民、客商、游宦所设立，如川内较多的为湖广会馆、广东会馆、江西会馆、陕西会馆等，主要为同乡的客商官员服务、聚会、议事，设有住所以接待外来客商或应试学子。一些会馆作为城镇的同业会或行会组织在发展商务、参与城市建设上发挥着重要的作用，一些会馆还设有戏台，节日举办演出。

城镇中的商肆在汉代画像石中，出现在集中规划的城市鼓楼旁，是集中的交易场所。到宋代以后，商业街出现，四川城镇中出现了大量商住一体的商业民居围合的商业街，清代中后期以后，这种住商结合的居住模式日趋成熟，沿街门面皆为活动门板，具有灵活自由的特点。并逐步发展成为一种特有的居住模式。同时，由于城市的居住建筑平面密度增加，会馆、寺庙主入口常采用“八”字形墙体、砖

石照壁等，限定出较为开阔的前庭空间和庙前广场，这些空间既烘托出建筑的庄严气势，也往往成为市井百姓庙会活动的重要场所及自发形成的市场。

二、古城实例

四川古城布局因地制宜，形制灵活多样：或因山就势，傍水为城；或凭险要而建关，或因工贸而设镇；均能结合自然环境与功能需要，而不落封建礼制的窠臼。

（一）阆中

阆中位于四川盆地北部，大巴山脉延至阆中北面，剑门山脉伸于阆中的东、南、西三面，位于嘉陵江中游一处绝妙的山水交汇处。嘉陵江流经阆中段的阆水全长88公里，从西向南再向东形成一个“U”形，东西对称，绕城而过，是嘉陵江中游一处最为典型的江河流扼。东汉许慎《说文解字》释曰：“阆，门高也。”从其字的意和形的象形关系原型可以看出阆中古城的地形地势以及水势水情的微妙关系。

阆中古城的起建于秦，当时巴子国都城的城址选择在阆中地区，因“战国后期，楚师伐巴，国都屡迁，至阆中，才稳住战局”。都城以北面的蟠龙山和东、南、西三面环绕的嘉陵江为第一道防线（天然防线），城墙为第二道防线（人工防线），体现了古代城市“设险防卫”的建城原则。西汉时为我国天文学研究中心，三国时为蜀巴西太守张飞驻守之地。历史上这里既是川陕、甘、青、鄂、京等地的商品集散场所，又是攻守皆宜的兵家必争之地，战略地位重要。自公元前314年秦置县后，至清末，阆中历经县治、郡治、州治或军治、府治、道治，城郭体系自唐相沿至清，保持了古城格局，为国家历史文化名城。

阆中环境独具特色。古城三面绕水，四面环山。北面的蟠龙山系与华夏始祖山昆仑一脉相承。南边的锦屏山构成城南的第一道景观，嘉陵江水自西北向东北，从西、南、东三面绕城而过。古城街巷体系完善，以“中天楼”为中心的街巷呈棋盘式方格网布局展开，形成了不同功能与特色的街区，大街小巷，大小相通，路路皆接。东西南北向的街巷多与对面的山体相对，而主街道则以锦屏山对景，形成理想的环境格局。

古城街道呈规整的“井”字形布局，始建于唐，重修于明，碧瓦朱檐、气势壮观的过街市楼华光楼成为阆中的标志。城内还有清代贡院、魁星楼、桓侯祠，等等。四合院民居融合了北方四合院和江南园林建筑的特点，形成诸如“串珠式”、“品字形”、

“多字形”等风格各异的建筑群。建筑的檐头、吊瓜、门窗、门楣等，大多有雕饰，做工精细，题材多样，特别是四合院中千奇百怪的镂空窗花，形成阆中古建筑的特色。

城池周围建有始于唐、重修于元的永安寺建筑群——“佛都”观音寺建筑群和五龙庙，还有建筑精美号称“东方麦加”的伊斯兰教圣地巴巴寺等（图 2-1-3）。

（二）会理

会理位于四川凉山州南部，川滇之交的金沙江北岸，与云南仅一江之隔。历史上素有“川滇锁钥”之称，既是古代南方丝绸之路的要津，又是三国蜀汉丞相诸葛亮南征渡泸之地，具有悠久的历史和灿烂的文化，2013 年公布为国家历史文化名城。

会理始建于西汉元鼎六年（公元前 111 年），称会无县属越嶲郡；晋为越嶲郡治；唐、宋时设会川都督府、会川府，由汉唐期间建立起来的汉文化更多地向民族文化靠近；元为会川路，以黄土城为治所，实行屯田以守边，汉文化逐渐恢复地位；明设会川卫城以控制大小凉山重要政治、军事地带。

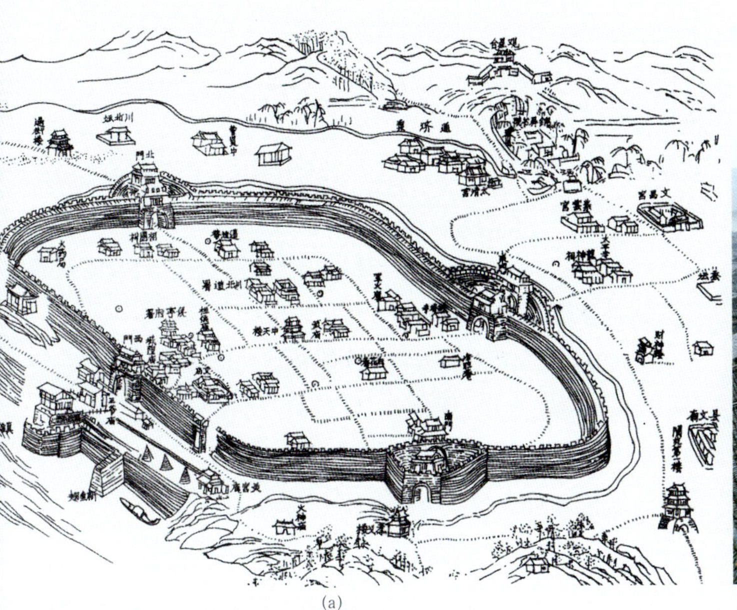

(a)

(b)

(c)

图 2-1-3　阆中古城［来源：(a)《四川历史文化名城》；(b) 陈硕　摄；(c) 阆中规划局］

于黄土城前筑土城并包砌砖石，古城基本定型。同时，明王朝在安宁河流域实行军屯、民屯、商屯，会川县人口剧增，成为该流域的中心县城之一；清康熙二十九年（1690年）改为会理州，因古城北倚玉墟山余脉而建，东西窄南北长，形似停泊在江中的小船，此后又在东南山上修建紧锁水口的白塔，人称"船城"。经过云南回民起义，清王朝进一步巩固城防，清同治六年（1867年）在城北部修筑夯土外城，设北三关，形成内城（砖城）、外城（土城）两部分，大街7条、巷道36条的棋盘式格局，船形更加明显。自此会理船城"穿城三里三，围城九里三"的格局相沿至今。清王朝大力鼓励内地汉族至边疆地区经商、定居，会理人口再一次剧增，到了清末，这一地区的社会、经济、农业、手工业的发展达到顶峰。经济的发展促进了城市的建设，城内寺庙祠观遍布，官署衙门、十大会馆、十九行会穿插其间，商业店铺聚集于南北大街，手工作坊和商栈汇于西城小巷和北关。最具特色的南北穿城主街，总长三里三，街宽约二丈五，两侧多为店铺，房高约一丈五，深出檐、瓦屋顶，部分还保留了双檐的下层抱厦。店铺多悬字号、横匾，重书法装饰，风格各异，极富古老的民俗文化情趣。

城内民居建筑一类为前店后坊、下店上宅的商居结合型店宅，另一类为纵向发展的天井院住宅，有四合院、多进四合院、三厢一照壁、四合五天井等各种布局。天井住宅一般为2层，面向天井深挑廊檐，有的二层通廊相连为"走马转角楼"。有的仿北方四合院布置，按中轴线布置房间和院落，大门外设照壁、内设屏门，内外有别，层次分明。院落空间组合一至三不等，但以四合五井、三重堂、一正两厢带院为多，城东北的周家院落则多达11小院，布局合理，构筑精巧。有的在正屋客厅和书房前凿池叠石，种花植木或在住宅左右或后面建花园。建筑大多为穿斗式结构硬山顶，采用石基础和勒脚，再砌以"金包银"的砖包土坯墙。民居建筑装饰工艺丰富，常用的有石雕、彩画、空木雕、浮木雕、空砖雕、灰塑等。会理古城建筑历史久远，保留数量多，且形式多样，风格各异，成为古城的一大特色（图2-1-4）。

（三）松潘

松潘现存古城系明代所筑。明洪武十二年（1379年）始建，竣工于明嘉靖五年（1526年），历时150年，分两个时期。

明洪武十一年（1378年）设松州卫，平羌将军御史大夫丁玉平定威茂土官董贴里叛乱后，进驻松州，调宁州卫指挥官高显到松州卫负责筑城事宜。于洪武十二年开始筑城，初为土筑城墙，至洪武十七年（1384年）始包砌以砖。《松潘县志》载："明洪武十二年，……于崇山下筑城，西缘山麓，东临江岸，江水北来，傍东门穿入，迄西出城，折西南流。"由于城墙西部筑于山脚，明正统年间（1436～1449年）松潘民变，叛乱者依城西崇山，居高临下攻城，使城内遭受重大损失。鉴于城垣缘山，不易防守，因此民变之后，为加强防御，负责兵备的鱼都御史寇深又拓城跨崇山，从而形成"江水穿城，城垣环山"的布局。明嘉靖五年（1526年），松州总兵夏毓秀又在城南增筑外城，形成今日古城的格局。

古城内城城垣"周九里七分，隍深一丈九尺，广三丈，开五门；东曰觐阳，南曰延薰，西曰威远，西南曰小西门，北曰镇羌"。南北瓮城开有东西二门。外城城垣"周二里七分，高一丈八尺，开门二，西曰临江，南曰安阜"。内外二城，城垣总长度6200米。

松潘古城包砌用砖，长50厘米，宽25厘米，厚12.5厘米，用糯米、石灰、桐油熬制成的灰浆砌筑。今城外进安乡的窑沟、窑坝山上还留有当年烧制城墙砖的古窑遗迹。各城门门洞均用长1米、宽厚各0.4米的条石拱券砌筑。门洞宽6米，高5.8～8.8米不等，深22～31.5米，内壁墙基石刻有28～82匹海马系列图案，表现从起步到奔跑、止步去到城外的故事。各城门顶上建有木构重檐歇山顶式城楼，以各门之名命名。

松潘古城现存古城垣残长2993米，以及内城东门、南门、北门及南门瓮城之东门。街巷均呈方

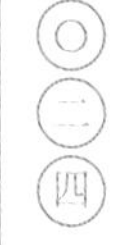

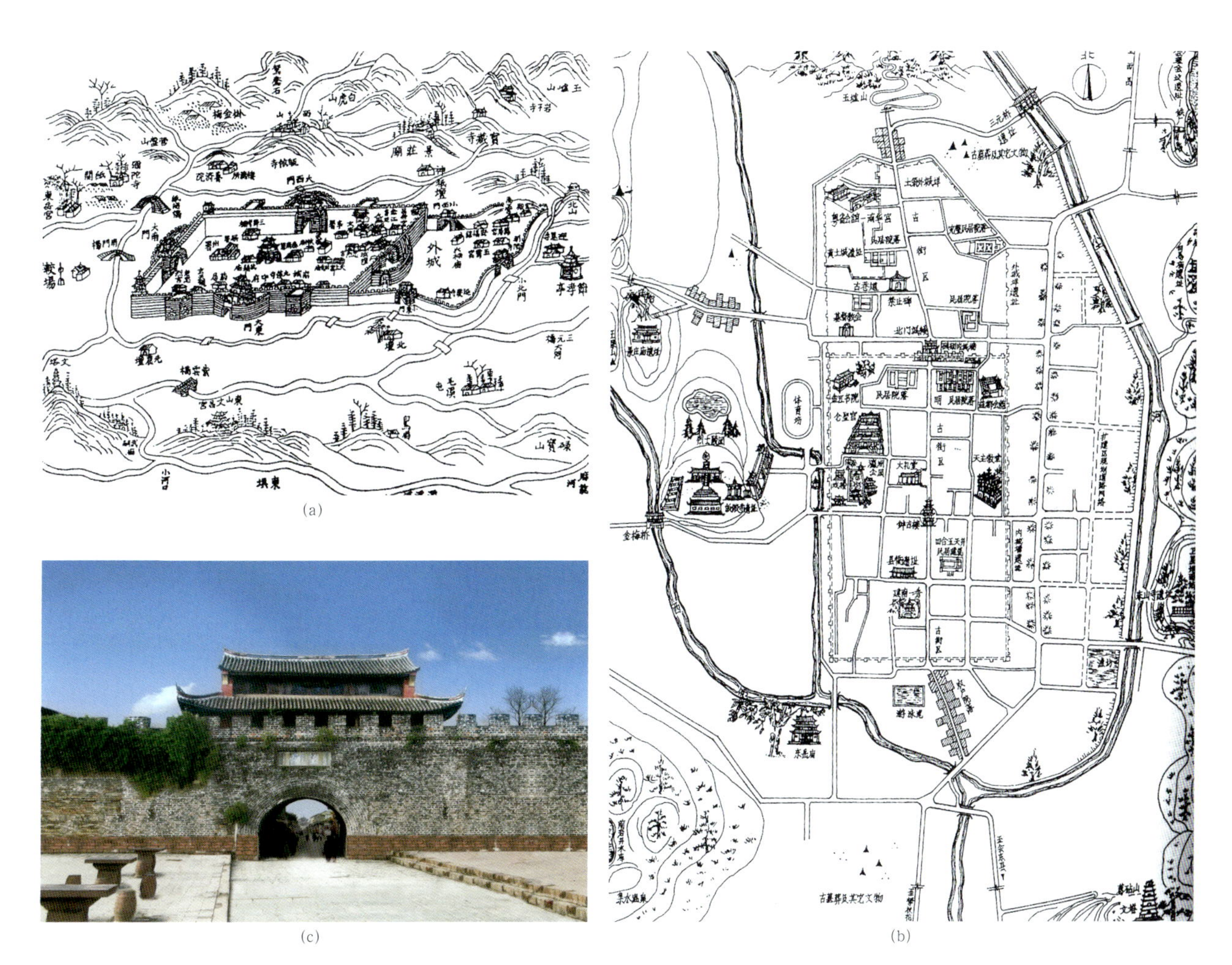
(a)
(c)
(b)

图 2-1-4　会理古城［来源：(a)、(b)《四川历史文化名城》；(c) 文保单位资料］

格状布局。城内各项设施主要偏于北部，到清末民初，北街以明代建的陕西会馆为中心，以后各大茶号、商号，多集中于此。军政部门及书院、学署则设于东街和城东北部。南街是中小商店和旅店的集中地，主要为行商服务，经营烟酒糖、日用杂货，轿铺、背脚、挑夫抬力大都集中在这里。中街饮食业、屠宰业比较发达，多为北街和南街的客商和脚力服务。民间有顺口溜说道："北街的银子，中街的狗，南街的肩挑背抬只听吼。"这也是县城布局的形象比喻。

古城内传统民居，主要分布于鼓楼为中心的北街至中街、西街至东街两旁。建筑形式木构青瓦，门窗木格花雕，或独院或多进。南街临街多为 2 层，铺户之间卯榫相连，底层店铺，楼上住居。官、商、民的建筑，院落大小、多少、装饰的繁简都有较大区别。松潘现为历史文化名城（图 2-1-5）。

（四）成都

早在公元前 4 世纪，蜀国开明王朝迁蜀都城至成都，取周王迁徙"一年而所居成聚，二年成邑，三年成都"，因名成都，相沿至今。秦汉时期，成都经济文化发达，成都的城市空间结构及景观历经秦汉、隋唐、前后蜀、宋元的兴衰演变交替，直至明清重建定型。成都现为国家历史文化名城（图 2-1-6）。

明清时期，成都分别是四川布政使司和四川省的省府，又是成都府及成都、华阳两县的治所。明成都城由"内城（蜀王府）—中城（萧墙）—外城（大墙）"三部分构成。蜀王府作为明代蜀王的宫城，按王都府制建造，方正规则，呈正南北向，相异于原有城市的偏东布局的街道，呈现出壮丽威严的都城意象，成为整个城市的核心。中城与外城以其为中心呈围合之势展开。内城在功能上，主要满足执

图 2-1-5　松潘古城［来源：(a)《四川历史文化名城》；(b) 网络］

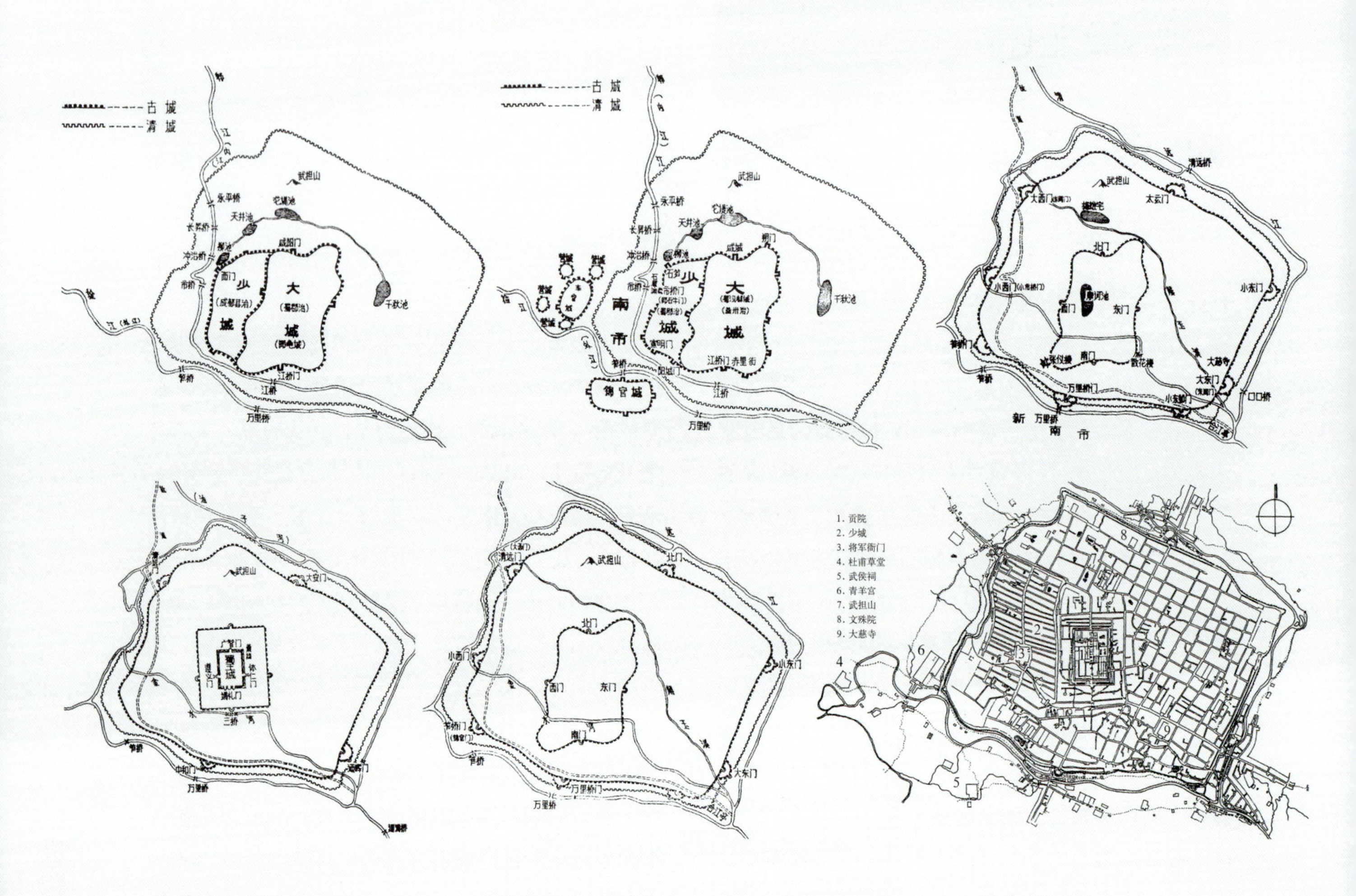

图 2-1-6　成都城市空间演变（秦、汉、唐、宋、元、明、清时期）（来源：《成都城坊古迹考》、《四川历史文化名城》）

政者的政权统治及生活需求，城民生活均迁至其外。因此，中城“萧墙”环绕内城外，形成对蜀王府的环护，并通过护城河道的整修和形似金水桥的“三桥”的设置，烘托出更具层次的王府气派。外城范围则与前朝府城相近，通过“包砌砖石”加以修缮，满足城民的日常居住生活功能，政府相关职能部门分散其间，对蜀王府及萧墙形成围合之势。

明末清初，成都城遭受战乱劫难，众多城市设施损毁，整个城市空间肌理遭受极大的损坏，其间 13 年被迫将省治设于阆中，在清朝顺治十六年（1659 年）迁回成都城后，城市空间并未出现新的拓展，但其结构较之以往出现新的变化。清康熙年间（1718 年）鱼骨状布局的满城的修筑，在空间上实现了满族旗兵与汉族官民的隔离。

这样成都城市布局就形成了很有特点的三种路网并存的格局，分别是原明蜀王府及周边的正南北向的路网体系、满城内成鱼骨状的街巷体系以及其他大部分地区北向偏东约 30° 的路网体系。第一种正南北向的路网体系出现在城市中心。三国刘蜀政权以来，这一带一直作为官署及割据政权王宫，直到明末作为地方藩王的王宫，其朝向布局所遵循的坐北朝南的礼制观念集中表现了汉族传统文化的礼制秩序。第二种路网是满城的鱼骨状胡同式街巷，这是清代入驻成都的八旗官兵留下的痕迹。八旗制度的军事化属性决定了其驻地的建筑形式，为了便于兵民一体的军事化管理，成都满城按八旗所属被分成八条官街和 33 条兵丁胡同，于是形成了与成都历史形态不同的条状平行路网。第三种路网遍布成都大部分地区，这种北偏东约 30° 的路网体系是自开明氏建立成都以来一直存在的方位关系。其为了顺应风向和河流走向的自然环境而形成的路网结构，反映出四川城市的生长顺应自然环境的特点。

第二节　场镇

四川场镇密布，“凡田野之道，十里有庐，庐有饮食，三十里有宿，宿有路室，路室有委”，这种十里一场、三十里一镇的布局，在川西平原和四川的水陆交通线上，明清以来蔚然成观。这首先源自于四川散居式的聚居环境，分散聚居的乡民需要在方便、适宜的地点进行物资交易，即形成草市。四川场镇在明清时期的兴起与大量移民入川有关，也与川黔盐运的发展存在着密切的关系，它们有的由农产品集散中心的草市发展而来，有的完全因交通地位重要而兴起，许多场镇的出现则同时具有以上两种社会的功能。具体地讲，这些城镇出现的原因更多的是存在经济因素，以及政治和军事目的的。

一、概述

四川场镇在发展中形成以下特点。第一，场镇布局在遵循传统礼制的同时，更尊重自然环境，注重与环境的融合。四川传统城镇无论是处在丘陵、高原，还是处在平原、山地，都十分重视环境，城镇与环境达到了和谐和共融，体现了“天人合一”和“道法自然”的传统。第二，四川城镇祠庙丰富，四川俗语中有“无庙不成镇”的说法，说明四川场镇祠庙寺观、会馆公所的数量庞大。第三，四川场镇在选址上十分考究。首先要考虑的是聚落的生存，有相应经济和产业的支撑，如农副业、手工业、盐业等较为发达和集中之地。其次，场镇选址的另一考虑因素是交通。四川的场镇聚落大多沿古驿道、古商道、河道等交通线分布，俗称“旱码头”、“水码头”。交通联系是一切聚落存在、生长的基础。任何场镇都是作为交通道路网络上的大小节点发展成集镇的。第四，四川场镇布局中遵守着约定成俗的文化风俗原则。在多变复杂的地理环境中，风水作为四川人对居住环境选择与营建实践经验在四川城镇选址布局中积淀和沿袭下来，影响着城镇的发展。

四川场镇的形态在社会空间组织和内部建筑等方面表现为对自然的尊重。场镇的布局形态与地形地貌环境关系密切，商贸发达、规模大的城镇大多位于平原地区，由多条主街呈“井”字形或方格网状骨架平面展开，如成都平原的平乐镇、怀远镇等；小型场镇或地处丘陵地带的一般以一条主街随着等

高线蜿蜒曲折、上下起伏线性延伸，如罗泉镇、福宝镇等；也有极少选址在地形险要之处，自成一体的寨堡式场镇，如隆昌云顶镇。

场镇的主要功能是要满足农村商品交易货物集散的需要，所以临街几乎都开设为敞开的铺面，一般场镇是以窄面宽、大进深的店宅合一的建筑为主，穿插建有"九宫十八庙"的公共建筑。一般场镇都有一条主街，规模较大的场镇则有多条主街，再由主街依地势派生出若干小巷形成场镇不同形态的骨架脉络和空间环境，形成街—巷—院的空间层次。

二、场镇实例

（一）尧坝古镇

尧坝镇位于合江县西面，江阳、纳溪、合江三县区结合部，距合江县城 37 公里。尧坝镇在北宋皇祐年间（1049 ~ 1054 年）便是川黔交通要道上的驿站，是古江阳到夜郎国的必经之道，有"川黔走廊"之称。北宋元丰年间（1078 ~ 1085 年），合江设置二乡六寨，尧坝寨为军事要寨，居六寨之首；南宋嘉定年间（1208 ~ 1224 年），合江划分一乡七里二十都、六寨十九集市，尧坝居白马里第十三都，称为尧坝集市；至清雍正七年（1729 年），编为合江西乡尧坝支；清光绪三十二年（1906 年）属西四区尧坝乡。

古镇依山傍水，镇周青山翠叠，河岸绿竹摇曳。镇内古街保留完好，建筑完整，街道两旁有小青瓦房 2000 余间。古街最南端为清代建成的进士牌坊。镇中央，临街的东岳庙，明清时依九龙聚宝山而建。庙前有火神庙墙，旁边立有一近 20 米高的灯杆。古庙呈阶梯形，从古街道到庙顶高差近 50 米，分为三级。第一级为戏台，戏台在临街山墙背后，两边为席楼（俗称男、女经楼），是古时有钱人看戏的座位；戏台前为 29 步石梯，是古时穷人看戏的座位，可容近千人观看演出；席楼下供奉着火神、瘟神、川主等，还有蔡伦、张飞塑像；戏台前端护栏由上下两块木雕组成，上块为"群仙图"，下块为古战场画面，有许田射鹿、三让徐州、甘露寺招亲、吕布戏貂蝉、大战长坂坡、七擒孟获等。整个画面金戈铁马，人马剽悍踊跃、神形兼备。第二级是灵官殿，供奉道教护法神将王灵官、财神赵公明、文昌帝和弥勒菩萨，两边有城隍殿、尧王殿和禅室云房、客舍厢房。第三级为东皇殿，是古庙的最高层，供奉着本庙主祀之神——东岳大帝。相传，每年农历三月二十八日是祭祀东岳大帝的日子。人们多在这一天举办东岳庙会，祭祀大帝，以禳灾祈福。镇内有茶馆、酒肆、饭馆、旅店、铁匠铺等。

现存古街道始建于明清时代，为南北走向，长 1000 米，宽 5 米。街面弯曲呈"S"形，采用山区青石板和长条石镶嵌而成，跌宕起伏，无梯步，能通行车辆。北街是由以新房子周其宾为代表的周氏家庭修建，南街是由以武进士李跃龙为代表的李氏家族修建，素有周半场、李半场之说。上街房依山而建，高低起伏、错落有致，下街房宁静平和，瓦脊成一线连贯，形成有节奏、有韵律的民居群落。家家有巷道和天井，户户有木楼，房屋进深一般为四至六间屋，房后有小路与水井相连。墙壁为夹竹壁、古朴的木板壁或厚实的大方砖壁。有的房屋为了防火，户与户间还建有封火墙。门多数为木质双扇，大门两侧是装卸方便的板门，也有置木榫逗格子窗，繁复而新奇的图案，或雕饰灵动的吉祥灵瑞于图中，随处可见石雕、石狮等。古民居群中，武进士李跃龙公馆、绅士周其宾公馆、茶馆、染房、酒肆、客栈、戏楼，石雕、木雕、窗棂、亭台等无不古风遗存（图 2-2-1）。尧坝镇为中国历史文化名镇。

（二）罗泉镇

罗泉镇位于内江市资中县西北 51 公里处，处于资中、仁寿、威远三县交界处，相传为诸葛亮驻军此地，开挖井泉而得名。古时自贡之盐经罗泉入沱江可达川北，也可西经仁寿而抵岷江转到成都，场镇因盐业而兴。场镇建于球溪河西岸，地形狭长约 5 里，一条长街沿河绕岸蜿蜒伸展，平面犹如一条盘龙，龙头、龙身、龙尾分明，穿行龙身的长街三开三合，加之以祠庙错落的封火山墙及场外自然

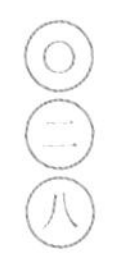

图 2-2-1　尧坝古镇（来源：陈颖　摄）

环境作为对景，使得狭长的场镇空间富有趣味，号称“川中龙镇”。这种盘龙式以主街顺应山体或河流的走势而形成了整个场镇的基本骨架，决定了其总平面的基本形态。小镇与周围幽雅的环境构成了独特的罗泉八景：“古香泉洞”、“碑观夕照”、“雄狮吞月”、“子桥夜灯”、“金凤朝阳”、“神沱龟浪”、“江塔秋风”、“瑞霭香炉”。

罗泉镇集川中小镇的主要特色，顺应自然，因地制宜。建筑和街道傍山依水，绵延 5 里。城镇空间几经转折收放形态酷似游龙，分布其间的桥梁、庙宇、祠堂等公共空间形成明显的龙头、龙颈、龙腰和龙尾。镇北的盐神庙、城隍庙、川主寺、南华宫、河南桥构成龙头，子来桥似张口的龙口，南华宫是蛟龙嬉戏的宝珠；镇街中段的富户大院及变化多姿的封火墙恰似龙身游弋；原文昌宫、玉皇庙、地母庙等街形成龙尾。古镇至今传统建筑风貌完整，穿斗式的民居建筑极大地适应了地形的变化，或紧贴临街，或悬挑临河，集中体现了四川传统民居的建筑特色。古镇曾有九宫一寺八庙，至今存有城隍庙、万寿宫等主要公共建筑，留有子来桥、追远桥、三十二洞桥等多处古桥梁。

罗泉是四川历史上著名的产盐古镇并留存下许多与盐业相关的历史遗迹。古镇历史上随着盐业而兴衰，盐业“始于秦，兴于宋衰于明，复于清”。清光绪年间（1875 ~ 1908 年）有 150 多口盐井。罗泉现已无盐，盐业的曾经繁荣可由留存至今的盐神庙为证，这座盐神庙独尊管仲为盐神祭祀在全国实属罕见（图 2-2-2）。罗泉镇为中国历史文化名镇。

（三）罗城古镇

罗城古镇位于乐山市犍为县东北部铁山北麓，距县城 31 公里。古镇始建于明崇祯年间（1628 年），明末时期，因连年战乱，使四川人口大大减少，城镇破坏严重并难以继续发展。清初，湖广、江西、福建等地人移居至此，还包括部分回民，这也是后来川南

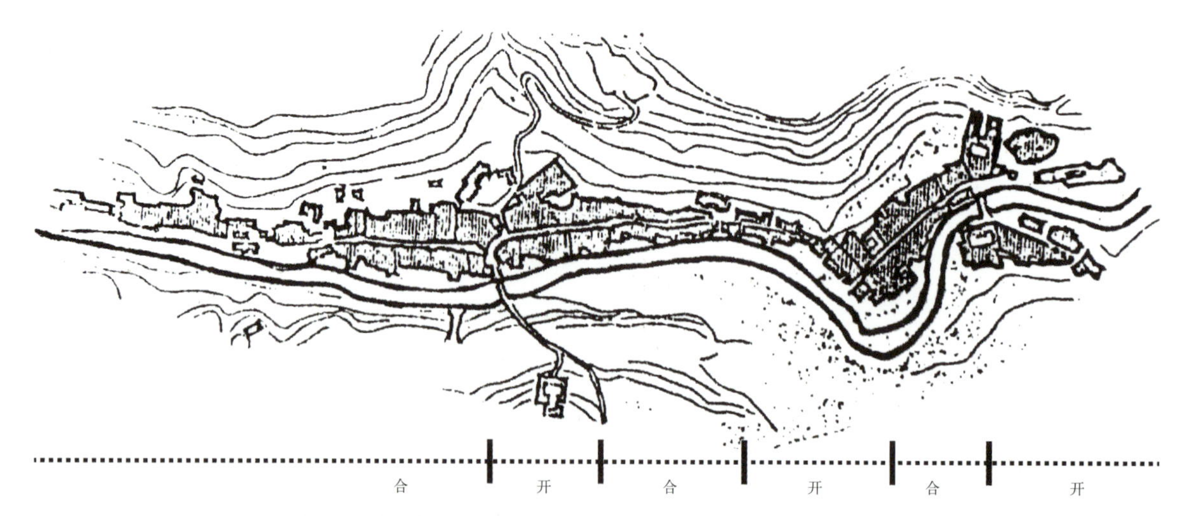

图 2-2-2　盘龙式古镇罗泉（来源：何龙参考《四川民居》绘，韩东升　摄）

地区回族较为集中的原因之一。罗城镇由于地处边陲，曾是军事要地，明、清两代均是屯兵制夷的“军事铺”，故称“罗城铺”。后来成为方圆百里之内的贸易交换中心，随之茶肆、酒楼、客栈、会馆等大肆修建，搭起了戏台、牌坊，建造了庙宇。如今保存下来的罗城为清同治年间(1862～1874年)重修的。

伴随着商业的发展和移民人口的增加，宗教、帮会以及其他文化活动在罗城镇上也相应丰富起来，其中以宗教活动最为突出。与大多数四川场镇一样，罗城场九宫八庙齐全，如南华宫、寿福宫、文昌宫、禹王宫、肖公庙、川主庙、灵官庙、星鑫庙、观音阁等。此外，由于回族居多，古镇上还有清真寺四座（东寺、西寺、南寺、北寺），而如今还完整地保存着的只有西寺。场镇的宫庙选址不同于一般四川城镇，仅部分祠庙坐北朝南，其余好似因功能需求而安插在场镇中。大抵由于罗城场始建于明代，而庙宇、会馆等建筑都是清代出现，故而就形成了“杂居”在民居中间的形态特点。

罗城坐落在一个椭圆形的山丘顶上，四周无河流。东西长、南北短，由于其特殊的空间形式，被人们称为“云中一把梭”，远观又似“山顶一只船”。梭形的街道平面是船底，两侧的建筑是船舱，东端灵公庙是船的尾仓，西端的天灯石柱为蒿杆。其坐落的位置为场镇提供了良好的日照与通风条件，船形的空间形式满足了罗城作为货物集散地的基本要求。罗城镇的船形街长200米，两头呈尖形，端部窄处仅2米余，中间街面宽为20米，该船形空间为整个场镇的中心空间，与两侧进深达5～7米的檐廊相结合，形成一个全天候的赶集场所。街心位置设一戏楼，高12米，成为场镇的视觉中心。戏台虽设立在街心位置，但采用底层架空的形式，使得街道的延续性得以保持，产生了空间上和视觉上的渗透，使街道空间更富有层次感、韵律感（图2-2-3）。罗城镇为四川省历史文化名镇。

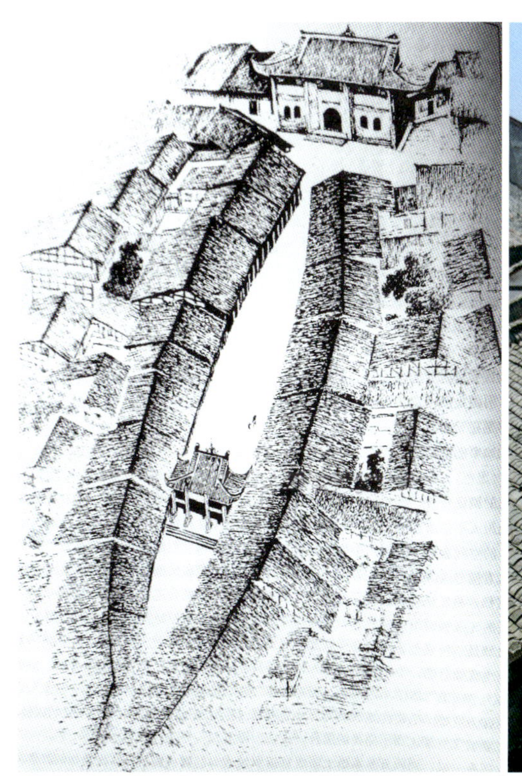

图2-2-3　罗城古镇廊坊式主街（来源：季富政　绘；何龙　摄）

第三节　村落

四川是一个多民族聚居的省份，其中人口最多的为汉族、彝族、藏族、羌族，不同民族的聚居区域与地理环境差异较大，汉族聚居于四川东部盆地及边缘山地，藏、羌民族主要聚居于川西北高原地区，彝族主要聚居于川西南山地地区。不同的地理环境以及生产生活方式、传统文化习俗的差异使得各地区聚落空间格局有所不同。

四川乡村聚落多以地缘为主发展，选择气候温和、土地肥沃、适宜耕种之处居住。人口密度以盆地中部最高，边缘山区、高原逐步降低，聚落数量东部盆地分布最多、最密集，川西北高原分布相对较少、分散。四川村落主要有以下特点。一是注重地理位置和生活环境，追求与自然和谐；二是自由散居或组团式散居；三是类型多样，极富地方和民族文化特色。四川地域广大，民族众多，村落建筑种类多样，不同民族的村落表现出不同的民族文化特色。

一、概述

（一）四川盆地汉族村落

四川汉民族主要分布于四川东部的四川盆地和安宁河谷部分地区。由于历史原因，四川汉族地区因各方移民杂处，与其他地区集中聚居生活的村庄不同，形成地缘型散居的聚落特色。村落由农家宅院和竹木林地、农田、溪水构成，称为“林盘”。村庄结构松散自由，各宅院之间并不紧密联系，形成人与自然环境有机结合的农业景观（图 2–3–1）。宅院大多以独栋房屋或三合院、四合院的住宅与竹木林地相连，单门独户散布于生产的农田间。也有三五户或八九户院落相邻相倚，形成松散的组团，宅院以竹林为伴，与田地结合。大户人家住宅单体不大，但群体性很强，大多以多个房屋组成多进院落，如平乐镇花楸村李家大院。也有形成对外封闭的大型建筑群，即自成一体的地主庄园。如泸县方洞镇石牌坊村，高墙之内的民居以院落式布局，除门、堂外还有厢房、附属建筑、碉楼等，大部分为多重层进（多进式），甚至还有数条中轴线并列而多进的。此外居家生活的宅院与生产劳作的田地相结合。人们喜欢把茅屋竹篱建造在林木之中、小河旁边，就像是自然山水的一部分。村落的形成过程中，河流、井泉起到了很大的作用，如阆中天宫院村，凤鸣河穿村而过，嘉陵江支流西河绕村而去，广栽树木，自然环境幽静、景观秀丽。

图 2–3–1　成都平原林盘
（来源：网格）

川东、南地区以丘陵、山区为主，地貌起伏变化较大地区的村落大多顺山势而上，农宅建于梯田、台地上，干阑式底层架空成为其风貌。川东南地区也有少量的寨堡式聚落，多选址在地形险要的山上筑堡设寨，形成以军事防卫为主的特色，如武胜宝箴寨、隆昌云顶寨等（图 2-3-2 ~ 图 2-3-4）。

（二）川西北高原藏族村寨

四川藏民族主要分布于甘孜藏族自治州，阿坝藏族羌族自治州的小金县、金川县、马尔康县、红原县、阿坝县、壤塘县、若尔盖县、九寨沟县，凉山彝族自治州的木里藏族自治县，以及阿坝州内松潘县、理县、黑水县的部分地区，凉山州冕宁县、盐源县和雅安地区宝兴县、石棉县及绵阳平武县的

图 2-3-2　四川盆地东北地区村落景观（来源：彭从凯　摄）

图 2-3-3　临水而居的农舍（来源：何龙　摄）

图 2-3-4　寨堡式聚落（来源：罗号　摄）

部分地区。

阿坝州北部和甘孜州东北部的高海拔高原区为草原牧区，包括川西北大草原、红原草原和石渠草原等。其中，川西北大草原包括阿坝、若尔盖、红原等地，为我国五大牧区之一。牧民游牧生活以帐篷为主，也建有简朴的冬居小屋。其余地区为定居生活的农区或半农半牧区，这些高山深谷区森林密布，有丰富的木材资源。高山峡谷区是以农业为主的地区，由于峡谷幽深、山峦险峻、海拔变化很大，气候、植被随海拔变化呈垂直分布，生产生活方式及选址布局与地貌密切相关。满足定居生活的需求，充足的水源、足够的农牧用地、安全的环境是其基本原则。依据地貌环境，聚落主要分布在河谷地带、半山地带、山原坝地。

河谷地带的村落在四川藏族地区很常见。聚落规模大小和密度因河谷宽度与坡度不同而大小不一，平缓地带也会形成高密度的聚居区。大渡河上游的支流地区，沟深坡陡的河谷地带聚落小而且分散，成组相聚的村寨选择河流两侧坡地随河岸线分布。

半山地带的聚落一般位于向阳山坡的缓坡地区或台地地带。人们开垦山腰处集中的台地耕种，房屋靠周边陡坡建造，如井备寨；或就近利用小山脊集中建屋，户户相连的民居聚集于半山，顺山脊高低起伏带状延伸，四周分台筑成梯田，如松岗寨。村落的对外防御性和内向性较强，组织结构较为松散，建筑布局灵活自由，房屋与农田穿插。

山原坝地相对平坦开阔，周围多有山涧或河流经过，灌溉方便。人们适度开垦成为肥沃的良田，成组聚居，林农兼作。适宜的环境、充足的耕地，使其容易形成较大聚居规模的村落，并成为区域中心，如理塘、巴塘、乡城。

藏族自然村寨大多只有十几户至几十户，个别多者有上百户，三五户的仅是一个组团。为适应当地山多地少的地理环境，较平缓、土质肥沃的地块开垦耕种农作物，地角边坡、贫瘠之处用来建房。藏房一般建于山腰台地及河谷平原边缘地段的向阳南坡，以少占耕地、避风向阳为原则。坡地上的碉房多垂直于等高线分级筑室，分层出入，各户分散布置，疏密不定（图 2-3-5）；沿缓坡平行等高线分布，均依地势而建，显得十分松散，没有明确的巷道。寨子中或周围常有碉楼、小寺庙、佛塔、转经房，玛尼堆、经幡等，嘉绒藏区寨中高碉林立成为其标志，如丹巴古碉群（图 2-3-6）、马尔康直波碉、小金沃日土司官寨经楼与碉楼等都被列入全国重点文物保护单位。如有大型寺庙或官寨，一般住宅都以其为核心，围绕其周边发展或在其一侧聚居扩展，形成聚集型的布局（图 2-3-7、图 2-3-8）。小聚居、大分散是藏区聚落的一大特点。

（三）川北羌族村寨

四川是中国唯一的羌族聚居区。羌民族主要分

图 2-3-5　依山就势的藏寨（来源：毛良河　摄）

图 2-3-6　宅碉结合的设防型藏寨（来源：毛良河　摄）

图 2-3-7　佛塔与村寨（来源：陈颖　摄）

图 2-3-8　官寨与民居（来源：毛良河　摄）

布于阿坝藏族羌族自治州的茂县、汶川县、理县、黑水县、松潘县，以及绵阳市的北川县和平武县。这一地区山高谷狭，属于四川盆地外围山体向西部高山高原过渡的地带，地势由中山向高山和高原过渡，岷江、涪江的各级干支流深深切割了地形，地形呈蜿蜒起伏的立体单元。羌族人口分布呈现出明显的沿水而居特点，大致界限为南起汶川绵篪镇，北达松潘南部的镇江关，东至绵阳市平武县平南羌族乡，西至理县蒲溪沟，西北以黑水县色尔古乡为界，面积约 8300 平方公里。这一区域的城镇中还生活着汉、藏、回等其他民族。

位于高山区的羌寨大多是较为古老的羌寨，这里距主要交通线较远，山地陡峭难上，凭险据守居高临下，对外防御条件有利，村寨规模较小、建筑大多分散布局，较多地保留了古羌习俗，如河西寨、黑虎寨等。半山有耕地的台地，并有险可据之处既利于生产、生活，又有安全防卫的保障，村寨规模大小不一，建于背山面向河谷的台地上，如纳普寨、布瓦寨等。河坝平谷土地较为肥沃，水源充足，交通便利，成为落寨首选之地，村寨规模相对较大、建筑聚集成片，如羌锋寨、桃坪寨等。

羌寨规模大小不一，大的寨落三五十户，以至上百户，小的十几户到二十户，甚至有七八户的组团小寨。既有自由散置式，也有组团组合甚至街巷组合式。岷江以西的羌族民居为碉房形式，随山坡等高线布置，分台筑屋，布置密集，有时几座碉房共用墙身，屋顶拼联相通，具有更坚固的防守功能，寨中一般都建有碉楼。羌族信仰自然崇拜的原始宗教，无庙宇等建筑物。碉楼是羌民族传统村落中的独特建筑类型，以石或土砌筑，高度 10 ~ 40 余米不等。阿坝州汶川县威州镇布瓦寨、理县桃坪乡桃坪寨、茂县黑虎乡鹰嘴河寨为羌碉分布相对集中处，共有碉楼 46 座（图 2-3-9 ~图 2-3-12）。

（四）川西南彝族村寨

四川彝族主要聚居于凉山彝族自治州、峨边彝族自治县、马边彝族自治县和攀枝花迤沙拉地区、米易县、盐边县，以及九龙县、泸定县、石棉县、汉源县的彝族乡。彝族是农牧兼营的民族，村寨的形成与分布方式受传统奴隶制社会制度的影响，同时也受几千年民族生活习性的影响。彝族的村寨多坐落在海拔 2000 ~ 3000 米的山区、半山区，聚族而居，一般选择向阳山麓，顺山修建，以山腰、山梁处居多，山脚、河谷地带较少。杂姓村落和平坝、河畔村落是近代开始出现的。凉山彝族传统聚落有“聚族而居”、“据险而居”、“靠山而居”三大特点。由于大部分地形地势受分割的原因，导致彝区耕地零星分散，人们为了方便生产耕作，随耕地而搬迁，造成彝族村寨布局分散。彝族典型的聚落特点是高山区为散居，而平坝河谷地区则以聚居为主。

在高山地带，选址多在地势险要的高山坡地向

图 2-3-9　河心坝羌寨（来源：陈颖　摄）

图 2-3-10　布瓦寨（来源：李路　摄）

图 2-3-11　蒲西大寨（来源：李路　摄）

图 2-3-12　蒲西沟（来源：李路　摄）

阳山坡面，有依山傍水、向阳避风的环境。生产方式主要重畜牧而轻农耕，山坡上的平地用于居住，山坡用于放牧和耕种。一般一二十户成一寨，也有三五户为一寨。村寨顺应地势布局，既没有明确的村寨边界，也没有明显的村内主道路，变通系统随意性强。村内单体建筑布局自由散落，多沿等高线布置或如棋子般散落。每家的住宅以单栋式、院落式存在，但院落形式是不完整的三合院，有别于汉族院落。户与户之间院落和墙体都不相连，户与户之间有土质的村道相通。村寨内往往有一开敞空地，作为人们各种娱乐和宗教活动等礼会群集活动之用。聚落中以民居为主，极少出现公共性建筑，以及大分散、小聚居的布局是彝族村落的特点。

也有一些村寨，特别是晚期的村落，选择河谷和靠近坝区的缓坡山脚等地营建，由于地势较平坦、土地肥沃，农业生产占主要地位，村寨建筑集中布置，一般有二三十户成寨。先留出适宜耕种的土地，建筑退至坡度稍陡的地方，耕地与农宅之间常种植树林，利于水土保持。有的形成具有向心性的村寨，单体建筑群依一定中心组合而成的村落，如以水源、活动场地为中心布置；有的村寨是沿等高线集中布置，布局灵活自由，无过多限制（图 2-3-13、图 2-3-14）。

二、村落实例

（一）宝箴塞

宝箴塞位于广安市武胜县宝箴塞乡。东寨始建于清宣统三年（1911 年），为乡籍绅耆段襄臣出资营造。民国 21 年（1932 年），续建西寨，并与东寨融为一体。前后修建时间长达 40 多年。宝箴塞与下面的段家大院、碉楼三位一体，遥相呼应，占地面积达 2 万多平方米。塞内有 8 个天井，108 道门。

(a)

(b)

图 2-3-13　高山上的彝族村落［来源：(a) 四川省住房和城乡建设厅；(b) 郑斌　摄］

图 2-3-14　河谷和半坡的彝族村落（来源：四川省住房和城乡建设厅）

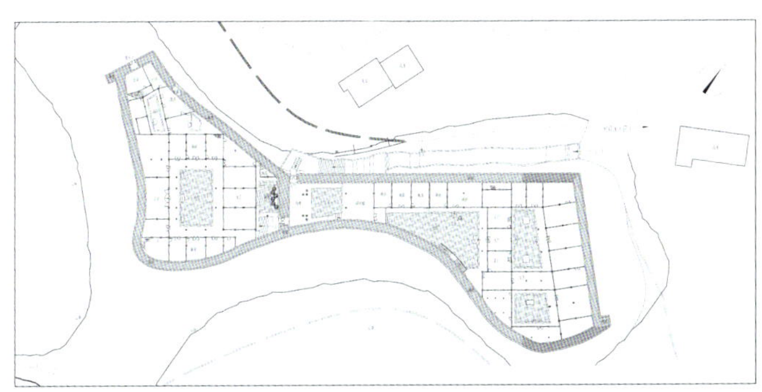

图 2-3-15　宝箴寨平面示意图

图 2-3-16　宝箴寨东寨（来源：罗号　摄）

图 2-3-17　宝箴寨（来源：文保单位资料）

寨墙高 6.5 米，长 560 米。

宝箴寨系当地豪门段氏家族为避战乱而修建的集防御工事、起居生活的四合院民居于一体的全封闭式建筑群。寨呈东西走向，平面呈银锭状，东西端阔，中间狭长，用条石砌墙，依山而筑，地势险要，最高处达 10 米，周长 2000 余米，仅北面一门可出入。寨内防御工事为环形阻击通廊，置石墙、射击孔、瞭望孔、城堞等，大小房屋百余间。寨外还遗存段氏家族大院及护院碉楼。寨内厅堂房廊气势恢宏，仓库池井部署齐全，总体成七天井四院落布局，有大小房屋百余间，环形炮楼长达 2000 余米。寨外，有通过地下通道和寨紧密相连的段家旧宅院及碉楼各一座，面积千余平方米。

宝箴寨要隘设险，依势布局，城墙雉堞，通廊迂回的防御体系，既承传了古代城寨堡垒的建筑特色，又体现出建筑本身森严壁垒的防御功能，被考古专家誉为“川东军事要塞的活化石”。为清至民国时期极具特色的代表性建筑（图 2-3-15 ~ 图 2-3-17）。现已公布为中国传统村落。

（二）梭坡乡莫洛村

莫洛村位于甘孜藏族自治州丹巴县。丹巴人称“千碉之国”，藏寨选址结合自然环境，向阳避风、背坡近水。聚落中的建筑由石砌碉房与高碉组成，大多依据地形以村寨为组分散于山间坡地上，宅前屋后种植林果花木，较开阔的坡地开垦耕种农作物。多数高碉建于宅旁或寨中公共活动处，其他则散落于村寨外围的山梁上或谷岔口，形成具有浓郁防御气氛的居住环境。各户碉房相互独立或几户相邻而建，或依山就势、高低错落保持一定的距离，布局自由。寨内交通主要为自然步行小道和少量简易车行道，聚落结构较为松散，既利于生活、生产又便于军事防御，成为高山峡谷地带自然和谐的生态家园。

梭坡乡位于丹巴县城东部，距县城章古镇 7 公里，三面环山，一面临大渡河，地势由东北向南倾

图 2-3-18　梭坡乡莫洛村（来源：陈颖　摄）

图 2-3-19　古碉房与碉楼（来源：何雨维　摄）

斜。现存四角碉、五角碉、八角碉、十三角碉等各类古碉116座，最高达38.3米，是丹巴古碉最为集中、类型最丰富的地区。莫洛村位于梭坡乡大渡河东岸，村庄占地面积2672亩，255人，村落分为上下两寨，形成于元代以前，现存有四角碉、八角碉、五角碉共7座，古民居10户，其中一栋6层碉房据说已有800余年历史。民居建筑平面方整，多为4层，外墙用坚厚的石墙，下实上虚，密梁平顶，外形封闭似碉，故又称碉房。建筑的外墙、檐口、门、窗洞周边分别以红、白、黑、黄色带涂饰，室内门窗隔墙等彩绘丰富，色彩艳丽。梭坡乡莫洛村为中国历史文化名村、中国传统村落（图2-3-18、图2-3-19）。

丹巴民居明快鲜艳的外表与蓝天白云、青山绿树相映衬，生态性特点十分突出，每个村寨都保持着旺盛的生命力，是“活着的”古民居群落。这除了与藏民族的传统审美习俗有关，更得益于主人们对自己房屋的精心照顾。在当地，每年的雨季前主人们都会将屋顶重新换土夯实，墙面刷饰一新，按照古老的方法使用传统的材料和色彩对房屋进行维护装饰。

（三）拉日马石板藏寨

拉日马石板藏寨位于甘孜藏族自治州新龙县拉日马乡扎宗村。藏寨地处海拔3678米，地势平坦、水草丰茂之处，四面环山，拉曲河从寨中蜿蜒流过。藏寨因扎宗寺而兴，14世纪初扎宗寺建成后便有藏民自发在寺院周围建房，至今全寨372户，1900余人。藏寨由扎宗寺、佛塔群、《甘珠尔》彩绘石经塔与民居构成有机整体。

扎宗寺，距今已有700余年历史，它由经堂、铜色吉祥山、佛学院和扎空房四部分构成。佛塔群位于扎宗寺的右侧，由113座白塔组成。主体塔塔身共6层，代表六重天，在棱锥体的塔身上，由上而下分别放置有1、4、12、24、32、40座白塔，塔群正前方3个圆形小塔，名叫“曼扎”。在主体塔的后方与左侧，有一道嵌满130幅石刻的佛像墙。每件作品都经精雕细琢，生动逼真、色彩鲜艳，具有很高的艺术观赏价值。《甘珠尔》彩绘石经塔位于扎宗寺的左侧，用数10万块刻有《甘珠尔》全套经文的石片垒砌而成。塔高11.03米，塔基高约8米，呈正方形，之上分6层渐次收台。塔顶正中及五层台阶四周均安放有铜质镀金法幢、彩色石刻佛像和小彩塔。

藏寨小巷均由青石铺就，民居多用石板盖成。错落有致、布局紧凑的石板房，高2～3层不等，一宅一院，木栅栏、青石路、石板屋顶，古朴而实

图 2-3-20　拉日马石板藏寨（来源：文保单位资料）

图 2-3-21　藏寨佛塔群

图 2-3-22　《甘珠尔》彩绘石经塔

用。底层一般用块石或兼用泥土夯墙，少窗，无地板，旧时一律作牛马圈，现在通常用来堆放农具、柴禾。二层为主人居室，中间一室宽敞、明亮，作为客厅和厨房，具有冬暖夏凉的特点，楼层是藏式崩空房。屋顶先用泥土覆盖，铺平夯实后再铺上石板，石板取自当地页岩，厚薄自定。拉日马石板藏寨历史悠久，建筑风格独特，已被公布为全国重点文物保护单位（图 2-3-20 ～图 2-3-22）。

（四）鹰嘴河羌寨

鹰嘴河寨位于阿坝藏族羌族自治州茂县黑虎乡半山，南北走向的山脊上。西临悬崖，悬崖下为鹰嘴河，寨子因此而得名。东面为缓坡地，海拔高度 2727 米，距黑虎河谷垂直距离约 200 米。寨中民居和碉楼沿山脊排列，各自相对独立，聚落布局较为分散。占地规模约 21 亩，居住人口约 23 户 123 人。

鹰嘴河寨碉楼始建于明、清时期（17 ～ 18 世纪），当时部族、村寨之间时常发生战争，故修建碉楼御敌。在长约 280 米、宽约 20 ～ 60 米的山脊上，集中修建了 5 座碉楼，另在距此北 100 米的缓坡地

上还有保存较完好的碉楼2座。碉群周围有民居，北面山脊的尽头有宗教场所并建有祭塔。其地势险峻，位于高半山悬崖上，两面环水，使寨子易守难攻。

黑虎鹰嘴河寨群碉，包括四角碉楼2座、六角碉楼2座、八角碉楼2座、十二角碉楼1座。有的为单独修建，有的与民居结合修建，是岷江上游古碉楼数量最多、种类最齐、保存最好、最为集中的碉楼群，充分体现了羌族高超的建筑技巧。六角碉楼坐南朝北，平面呈六边形，碉体从下向上渐收分，底部周长27.8米，通高约17.5米。十二角碉楼坐南朝北，平面呈十二边形，内部呈圆形，整体从下往上渐收分，呈台锥形。底边周长约24米，边长2米，通高约18米，碉体共有24个内大外小的小窗。

祭塔是羌族传统宗教仪式"祭山会"祭山神的塔，亦叫祭坛。石砌3层塔式建筑，通高2.5米，顶为一圆雕石柱，刻有花卉图案。塔身镶白石，充分体现了羌族的白石神崇拜信仰。

鹰嘴河寨民居也为外墙石砌、室内木构的碉房建筑，多数为2层，坡屋顶与平屋顶结合。由于建设用地较为充裕，牲畜围圈多单独设置在宅旁。碉房首层为堂屋、厨房等房间，设有少量卧室，二层用于居住及储物，屋顶平台用于晒粮及室外活动，坡顶屋面以当地的片岩石板覆面，建筑外观保持材质原色，古朴雄浑（图2–3–23、图2–3–24），现已公布为中国传统村落。

（五）桃坪羌寨

桃坪羌寨位于阿坝藏族羌族自治州理县县治东部约40公里的桃坪乡，海拔高度1500米，寨东外为农田，南临杂谷脑河及国道317线，西北紧靠增头小河。村寨南北长270米，东西宽260米，占地面积7.02公顷，有传统居民约98户。因地处杂谷脑河官道要隘，故聚落布局紧凑，住户毗连成片，形成整体建筑群，并具有完整的地下水网系统，具备明显的防御性特征。这种城堡式羌寨，在整个羌族地区具有代表性（图2–3–25）。

图2–3–23 鹰嘴河寨碉楼与民居（来源：熊瑛 摄）

图2–3–24 沿山脊分布的羌寨示意图（来源：《藏羌碉楼与村寨》资料）

图 2–3–25 桃坪羌寨平面示意图（来源：理县县政府）

桃坪羌寨的布局充分体现了设防民居聚落的特性。村内原有石碉楼 7 座，现存 2 座碉楼。碉楼共 9 层，室内木楼面并以木梯联系上下，总高 26 米。寨内碉楼与碉房民居融为一体，碉楼位于地势高朗处，民居处于其周围下方，户户相连而建，巷道宽窄并存。寨内的通道，大多为暗道。有通道的入口处，多是高墙耸立，入口狭窄、低矮，利于防守。迷宫似的通道连接每一个单体建筑，既四通八达，又神秘幽深。巷道有宽有窄，宽处达 3 米左右，窄的只有二三十厘米。村民做墙体时会在自己的外墙口为邻里预留深孔，以便搭建另外的建筑。巷道上可住人、下可通行，蜿蜒曲折，幽深莫测，使外来之人不辨东西（图 2–3–26）。

寨中民居平面呈长方形，3 ~ 4 层，外墙石砌，室内木构。住屋底层为牲畜圈和厕所，二层为起居生活层，以石台阶与室外相连，三层为储藏层，四层为屋顶晒坝和储藏粮食的照楼。建筑层高较低，住居外观基本不着色。

羌寨内的地下水网四通八达且功能繁多。在寨的上游处有来自增头沟之水（原名赤溪），形成主水口，主水口下，有几十个分水口，分水口下又有小水口，密如蛛网。寨内主要通道下面都筑有暗水道，使之流进每户的门前。揭开门前的石板，就能随时取水。这种做法方便生活、清洁用水、又有消防作用。同时，这地下水网也有防病、制冷、防御及便于灌溉等作用。桃坪寨的路网、水网、房顶，组成了羌寨内地上、地下、空中三种立体交叉的道路网络和防御系统，这也是桃坪羌寨建筑的奇特之处。桃坪羌寨已公布为四川省历史文化名村，中国传统村落。

（六）迤沙拉村

迤沙拉村位于攀枝花市仁和区平地镇东南，村内海拔 1700 米，年平均气温 22 摄氏度，冬暖夏凉，四季如春。村庄占地面积 3086 亩，其中彝族“里颇”支系占总人口的 96%，是四川省最大的彝族聚居自然村寨。彝族为古代氐族后裔之一。《史记五帝本

图 2-3-26　户户相连、碉宅结合的羌寨（来源：陈颖　摄）

纪》记载，黄帝长子昌意"降居若水"，次子青阳"降居江水"，若水、江水即当今的雅砻江和金沙江。地处金沙江边的迤沙拉"里颇"彝族就是其中之一，据《西南彝志》记载，其始祖是阿普都木，因战乱随古代民族迁徙而迁移至此地生存繁衍，逐步发展形成现在的 518 户、2193 人的规模。"里颇"是定居比较早的一个世居少数民族，"里颇"人说彝语中的中部方言，其文字现已失传。迤沙拉是四川最大的"里颇"村寨，具有鲜明的民族和地方特色，民居建筑、民俗风情、谈经古乐、里颇服饰、婚俗、饮食文化独具特色，被列为中国历史文化名村、中国传统村落。

由于明代中原军士在此屯垦并多与当地妇女通婚，迤沙拉村寨建筑与风俗文化还明显浸润着汉族色彩。依平缓的金沙江西岸台地而建的迤沙拉村内小巷纵横、密如蛛网，家家高墙深院、院院紧邻，门前有巷、巷巷相通。清代民居建筑保留完整，有独栋的"一字形"形式，也有一正两厢组成的三合院及四向组织的四合小院。"一字形"独栋民居为硬山或屋顶加厦檐，檐口盖整齐的青筒瓦，瓦头为圆形，雕印有花草或鸟兽，生动精致。建筑平面一明两暗，有楼，正中明间开门为堂屋，门前厦檐下留宽阶，为妇女手工劳动和家中接待宾客之处。堂屋正壁立神龛，中供"天地君亲师"，右为历代祖考妣，左为灶王府君玉夫人。神龛下供有土地菩萨。堂屋的左角与右角分别供坛神"苍龙"、"锅龙"。后墙或山墙顶上墙角处插有一根云南松枝条，上挂红线，供奉的是土地神灵"小土主"。反映出当地彝人对汉文化传统的传承。堂屋两侧的暗间，为祖父母和父母居住；暗间前檐下用土坯垒砌成屋作为儿女宿室。房间多用木壁隔开，堂屋

图 2-3-27　远眺迤沙拉村

图 2-3-28　民居院落（来源：四川省住房和城乡建设厅；潘曦）

两侧木壁开有菱形格子窗口，窗棂和木壁上有花鸟彩绘。

四合院布局一般由正房、左右厢房及正前方的畜圈组成。大门开在左厢，为四合院的出入口。其中正房居高位，多建于毛石砌筑的台基上，穿斗木构架，石鼓柱础，土墙瓦顶，房屋除朝向院内的檐墙为木构外，沿街檐墙及两侧山墙均为约 500 厚夯土墙构筑。院内各间房屋的房梁檐下有木雕吊坠，花纹自上而下递增，如水波惊起、层次分明(图 2-3-27、图 2-3-28)。

四川古建筑

第三章　祠庙建筑

四川祠庙建筑分布图

1. 都江堰城隍庙
2. 尧坝东岳庙
3. 李庄东岳庙
4. 都江堰二王庙
5. 成都武侯祠
6. 阆中张桓侯祠
7. 资中武庙
8. 姜侯祠
9. 庞统祠墓
10. 七曲山大庙
11. 姚氏宗祠
12. 自贡陈家祠
13. 资中王家祠
14. 大英戴氏祠
15. 李亨祠堂
16. 白坪村马氏祠堂

凉山彝族自治州

（地图引自：中华人民共和国民政部编．中华人民共和国行政区划简册 2014. 北京：中国地图出版社，2014.）

祠庙是中国古代供人们对自然天地、山川、神灵和人文始祖先贤、圣哲名人进行祭祀活动的建筑。四川很早就有祠庙建设的历史，如西周时期的成都羊子山土台即是用于祭祀天神的祭坛。最初建在玉垒山麓祭祀古蜀国王望帝杜宇的崇德祠，在南北朝时（公元494 ~ 498年）由孟州刺史刘季连将其迁往郫县，与祭祀另一蜀王鳖灵即开明的丛帝庙合并，称望丛祠，明末清初被毁，后清道光十四年（1834年）重修，是川内纪念望丛二帝的主要场所。早期以感恩大自然、祭祀自然对象的坛庙为主，蜀汉之后为纪念先贤名人建祠盛行，自南宋《家礼》立祠堂之制后，祭拜祖先的祠堂在民间迅速发展。

根据祭祀对象的不同，祠庙建筑可大致分为三种类型：一类为祭祀自然神祇，如从祭天地、社稷到祭祀名山大川的坛庙，以及民间崇拜祀神的火神庙、文昌宫、王爷庙、城隍庙等各类祠庙。第二类为祭祀先贤名人的祠庙，如孔庙、关帝庙、武侯祠、张桓侯祠等。第三类是家族祭祀祖宗的家庙或祠堂。

祠庙建筑主体大多由大门、戏台（楼）、正殿、配楼、看楼等组成，主要建筑位于中轴线上，正殿两侧为厢房，采用院落式布局形式。也有单独一座建筑的情况。根据使用功能的不同，建筑数量不等，可以是一进院落，也可以是多进院落，注重庭院内理景，主次分明。建筑营建技术、风格民间化，但建筑用材较普通民居规格高，细部处理及装饰更为精致丰富。

四川祠庙建筑也有其独特的地方特色。由于地貌变化丰富，建筑布局常常结合地形，因地制宜，既有规整的合院重重递进的严整形式，也有顺应山势高低错落、转承呼应的自由组织。传统礼教有“一庙一主”“一庙多室、一室一主”的祭祀之制，四川祠庙很多为“一庙多主”，如武侯祠的君臣合祠，二王庙的父子合祠等。四川地区的民间信仰兴盛而繁乱。史载“川俗多赛神拜忏，信巫祀神，曰盘香会，亦有所谓祀坛神者。”[①]“川神习俗，家人偶有病痛，或遭遇不祥事，则向神前许愿，准说圣谕几夜。”[②]明、清时期，西南地区的民间神祀呈现以下四个特点：一是城隍庙、土地庙之类神祀十分盛行；二是受敕而建的东岳庙、文昌祠、关帝庙纷纷涌现；三是移民会馆的区域神祀大量出现；四是将前代保境安民的官员将领供奉为神祇之风愈演愈烈。从地理分布来看，东岳庙在保宁府、顺庆府、潼川府、雅州府、眉州、茂州、绵州以及达州不见记载，东岳庙是北方文化的产物，反映了这些府州县相较成都、叙州等府，较少受到北方文化的影响。武侯祠、桓侯庙多分布在保宁府、顺庆府和雅州府。川主庙则以成都府、顺庆府和叙州府为多，即四川文化的核心区域。而仅雅州府没有文昌祠的记载。[③]在这种民间信仰繁杂和混乱的状况下，造成了“各处从祀先贤，名位多有差论，且失次序”的局面。[④]如合江县尧坝镇东岳庙，俗称火神庙，建筑依九龙聚宝山而建，历经明代万历，清代康熙、嘉庆的几度建设成为五重殿宇，第一进为戏楼，俗称万年台，二重殿为魁星楼，三重殿为城隍殿，四重殿为东皇殿，五重殿为孔圣殿，已呈多神集聚之势，是川南地区典型的民间信仰建筑。

第一节　自然神祠庙

一、概述

四川民间的自然神崇拜十分庞杂，不仅将自然现象神灵化，而且以拟人化的方式使其偶像化，与道教的神仙体系有重合。一处祠庙建筑群中，常会祭祀多位神祇。就现存建筑来看，祭祀东岳、火神、江河神、龙神及城隍神的建筑数量较多。民间祭祀建筑的形制比较自由，建筑布局多为合院式，大多数建有戏楼，建筑群朝向不定，既有坐北向南的较为正规的朝向，也不乏坐东向西、坐东南向西北的例子。

历史上四川地区水灾频繁，祭祀江河神免除水患的祠庙比较普遍。明洪武六年（1373年），礼部奏书称“往者四川未平，望祭江渎于峡州，今川蜀既下，当遣使者诣南渎大江神庙致祭。”随即，吏部主事王性中便带上厚金专门到四川祭江神。明代四川川主庙供奉江渎神，可见当时四川民间对神祀崇拜的特点。清乾隆（1735 ~ 1796 年）年间，金沙江下游也建立了江神庙，岁时祭祀不断。[⑤] 与江河有关的神祇及祠庙还有祭祀镇江王爷的王爷庙，这类神庙大多傍水而建，如叙永县的王爷庙位于永宁河东岸，筠连县的两河口王爷庙位于南广河与巡司河交汇处的南广河上游。

祭祀龙神的祠庙也相当多。龙是行雨管水的神灵，风调雨顺对于一个农业大国来说十分重要。龙神主司掌管降雨，历来受到以农耕为主，祈望风调雨顺的川人的祭拜，如蓬溪县的龙王庙内存有蓬溪知县来庙求雨时留下的“灵雨碑”一通，可体现龙神的职能。龙王庙的分布范围较广，除了汉族聚居区外，阿坝藏族羌族自治州亦有遗存。

火神是民间祭祀的俗神之一，关于火神的形象和来历，不同地域的人们看法不一，没有一个统一的说法。合江县福宝镇火神庙，大门门楣高浮雕祝融、回禄、阏伯等形象（图 3-1-1）。乐山市区的火神庙又名炎帝庙，可见在四川地区，火神并不专指一个人。绵阳江油市的火神庙又名文昌宫，可能与其祭祀对象的改变有关，也反映出四川地区神祇混杂祭祀的现象。

图 3-1-1　福宝镇火神庙大门（门楣火神形象）（来源：潘熙　摄）

城隍神的源头是水墉神，即沟渠神，后发展成为城邑的保护神，[⑥] 城隍即指护城河城隍信仰在汉代进入民间，在逐步的发展中，城隍神从自然神转向社会神，起保卫城邑、保国护民的作用。经过不断发展，城隍神体系逐渐融入管理冥界的行政体系，如都江堰城隍庙的十殿和阿坝藏族羌族自治州的城隍庙设文官殿与武官殿，正好体现了城隍庙的这种职能。祭祀城隍神的城隍庙在四川地区分布十分广泛，县治以上的城镇皆有设置，县、府合驻的城市还须分别设置，如成都城内曾有成都府、成都县和华阳县三座城隍庙。受汉族文化影响，阿坝和凉山少数民族地区也有少量分布。

二、实例

（一）都江堰城隍庙

“城隍”一词源于古代的城墙和护城河，在古人心目中是护卫百姓安全，保佑一方平安之神。城隍庙又融合了彰显惩恶扬善、因果报应的十殿阎罗，对维系社会道德法纪、警示世人百姓弃恶向善有巨大的作用。都江堰城隍殿的对联：“彰瘅本无私，明明白白，举念时毋欺了自己；贤奸终有报，是是非非，到头处曾放过谁人？”“善恶界几希，莫到此间才转念；阴阳同鉴察，须寻原处早回头”，概括了城隍庙振兴教化、劝人向善的作用。

城隍庙位于城内玉垒山麓，始建年代不详，据清乾隆《灌县志·祠庙》言：清顺治年间（1644 ~ 1661 年）厉坛，清雍正三年（1726 年）“添设饭米”，可见其庙建于明代。《重修城隍庙碑》载，清乾隆四十七年（1782 年）住持道士张来翕“庀材鸠工，大兴土木，重建殿宇”，并“广栽繁茂，力谨护持”。至此，城隍庙山林、庙宇一片兴旺。清光绪三年（1877 年）庙遭火灾，次年由知县陆葆德主持重建。

建筑群坐北向南，依山面城。占地面积 3000

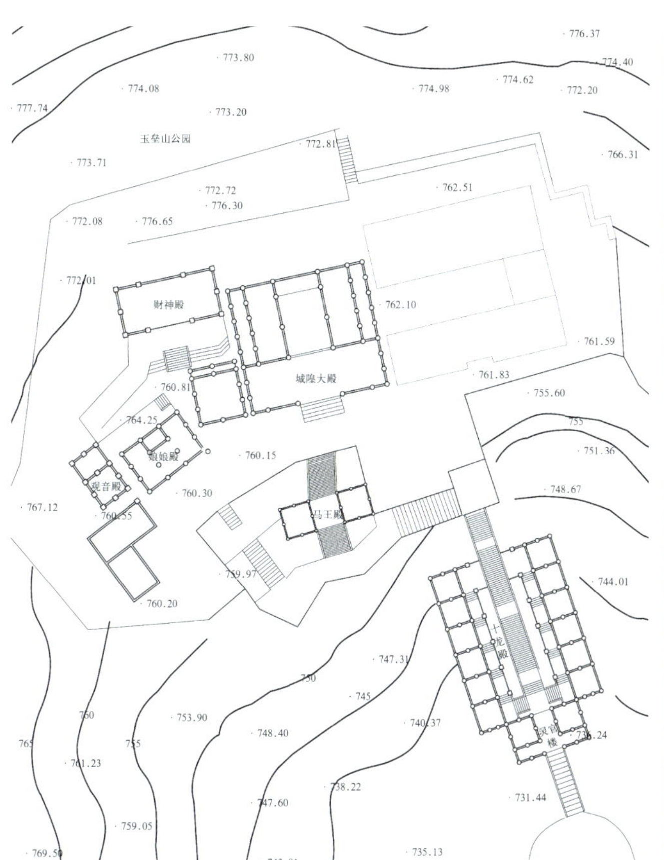

图 3-1-2　城隍庙总平面示意图（来源：何龙　绘）

图 3-1-3　十龙殿（来源：何龙　摄）

图 3-1-4　城隍殿（来源：何龙　摄）

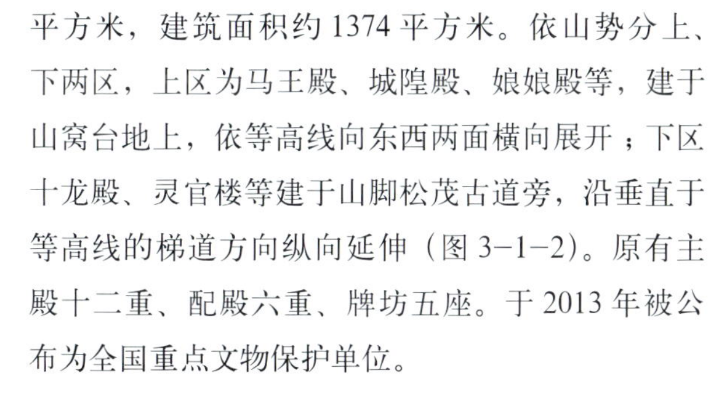
平方米，建筑面积约 1374 平方米。依山势分上、下两区，上区为马王殿、城隍殿、娘娘殿等，建于山窝台地上，依等高线向东西两面横向展开；下区十龙殿、灵官楼等建于山脚松茂古道旁，沿垂直于等高线的梯道方向纵向延伸（图 3-1-2）。原有主殿十二重、配殿六重、牌坊五座。于 2013 年被公布为全国重点文物保护单位。

城隍殿面阔五间，宽、深均达 22 米，高 14.4 米，室内空间按祭祀活动要求分隔成前堂、神堂和内围廊三部分。穿斗抬梁混合式梁架，歇山屋顶。柱上有清同治四年（1878 年）题记。

十龙殿布局最具匠心。十龙殿在一条约 30 米长的笔直上行梯道两侧，呈对称跌落布局，各间相邻的山墙出屋面飞檐为二重、三重相间，疏密得宜，错落有序，似群雁展翅，给人以深刻印象。每殿的占地面积约为 9 平方米。单檐与重檐屋顶相间，变化丰富（图 3-1-3、图 3-1-4）。

（二）李庄东岳庙

李庄东岳庙位于宜宾市翠屏区李庄镇顺河街。始建于明正德年间（1491 ~ 1521 年），供奉东岳大帝，于清道光七年（1827 年）重修。建筑坐南朝北，北约 50 米处为长江。由大门、丙灵殿、玉皇楼、岱宗殿、关圣殿、十二殿及东西厢房等建筑组成多进四合院，占地面积 3046 平方米（图 3-1-5）。

建筑群高于道路，山门前宽阔的十八级梯道通往正门，正门二柱阴刻对联“丙地东皇万滋其长养，甲宫南面群黎荷乃帡幪”（图 3-1-6）。中轴线上建筑均为抬梁结构，五架椽前后乳栿搭劄牵，硬山式屋顶。前殿、中殿面阔三间、进深三间，高约 7.5 米。后殿面阔五间，进深三间，高约 9 米。玉皇殿面阔三间，进深三间，高约 8.7 米。室内空间高敞，柱梁交接处彩绘依稀可见，雕刻生动的雀替、撑拱，隔扇门窗丰富了建筑立面造型。十二殿位于前殿的东、西两侧，面阔六间，进深三间，通高 7 米，穿

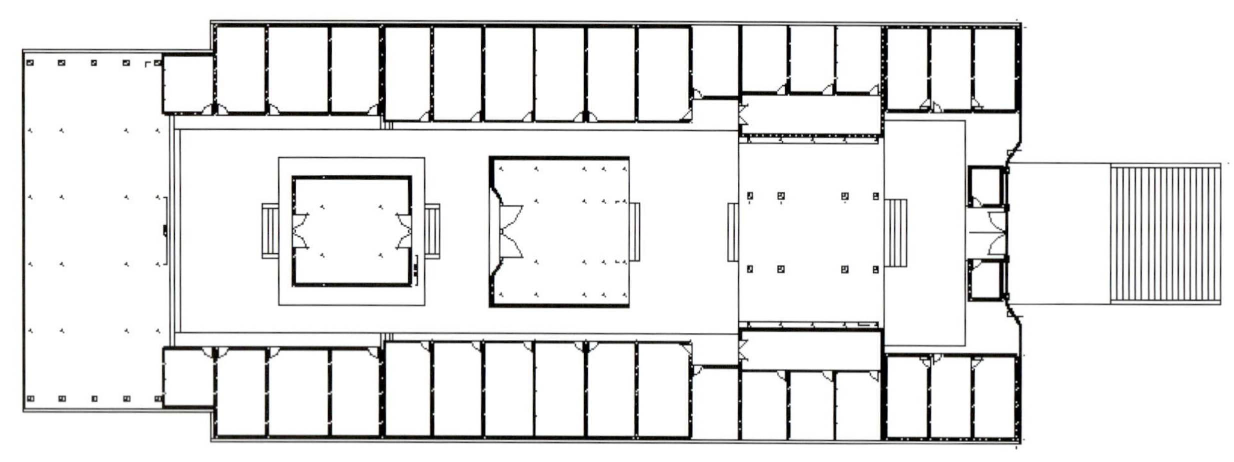

图 3-1-5　东岳庙平面示意图（来源：潘熙　绘）

图 3-1-6　东岳庙大门（来源：潘熙　摄）

图 3-1-7　内院大殿（来源：潘熙　摄）

斗式梁架结构悬山屋顶。东、西厢房与十二殿相连，各面阔三间，进深三间（图 3-1-7）。

抗战期间内迁的国立同济大学工学院就设在东岳庙内。2007 年公布为四川省文物保护单位。

第二节　先贤名人祠

一、概述

四川祭祀先贤功臣的祠庙众多，其中纪念三国人物的有祭祀刘备与诸葛亮的武侯祠，祭祀张飞的张飞庙或张桓侯祠，祭祀赵云的赵子龙祠，祭祀庞统的庞统祠墓，祭祀关羽的武庙或关帝庙等，数量最多。其次是祭祀李冰父子及赵昱的祠庙称为川主庙或川王宫、川主宫，纪念大禹的禹王庙等。其他还有纪念文人的杜甫草堂、陆游词、李杜祠、三苏祠等。其中有些祠庙并不单独祭祀一位先贤，而是祭祀两位或众多先贤，如成都武侯祠为君臣合庙；眉山三苏祠，祭祀苏轼、苏洵、苏辙三人；绵阳双忠祠祭祀为捍卫蜀汉政权壮烈殉国的诸葛瞻、诸葛尚父子。祭奠先圣先师的文庙等级最高，并与兴教办学结合，形成独特的祭祀建筑，在本书中列专门章节介绍。以上的这些祠庙，多设在名人出生与活动的地方。如七曲山文昌宫位于绵阳梓潼，是张亚子的故乡；都江堰二王庙是李冰治水之处；成都杜甫草堂是杜甫曾经居住的地方。

先贤祠庙建筑强调礼制观念，多为四合院布局，主要建筑位于中轴线上，次要建筑对称分布于两侧。对于有多个祭祀对象的祠庙，祭殿的布置顺序及体量大小体现出祭祀对象的重要程度或尊卑级别。如成都武侯祠为君臣合庙，以前殿祀昭烈皇帝刘备，后殿奉武侯诸葛亮，左、右偏殿祀关羽、张飞，左右两厢为文臣武将廊，体现出了刘备、诸葛亮与群臣之间的尊卑关系。而梓潼的七曲山大庙属于多神祭祀，并包含了宗教建筑内容，囊括了儒、释、道三个方面，因此形成了多个轴线。

祠、墓合一的布局形式也是其特点之一。祠与墓结合的布局方式有两种：一种是将祠、墓列于一条轴线上，祠在墓前，如阆中张桓侯祠和德阳庞统祠墓；另一种是将祠、墓并列，即形成两条轴线，如成都武侯祠，刘备墓位于祠庙建筑群的西侧，墓园轴线与祠庙轴线大体平行。

地形对于祠庙建筑的布局也有很大的影响，如都江堰的二王庙。建筑群依山而建，随形就势灵活布局，融于自然环境中。先贤祠庙的建筑群常常结合造园、理景，祠内山、池、植物与亭、台、楼、阁建筑相映成趣，形成祠与园结合的名人纪念园林特色，如杜甫草堂、三苏祠等，该类纪念园在园林建筑一章中介绍。

由于先贤祠庙的祭祀对象受到官方的认可，祭祀活动得到官方的提倡，所以在建筑群规模上，普遍高于民间崇拜神祇的祠庙和宗族祠堂。如成都武侯祠，为四进四合院布局，祭祀刘备的昭烈殿前还布置有照壁、大门、二门，形成了一个前奏。再例如阆中张桓侯祠，正殿前设敌万楼和牌坊，明显增加了建筑群的气势。单体建筑等级较其他祠庙建筑高，如成都武侯祠的昭烈殿，南面与月台相连，这在其他类型的祠庙中几乎见不到，从建筑尺度上来说，自然神祇庙的面阔尺度大多在 10 ~ 20 米之间，20 ~ 29 米的数量很少，而昭烈殿面阔达 36.3 米，都江堰二王庙的李冰殿通面阔达 30.8 米，二郎殿通面阔为 30.6 米。建筑装饰也更为精美、题材丰富。

二、实例

（一）成都武侯祠

武侯祠始建于东晋（公元 303 ~ 334 年），为纪念蜀汉丞相诸葛亮而建，最初在成都“少城”内，后迁往成都南郊与刘备墓和昭烈庙相邻。唐代诗人杜甫的诗句“城乡祠堂何处寻，锦官城外柏森森”就是对其环境的真实描述。后经多次修葺，明初与刘备庙合并。明末毁于战火，清康熙十一年（1672 年）重建时将前代刘备、诸葛亮一殿共祀的格局打破，改为两殿分祀，前殿供奉汉昭烈帝刘备及关羽、张飞，后殿专祀诸葛亮及诸葛瞻、诸葛尚祖孙三代忠烈，形成了武侯祠君臣合庙的特有格局。清乾隆五十三年（1788 年）增修东、西配殿，祭祀关羽、张飞[⑦]。武侯祠由东部祠庙区和西部惠陵区组成的布局定型，古柏苍翠，红墙环绕。占地面积约 3.7 万平方米，总建筑面积约 1.25 万平方米。

整个建筑群沿南北方向有两条轴线。祠庙主体建筑位于东侧，坐北向南，沿中轴线依次分布为照壁、大门、二门、昭烈殿、过厅、诸葛亮殿五重，轴线建筑两侧配有园林景点和附属建筑。西侧轴线上是刘备陵园及附属建筑。东侧轴线上的祠庙主体为多进四合院布局，大门、二门之间的院落以古柏为主，环境肃穆，成为前导空间。第二进院落是祠庙的主体，纪念刘备的昭烈殿为正殿，建筑体量最为高大，文臣廊、武将廊对称位于东、西两侧。诸葛亮殿位于刘备殿之后，虽然体量略小，但殿前有过厅，自成独立院落。左、右有钟楼和鼓楼，布局更显庄严（图 3-2-1）。

大门之前为高 7.2 米，宽 12 米的照壁。大门位于台基上，面阔三间，进深二间，高 8.5 米。东、西两侧各有一面阔一间、进深二间的耳门，为断砌造，可供车辇出入。大门穿斗式悬山顶，正脊中间施宝顶，两端施鱼龙吻。耳门屋顶装饰与大门相似，但不施宝顶，较为简单，突出了大门的主体地位。二门面阔三间，进深二间，穿斗式梁架结构，山面砖墙围护。

昭烈殿即祭祀刘备的正殿，位于 1.4 米高的台基上，台基南延为宽大的月台。月台南面正中设垂带御路踏道，御路石上雕饰云龙。昭烈殿面阔七间长 36.3 米，高 12 米，东、西两侧在前廊的位置各设踏道一路。建筑平面为“凸”字形，主殿面阔五间。左、右梢间进深减小隔为偏殿。建筑为穿斗、抬梁混合式结构，歇山式屋顶。前檐柱廊设撑栱出

图 3-2-1　武侯祠平面布局示意图（来源：武侯祠博物馆）

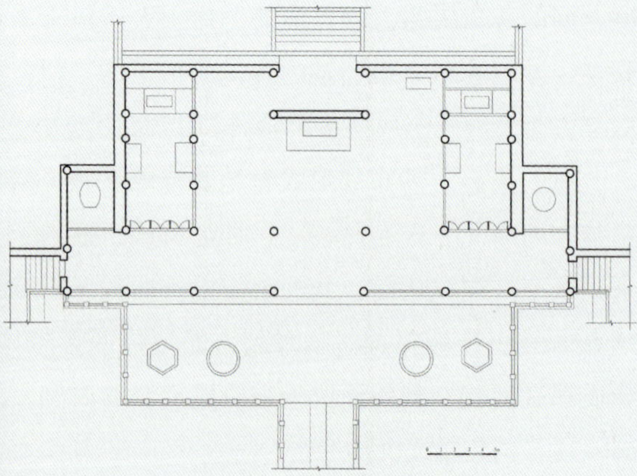

图 3-2-2　昭烈殿平面示意图（来源：潘熙　绘）

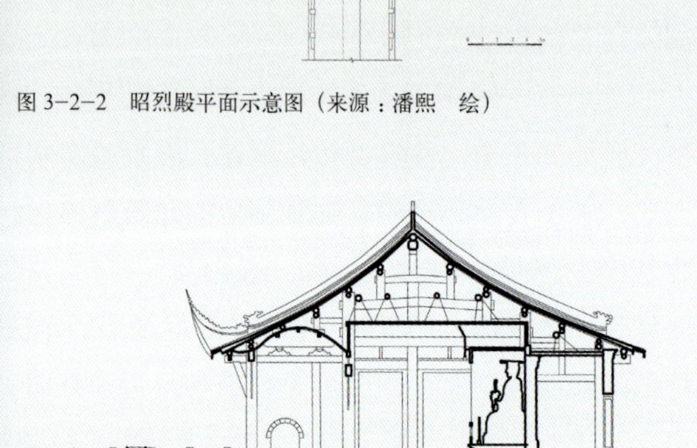

图 3-2-3　昭烈殿剖面示意图（来源：潘熙　绘）

檐，枋上施驼峰、轩梁，廊顶及檐部施轩棚。后廊与前廊构造相似，但较为简略，不施撑栱及轩棚等。山面中柱承托脊檩，室内金柱架梁层叠而上，殿内空间高大宽敞，正中供奉蜀汉皇帝刘备的贴金泥塑坐像，东、西偏殿为关羽、张飞的塑像（图 3-2-2、图 3-2-3）。

大殿东、西侧为文臣廊、武将廊，廊庑各面阔十间，进深二间，穿斗式梁架悬山顶。廊内塑有文臣以庞统为首，武将以赵云为首的当时 28 位著名的将相彩绘泥塑像。

诸葛亮殿建筑面阔五间，长 30.1 米，高 15 米，台基四面各设一路踏道。建筑结构做法与昭烈殿相似，但尺度略小，室内露明更简洁。殿内祀诸葛亮祖孙三代的塑像，像前的三面铜鼓相传是诸葛亮带兵南征时制作，人称“诸葛鼓”（图 3-2-4 ~ 图 3-2-8）。

刘备墓又称为“惠陵”由南向北依次为照壁、过厅、寝殿和陵墓，一条石砌道路将各建筑相连。寝殿前左、右有配殿，与过厅围合成院，院内置石像生。

1961 年国务院颁布为第一批全国重点文物保护单位。2000 年以后，武侯祠陆续在东侧增修锦里商业街，并将西侧南郊公园纳入武侯祠统一管理。至此形成了中部原武侯祠区、西部公园区、东部古街区的武侯祠三区格局。

（二）阆中张桓侯祠

张桓侯祠是纪念三国时蜀汉名将张飞的祠庙。据《三国志》记载，东汉献帝建安十九年（公元 214 年），刘备定益州，张飞为巴西太守，镇守阆中。章武元年（公元 221 年）被害，葬于阆中，谥封桓侯。“乡人慕其忠勇，于墓前建阙立庙，以礼祀之”。祠始建于唐代，明代时称为“雄威庙”。清嘉庆年间（1796 ~ 1820 年），始称“桓侯祠”，俗称“张飞庙”。由于战火，祠屡遭损毁，历代均有维修。现存建筑为明、清时期重建的四合院建筑群，位于阆中古城西街的北侧，坐北朝南，由山门、敌万楼、厢房、

图 3-2-4　诸葛亮殿前廊（来源：陈颖　摄）

图 3-2-5　诸葛亮殿室内梁架（来源：陈颖　摄）

图 3-2-6　钟楼（来源：陈颖　摄）

图 3-2-7　过厅

图 3-2-8　诸葛亮殿脊饰（来源：陈颖　摄）

大殿、后殿、墓亭、墓冢和园林组成，总建筑面积约 2500 平方米（图 3-2-9）。

大门临街，重建于明代。面阔五间，四架椽分心造。檐下施六铺作斗栱，其交互斗和散斗均做成棱形。山门两侧各有长 9 米的照壁墙。门前有石狮一对，龟趺双龙圭额碑两通（图 3-2-10）。

敌万楼为明代建筑。面阔三间，进深三间，高 10 余米，抬梁式梁架，琉璃瓦重檐歇山顶。檐下斗栱均沿 45° 出象鼻状假昂。四根巨大的内柱为四瓣梅花形断面，造型独特。檐下巨大匾额上楷书“灵麻舄奕”“万夫莫敌”“虎臣良牧”等，正映照了《三国志》中对张飞“称万人之敌，为世虎臣”的评价，表明此楼是为颂扬张飞力敌万夫而建。楼两侧各接木牌坊一座和厢房相连，牌坊为四柱三间三楼式，檐下施九踩斗栱五攒（图 3-2-11）。

大殿建于清同治年间（1862 ~ 1875 年）。面阔五间，进深三间，高 11 米，矗立在 2 米高的台基上气势宏伟。殿内正中立张飞塑像，两边配文臣武侍。檐柱间施额枋、挂落，枋上施彩绘。抬梁式梁架歇山顶，正脊中央为一三重宝瓶宝顶，两端施鱼龙大吻，排山脊两端施吻兽（图 3-2-12）。

大殿后有廊道与后殿、墓亭相连，两侧百年丹桂、鱼池与后殿室内书画相映，宁静幽雅。后殿面阔三间，进深二间，高 9 米，穿斗式梁架悬山顶。

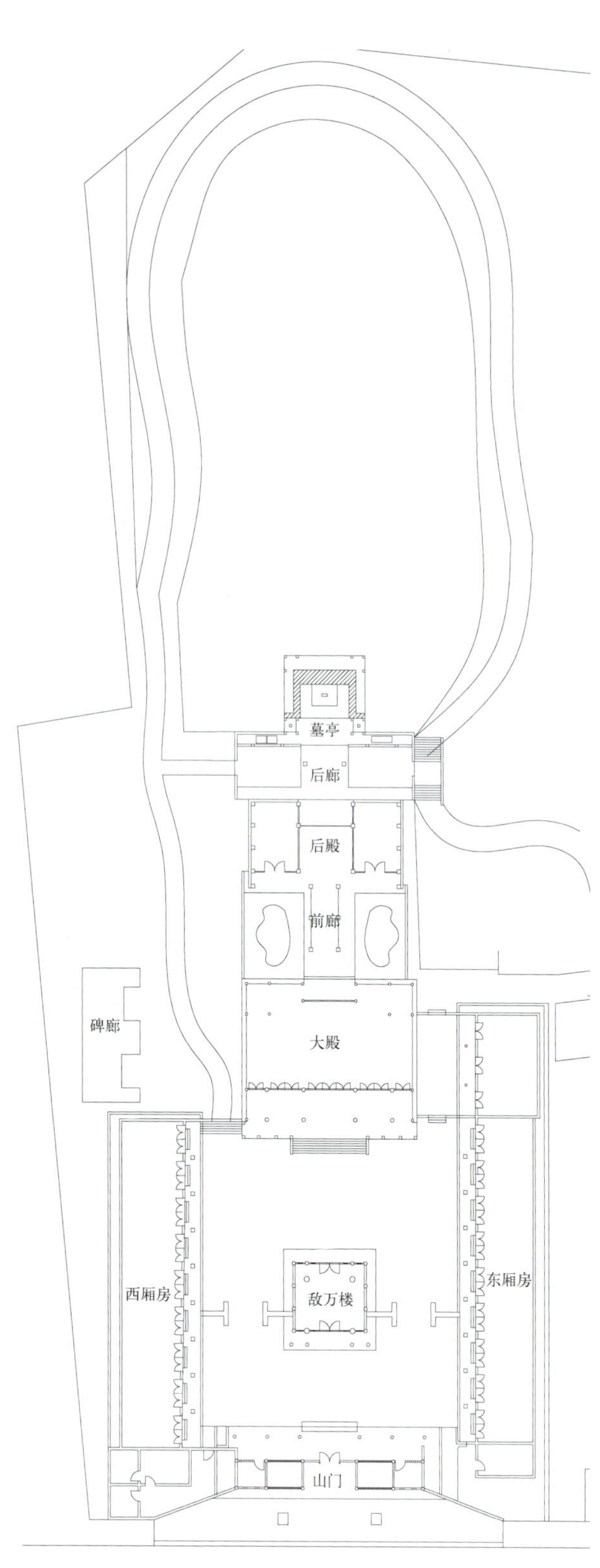

图 3-2-9　张桓侯祠总平面示意图（来源：郭方洁　绘）

图 3-2-10　桓侯祠大门（来源：潘熙　摄）

图 3-2-11　敌万楼背面（来源：潘熙　摄）

图 3-2-12　大殿（来源：潘熙　摄）

墓亭为重檐歇山顶。亭内设《张桓侯神道碑》一通。亭后为张飞墓，略呈椭圆形，现存封土高出地面8米，林木葱茏，古树参天，墓左后侧为2000多平方米的园林，园内花草繁盛，竹木成荫。1997年被国务院公布为全国重点文物保护单位。

（三）都江堰二王庙

二王庙原址为纪念蜀王杜宇的“望帝祠”。南北朝齐建武年间（公元494～498年），望帝祠被迁到郫县，随改祀李冰，更名为“崇德庙”。宋开宝五年（公元972年），扩建庙基，增加了李二郎石像，成为父子合祀的祠庙。宋元两代，李冰父子先后被敕封为王，故后来改称为“二王庙”。现存建筑为清代建成的规模。二王庙自古以来香火鼎盛，历史上一直都有官方主持的祭奠和民间祭祀活动，宋人笔记《崇德庙》说：“在永康军（今都江堰市）西门外山上，为李冰父子庙食处。”当时祭赛活动极为隆重，置监庙官，蜀人事之甚谨，祈祷累累献祭羊肉。祭赛的热闹日子里，香烟缭绕、锣鼓震天。

二王庙位于都江堰渠首东岸玉垒山麓，背山面江，与古堰相望。建筑群分布于高差达50余米的山上，主要建筑山门、乐楼、灵官楼、戏楼、李冰殿、二郎殿、老君殿等，位于中轴线上，顺应地形左右转折并逐级升高，依山势而建。占地面积约1.02万平方米，建筑面积约6000平方米（图3-2-13）。从山门进入，经过乐楼、灵官楼至戏楼前，狭长的空间衬托高耸的建筑，掩映在丛林中。连续的石梯直角转折引导人们沿山体而上，到达祠庙的主体空间，建筑群坐东北向西南，位于山坡高处的戏楼、李冰殿、二郎殿沿中轴线纵列，院落地势平坦开阔，体量高大的建筑突出了建筑群的核心。其他祀殿附属建筑则分散于主体两侧和后部，尺度较小，融入自然环境中。整个祠庙建筑空间丰富多变、宏伟秀丽，环境清幽。1982年被公布为全国重点文物保护单位（图3-2-14～图3-2-18）。

二王庙山门照壁有清末绘的《都江堰灌区图》，另外还有镌刻的治水准则“六字诀”——“深淘滩、低作堰”“八字格言”——“遇弯截角，逢正抽心”等碑。乐楼建筑面阔三间，高3层，灵官楼面阔三间，2层，均为穿斗式结构重檐歇山顶。戏楼是主体院落的入口，面阔三间，进深三间，高2层，穿斗式结构，小青瓦重檐歇山顶。檐柱挂落及撑栱均施彩绘，雕刻精美。

李冰殿是二王庙的正殿。建筑面阔五间，进深四间，四周回廊，通面阔30.8米，通进深23.45米，高2层18.5米，穿斗抬梁混合式结构，重檐歇山顶。该殿屋顶形式较为复杂，上檐为前后并联的歇山顶。底层前两间为廊，平面柱网上采用了减柱造，柱间以梁枋连接，枋下施挂落，廊顶轩棚。檐柱间撑栱与挂落均施彩绘和精美雕刻。二层结构与一层相似，

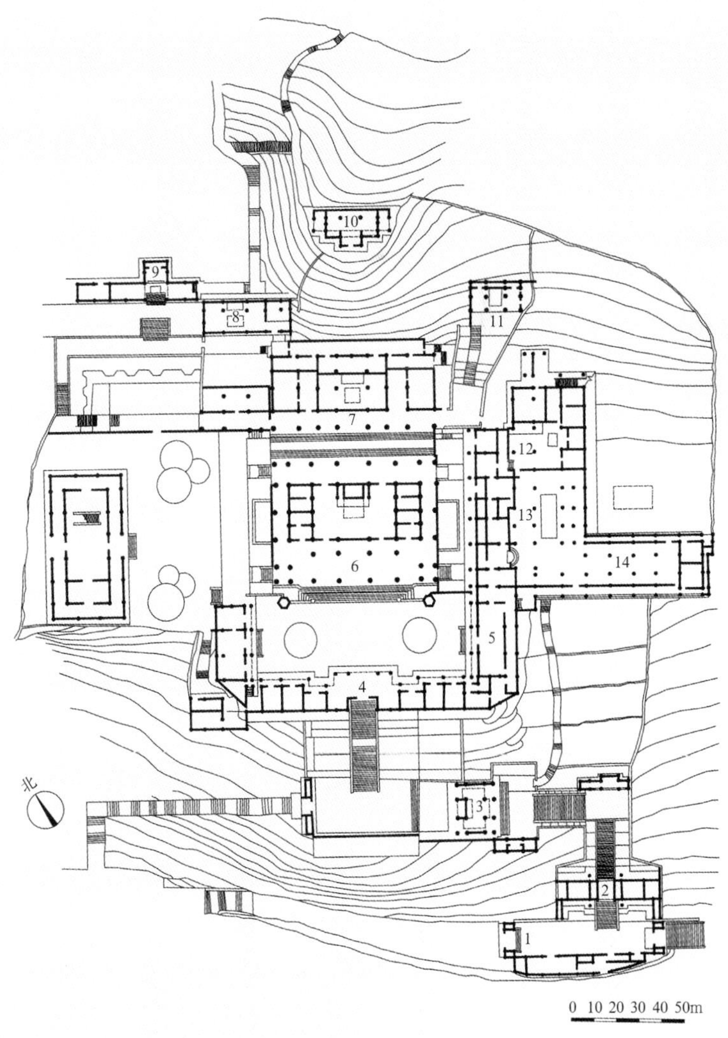

图3-2-13　二王庙总平面示意图（来源：潘熙根据《建筑史论文集》第五辑资料绘制）

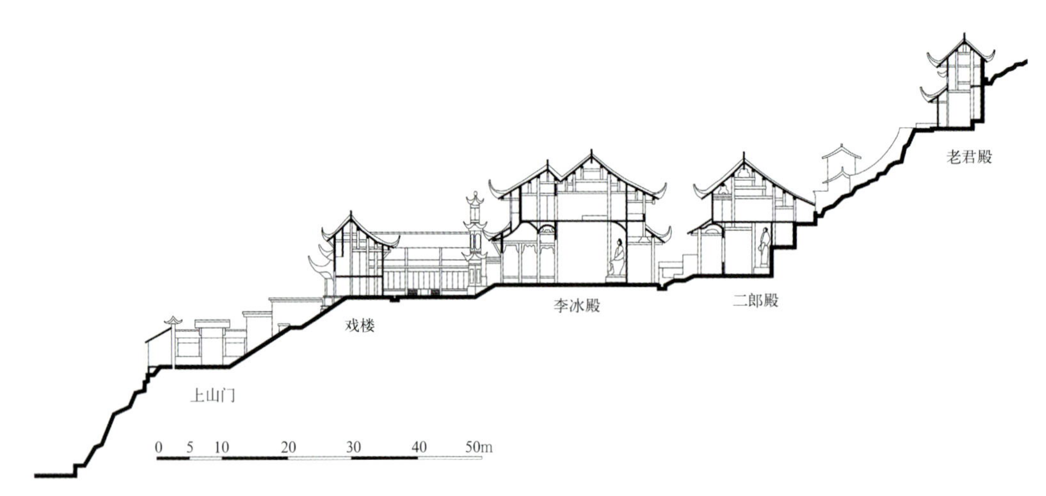

图 3-2-14　二王庙剖面示意图 1（来源：潘熙根据《建筑史论文集》第五辑资料绘制）

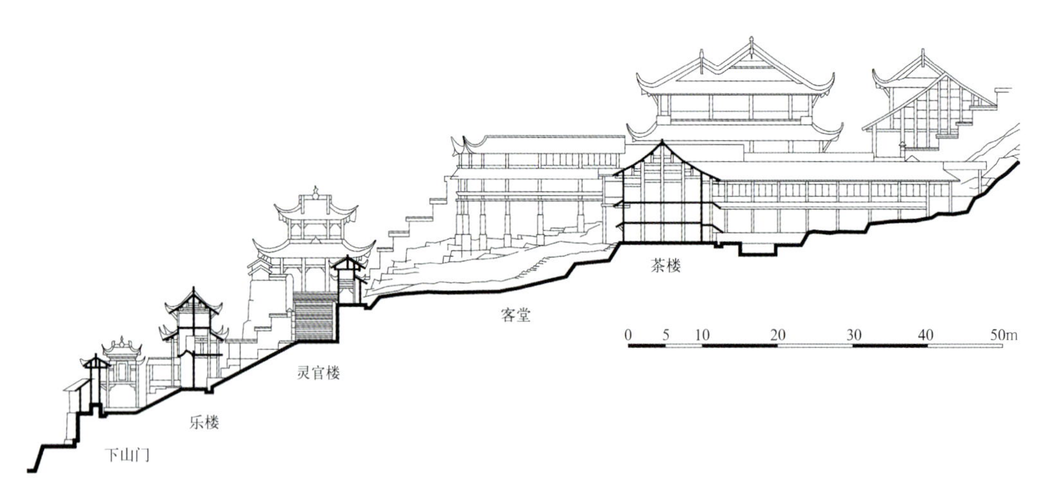

图 3-2-15　二王庙剖面示意图 2（来源：潘熙根据《建筑史论文集》第五辑资料绘制）

图 3-2-16　山门（来源：贾玲利　摄）

图 3-2-17　入口（来源：贾玲利　摄）

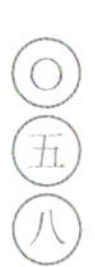

图 3-2-18　二王庙屋顶（来源：贾玲利　摄）

但简略许多，上檐吊瓜柱，顶部亦不施轩棚，为彻上露明造。后两间歇山顶建筑为抬梁穿斗混合式梁架，三架梁上柁墩承托脊檩。后檐廊柱与金柱间施枋，枋上柁墩承托上层的檐柱。

二郎殿面阔七间 30.6 米（含廊深），进深三间 16.8 米（含廊深），高 2 层 16.8 米，穿斗抬梁混合式结构。下层柱廊顶为轩棚形式，重檐歇山顶。

李冰在蜀治水取得成功，成都平原上出现了“天孙纵有闲针线，难绣西川百里图”的壮丽画卷。四川人民就尊称李冰为“川主”，清代，各府、州、县为纪念他而修建的庙宇称为“川王庙”。有的县甚至有十个以上的川主庙。民间传说农历六月二十四日为李冰诞辰，每年庙期人们为他分别在各处庙宇举行祭赛活动。

（四）资中武庙

武庙，又称关帝庙，是古代供祀三国时关羽的庙宇。资中武庙位于重龙山脚下，与资中文庙相距 100 余米。资中武庙始建于明嘉靖年间（1522 ～ 1566 年），清乾隆年间（1736 ～ 1796 年）、同治年间（1862 ～ 1875 年）时先后三次修葺，建筑布局与文庙相似。武庙占地面积 3730 平方米，现存建筑面积 1608.8 平方米，由外月池、照壁、七星门（以上毁）、朝贡殿、关圣殿、偏殿武星殿（启圣宫）、三义祠和左右厢房、钟鼓楼、廊道、庭院组成。《资州志》载，清同治十一、二年（1873、1874 年）正殿加高如文庙大成殿，左修启圣宫（武星殿），右建三义祠。民国 26 年（1937 年）武庙资料记载，正殿有忠义神武绥靖帝君、关壮缪侯、岳忠武王牌位，有关羽、关平、周仓像。启圣宫（武星殿）有光昭王、裕昌王、成忠王牌位。三义祠有玉驾圣像神像（刘备、关羽、张飞等）。武庙建筑工艺精美，绿色琉璃瓦与文庙黄色琉璃瓦交相辉映，雄伟壮观。而文、武二庙对峙而立布局的方式极为罕见，资中文庙和武庙于 2006 年被公布为全国重点文物保护单位。

正殿坐落于 1.5 米，高的素面台基上，设垂带踏道一路。正殿面阔五间，进深三间，高 11 米，穿斗式梁架重檐歇山顶。

武星殿面阔三间，进深二间，高 8.5 米，穿斗式梁架悬山顶。梁上有“同治十三年补修”题记。

后院建筑为砖木结构，前后厅面阔三间，进深二间，高 7 米，穿斗式梁架硬山屋顶（图 3-2-19 ～图 3-2-21）。

（五）芦山姜侯祠

姜侯祠位于芦山县芦阳镇，始建于北宋，为纪念三国蜀汉大将军平襄侯姜维而建造。姜侯祠建筑群坐北向南，占地面积约 850 平方米，由牌坊、平襄楼、姜公庙大殿组成。

芦山在三国蜀汉为汉嘉郡首府阳嘉县治，为蜀之边郡。传为姜维屯兵守边御羌、封荫食邑和肝胆归葬之地，有姜城、姜维墓等诸多遗迹。县民历代崇祀姜维，据明代《请建屠侯祠碑记》等的记载，自西魏起，春秋以少牢祀之。农历八月中秋，传为姜维殉难之日，全城高搭彩楼 48 座，“壮其品之高，节之坚”，于诸彩楼，歌舞竞胜，娱神娱人，成为当地千古民俗一景：“八月彩楼”，所谓“四十八台竞胜罢，满城歌舞乐中秋！”（清胡联云《八月彩楼》诗）此项纪念姜维的地方民俗活动，在北宋时即已十分隆重热闹，达到“彩包凌霄汉，鼓声震寰区”，以至“扶观塞道途”（宋杨巽《彩楼诗》）的盛况。平襄楼便是地方官员主持祭祀姜维的场所和观赏演出活动的中心。至明代，以平襄楼为中心，逐渐增建临街的牌坊，仪门和平襄楼后的有姜维木雕坐像

图 3-2-19　资中武庙
（来源：何龙　摄）

图 3-2-20　现存前院侧廊及大门
（来源：何龙　摄）

图 3-2-21　正殿
（来源：何龙　摄）

的大殿，平襄楼成为祭祀姜维的享殿，整体形成“汉姜侯祠”的格局。延至清代，楼内成为祭祀姜维的娱神演出傩戏庆坛的总坛所在，楼名亦逐渐演变为姜庆楼。2006 年国务院公布平襄楼为全国重点文物保护单位。

姜侯祠牌坊建于明代，为四柱三间三楼式。前额刻“汉姜侯祠”，后额刻“万古忠良”。坊柱前后均有抱鼓石，坊身遍施彩绘。

姜侯祠的主体建筑平襄楼占地面积 202 平方米。立面 2 层，抬梁式结构重檐歇山顶，上下层间附腰檐一周，通高约 14 米。底层面阔五间，进深四间。室内有 8 根大柱通顶，高 7.7 米，上层面阔三间，其外有腰檐、平坐，可凭栏远眺。上下檐四周施五铺作斗栱 38 朵，正背面明间皆施补间铺作二朵。檐柱有侧角做法。虽经历代维修，但内部结构仍保持一定的宋元风格和地方特色（图 3-2-22 ~ 图 3-2-25）。

姜公庙大殿为明代所建，位于平襄楼西，面阔三间，进深五间，高 9 米，抬梁式结构歇山顶。

（六）庞统祠墓

庞统祠位于德阳罗江县白马关镇，是祭祀和安葬三国时期刘备的军师庞统的地方。庞统墓始建于东汉建安十九年（公元 214 年），刘备在成都称帝后，追封庞统为“关内侯”，谥“靖侯”，并在安葬庞统

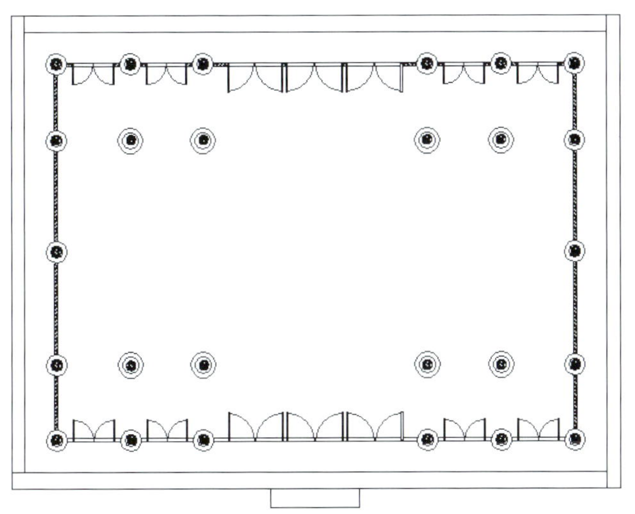

图 3-2-22　平襄楼平面示意图（来源：柏呈　绘）

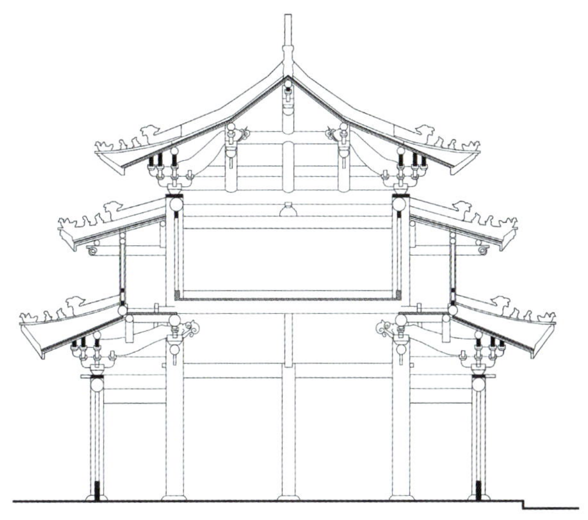

图 3-2-23　平襄楼剖面示意图（来源：柏呈　绘）

图 3-2-24　芦山平襄楼（来源：胡月萍　摄）

图 3-2-25　斗栱（来源：胡月萍　摄）

的地方建祠祭祀。其后历代屡遭兵燹，多次重建。现存祠、墓为清康熙三十年（1691年）重修，清乾隆、嘉庆年间（1736～1820年）增修，总占地面积5万余平方米。庞统祠墓坐北朝南，为三进四合院式布局，由祭祀的祠和墓园组成，沿中轴线依次为祠门、龙凤二师殿、栖凤殿和墓冢。祠墓附近另有陇蜀古驿道、庞统血坟和诸葛将台（图3-2-26）。

庞统祠建筑坐北朝南，占地面积约4000平方米。其中祠门、二师殿及东、西两侧的厢房构成了第一进院落，前庭植千年古柏两株。穿过二师殿，则进入第二进院落，院落北面即为栖凤殿（图3-2-27）。

祠门位于台基上，面阔五间，进深二间，明间和次间开门，梢间分隔成两个小房间。大门位于中柱位置，门前形成檐廊。门为券拱形，中间略高于两侧，门楣上方挂匾额“汉靖侯庞统祠”。额枋上施彩绘，撑栱、雀替雕刻精美。正脊陡板上为镂空拼接的行龙，中央施三角形宝顶。

前院中央为二师殿，面阔五间，通高8米。抬梁式梁架结构。廊柱间额枋、雀替及柱上的撑栱，均雕刻精美，施彩绘。小青瓦悬山屋顶，正脊陡板上灰塑四条行龙，均朝向正中的宝顶，宝顶为四重宝塔形式，宝塔下有一正面龙首。正殿背后的石壁上，刻有晋代陈寿撰的庞靖侯传。二马亭分建于两侧，一曰白马亭，一曰胭脂亭，二马纪念刘备、庞

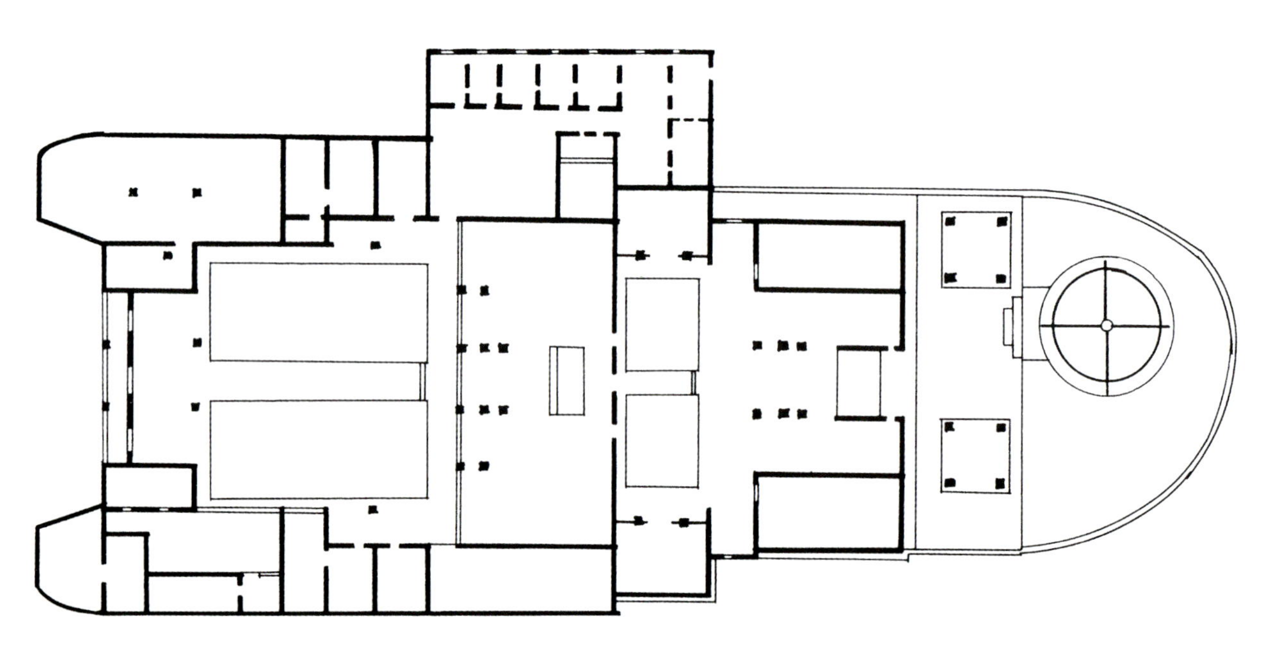

图3-2-26 庞统祠墓平面示意图（来源：潘熙 绘）

图3-2-27 前院（来源：文保单位资料）

图 3-2-28　庞统墓（来源：文保单位资料）

统换马之事。

祠墓为圆形，周围用条石围砌，墓顶施石雕宝顶，压八角凤尾。墓前碑刻“汉靖侯庞士元之墓”。祠墓周围古柏参天，郁郁葱葱（图 3-2-28）。

庞统祠墓是四川始建最早、保存最为完整的三国遗迹之一。祠内存有庞统及诸葛亮雕塑像，历代匾联、碑刻、字画等大量珍贵文物史料。2006 年公布为全国重点文物保护单位。

（七）七曲山大庙

七曲山大庙位于梓潼县城北 10 公里的七曲山。始于晋代，地方为祀“雷神”建善板祠，敬张恶子，后因讳“恶”而改为“亚”，属神话人物。唐时封张亚子为左丞相后，这里成为纪念张亚子的灵应祠。自从宋代道家封张亚子为“文昌帝君”，元加封张亚子为“辅元开化文昌司禄宏仁帝君”后，在原灵应祠基础上扩建为“文昌宫”，本属于民间信仰建筑，而随着文昌帝君被纳入道教、儒家的体系后，地位逐渐提高并受到官方的重视。元末明初的战乱中祠庙尽毁，只剩盘陀石殿，明初重建，后又几经扩建才成为现在的规模。据说张献忠领兵入川至七曲山，见庙内供奉的是文昌帝君张亚子，就自认为“家庙”而称之为“太庙”，张献忠死后，“梓邑人塑其像于风洞楼后楼，为避清朝官府耳目，将‘太庙’改称七曲山大庙”。⑧

整个建筑群占地约 1.2 万平方米，建筑面积约 6000 平方米，随着民间信仰的需要，大庙祭祀建筑群在不断地生长。为了达到文武同祭，在文昌宫临近增建了关帝庙，现在又称之为“财神庙”以祈求财运亨通。为体现孝道，专建“启圣宫”奉祀文昌帝君之父。为了消瘟避祸，附会文昌神有瘟祖之化身，建瘟祖殿和五瘟殿。还有观世音、灵官、狱官、药神、谷神等神鬼在此均设有祀殿。大庙已经成为以文昌宫、关帝庙、天尊殿为主体，共有殿宇楼阁 23 处，以奉祀文昌帝君为主体，多神同祭的建筑群。沿七曲山主峰依山就势而立，起伏有致，布局严谨，主次分明。文昌星神起源于古代人们的星辰崇拜，后与梓潼神重合而成一个威灵显赫的“文昌帝君”。同时，道教也将他纳入，尊他为道教的一位重要神灵，成为专司文运、功名、利禄的唯一一位帝君级别的大神。文昌信仰是一种世俗文化，在发展的过程中，汲取了儒、道、释三家精华成为文昌文化，其文化的内涵在建筑的群体和细部上有所反映。

整个大庙建筑群依山就势为多轴线的布局形式，形成多组院落。布局不甚规整，但其主轴线依

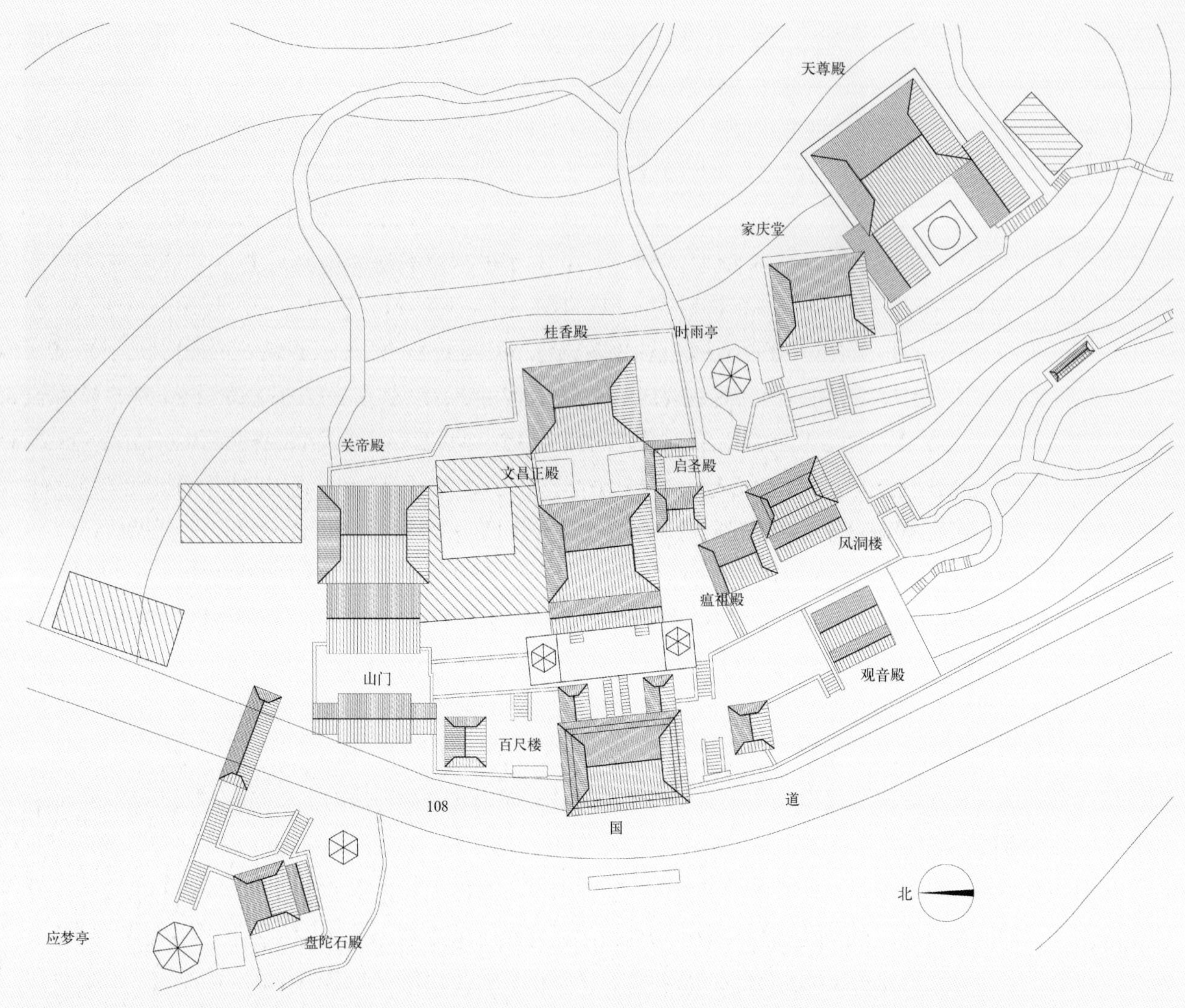

图 3-2-29　七曲山大庙平面布局示意图（来源：彭雪雪　绘）

然明确——百尺楼、文昌正殿及拜厅、桂香殿组成的文昌宫组群生成东西向的中枢轴线，强调了祭祀文昌帝君的建筑在整个建筑群体布局中的核心地位。北侧的武神关帝庙组群轴线与主轴线平行，形成建筑群的次轴线。其他建筑如观音殿、瘟祖殿、白特殿、风洞楼、时雨亭、家庆堂、天尊殿等则顺应山势盘旋而上，盘陀殿、应梦亭独居西北，形成各自的空间序列（图 3-2-29）。

大庙内建筑从元到清覆盖各个时代，盘陀石殿为元代遗构，桂香殿与天尊殿保留了较多的明代风格，其余则多是清代所建。主要建筑均为大式木作，属于川内建筑中遵循“法式”的有数范例。木构件处理手法简洁古朴，装修讲究，通过象征、比拟的手法着重表现文昌司禄、忠孝亲友以及民间各种祈福求寿的精神和愿望，地域特征鲜明。整个建筑群重檐飞翘、高低错落、布局有序、红墙围绕、气势不凡。较完整地展现了从元代到民国各时期的建筑风格。

祭祀文昌帝君的建筑包括：

百尺楼是祠的主入口，又名忠孝楼，奉祀魁星。始建于明代，清雍正十年（1732 年）重建。面阔五间，进深四间，3 层楼阁，重檐三滴水歇山顶。内部构架采用“通柱”和抬梁、穿斗相结合的方式。一层明间、次间 18 根内柱组成四榀屋架直达屋面之下，明间正贴采用抬梁式，次间边贴采用穿斗式直接承托檩枋。二层明间通至屋盖之下形成两层贯通空间，内立高达 7 米的魁星塑像。结构简洁，整体性强，以地方传统营造技术为主，所用斗栱主要起装饰作用，撑栱雕刻精美。四周翠柏簇拥，宛如云中楼阁，宏伟壮观（图 3-2-30）。

文昌正殿是大庙的核心，建于清雍正十年（1732年）。面阔五间，进深四间，通高11.3米，抬梁式梁架，歇山屋顶。殿前建有拜厅，面阔五间，进深一间，卷棚顶，抬梁式梁架，檐下施三踩斗栱（图 3-2-31）。殿前左、右为钟楼、鼓楼。殿中立文昌帝君铸铁坐像，左右有天聋、地哑二位神童陪侍，两侧还有八尊陪侍像，彩绘金身，工艺精湛。

桂香殿是文昌宫的主殿，供奉文昌帝君，位于主体祭祀建筑轴线的后部，也是轴线的最高点，因殿前有丹桂四株而得名。清咸丰年间（1850～1861 年）的梓潼地方县志记载桂香殿为“明蜀王府建”，从时间上推算其应该是一座明代早期的建筑。桂香殿面阔三间，进深三间，通高 8.6 米，单檐歇山顶（图 3-2-32）。建筑用料粗大，抬梁式梁架，与北方的官式建筑相似。殿内有铁铸“文昌”“侍从”像，四足鼎，鼎上铭文有“明弘治十五年”。

家庆堂奉祀张亚子家族成员，建于明代中期。面阔三间，进深三间，通高 11.8 米。抬梁式梁架，歇山顶，檐下施五铺作斗栱 12 朵，补间铺作均为如意斗栱，梁架间施鹰嘴蜀柱（图 3-2-33）。

附会文昌化身之神的瘟祖殿始建于明，清乾隆三十一年（1767 年）重建。坐西向东，面阔三间，进深三间，通高 9.8 米。檐柱用四棱石柱，歇山顶。殿内有瘟祖像一尊。

附会文昌传说所修的建筑有盘陀石殿及拜厅、风洞楼、白特殿及拜厅、应梦仙台、望水亭。

盘陀殿位于文昌宫的西侧，建于元初，坐北向

图 3-2-30　百尺楼（来源：陈颖　摄）

图 3-2-31　文昌正殿（来源：陈颖　摄）

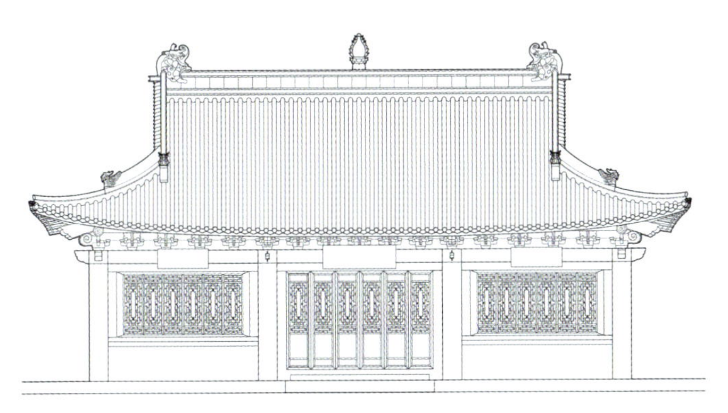
图 3-2-32　桂香殿

图 3-2-33　家庆堂

图 3-2-34　天尊殿（来源：陈颖　摄）

南。面阔三间，进深三间，通高 5 米。穿斗、抬梁混合式梁架结构，歇山顶。殿内采用减柱造，前檐施大额枋，额枋上施补间铺作三朵，均为五铺作双下昂，昂尾压于平槫下，昂头为琴面。两角柱有侧角。梁架用材粗大，采用自然弯材，有元代风格。殿前有卷棚式抱厦一间，为清道光二十年（1840 年）重建。殿内有椭圆形盘陀石。殿外壁嵌有栽植柏树碑两通。

白特殿、风洞楼建于明洪武八年（1375 年）。2 层楼阁式木建筑。面阔三间，进深二间，重檐卷棚歇山顶。白特殿后壁正中现存一地洞，相传为风洞。风洞楼内塑张献忠像和除贼碑一通。

武神关帝庙，当地又称为"财神庙"，组群包括大门、拜厅、关帝殿，位于正殿的右侧。关帝殿建于明代，平面呈正方形。面阔三间，进深三间，通高 12.2 米，抬梁式梁架，歇山屋顶。檐下施单杪双下昂五铺作斗栱，殿内塑关羽像。殿前设面阔三间、进深一间的卷棚顶拜厅。

道家建筑天尊殿组群位于大庙之顶，包括正殿天尊殿、两侧配殿及正殿前的观象台。天尊殿建于明初。面阔三间，进深四间，通高 12.15 米。梁架用料较小，单檐歇山顶，檐下用单杪双下昂六铺作斗栱，外跳首层出 45° 斜栱，斗栱构件富有装饰性。建筑木件细部均施以彩绘装饰（图 3-2-34）。

大庙外遍植古柏，郁郁葱葱，这就是著名的古蜀道翠云廊。古建筑、古柏、古道、九曲潼水互相辉映，既为祭祀圣地，又是风景名胜区。1996 年国务院公布为全国重点文物保护单位。

第三节　家族祠堂

一、概述

家族祠堂是族人祭拜祖先的场所，同时也是家族内部议事聚会，进行各种仪式、处理事务之处，有些还在祠堂中兼以办学。明朝初年，贵族官僚才可以设立家庙，士庶不得立庙。清嘉庆年间（1796 ～ 1820 年），世宗接受了礼部尚书夏言的建议，允许士庶祭祀四代祖先，但是不得建祠堂。其实民间始于宋代的祭祀历代祖先和始祖的现象一直绵延不绝，且已经开始重建祠堂。

四川汉族地区的祠堂建筑分布较广，但宗族组织并不发达，由于历史战乱等原因，引起了人口的大幅度减少与人口的流动，原有的宗族组织及宗法制度遭到严重破坏。直至清初"湖广填四川"的移民入川定居下来之后，旋又开始了新一轮建造祠堂的高潮，以凝聚家族力量，彰显家族荣耀，树立在新家园的牢固根基。

四川的祠堂建筑多为四合院对称布局，由于宗祠内需要举行祭祀仪式和社交活动，所以宗祠都具有一个中心庭院。祭祀区是主体，规模较小的祠堂为一进院落，前为祠门，后为享堂，即祖堂，用以拜祭祖先。规模较大的为两进或三进四合院，主轴线上有祠门及戏楼、享堂（拜殿）、后堂（祭殿），后堂即寝堂，用以安放祖先神位，规模较大的祠堂还设有族学、义仓、祠丁住居等附属建筑。四川大多祠堂沿一条轴线，以四合院纵向组织祭祀区，建筑布局适应地形，若在丘陵坡地，前、后厅堂分处不同标高的台地上，有些祠后建有家族墓群。规模较大的有多轴线，两侧并列，如自贡屈家山李氏宗祠。温江陈家桅杆则是宅与祠结合的多轴线重院布局。建筑营建手法接近民居，但建筑较其规整、高敞，装饰细腻（图 3-3-1）。

四川的祠堂建筑中，祠门多为门屋与戏楼结合

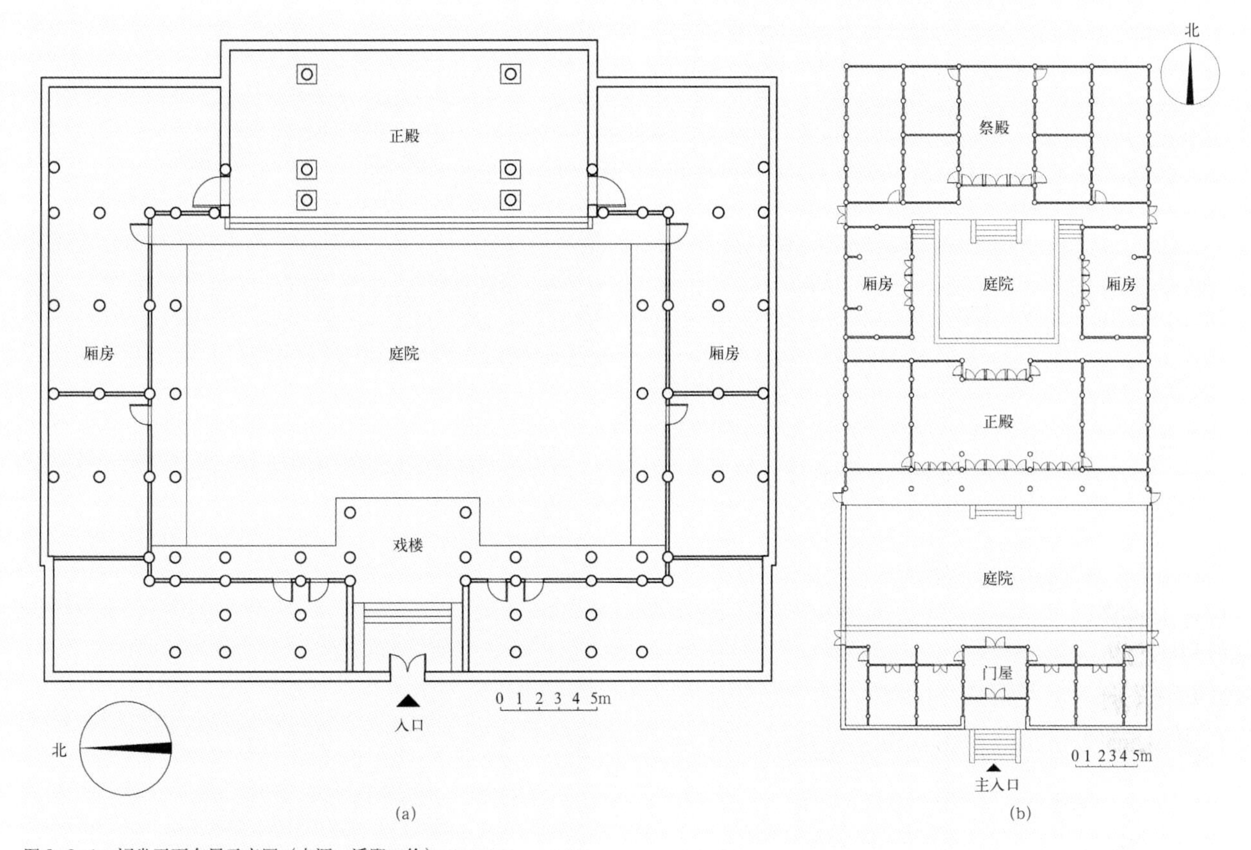

图 3-3-1 祠堂平面布局示意图（来源：潘熙 绘）
(a) 内江钟氏宗祠；(b) 槛粑坳子诚公祠

的形式，下部为入口，上部为戏台，戏楼多为歇山顶，撑栱及栏板上施雕刻。规模等级最高的是正殿，面阔多为三间或五间，极个别的面阔达七间。正殿的屋顶形式多为悬山和歇山顶，上覆小青瓦。厢房形制较为简单，有的为 2 层，有的为 1 层。面向庭院皆设檐廊，可供观看戏楼演出。

二、实例

（一）姚氏宗祠

姚氏宗祠位于宣汉县毛坝镇，建于清光绪二十五年（1899 年），坐东南向西北，背靠山。砖木结构，四合院布局，占地 813.2 平方米。姚氏族人原居于湖北省的麻城（现红安）县，在“湖广填四川”的移民活动中移居至四川省达州市万源县水田坝、宣汉县清溪场姚家塥、开江新邑县几个地方。姚氏家族入川始祖姚益龙第七世祖由宣汉县清溪场姚家塥又移居毛坝姚坪，耕耘集资，清光绪九年（1883 年）捐资竖碑，立族谱。

宗祠平面为长方形，由大门、戏楼、正殿及两侧的画汝楼、厢房组成。祠前原有半月形石板铺砌的院坝，占地 90 多平方米，周缘施石围栏，石坝中有石狮一对。祠堂四周砖砌围墙，正殿及两侧的画汝楼、厢房均靠围墙而建。除正面开设门外，内院后部两侧设有小门，北门外原有厕所，今已拆除。建筑居高临下，可俯瞰姚坪村（图 3-3-2）。

祠正面拥壁为三叠檐仿木斗栱建筑，面阔 16.5 米，高 13 米。正门位于拥壁中央，为六柱五间牌楼式，明间辟门，石柱。次间、梢间仅有其形，柱用砖砌凸出墙面，内部做成膛子形式，原有彩画。正门宽 2 米，高 2.4 米。正门和两侧门的门楣上均有镂空戏剧人物石雕。门楹柱有落款新邑廪生姚秀发拜题的楹联：“祖述宏精一衍心法为家法历唐宋元明文则相武则将学则大儒衣冠代缵升为绪”“躬耕劈丕基仰前人于后人愿伯昆叔季男多才女多贤门多上品

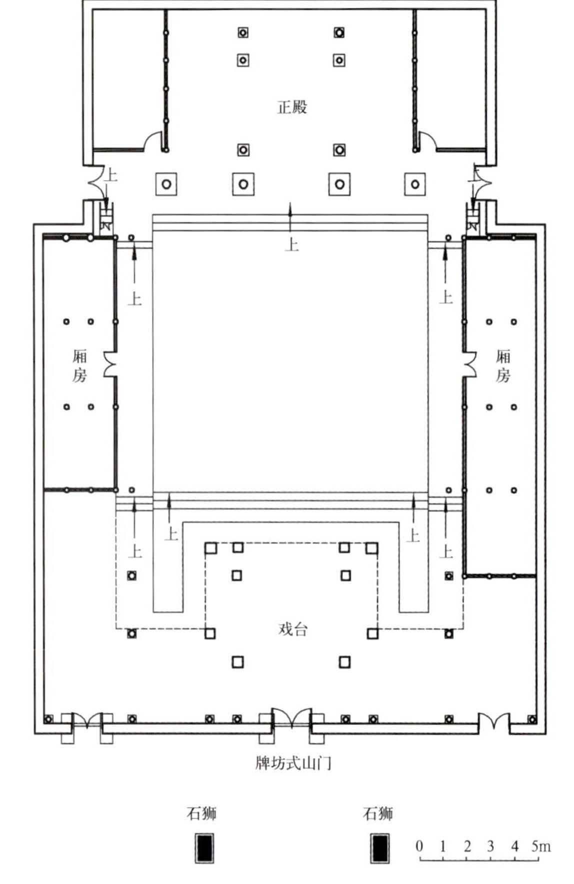

图 3–3–2 姚氏宗祠一层平面图（来源：潘熙 绘）

图 3–3–3 牌坊式大门（来源：文保单位资料）

图 3–3–4 门楣细部（来源：潘熙 摄）

堂构时存至孝规”，门额横批“蒲阪流芳”。坊心为“姚氏宗祠”牌，四周雕刻龙。两侧灰塑成文武状元，题有两首五言诗。龙门坊上异形斗栱分别施红、蓝彩。斗栱间墨绘梅、兰、竹、菊及寓意富贵吉祥的图案。次间、梢间上部灰塑、彩绘、嵌瓷的一品（瓶）富贵（牡丹）、博古、山水、建筑及一些故事性的图案。楼顶为庑殿式小青瓦顶，正中施两头巨象对顶着一个“寿”字的宝顶。两边的侧门为两柱单间牌楼式，石柱，刻有对联，左面“汭汭浚渊源明德远矣，汉唐绵世泽子孙保之”，右面“曾舞兆和克谐以孝，凤鸣卜吉俾炽而昌”；石门楣正中刻“奉先思孝”“祀事孔明”，两端浮雕戏剧故事。门楣下为石雕楣子和雀替，通面雕刻与贺寿相关的历史戏剧故事。柱外侧用砖砌坊柱，上承龙门坊。坊心有用嵌瓷、灰塑、彩绘等手法表现的图案。龙门坊上施异形斗栱，蓝彩（图 3–3–3、图 3–3–4）。

拥壁内为戏楼，穿过戏楼底层进入内院（图 3–3–5）。戏楼为抬梁式木结构，通高 12 米。下部高 2.3 米，八根石柱托梁形成戏台。戏台平面为正方形，面积约 36 平方米，两侧施花栏杆。戏楼的左、右两边与男女画妆楼相连。戏台前方梁上“岳母刺字”“孟母教子”“完璧归赵”及表现田园生活图案的五幅浮雕，雕刻细腻精美。正面两柱上刻有对联“吹打弹奏声声欢”“说唱演跳场场乐”，横额“人于取乐”。横匾上方横梁上均匀排列雕刻有“八仙过海、各显神通”图。戏楼正面为一幅壁画，两侧分别为“出将”“入相”门，为演出时演员的出、入通道。戏楼顶部正中原施藻井。小青瓦歇山屋顶，原正脊宝顶高大，采用了灰塑、嵌瓷等装饰工艺（图 3–3–6）。

正殿为木结构硬山式屋顶。明间抬梁式梁架八架椽前后乳袱劄牵，面阔五间，进深四间，通高 6.8 米。正殿内北端设有置祖先牌位的台座，每年的春节、

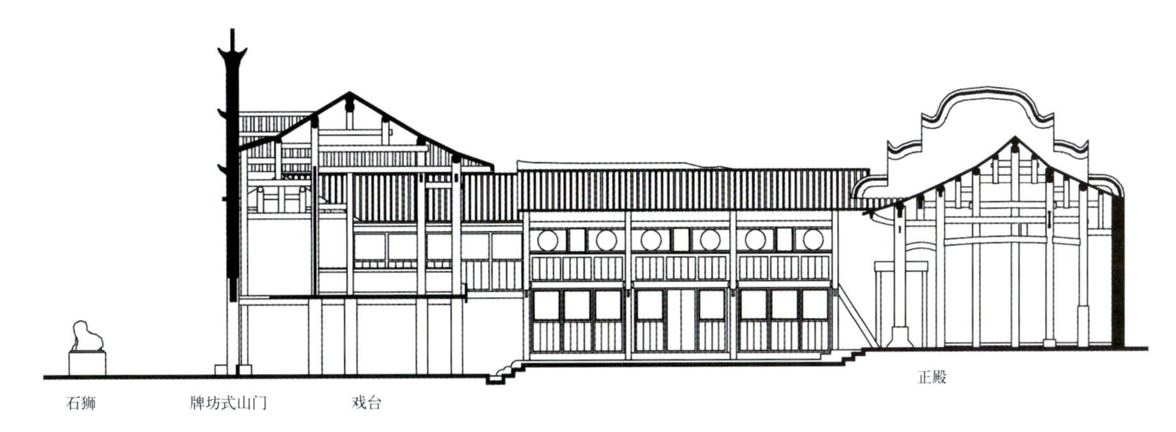

图 3-3-5　剖面图（来源：潘熙　绘）

图 3-3-6　戏楼（来源：潘熙　摄）

图 3-3-7　墓冢（来源：文保单位资料）

清明节、月半节、重阳节都会举行全族的盛大宴会，不分男女老少必须参加，会中将敬奉祖先，研究处理重大事件。明间原有“昭兹来格”横匾，檐柱镌刻对联“孝绵忠信世世兴”“礼义廉耻代代旺”。明间、次间檐柱柱础凿有戏剧人物和如意云头纹图案，雕刻精美。檐柱与挑檐檩间施扁撑栱，正面、侧面均有浮雕、圆雕技法结合的戏剧人物等装饰。屋脊正中高大的宝顶基座用灰塑、绘彩、嵌瓷等工艺装饰。

二层的厢房对称分布于内院坝的两侧，为姚氏宗祠的观礼楼，是重要宾客看戏、娱乐的场所。下层是宗祠管理人员居住的地方。二层既是观礼看戏的地方，也是休息娱乐的场所。前面与画汝楼有门相连，后部有木梯可达二层。穿斗式构架，小青瓦悬山屋顶，叠瓦脊。

姚氏宗祠后 10 米为姚姓墓群。该墓群为长方形土塚石室墓，分布在长 80 米、宽 40 米的一坡地上。塚前立神主碑，拱形顶，碑上雕刻有戏剧人物、花草、动物等图案，神主碑前立有斗表（图 3-3-7）。2002 年被公布为四川省文物保护单位。

（二）自贡陈家祠

陈家祠堂位于自贡市贡井街，始建于清光绪二十七年（1901 年）。原为陈氏宗祠，曾是清代荣县贡井分县县丞居所，是清代自雍正七年（1729 年）后在荣县设立贡井分县专司盐务的历史物证。

祠堂既是祭祀神灵之地，又作娱乐乡亲、家族议事之用。陈家祠堂坐北朝南，背靠山脚，前低后高错落有致，由大门、戏楼、大殿和东、西厢房组成一封闭四合院，建筑面积 760 平方米。戏台与后殿相向而立，东、西厢房廊道及院坝、高台可观戏，大殿即为祭厅，供神祭祖议事（图 3-3-8、图 3-3-9）。祠门、戏楼、大殿均有丰富精美的石雕、木雕，采用矿物颜料，色彩丰富，木雕采用线纹、

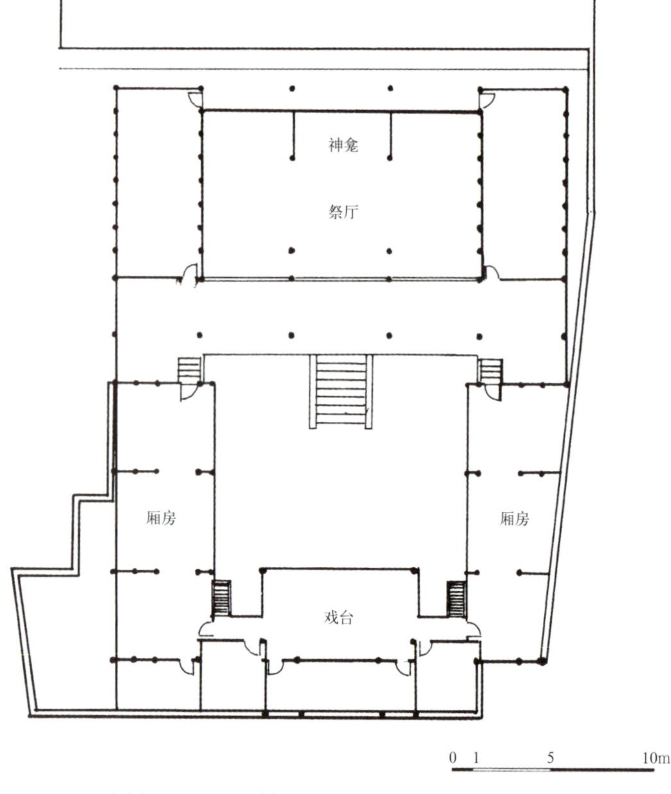

图 3–3–8　陈家祠二层平面图（来源：潘熙　绘）

图 3–3–10　入口（来源：何龙　摄）

图 3–3–11　戏楼（来源：何龙　摄）

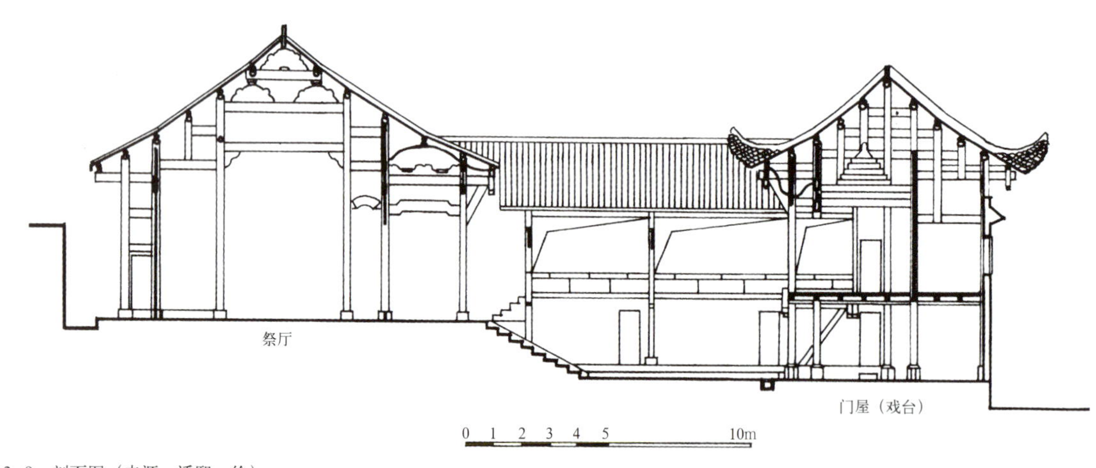

图 3–3–9　剖面图（来源：潘熙　绘）

花卉、人物场景，龙纹、团字、楷体书法等图案形式，镂雕、阴刻、浮雕等多种手法，是不可多得的艺术精品。建筑上还保留了不少现已被忘却的传统剧目。

祠门为砖石结构门墙建筑，总长 22.61 米，通高 6.39 米。底部为三层条石墙基，其上再砖砌墙体，大门辟在建筑群的中轴线偏西，大门券石施整石起券，做法十分罕见。砖墙上部牌楼骑墙而立。匾、坊、柱皆用灰塑于墙上，牌楼上部一排灰塑斗栱使大门看起来整齐、庄重。正脊是四川很有特色的灰塑脊（图 3–3–10）。

戏楼于山门背面，坐北朝南，平面呈“凸”字形，前台凸出，通高 11.8 米。下层为通道，上层为戏台。台面高 2.94 米，后台面阔三间，进深一间，左右两侧各有耳室一间。戏楼为穿斗抬梁式混合结构，八角藻井，单檐歇山顶，素筒瓦仰瓦灰埂屋面。台前横枋上端施木浮雕，内容为传统剧目戏剧场面和廸文图等（图 3–3–11、图 3–3–12）。

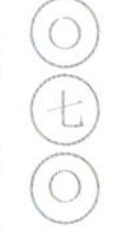

图 3-3-12　戏楼木雕（来源：文保单位资料）

图 3-3-13　大殿（来源：何龙　摄）

图 3-3-14　脊饰（来源：何龙　摄）

戏楼前为石板铺设的方形院坝，两侧为东、西厢房，大殿建在院坝后端九级踏道之上的高台上。

大殿面阔五间，进深四间，通高 8.89 米，檐高 4.83 米，为抬梁和穿斗混合式梁架。明间五架梁上施驼峰纵横承托三架梁和随檩枋，三架梁上用角背护脊瓜柱。次间和山面排架为穿斗式结构。柱础为双层式，外层为镂空雕花鸟鱼虫。柱有侧角无升起，每柱柱顶有收刹。明间、次间为敞厅，梢间为墙体。小青瓦悬山顶。前檐廊施卷棚，撑拱上雕有一些传统剧目等（图 3-3-13、图 3-3-14）。陈家祠于 2007 年被公布为四川省文物保护单位。

（三）资中王家祠

王家祠位于内江市资中县铁佛镇。始建于清嘉庆十二年（1807 年），王家后人为纪念先人筹资买龙石沟建造王家祠堂，当时只修了一排矮房屋。清嘉庆时补修牌坊、戏台。民国年间升高地基，筹资修葺。

建筑坐北向南，四合院布局，建筑面积 990 平方米，由大门、正厅、戏台、左右厅、东西厢房 30 余间以及 250 平方米的青石院坝组成。

祠门为六柱五间四滴水牌楼式建筑，门罩宽 8 米（两端各 3 米的石碑刻山墙已拆除），高约 8 米，最上层飞檐翘角的顶以及整个正面均为青石雕刻而成。正中位置楷书“王氏祠”，下为横联“奉先思孝”。大门门楣上方深浮雕花纹石刻装饰精美，下方倒悬一对乖巧的石狮，大门左右分别立有两座抱

图 3-3-15　资中王家祠（来源：何龙　摄）

图 3-3-17　戏台细部雕饰（来源：何龙　摄）

图 3-3-16　脊饰（来源：何龙　摄）

鼓，鼓上石狮已毁。立柱间石碑上记载有“王氏修祠堂序”“王氏宗祠落成五言长律二十四韵得王字”（图 3-3-15）。

正厅位于台基之上，面阔五间，进深三间，通高 7 米。抬梁式结构硬山顶。最具特色的是正脊脊饰为两条相向对峙的龙，中部是高 2 米的六角形宝塔，以青花瓷镶嵌，其座形似莲花，造型精巧，雄伟壮观（图 3-3-16）。

戏台面阔三间，进深三间，高 9 米，抬梁式结构，硬山式屋顶。面朝大厅，宝顶上屋角高挑，轻盈飞扬。戏台底离地面 2.2 米左右，木制台沿，斗栱、雀替、撑栱等雕刻人物、龙兽、花饰等图案（图 3-3-17）。

王家祠十分完整的飞檐、脊饰、封火墙、石刻、木刻等，保留着清代的雕刻艺术，建筑风格独特（图 3-3-18）。2007 年被四川省人民政府公布为省级文物保护单位。

（四）大英戴氏祠

戴氏祠位于遂宁市大英县，始建于清道光十年（1830 年），是明末清初时湖广填川移民中之戴姓家族宗祠，属戴孔谟之后裔集建。建筑背靠祠堂坡修建，坐北向南，中轴对称，中轴线上的砖雕牌楼门、戏楼、中堂、正殿与两侧的厢房、书楼、厨房形成两进四合院布局。占地面积 3016 平方米，建筑面积 1535.82 平方米（图 3-3-19）。

图 3-3-18　山墙（来源：何龙　摄）

砖雕牌楼门为六柱五间砖石结构。主楼匾额原竖刻“戴氏宗祠”，1953 年作当地政府办公地后改为横塑“为人民服务”和红色五角星。牌楼枋上有灰塑和浮雕的山水、花鸟图以及麒麟、仙鹿、神狮等瑞兽，生动逼真（图 3-3-20）。

戏楼面阔三间，进深三间，通高 15 米。抬梁式梁架，单檐歇山顶。

中堂面阔七间，建于 2 米高的石台基上。抬梁式梁架，单檐歇山式顶。根据戴氏家谱记载，中堂为戴氏祠开设的学堂，有教室两间，中间是先生办公之所。该学堂除满足戴氏子弟上学外，还接收其他周边子弟就学。

正殿是戴氏祭祖之处。面阔三间，进深三间，通高 7 米。抬梁式梁架，单檐歇山顶。

戴氏祠以雕刻见长。石雕柱础形式多样，内容繁多，有展翅凤鸟、麒麟仙鹿、仙鹤漫步、瑞莲鼓础、狮戏绣球、缠枝花鸟、凸出文字等。窗花（图 3-3-21）、吊瓜等木雕内容以花鸟居多，还有山水、走兽、人物。木雕手法有浅浮雕、深浮雕、镂空雕等。2012 年被公布为四川省文物保护单位。

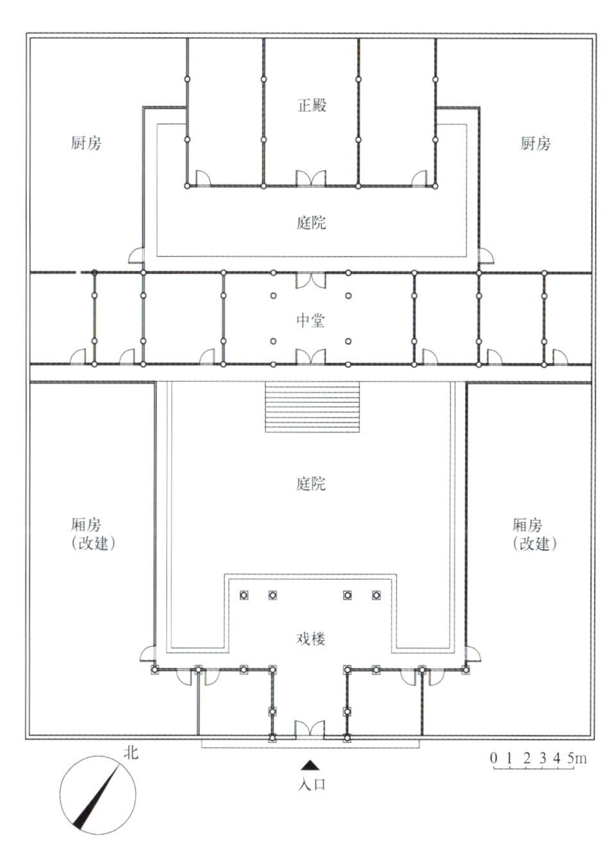

图 3-3-19　戴氏祠平面示意图（来源：潘熙　绘）

（五）李亨祠堂

李亨祠堂位于自贡市大安区。李亨兄弟两人在清道光年间（1821 ~ 1850 年）开井灶制盐，自立盐号运销，成自贡盐商之首。发家之后，于道光末期在此卜地建祠，并购置祠田，收租谷 600 担，以供阖族春、冬两季祭祀之用，并筹办祠堂义学等。

李氏宗祠坐北朝南，北面和东、西两面均依靠山丘，南面原有一宽阔的平坝，视野宽阔，环境极佳。建筑群依地势，由南向北逐渐升高，四周高墙围绕，建筑面积 2028 平方米。

建筑群有七个大小不等的天井院，沿南北方向并列三条轴线分布。中轴线上是拜殿和祭厅及两侧

图 3-3-20　祠门（来源：何龙　摄）

图 3-3-21　窗扇（来源：文保单位资料）

的厢房围合成的祭祀区，两侧次要轴线上分别是义学及其他附属建筑区，三条轴线各有独立的出入口（图 3-3-22、图 3-3-23）。

祠堂的中心门屋既是入口，又是祭拜仪式的拜殿，位于主轴线南端，立于 1.3 米高的基座上。面阔五间，进深三间，高 9 米，穿斗抬梁混合式结构，前、后各做两步架的轩棚檐廊。

拜殿立面的木制门窗与两侧跨院的高大封火墙形成虚实对比，封火墙造型的曲直变化丰富了群体立面。墙身为空斗砖砌筑，墙檐下端均刷白一道装饰，“三角尖形”墙身中施白色悬鱼装饰（图 3-3-24）。

祭厅位于院落的北面，建在高约 1.6 米的须弥座上。面阔五间，进深三间，通高 11 米。祭厅内部东、西两侧设各间为议事之用。两山封火山墙为“猫拱背形”。

祠堂建筑各处挂落、撑栱、吊瓜均施有雕刻。高耸的封火山墙造型多样，灰塑墙檐覆筒瓦，脊部嵌瓷，装饰丰富。2012 年被公布为四川省文物保护单位。

（六）白坪村马氏祠堂

马氏祠堂位于巴中市南江县。建于纵长 48 米、面宽 20 米的三层台地上，由两组合院分两个阶段建成。后院及上天井部分建于清嘉庆二十五年（1825 年），原以马氏先祖墓及牌坊为主。前殿、厢房、牌坊围合成分处于上、下两重台地上的天井院。前殿、厢房及下天井部分为清光绪年间（1874 ～ 1908 年）

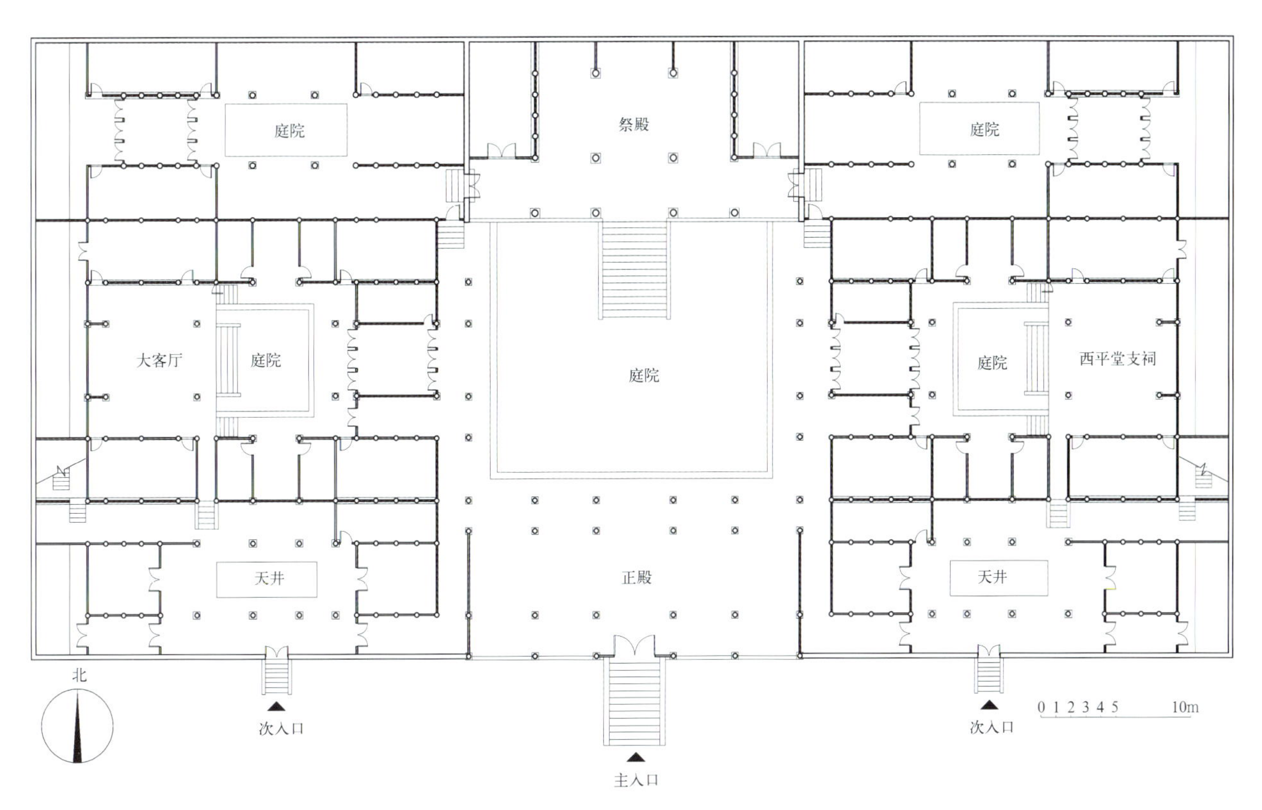

图 3-3-22　李氏宗祠平面示意图（来源：潘熙　绘）

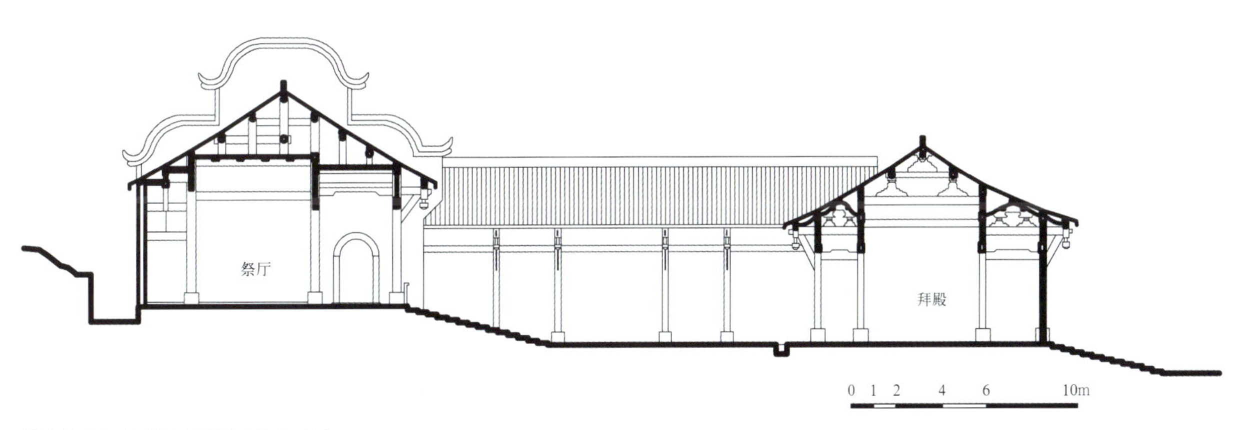

图 3-3-23　剖面图（来源：潘熙　绘）

图 3-3-24　封火山墙（来源：何龙　摄）

图 3-3-25　前殿门屋
（来源：文保单位资料）

图 3-3-26　内院及牌坊
（来源：文保单位资料）

图 3-3-27　戏台及桅杆
（来源：文保单位资料）

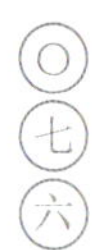

图 3-3-28　石雕（来源：文保单位资料）

续建。建筑面积 740 平方米。前祠后墓布局的祠堂在川东北地区留存较多。

前殿即门屋，面阔五间 29 米，进深 6.3 米（图 3-3-25）。其明间下部为入口，上层为戏楼，高出次间 1 米，面阔 3 米、深 6.3 米，通高 10 米。抬梁穿斗混合式梁架，小青瓦歇山顶。前殿左、右梢间接二层的厢房，前殿与厢房、堡坎围合形成宽 10 米、深 13 米的下天井。台地之上两侧厢房仅 1 层，与牌坊围成与下天井尺度相同的上天井院，院内左、右各立高 7.25 米的圆柱双斗桅杆一根（图 3-3-26、图 3-3-27）。牌坊之后为后院，踏道两旁各植桂花树一株，后院由牌坊、左右陪碑、马氏先祖墓围成。牌坊为四柱三间四叠檐歇山顶，高 6 米。墓冢前立有石质仿木构石碑一通，主碑除嵌石碑板并有碑罩，形制、规模几同于牌坊（图 3-3-28）。该建筑布局规整，颇具川北民间建筑特色，石刻镂雕、浮雕工艺精湛。2012 年被公布为四川省文物保护单位。

注释

① （民国）乐山县志 · 风俗 .

② 徐心余 . 蜀游闻见录，成都：四川人民出版社，1985.

③ 杨宇振 . 清代四川城的形态与祠庙建筑空间格局 . 华中建筑，2005，23（1），158.

④ 蓝勇 . 西南历史文化地理 . 重庆：西南师范大学出版社，1997，187.

⑤ 蓝勇 . 西南历史文化地理 . 重庆：西南师范大学出版社，1997，188.

⑥ 郑土则，王贤森 . 中国城隍信仰 . 上海：上海三联出版社，1983.

⑦ 罗开玉 . 三国圣地——武侯祠 [M]. 成都：四川人民出版社，2005.

⑧ 黄枝生 . 文昌祖庭探秘 . 北京：中国三峡出版社，2003：49.

四川古建筑

四川古建筑

第四章　宗教建筑

四川宗教建筑分布图

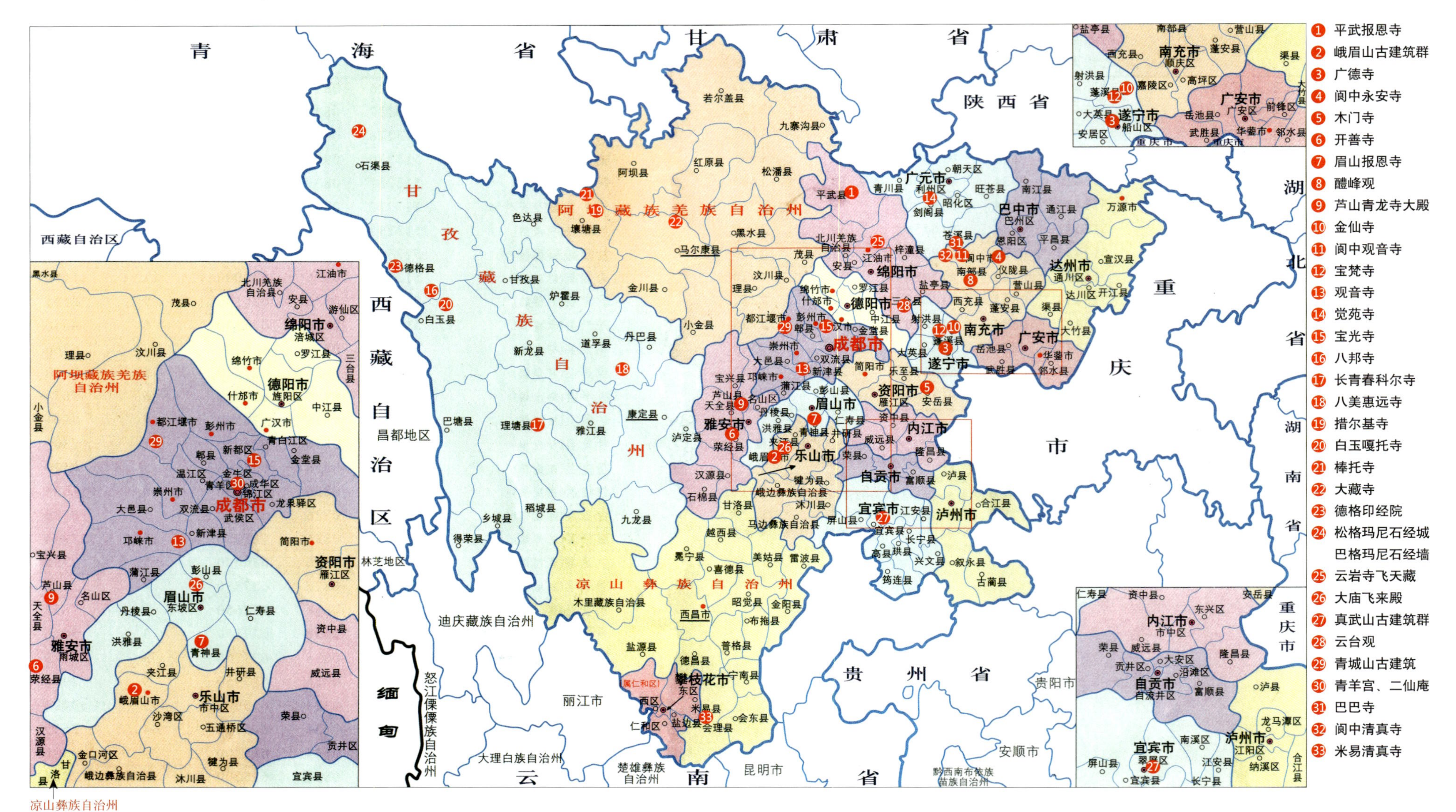

（地图引自：中华人民共和国民政部编．中华人民共和国行政区划简册 2014. 北京：中国地图出版社，2014.）

在中国古代时期，道教、佛教、伊斯兰教在四川省传播广泛，影响深远。

道教的产生最早，东汉时期，在道家思想、原始巫术和巴蜀文化的共同影响下，由张陵（又名张道陵）于西蜀鹤鸣山创立（图 4-0-1），其孙张鲁更是在汉中建立起中国第一个兼有宗教、政治、军事统治政权的政教合一政权。约 3 世纪初，道教发展渐已成熟，其道教（天师道）教团影响力扩大到中原。东晋王朝南迁时，势力扩展到长江以南。

佛教传入四川时间不详，但从乐山东汉麻浩崖墓中坐佛图像和彭山崖墓内的陶制佛座说明，至少在东汉时佛教就已传入四川（图 4-0-2），东汉晚期佛教在四川已相当普及。分别于魏晋、唐、宋各有发展，晋以后，随着部分佛教高僧相继由中原、江南入蜀，弘扬佛法，佛教在蜀地逐渐盛行。至唐代佛教迅速兴盛，民间崇奉道教也成风气。宋代四川成为汉族地区密宗的中心。明朝时期独尊佛教，道教渐渐衰落。[①] 佛教由东向西传入四川藏区不晚于南北朝时期（公元 420 ~ 589 年），藏语系佛教由西向东传入四川大约在 8 世纪末。9 世纪中叶，吐蕃赞普压制佛教，吐蕃僧人及信众向东、北迁徙，使康巴、安多（今四川甘孜、阿坝和青海南部）保存了吐蕃佛教“前弘期”的成果。元代后，藏传佛教在康巴地区迅速发展。

伊斯兰教是随着元朝统一中国版图、戍边屯垦而大量传入四川。明末清初“湖广填四川”，同时，陕甘地区也有不少移民入川，及清代时西北、云南逃难或随军入川的回族人日益增多，伊斯兰教也就在四川各地传播开来。

清朝中后期，西方基督教和天主教也在四川逐渐传播开来，大至省会成都，小至边缘山村，皆有教堂兴建。这些教堂大多与四川传统建筑融合，带有明显的四川乡土特征。

第一节　佛教建筑

四川地区主要有汉语系的汉地佛教与藏语系的藏传佛教两类。藏传佛教主要分布于川西北的甘孜藏族自治州，阿坝藏族羌族自治州的藏民族聚居区域，以及凉山彝族自治州木里藏族自治县。其他地区为汉地佛教，遍布汉传佛教寺院。

一、汉传佛教建筑概述

清嘉庆年间（1796 ~ 1820 年）的《成都县志》称：早在汉代，成都就有“圣寿寺”和“古昭应寺”。可惜这两座寺院是建于西汉还是东汉及后来的演变

图 4-0-1　道教发源地大邑鹤鸣山（来源：《建筑志》）

图 4-0-2　麻浩结跏趺坐佛像（来源：《世界的峨眉》）

已无资料可考。新都的宝光寺，相传建于东汉，隋代称大石寺，唐僖宗中和元年（公元 881 年）易名为宝光寺。庙内现存的梁大同六年（公元 540 年）刻制的“千佛碑”，距今已有 1400 多年的历史，至少可以旁证宝光寺或新都地区，是我国最早的佛教传布区之一。

两晋南北朝时，四川的佛教有较大的发展，成都草堂寺、峨眉山古建筑等，都是在这段时期创建的。兴于唐的佛教寺庙更是遍于全川，如成都文殊院、大慈寺、昭觉寺，什邡龙居寺，遂宁广德寺，乐山凌云寺、乌尤寺，峨眉山华严寺、牛心寺等，从唐代以降，均有史实可稽。在“武宗灭佛”的时期，全国佛寺大部分遭难，而成都大慈寺因为是唐代敕建，得以幸免。由此可见当时四川佛教在全国佛教界中的历史地位。

宋以后全国佛教再兴，四川凿摩崖、建佛寺比北方地区更多。闻名的荣县大佛寺（图 4–1–1），就是这个时期开造的。据有关档案资料的不完全统计，宋真宗天禧五年（1021 年）四川境内的佛教僧尼已增至 56221 人，邛崃天台山上设立了全国第一所“和尚衙门”，据考，乃文同、陆游等会以“通判”身份执掌过川西宗教事务，可知当时四川宗教之繁荣。

元代四川汉地佛教状况较两宋时期大为逊色。这一方面是元朝皇帝崇尚喇嘛教，汉传佛教地位不高；另一方面是四川名士高僧在元军破蜀后大批东下，使四川出现人才空乏。但也有部分寺院在元代得到了发展，比如金堂县云顶寺（元代改名朝天寺），在元代一直受到朝廷和官府的庇护，广安县乐山禅院也在元代得到了修造。眉山报恩寺大殿（图 4–1–2）、南部醴峰观大雄宝殿、阆中永安寺大殿、芦山青龙寺大殿、遂宁金仙寺大殿还可看到元代营造技术，是四川现存最早的木构遗物。

明代建造的寺院保留至今，被列为全国重点文物保护单位的有峨眉万年寺、平武报恩寺、剑阁觉苑寺、蓬溪宝梵寺，安岳木门寺、遂宁广德寺、新津观音寺、荥经开善寺、广汉龙居寺等主要殿堂共 18 处。明代寺院建筑敦厚朴实，尚存宋风，始建于明正统五年（1440 年）的平武报恩寺（图 4–1–3），规模宏大，形制严谨，据称是当地土官王玺用重金强拉参加过修建北京皇宫的木匠来平武建造的，因而该组建筑具有北方官式建筑的典型风格，且斗栱的品种与形式比北京宫廷建筑还要丰富。

明末清初，四川屡遭战乱与瘟疫，民不聊生，寺院荒废，清康熙以后，国势渐定，经济开始发展。因朝廷奉佛，四川境内的古寺皆得到维修和重建的机会，还新建了不少佛寺或殿堂。现存大部分佛教寺庙都是清代修建的。

（一）佛教建筑的类型

1. 佛寺

四川古称“天府”，经济繁荣，人口众多。佛教虽时有兴衰，但总的来说仍然较为繁荣，为祖国传统建筑文化留下了不少珍品。例如佛教“四大名山”之一的峨眉山和号称“千年名刹”的宝光寺，都保存了不少优秀的古建筑和宗教文化，在国外都

图 4–1–1　荣县大佛寺（来源：http://tupian.baike.com）

图 4–1–2　眉山报恩寺（来源：柏呈　摄）

图 4-1-3　平武报恩寺（来源：张宇　摄）

图 4-1-4　成都大慈寺（来源：李俍岑　摄）

图 4-1-5　皇泽寺中心塔柱窟（来源：http://www.douban.com）

有深远的影响。

规模较大的寺庙称“禅林”或“丛林”，四川境内被佛教界公认称“林”者，不下十处。这些大寺庙基本上分布在大城市、经济文化较发达的市、县和佛教名山。其中僧房殿堂数量最多者，首推成都大慈寺（图 4-1-4）。据资料记载，极盛时有 96 院，楼阁殿塔。厅堂房廊计 8524 间，占地 1000 余亩，加上后部园林，其墙垣绵延当时城东的一小半。除一般大型寺院必备的殿堂外，该寺还建有专供研经讲学的“为国长讲”73 座，来此诵经和说法的高僧连年不断。常年住寺僧人 2 万余人，全国少见。中小寺庙则遍布于各县乡镇农村。

又因地理、经济和文化等原因，历史上形成了以成都为中心，以川陕一线为主干，逐渐向川中、川南、川东辐射的态势。到了明清之际，因梁山（今梁平县）双桂堂大弘禅法，川东一线也成为主干。除此之外，峨眉山的寺庙群，自宋代以来，一直占有突出的地位。

2. 石窟

石窟寺源自古印度，是在山石、崖壁间开凿洞窟，以供僧人聚居修行和进行宗教活动的处所。石窟寺传入中国后，与中国传统文化和木构架建筑体系相融合，成为中国佛教建筑的特殊形式。以摩崖造像和摩崖佛寺建筑为特征的巴蜀摩崖石刻，是石窟寺在中国发展的最后一个时期。

四川的石窟建筑分为三种：第一种为窟室建筑，如广元皇泽寺第 45 号中心塔柱窟（图 4-1-5），是一处典型传承中原北魏晚期风格的窟室建筑；第二种为龛室建筑，在巴蜀地区唯有巴中、通江石窟中出现且仅有单间样式；第三种为窟檐建筑，窟檐建筑是石窟寺融合中国传统文化和木构架建筑体系而形成的一种中国佛教建筑的特殊形式，是建筑史研

究的重要实证，巴蜀地区现存遗构的窟檐建筑有屏山丹霞洞，阆中东山园林北宋墓亭，青神中岩上寺诺巨那尊者墓等。

3. 佛塔

佛塔建筑是文化融合的产物：印度佛教建筑窣堵坡和中国的传统建筑楼阁是塔的两种建筑形制来源。塔是印度纪念性建筑的一种，传入中国后，与中国的传统楼阁式建筑相结合，产生了楼阁式佛塔、密檐式塔、亭阁式塔、覆钵式塔、金刚宝座式塔、宝箧印式塔、五轮塔、多宝塔、无缝式塔等多种形态、结构各异的塔系，平面形式也出现较大的改变。由于佛塔是塔幢建筑中极其重要的部分，所以置于本书第九章详细讲述。

（二）寺院的选址与布局

1. 寺院的选址

四川佛寺建筑的选址大致可分为两类：一类建于山林佳地；第二类建于城镇，尤其是大城市。

前者多是民间自建，密切结合所在环境的自然景色和地形起伏，布局较为灵活；主体院落虽仍多为中轴对称，但周围建筑随机布置，并采用当地民居建筑手法，有更多的创造性，风格活泼灵巧，气氛质朴亲切。具有代表性的为峨眉山建筑群（图 4–1–6）、遂宁广德寺等。

后者许多是敕建的官式建筑，地形基本平坦，坐北向南，更多的是采用传统的沿纵深方向依中轴对称布置一系列院落的组合，风格严谨整饬。位于城市之中的佛教寺院不仅仅能够满足那些文人士大夫希望有所超脱的精神寄托，然而又不愿抛弃世俗生活之便利的心理希望，而且也往往成为广大城市居民聚会活动的公共场所。如位于新都的宝光寺、成都文殊院（图 4–1–7），由于寺庙位于市区，与民众较近，在接待善男信女的朝拜与参访上就具有十分便利的优势。同时，从另外某种意义上来说，寺院也成为市民公共活动以及聚集的良好去处。

2. 寺院的布局与类型

（1）布局的发展演变

古代印度佛寺，皆以塔为中心，塔周围罗列禅堂、静堂、僧房、庖厨、园囿。我国初期的佛寺，大都袭用印度的形制，以塔为寺中的主要建筑物。所以汉、魏的籍典中，都称佛寺为浮屠而不称寺，就是由于以塔为寺的代表。东晋、北魏以后，渐重佛殿，置本尊像于佛殿中，布局方式逐渐演变为前塔后殿的并置式，以及“舍宅为寺”的多重廊院式。

故以塔为主的佛寺布局早期甚多，隋唐后减少，由于战乱原因，在四川以塔为主的寺庙，保留下来的比较少。现存的寺庙绝大部分都是以佛殿为中心或多重佛殿为主轴的布局，如平武报恩寺、阆中永安寺、蓬溪宝梵寺（图 4–1–8）等。

图 4–1–6　峨眉山金顶（来源：《世界的峨眉》）

图 4-1-7　成都文殊院大雄宝殿（来源：李俍岑　摄）

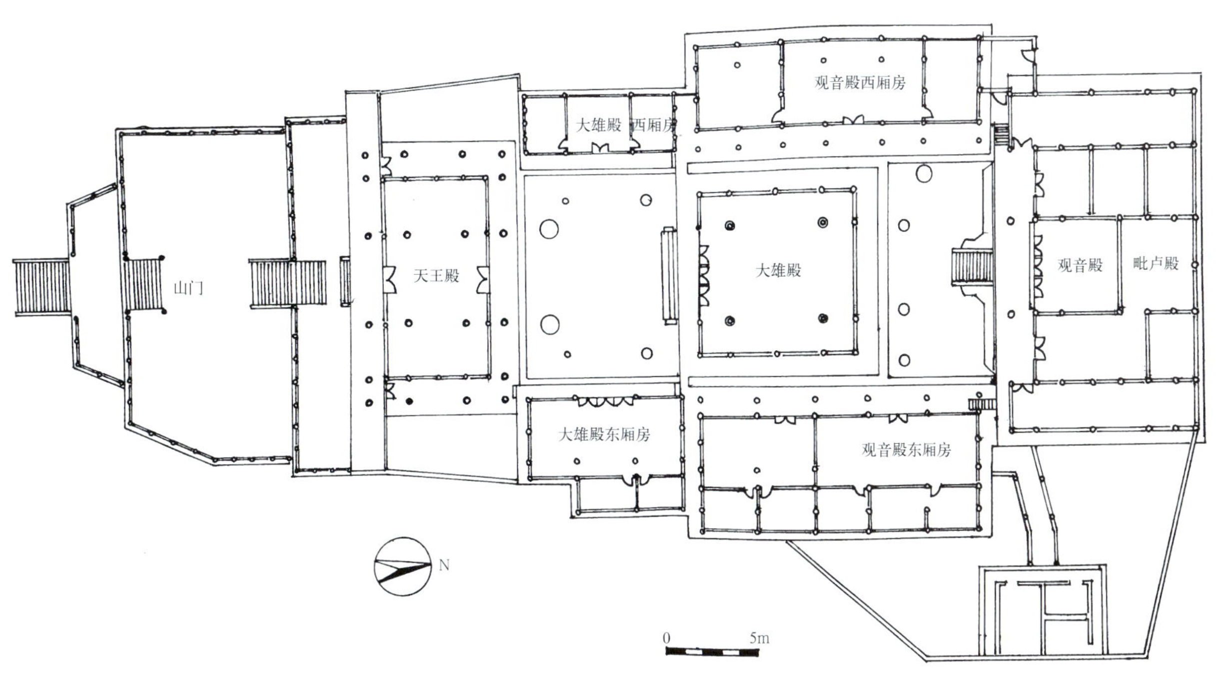

图 4-1-8　蓬溪宝梵寺总平面图（来源：李俍岑根据文保资料绘制）

图 4-1-9　新都宝光寺鸟瞰（来源：《四川古建筑》）

图 4-1-10　无垢塔（来源：蔡燕歆　摄）

新都宝光寺（图 4-1-9）是四川地区以塔为主的寺庙的典型实例，多重四合院布局，主体建筑有1塔、5殿和16院。无垢塔（图 4-1-10）巍然为全寺中心，前后有天王殿、七佛殿相呼应，左右有钟楼、鼓楼相对峙，展示了我国现在已不多见的、早期佛教寺院“寺、塔一体，塔踞中心”的典型布局。

四川寺庙的后院或者侧院，一般都有“林盘”，少者数十亩，多者上千亩。建于山上的寺庙，往往与自然山水相结合，有面积更大、自然景观更为丰富的园林绿化。寺庙园林全国皆有，但因四川地区气候温和，常年绿树成荫，四季有花可赏，常以珍贵独特的名花异草招来香客。“春天兰蕊香，夏日荷满塘，金秋赏丹桂，严冬腊梅更芬芳。”在古代，贵族宫邸和私家园林平民皆不得涉足的情况下，寺庙的“林盘”就变成世俗平民唯一可去的公共休憩场所，这也算是四川寺庙的一大特色。

（2）寺院布局类型

分散自由布局——建筑融入自然环境随形就势分布。在一些规模较大的山地寺庙园林里，整个建筑组群都与山地自然景观形成穿插与分隔，空间依然是开放性的。这种空间组合特点是建筑群自由组合，多采用桥、廊、山路等进行实体连接，或以亭、门坊等元素进行空间与视线联系，但不围成封闭的院落，而形成开放空间。清音阁（图 4-1-11）就是这类寺观园林的典范，大殿、亭等大大小小的建筑物和双飞桥等构筑物就地势高低，随形就势，各个建筑相对独立，但彼此之间仍有一定的轴线关系，

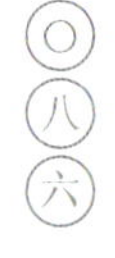

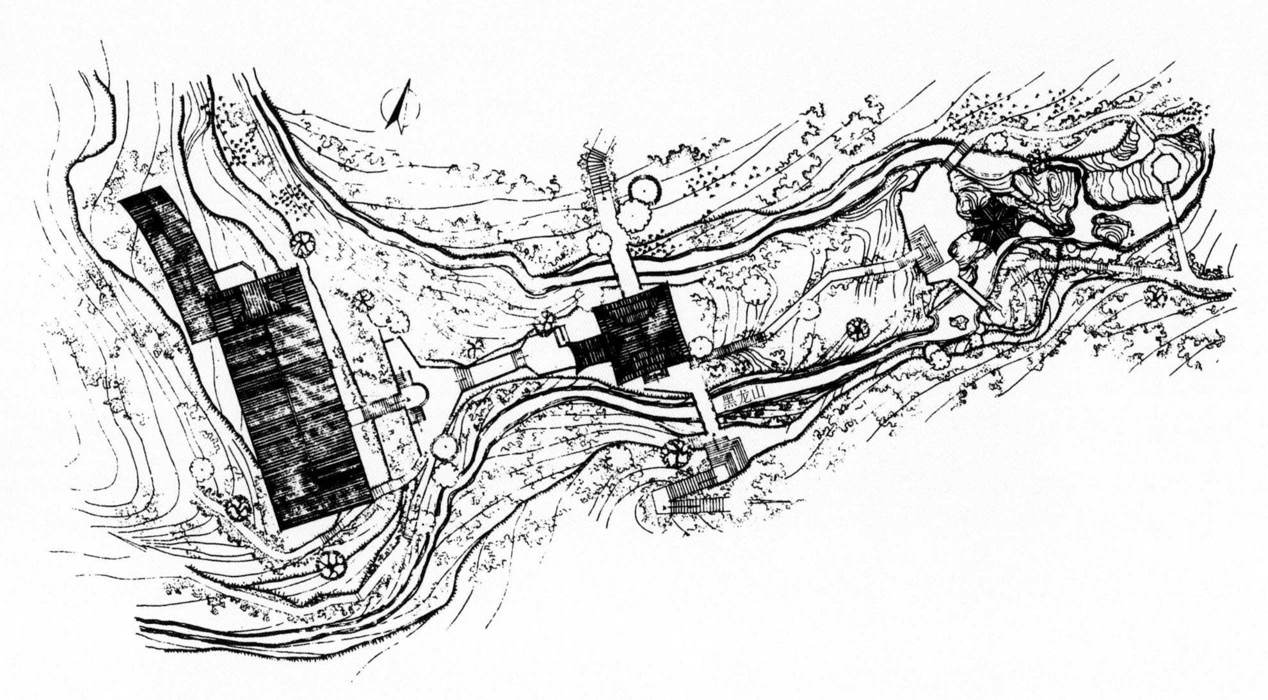

图 4-1-11　清音阁总平面图（来源：论文《多元文化影响下的峨眉山寺观建筑》）

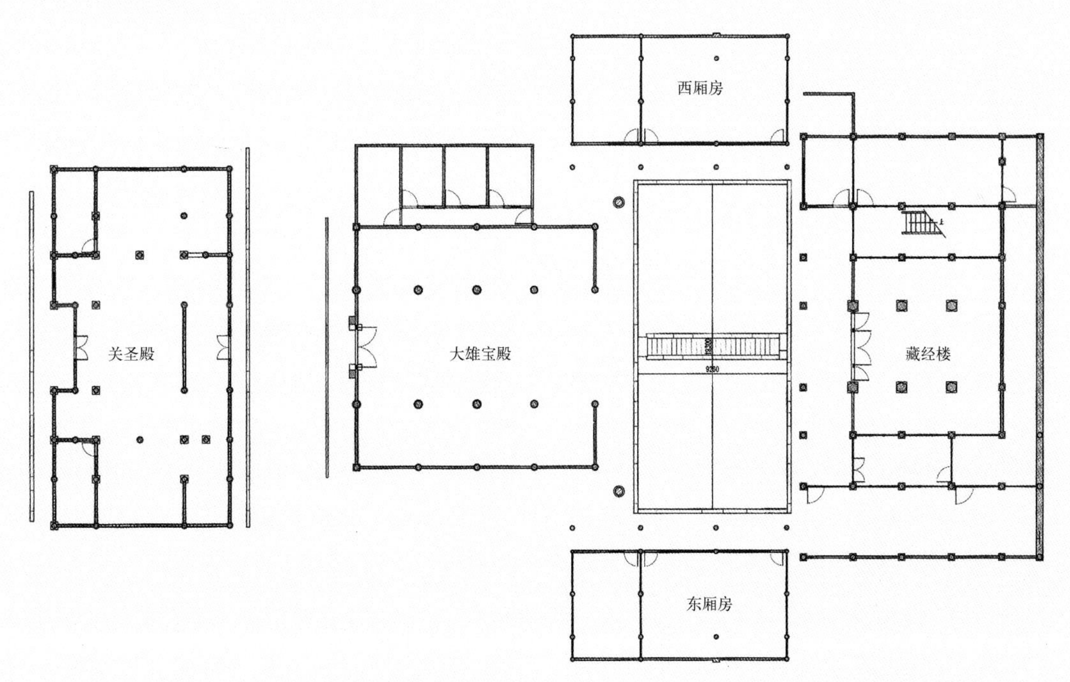

图 4-1-12　三台县尊胜寺总平面图（来源：《四川古建筑测绘图集》第二辑）

能彼此呼应，互为顾盼，有主有次，依旧成为一组山地景观空间。

院落式布局——城镇或平原院落布局和丘陵山地院落布局。城镇或平原院落布局，一般采用多进院落组织，由于寺观建筑都具有明显的宗教功能和目的性，因而传统城镇或平原宗教建筑群体的布局往往沿纵向轴线庭院递进或横向跨院扩展，按照宗教建筑要求设置相关内容，较为严谨对称，如三台县尊胜寺（图 4-1-12）；丘陵山地院落布局，建筑以三合或四合院为单元，为了体现因地制宜的原则，空间处理上采

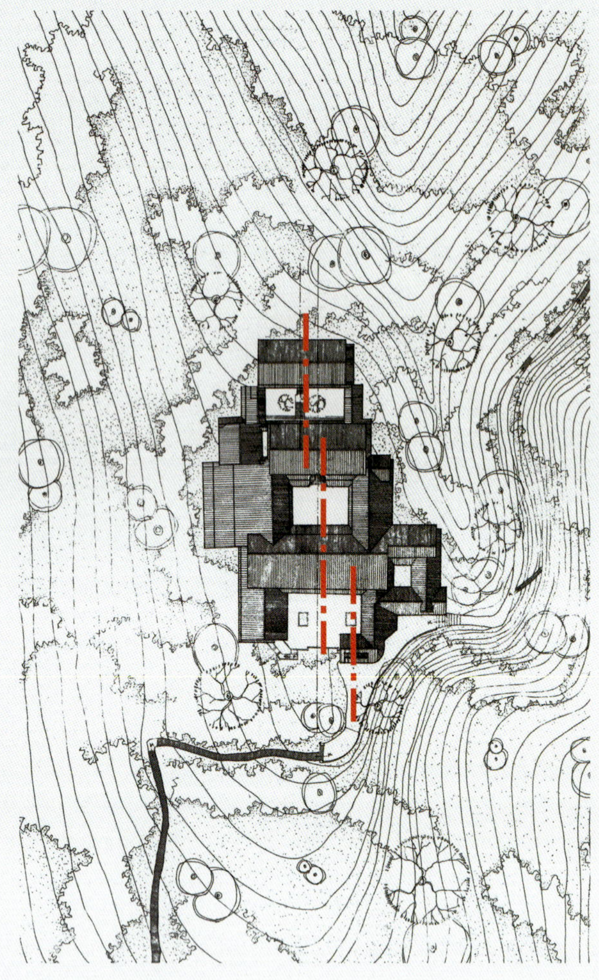

图 4-1-13　洪椿坪轴线变化（来源：论文《多元文化影响下的峨眉山寺观建筑》）

用利用自然、顺应自然、随机改造自然的独特手法，因此，丘陵山地寺院的轴线往往不会一条纵轴贯穿始终，而是轴线在平面上以并列、错位及转折等方式来变化，使院落之间的联系自然生动，而又不会脱离轴线的串联作用，如峨眉山洪椿坪（图 4-1-13）。

（三）佛教寺院的建筑特点

汉传佛教寺庙的构成俗称为“伽蓝七堂”。关于伽蓝七堂的具体规制，在不同历史时期内容所指不同。白化文先生《汉化佛教与寺院生活》一书中说：“唐宋时期按常规佛寺须有‘七堂伽蓝’，即七种不同用途的建筑物。佛教各派对其解释略有不同，一般认为是：山门、佛殿（不止一种）、讲堂、方丈、食堂、浴室、东司（厕所）”。刘敦桢先生在《北平智化寺如来殿调查记》中，则认为伽蓝七堂大致是指山门、天王殿、钟楼、鼓楼、东配殿、西配殿和大殿七座单体建筑。事实上寺庙的形式并没有一个固定的模子，随佛教的演变和地域的不同而变化，尤其四川的许多山地寺庙，其构成更是自由灵活。其基本特征首先是院落式的布局；其次是沿中轴线递进的对称格局，主要建筑如山门、弥勒殿、大雄宝殿、药师殿、藏经楼等都依次位于中轴线上，僧房、食堂、厕所等附属建筑位于两侧；七堂的具体建筑内容没有一定的限制，主要是围绕佛教寺院生活的几项主要功能需要。四川的汉传佛教寺庙有大有小，大的如报国寺，中轴线上前后共有殿堂六重；小的如萝峰庵，仅有一重大殿。但它们的大体构成都是按照这个模式。

1．建筑空间

元代建筑一个比较显著的特征就是在平面上常采用“减柱法”或“移柱法”来获取更多的空间自由，这种构架方法是通过使用大内额或大檐额来实现的。巴蜀地区的阆中永安寺大殿、七曲山盘陀石殿等都有此特征。

明清以后，大殿的柱网大多是依照梁架的需要，梁柱严格对缝，没有出现减柱和移柱。但也有部分大殿为了满足对佛像的观瞻，在木构架上做了调整。比如撤去靠近佛像一侧的金柱之间的额枋，以便人在底层仰视时能看到佛的全貌；或者明间两侧的构架变穿斗式为抬梁式，这样就不需要中柱，为的也是使人即使是在非正对佛像的位置也能看到佛的全貌；有的则是在二层设置回廊，透过二层的窗户射进来的光线加强大佛头部的自然采光，以使之成为视觉的焦点，同时屋顶局部采用透明的亮瓦，也增加了室内的采光。比如峨眉山洪椿坪的大雄宝殿（图 4-1-14）。

清代有组织的大规模移民，北边陕甘、南边湖广的移民大量移居四川，使四川成为一个多族群、多文化的地区。经历的融合、创造，使清代中期以后建造的佛教寺院，既具有北方建筑的敦厚庄重，又呈南方建筑轻盈典雅的风貌。

2．营造特点

四川现存汉传佛教寺庙主要集中在元、明、清时期，这一时期我国传统建筑经历了从用“材分”

图 4–1–14　洪椿坪大雄宝殿二层（来源：蔡燕歆　摄）

到“斗口”为基本模数的变革，建筑在构架做法、屋面举折、歇山收山、斗栱形制及建筑用料大小方面均发生了相应的变化。佛寺殿堂建筑的木构技术是四川地区大木大式做法的典型代表，体现了四川木构营造水平和地方特色。

四川地区元代建筑遗构主要分布在川西、川中及川北地区。建筑为大式做法，用材尺度宏大，歇山屋顶，风格庄重朴实。屋面皆使用飞椽，翼角椽多采用直排法，翼角起翘不大，檐口略呈直线，是宋元建筑所特有的做法（图 4–1–15）。并且使用天然弯曲木材的斜栿，置于槫与其下顺槫圆木之间，与传统“叉手”式样类似，但其用材远大于叉手，以杠杆原理承重，是一种极具创造性的形制，在中原地区都极其少见，为四川地区元代木构的特点（图 4–1–16）。大殿斗栱最外跳皆不用令栱而直接用散斗承托撩檐枋，也是四川地区元代建筑的一个普遍做法，甚至影响到了四川许多明代建筑的斗栱形制（图 4–1–17）。

图 4–1–15　阆中永安寺大殿（来源：文保单位资料）

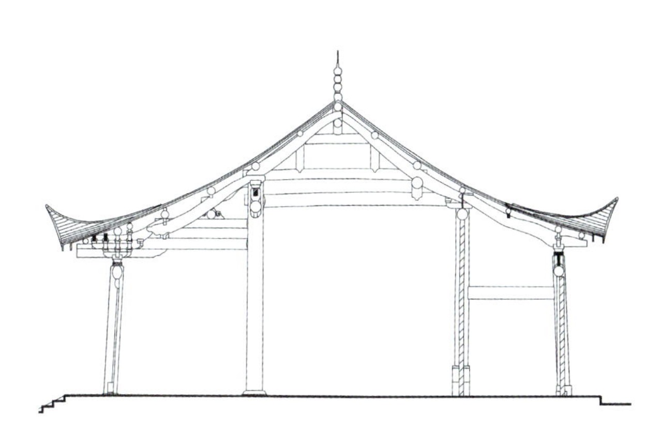

图 4–1–16　眉山报恩寺大殿梁架——“叉手”状的斜栿（来源：柏呈　绘）

图 4–1–17　阆中观音寺外檐斗栱（明代）（来源：何龙　摄）

比较典型的明代建筑都结合了不同地域环境的做法，呈现出地域特征。如报恩寺大雄宝殿以及阆中观音寺罗汉殿的上檐斗栱形制都十分规整，显示了明代官式建筑的影响。尤其是报恩寺大雄宝殿，由于有北方工匠的参与，其斗栱形制显示出了更多的北方官式做法的痕迹，同时也巧妙地结合了四川本地的一些做法，如象鼻状的昂头等四川惯有的做法。斗栱最外跳不施令栱这一巴蜀地区明代建筑的显著特征，在刘敦桢先生的《西南古建筑勘察》中早已有所论述，在明代典型的几座大殿中，也只有形制最为严整的报恩寺大雄宝殿斗栱的最上层使用了令栱。

明代宗教建筑中开始使用砖砌拱券顶和穹隆顶，出现了一大批无梁殿，峨眉山万年寺的无梁殿便是其中之一。

清代开始建造的寺院，多采用“小式”做法，檐下不施斗栱，屋面也不用琉璃，但檐下撑栱及木装修却比历代都考究。

3. 建筑装饰

建筑的装饰是传统建筑的重要组成部分，它不但是表达人们文化信仰和审美意趣的重要载体，与建筑的结构、材质等一起表达出完整统一的地域风格形象，而且常要承担建筑的构造需要，和结构构件一起完成建筑的部分负荷承载，形成艺术与技术的有机结合。四川汉传佛教建筑的装饰主要集中在屋顶（图 4-1-18）、门窗、栏杆这些地方；此外，在四川地区，撑栱、穿枋、吊瓜、挂落以及轩棚都是明、清时期建筑中极具地方特色的建筑构件，其装饰艺术也集中地反映了四川地区独特的建筑文化（图 4-1-19）。

四川汉传佛教建筑中所涉及的装饰内容丰富多样，装饰题材表现为宗教和民俗相结合，尤其以地方民俗题材的装饰内容居多。归纳起来，又可分为几何图样、动物、植物、人物、文字等五大类。动物形象中既有与佛教故事有关的狮、象，又有中国自古以来崇尚的神兽龙、凤及鱼等；植物形象不仅有佛教中崇尚的莲花，还有民间喜用的松柏、卷草纹等；人物形象则兼具与宗教题材相关的神仙鬼怪和代表忠孝仁义的戏剧人物；此外，还有各种几何形的装饰题材和在民俗中以为吉利象征的“椀”“如意”等纹样。外来的佛教文化与土生土长的道教文化以及地方民俗文化的结合，在建筑装饰题材中表现得淋漓尽致。

二、藏传佛教建筑概述

四川藏区藏传佛教的历史可追溯到公元 7 世纪，兴起是在公元 12 世纪以后。藏传佛教各派传入四川的时间有别，但基本与其在卫藏地区的兴起与发展时序相对应。传播路线一条是由西藏渡过金沙江传入四川甘孜州，然后跨大渡河到达阿坝州的大、小金川流域；另一条是由甘青地区进入四川，并由北及南贯通阿坝州。苯教（黑教）、宁玛（红教）、萨迦（花教）、噶举（白教）、觉囊以及格鲁（黄教）等派别，多元并存于四川藏区各地，相互影响，彼此渗透，寺院交错林立，较之藏区其他地区，寺院类型和风貌更加丰富，并且各派在分布上存在一定的地域性。

图 4-1-18　屋顶脊饰（主题：动物、植物、佛像等）（来源：蔡燕歆　摄）

图 4-1-19　建筑装饰主题：人物、动物、植物、文字等（来源：蔡燕歆　摄）

苯教最初兴盛于卫藏，7 世纪时传入四川，本地民间信仰很快融入其中。9 世纪初，在德格创建第一座苯教寺院登青寺，金沙江流域成为核心区，其后雅砻江流域的新龙县形成第二核心区。此外从若尔盖到大、小金川流域，形成以苟象寺和雍仲拉顶寺为中心的苯教核心区，清乾隆时期的两次金川战役后，大小金川的苯教才被大大削减。苯教在发展过程中逐渐藏传佛教化；宁玛派是藏传佛教中最早形成的教派，8 世纪末传入四川，早期以修习密法的形式传播。于宋高宗三十年（1160 年）在白玉县创建嘎拖寺，并逐渐发展成为该派在整个康区和安多地区的中心寺院。清初相继在今白玉和德格建成白玉寺、竹庆寺和协庆寺等三座寺院，其余寺院均为它们的属寺。宁玛派在四川藏区的发展远远超过西藏，现在殿堂僧舍林立的局面更多是在清代格鲁派兴起之后，在其支持下不断发展而来，其寺庙所占比例在各教派中排在首位，并对西藏东部地区，青海、甘肃藏区也产生了重大的影响。元代初期和中期，萨迦派势力兴盛，原本崇尚苯教的德格土司改奉萨迦派，建于元中统元年（1260 年）左右的白玉县萨玛寺为祖寺，明末清初土司将家庙更庆寺改宗萨迦，并于清雍正七年（1729 年）建印经院，成为该派在康区最大的寺院。萨迦派主要分布于德格、石渠、甘孜一带；元代后期噶玛噶举派开始在四川藏区活动，康定县的新、老贡嘎寺，为该派在甘孜州东部的核心。清雍正五年（1725 年）德格县建成有小布达拉宫之称的八邦寺，为该派在藏区的三大主寺（西藏楚布寺、噶玛丹萨寺和八邦寺）之一。多数寺院是清代以后建立的，集中在德格县地区；格鲁派于15世纪初传入四川，1410年在阿坝县建亚哥寺，清乾隆大、小金川战役后，雍仲拉顶寺及其下属苯教寺院也纷纷被改宗为格鲁派。1580年三世达赖到甘孜南部传法，兴建理塘长青春科尔寺。明末清初，在五世达赖支持下，在今甘孜州北路建立13座大型寺院，史称霍尔十三寺。同一时期，该派在甘孜州南路的发展多为其他教派寺院改宗而来，并在今凉山州木里县创建木里大寺，从而确立在这一地区的地位。觉囊派兴起于12世纪，到17世纪后半叶在西藏地区绝迹，但自14世纪传入今阿坝州，转而以壤塘县中壤塘寺为中心，在川青地区蓬勃发展。

寺院除了作为僧侣修行的场所外，历史上还是藏区政治、经济、文化和医疗的中心，所以分布上需要兼顾信众的管理及其日常参与寺院宗教活动的需要。

四川藏区因地处横断山区，是青藏高原面向平原过渡的二级台地，地貌多样，地形破碎，使得高山峡谷地貌区单位面积上分布的寺院数量远高于高原宽谷地貌区；但以行政村为单位计算的寺院设置密度相对稳定，基本上是2～3村设有1寺，而在东部大渡河流域，历史上最高可达1村1寺。

另外，四川藏区多教并存，历史上寺院归属和辖区改宗与轮回现象时有发生，使得部分地区存在教派分布重叠的现象，而呈现出一地多寺并存、和平相处的独特现象。

（一）寺院选址与布局

四川藏区的藏传佛教源自西藏，在寺院建筑文化上与之具有一致性，均是围绕祭拜神佛、讲经说法和修行等功能进行构建，但因宗教发展历程、地理区位、自然条件等方面的差异而呈现出一定的差异。

1. 寺院选址

传统建筑选址是在适应自然地理环境下，满足功能需求，结合宗教信仰、文化观念的综合产物。

在文化上，神山崇拜作为高原原始文化的重要组成部分，不仅影响到早期王城宫堡、宗教修行地的选址，也影响到藏传佛教兴起后的寺院选址。通过与神山的关联，将神山自然神灵纳入寺院的护法神系列，不仅强化了寺院空间环境的宗教文化属性，客观上也提高了寺址的安全性和防御性。按照寺院与神山的位置关系，可分为位于神山之上和位于神山之间两种选址模式。高山峡谷地貌区大都采用前一模式，在竖向上有山顶、山腰和山脚等位置之分，分别如马尔康大藏寺、白玉嘎托寺和金川雍仲拉顶寺；高原宽谷地貌区则两种做法都有应用，而后一模式以河谷中央的平坝、坡地、台地等地形为佳，分别如八美惠远寺、色达五明佛学院和甘孜大金寺。另外，高原上多海子，形成与神山崇拜文化相伴的圣湖崇拜文化，这也是寺院的选址地之一，如炉霍充古寺。

在审美取向上，寺院选址地的环境意象有魇胜和形胜两种。其中，魇胜是最古老的选址模式，如松赞干布时期文成公主将藏域譬喻为一名仰卧的罗刹魔女，大昭寺与藏域各地所建的12座寺庙，均是为消除魔患、镇压地煞、具足功德以护佑一方平安而建，体现出早期建寺的目的。相对而言，寺院选址更讲求环境的形胜，类似汉地风水术的青藏地望观念，通过赋予选址地的自然山水形态以吉祥与圆满的寓意，来体现寺院的殊胜气质。如苯教主寺——金川雍仲拉顶寺，相传是以选址地正对面的天、路、山、水均为弯形，来喻示苯教吉祥“卍”字符的四个弯枝；格鲁派首寺理塘长青春科尔寺选址地形胜内容，因四周山形各异而更为丰富，北面如一尊盘腿而坐的财神，西面如一只展翅欲飞的大鹏鸟，东面如一头曲身而卧大象，南面主峰山腰有一幅十相自在图，寺院建于形似象鼻的山上，寺前宽阔的草坝下则是形如青龙逶迤而行的理塘河（图4-1-20）。

在功能上，寺院选址十分注重选址地的交通辐射能力，以方便僧众、物资以及信众的往来。从河谷沿线看，选址地多位于河谷的中心、交汇口、转

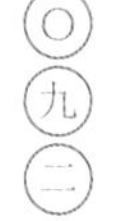

(a)

(b)

(c)

图 4-1-20　寺院选址模式
(a) 建于神山之上的白玉县白玉寺（来源：王及宏　摄）；(b) 建于神山之间的色达五明佛学院（来源：王及宏　摄）；(c) 以形胜意向选址的长青春科尔寺（来源：文保单位资料）

折点，从而使寺院处于所在区域环境的视线交汇中心上。从竖向海拔看，选址地既可处于同一生计模式区域内，也可处于农牧两种生计区的交汇区之间。

四川藏区地处横断山区，不仅因有众多深切的高山峡谷，使得寺院选址的竖向变化更为丰富，还因靠近汉地，在一定程度上受到汉地风水择址观念的影响。

2. 寺院布局

7 世纪松赞干布时期兴建的大、小昭寺是藏区最早的佛殿建筑，建筑形制类似藏区本土宗教——苯教早期的拉康神殿。8 世纪兴建的桑耶寺，是藏族历史上第一座佛、法、僧三宝俱全的藏传佛教寺院，完全按照反映佛教宇宙观的坛城模式布局。在后续发展中，大都采用简化的坛城模式。一般居于中心的是佛殿或佛殿群，象征须弥山及其诸峰，四周环以僧舍群，外围以围墙和转经道界定寺院与普通聚落的边界。现状中凡是分散布局的佛殿或佛殿群皆是寺院后续扩建所致。

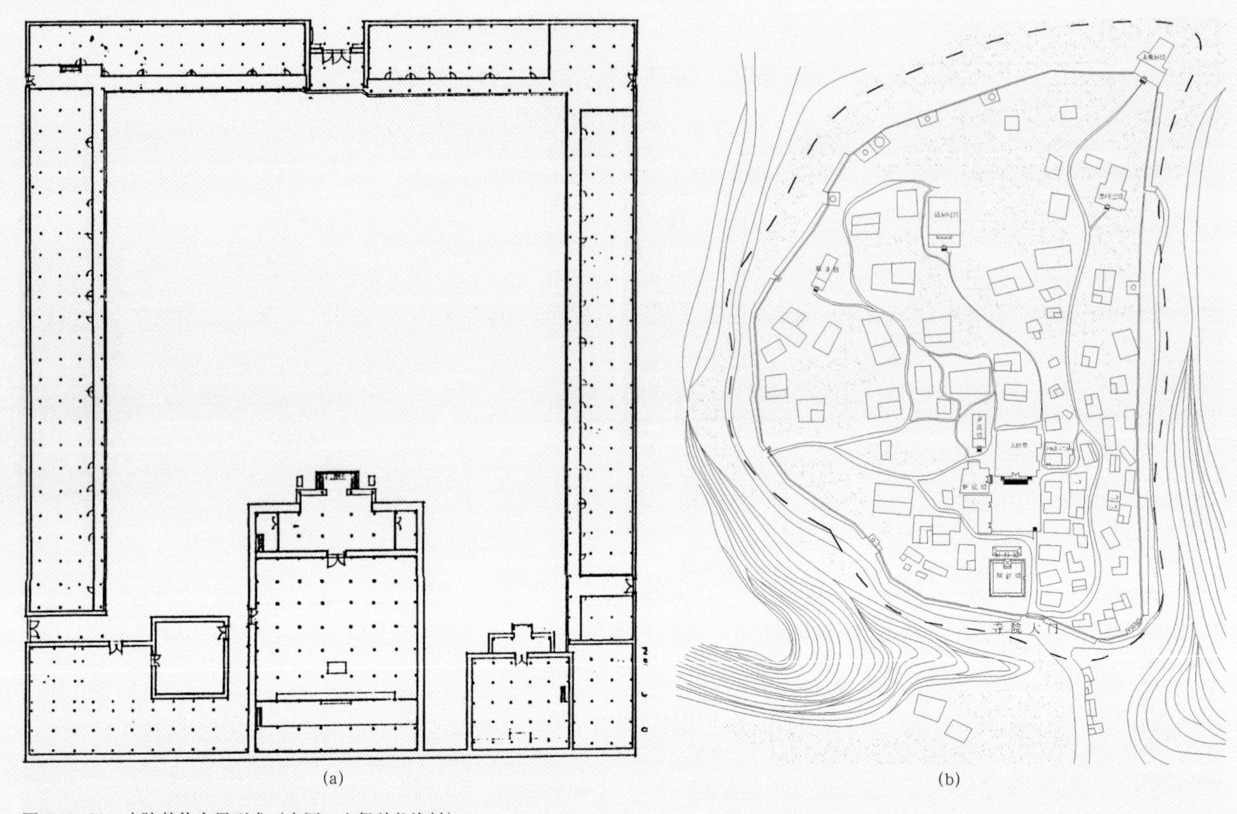

图 4-1-21　寺院整体布局形式（来源：文保单位资料）
(a) 对称式空间布局的道孚县惠远寺；(b) 随形就势自由式布局的马尔康县大藏寺

藏族寺院的平面布局通常是根据选址的不同，以殿堂建筑为核心扩散分布，灵活多变。整体布局可归纳为对称与非对称两种模式（图 4-1-21）。对称模式指佛殿或佛殿群中轴与寺院中轴基本重叠的左右对称布局，选址于平坦坝地的中小型寺院上以及大型寺院中的扎仓等局部，将僧舍与佛殿整合相连，共同围合出内庭院。中、小寺院如甘孜白利寺、丹巴岭钦寺等；大型寺院极少，仅有清代建造的道孚惠远寺，其成因一是地处高原宽谷地带，地势平坦，用地宽裕，便于布局，二是该寺为清雍正皇帝御赐建造，严格的中轴线以及如大门等部分细节显现出汉地寺院营造方式的影响，但总体格局和文化寓意上仍符合藏区寺院布局模式的要求。选址于山地、丘陵的寺院，则顺应山势布置寺院建筑，呈非对称的自由式布局形式。在非对称布局模式中，佛殿或佛殿群处于所在山水大环境的视线交点，扎仓、僧舍群依据地形，非对称环列于佛殿或佛殿群四周，形成以佛殿或佛殿群为中心的簇群形态，象征坛城聚集之意义。僧舍可集中也可分散布置，形式上有独栋、联排、院落之分，布局上有行列、簇群、散点之别，皆是依寺院规模、地形、经济、用地等条件而变化。

四川藏区的藏传佛教寺院在总体空间布局上与西藏自治区的藏传佛教寺院一脉相承，因寺院规模普遍较小，左右对称式布局较为常见。

（二）建筑类型与特点

1. 建筑类型

藏传佛教建筑主要有三种类型：第一种是“日车”[②]，修习密宗的修行处，即僧人的闭关修行之地；第二种是“拉康”，即独立的佛堂或佛殿，人们把那些“佛、法、僧”三宝俱全的小型寺庙称为拉康；第三种为“寺院”，具有完善的学经制度和修法仪轨，其中建有信仰中心、宗教教育建筑及管理机构等建筑，功能全、规模大。四川藏区寺院的基本构成和格局与西藏的寺院相似，只是在建筑营造技术上呈现出与当地民居建筑类似的因地而异的区域性特点。

为满足祭神、讲经、说法和修行功能，寺院建筑大致由佛殿建筑、经院建筑、僧居建筑、佛塔及附属建筑几部分组成。每个教派和地区都有主寺和从属管理的分寺，各寺因等级规模不同，在具体的建筑类型构成以及建筑数量和规模上又有差异。主寺功能完善，规模宏大，规模较小的分寺中往往只具有其中的主要部分。如理塘寺就有好几个扎仓学院和众多活佛，且小寺院的显密大殿多合并设置。

（1）佛殿建筑

专门供奉佛像、圣物、灵塔等的殿堂，藏语称为“拉康”。因供奉的主体不同，其建筑名称也有不同，如供奉佛、菩萨的三世佛殿；供奉各派祖师和高僧大德的宗喀巴殿、莲花生殿；供奉护法神的护法神殿；纪念活佛高僧，建造灵塔的灵塔殿等。

平面形制继承了早期佛教的“回”字形布局形式，由佛堂和转经道组成，以供奉佛像为主，供信徒朝拜。佛像前空间较小，建筑规模小于大经堂（措钦），设置数量也因寺院规模而不同，少则一两个，一般建于寺院所在环境的穴位上，且多与“措钦”相邻。其中护法神殿外墙一般涂刷成红色（图 4-1-22）。

（2）经院建筑

经院建筑包括措钦大殿、扎仓、辩经场、印经院等。

藏传佛教兴盛后，原有的佛殿式拉康已不能满足僧人的需求，出现了在佛殿前扩建“措钦”暨集会大殿的做法。“措钦”是供僧众集体诵经，举行全寺性宗教仪轨，安放主供佛、菩萨等的场所，也是寺院的最高管理机构，处于寺院的视觉中心位置，建筑规模宏大，成为寺院的核心。措钦大殿一般由门廊、经堂、佛殿组成“凸”字形平面，2 ~ 3 层。大殿中部主体空间贯通 2 层，门廊上部的楼层空间及两侧廊屋环绕呈“回”字形，为管理用房活佛居住、会客或讲经场所（图 4-1-23）。殿前广场或院落也是寺院举行宗教活动的中心。

扎仓是僧侣学习和修法的场所，属于学校（学院）性质。僧人根据学习内容不同，隶属于不同的扎仓。扎仓下还有康村，康村的分类主要根据地域的不同而划分。如格鲁派寺院中学习显宗的称为策尼扎仓，修密宗的称为居巴扎仓，修医学的称为曼巴扎仓。每个扎仓都有经堂、佛殿，由回廊围合成独立庭院。一般位于佛殿群周围，似一小型寺院（图 4-1-24）。

僧人辩经的场所一般设在措钦大殿前的院子或回廊中，也有的寺院专门开辟院落作为辩经院。印经院是专门刻印经书及编辑装订的场所，通常规模大并具有宗教影响力的寺院才设有印经院，四川藏区著名的有创建于清雍正年间（1722 ~ 1735 年）的德格印经院。

图 4-1-22　雅江白孜寺拉康

图 4-1-23　理塘长青春科尔寺措钦大殿

图 4-1-24　理塘长青春科尔寺扎仓

图 4-1-25　理塘长青春科尔寺拉让

图 4-1-26　德格更庆寺康村

图 4-1-27　雅江郭沙寺八相塔

（3）僧居建筑

包括活佛府邸“拉让”和普通僧侣的住所。

“拉让”为寺院住持活佛、高僧的居所，是伴随 13 世纪藏传佛教活佛转世制度的兴起而产生的建筑类型，集办公、居住、念经等多种功能于一体。大多靠近“措钦”建造，也可设置于措钦上部楼层之中。大型寺院有若干个“拉让”，小型寺院则很少有（图 4-1-25）。

藏传佛教寺院中僧侣们的居所形式有两种。一种为院落式的集体住宅，也有称为“康村”，可环绕措钦布设，也可与措钦共同围合成院落。有院落式、行列式、簇群式等布局形式，可连排也可独栋，可单层也可多层。另一种为散居的住宅，一僧一宅或多僧一宅，分散分布于寺院中。建筑形式风格与民居相似，只是规模较小，功能单纯些（图 4-1-26）。

（4）佛塔

佛塔是藏区建造最为普遍和最具特色的构筑物。佛塔在佛教理念中是佛陀法身以及“身、语、意”中“意”的代表，具有降妖除魔、护佑一方平安的作用。藏区的村庄、寺院都普遍兴建佛塔。佛塔也是寺院建筑的主要组成部分，一般设于寺院入口处，也可设于寺院中的其他位置。在形制上，有噶当塔、布顿塔、觉囊塔和八相塔等类型，几乎囊括了所有的佛塔形制，在形式上，可独立建造，也可在佛塔须弥座的周围建造转经廊，将转经和转塔结合起来，增添功德。在规模上，有大塔和小塔之别，在数量上，有单塔和塔林之分（图 4-1-27 ～图 4-1-29）。

（5）附属建筑

附属建筑包括藏语称“容康”的厨房，安置玛

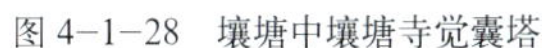

图 4-1-28　壤塘中壤塘寺觉囊塔

图 4-1-29　康定塔公寺佛塔群

图 4-1-30　色达五明佛学院坛城殿

尼经筒的“玛尼廓康”，拜祭山神的煨桑台，放置擦擦的“本康”等。

在四川藏区，崇尚密宗的觉囊派和宁玛派部分大型寺院还单独建有坛城殿。“坛城”的梵语音译为“曼荼罗”，它是密宗佛神聚集作法的道场，形式因所奉本尊佛的不同而有所区别，有多种平面和立体造型，以显示佛理。一般采用壁画、唐卡和立体模型等形式，相当于放大的立体坛城模型（图 4-1-30）。

2. 建筑特点

建筑材料和结构类型多样，并呈现出地域性分布特色。按建筑材料与结构不同，可分为石木结构、土木结构以及与井干式混合结构三种类型。其中，石木型广泛应用于四川藏区各流域的高山河谷地貌区，用石块或石片砌筑墙体，墙体下宽上窄，外斜内平，收分明显，内部是木结构，以木柱支撑平顶，建筑风格厚重粗犷。土木型分布于高原宽谷

(a)

(b)

(c)

图 4-1-31　寺院建筑材料类型
（来源：王及宏　摄）
(a) 石木材料寺院——雅江米朱寺；(b) 土木材料寺院——甘孜格勒寺；(c) 石土木材料并用寺院——甘孜白利寺

(a)

(b)

图 4-1-32　寺院建筑形态类型
(来源：王及宏　摄)
(a)帐篷型寺院——白玉亚青寺；(b)洞窟型寺院——马尔康毗卢遮那窟

地貌区，外墙为版筑夯土墙，内部仍为木结构承重。与井干式相混合结构型多见于林木丰富地区，一般底层采用土木、石木结构，二层以上采用井干式墙体，木墙上涂绛红色的涂料，多见于林木丰富地区(图 4-1-31)。

建筑形态类型丰富。从建筑形态分，有房屋、帐篷和洞窟等三种类型。房屋型指有固定建筑的寺院，广泛分布于农区，是最为普遍的形式。帐篷型指以可移动的帐篷作为宗教活动场所，以适应高原牧区牧民游牧迁徙的生活习俗。洞窟型源自苯教和佛教徒早期的修行洞窟，四川藏区最著名的洞窟寺是马尔康县的毗卢遮那窟，因其为吐蕃时期著名的“七觉士”之一的修行处，而作为圣地弘传至今(图 4-1-32)。

建筑风格主要有藏式平顶和藏汉结合两种寺院类型。藏式平顶寺院建筑的特点主要体现在平屋顶、收分墙体、漏斗形窗户、边玛草檐墙和屋顶装饰上，体现了藏族传统建筑简洁沉稳的建筑轮廓和富有韵律的建筑空间。藏汉结合型寺院建筑的主体形式以藏式风格为主，仅在正殿屋顶的中央天窗上叠加一个汉式坡屋顶，形式以歇山为主。在靠近汉地的地区甚至有全部采用汉式坡屋顶的寺院(图 4-1-33)。

(a)

(b)

图 4-1-33　寺院建筑风格类型
(来源：王及宏　摄)
(a) 藏式平顶大殿；(b) 藏汉结合坡顶大殿

三、四川佛教建筑实例

(一) 平武报恩寺

平武报恩寺位于平武县龙安镇东北的山麓，前临涪江，四面松柏环抱。此寺系龙州(平武)土官佥事王玺奏请朝廷为报答皇恩而修建的。平武虽地处偏远，报恩寺却具有浓厚的北京官式建筑风格，从布局到建筑单体的结构、形象，到斗栱、装修等细部，包括琉璃构件和彩画，都与北京宫殿建筑十分相像。始建于明正统五年(1440年)，完成于正统十一年(1446年)，塑像、壁画、粉塑则到明天顺四年(1460年)才告全部竣工。是目前我国保存最完整的明代古建筑群之一，1996年列为全国重点文物保护单位。

全寺坐西向东，占地2.7万平方米，建筑面积约3500平方米。报恩寺建筑群由三进院落组成，采用传统佛教建筑“伽蓝七堂”的形式，依地势建筑由东至西渐次升高。300米长的中轴线上依次为山门、金水桥、天王殿、大雄宝殿、万佛阁。经幢、狻猊、大悲殿、华严殿、碑亭、长廊、僧房左右对称，

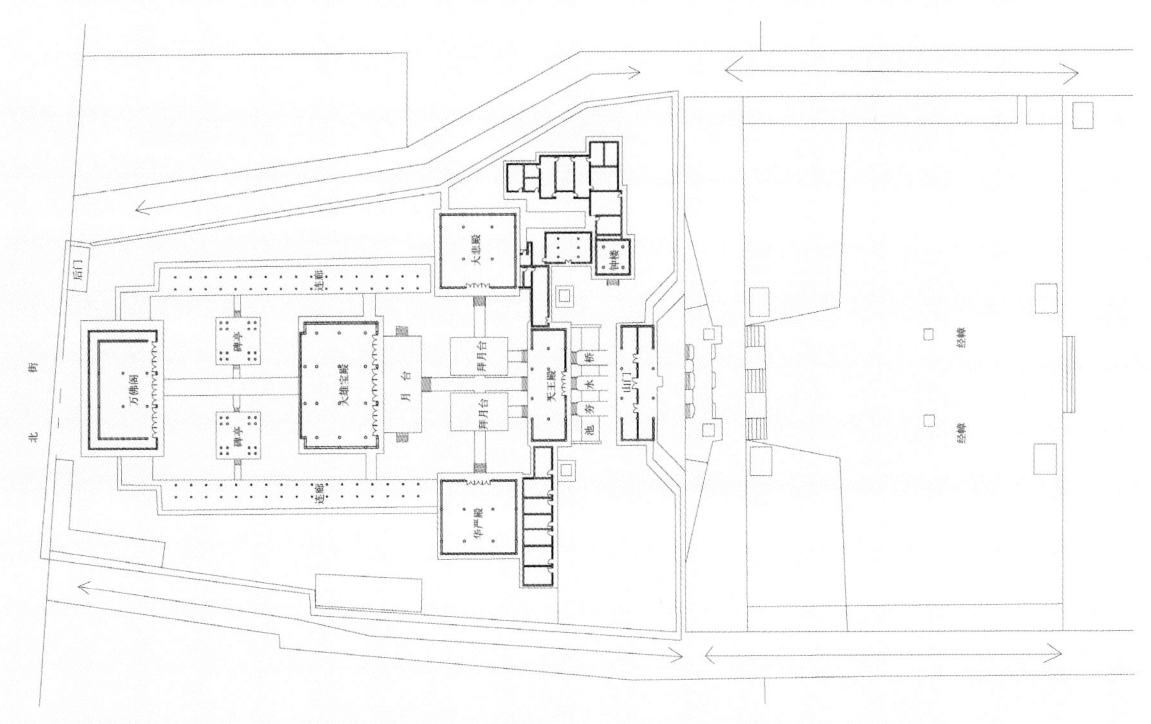

图 4-1-34　报恩寺平面示意图（来源：柏呈根据《中国建筑史》资料绘制）

布局严谨、雄伟壮观。山门位于中轴线前端，门前广场分列石经幢和狻猊。门后空间由石拱桥，钟楼组成第一进院落。二重庭院是由大雄宝殿、华严藏殿、大悲殿和天王殿所祖成。大雄殿之后为第三重庭院，万佛阁位于中轴线末端，为全寺最后、最高的建筑（图 4-1-34）。

山门面阔五间，进深二间，高 8.66 米，采用的是四椽厅堂——前后乳栿分心用三柱的梁架形制，单檐悬山式建筑。分心中柱上设大门，门上匾额书“敕修报恩寺”五个大字，中柱两侧塑有四大金刚，形状威猛。而山门的两侧各辅以八字墙，墙高 5 米，长 12.8 米；墙基为须弥座，墙身砖砌，其顶部做悬山屋顶（图 4-1-35）。

第一进院落的正中是三座平行并列、做工精细的石拱桥。桥右侧是小巧玲珑的范公井与井亭。亭右为钟楼，高 13 米，平面为正方形，面阔、进深各三间，为十六柱重檐歇山式建筑。楼上悬钟两口，钟上铸满铭文。拱桥之北即为天王殿，面阔五间，进深二间，高 13 米，平面采用分心槽柱网布置，面积 251.4 平方米，建于 0.9 米的台基之上，歇山顶建筑，殿身内外的露明构件上绘画精美；殿内塑有四大天王像，其造型极为生动（图 4-1-36）。

二进院落是一个非常完整而典型的四合院，正中为左、右二拜台，拜台之左为华严殿，为十六柱重檐歇山式建筑，殿中有转轮藏（又称星辰车）一座，高 11 米，直径 7 米，占地面积 22.06 平方米，外观为八棱形，共 7 层，四周四根巨大的木柱上盘旋着四条金色蟠龙。转轮藏做工精细，实为国内罕见（图 4-1-37）。华严殿对面是大悲殿，其建筑结构与形制皆与华严殿基本相同，殿内高达 8 米的千手观音，正身为一根巨大楠木雕成，千姿百态，美丽壮观（图 4-1-38）。

二进院落中心建筑便是大雄宝殿（图 4-1-39），殿高 19.56 米，面宽五间，进深四间，总面积为 571.74 平方米，重檐歇山顶。殿内塑佛像，供有九龙牌位，有面积达 125.3 平方米的大型壁画。殿内的壁上绘有“十二圆觉”壁画。在大雄宝殿的左、右两侧各有斜走廊一座，与两边的回廊相连。斜走廊俗称“四不挨”，因建筑不用钉栓，不立平地，上下左右不依不靠而得名，被称为建筑史上的绝世奇观。

图 4-1-35　山门及广场（来源：张宇　摄）

图 4-1-36　天王殿（来源：赵元祥　摄）

图 4-1-37　华严殿转轮藏（来源：张宇　摄）

图 4-1-38　大悲阁千手观音（来源：张宇　摄）

图 4-1-39　大雄宝殿（来源：张宇　摄）

第三进院落正中有左、右对称的两个造型别致的碑亭，为十六柱重檐八角攒尖顶式（图4-1-40）。两碑亭之北为万佛阁，为整个建筑群中最重要、也是最高的楼阁建筑。阁高24米，为三重檐歇山顶，面阔五开间24.74米，进深二间17.07米，总面积为422.3平方米。万佛阁的底层塑有如来讲经说法像，左、右为十大弟子，皆造型生动，姿态各异，阁楼上绘满了精美的壁画，人物画像的高度达3米。整个建筑装饰华丽、气势雄伟、外形壮观（图4-1-41、图4-1-42）。

报恩寺建筑的大木作，多处保留着宋式遗制，建筑有明显的“侧脚”和“生起”；角科以木雕的“角神”支承老角梁。全寺仅斗栱就用了近3000朵之多，种类多达48种，被建筑学家誉为“斗栱博物馆”。结构上采取了许多独特的处理手法，特别是将正心桁做成矩形断面，纵横交头处啮合紧密，加强了建筑的整体防震作用。平武县地处川、陕、甘三省交界地，是地震灾害较严重的地区，五百年来，经历多次强烈地震，但该寺院建筑的主要骨架和构件至今保存完好，为木结构抗震研究提供了实例。

整个寺院的建筑与木雕皆用本地所产的优质楠木，碑石、护栏、台阶、地板等多选用纹理细密的青石，石狮与石龟则用坚硬的花岗石，建筑用料精良。报恩寺天王殿遗留下来的明代额枋彩画，开始出现清式旋子彩画的图案特征。大悲殿、大雄宝殿以及万佛阁内有精美的立雕、浮雕和壁画。特别是在报恩寺第二、三两进院落的左、右两侧，对称地分布着共计24间的回廊，其间塑有罗汉群像，壁上绘有“释迎源流图”壁画。集各种古典传统艺术之大成，无论是泥塑还是木雕，无论是铭文还是壁画、书法、石刻、彩绘等，皆具有极高的艺术价值与品位。

图4-1-41　万佛阁（来源：张宇　摄）

图4-1-40　碑亭

图4-1-42　万佛阁室内（来源：张宇　摄）

（二）峨眉山古建筑群

峨眉山位于四川盆地西南缘，海拔3099米，因两山相望形似娥眉而得此名。《华严经》载："西南方有处名光明山，从昔以来，诸菩萨众于中止住。今有菩萨，名曰贤胜（普贤），与其眷属三千人，常在其中而演说法。"佛家据此又称峨眉山为"光明山"，并尊此山为普贤道场，山中各大寺院均建有专供普贤菩萨的普贤殿。

峨眉山上建造的高峰在佛教鼎盛时期，寺庙达到100多座，除万年寺砖拱无梁殿和金顶铜殿外，都是木结构建筑。历经众朝代，现峨眉山上尚存佛教寺庙26座，总建筑面积约10万平方米，除个别单体建筑外，大部分是清代早、中期的作品。

由于峨眉山地形多变，使得峨眉山的佛教建筑突破了传统佛教建筑严整对称的形制，同时以其因应山地地形的巧妙营建手法，使其成为巴蜀山地建筑的典范，形成了不同于平原佛教建筑的独特风格特征。

峨眉山古建筑群是全国重点文物保护单位合并单位，在万年寺·砖殿、洪椿坪、伏虎寺·圣积寺铜塔、报国寺·圣积铜钟、清音阁并入第一批"万年寺铜铁佛像"后更名。游览路线以报国寺——清音阁——仙峰寺——洗象池——金顶为主，沿线划分为不同大小的等级景观群，每个景观群以一组或

图4-1-43 峨眉山景观群示意图（来源：蔡燕歆 绘）

几个建筑来控制（图 4-1-43）。通常以一个大寺为中心，周围有小寺庙群，向外辐射控制一个风景区，形成独立的一个组群。每个风景区的大寺周围往往辅以小寺和桥、亭、廊、坊等建筑小品，形成点、线、面结合的立体空间，各空间之间相互连接，形成整个山地景观结构。比如清音阁大殿及其前的接王亭、牛心亭，附近的广福寺、牛心寺就是最突出的例子。

值得一提的是，早在东汉时期，道教与佛教纷纷于峨眉山上创立寺观，不过道教随着历史的变革日渐衰退，峨眉山便于明代被尊称为佛教"四大名山"之一。但道教遗风尚且留存，如遇仙寺、纯阳殿等。

峨眉山现存佛教寺庙中最著名的有报国寺、伏虎寺、清音阁、万年寺、洪椿坪、仙峰寺、洗象池、华藏寺，并称为"峨眉山八大寺"。

1. 报国寺

报国寺是峨眉山的八大寺院之一，位于黄湾乡，建于明万历四十三年至清同治五年（1615 ~ 1866 年）。占地面积 40000 平方米，建筑面积 11600 平方米。

明万历四十三年（1615 年），明光道人初建于伏虎寺右侧瑜伽河畔，祀普贤、广成子、楚狂路通牌位，起名会宗堂，取儒、释、道三教会宗之意。清康熙年间（1662 ~ 1722 年）重修，有清康熙御书"报国寺"匾额，为入山第一大寺。寺坐西向东，四合院布局，依地势、按中轴逐渐升高，掩映在苍楠翠柏之中，自下而上依次有山门、弥勒殿、大雄殿、七佛殿，最后为普贤殿（图 4-1-44、图 4-1-45）。

其中七佛殿使用重檐悬山顶，面阔七间 38.2 米，进深四间 16 米，通高 12.3 米，素面台基高 3.8 米，垂带式踏道 23 级。前后廊均施"醉杨妃"椅靠。殿正门两侧有石刻栏壁各一，均高 1.3 米，宽 2.3 米，镌刻"八仙酬寿""水涌金山"等浮雕戏剧人物图案。供奉毗婆尸佛、尸弃佛、毗舍婆佛、释迦牟尼佛、拘留孙佛、拘那舍牟尼佛、迦叶佛等七尊佛像。右壁挂屏一堂，刻宋元祐六年（1091 年）大诗人黄庭坚书《七佛偈》。殿堂右侧通往客寮门上，悬挂"精忠报国"木匾，系民国 24 年（1935 年），由蒋介石书写。七佛殿背面依壁塑造观世音菩萨南海普陀岩，塑像群人物形

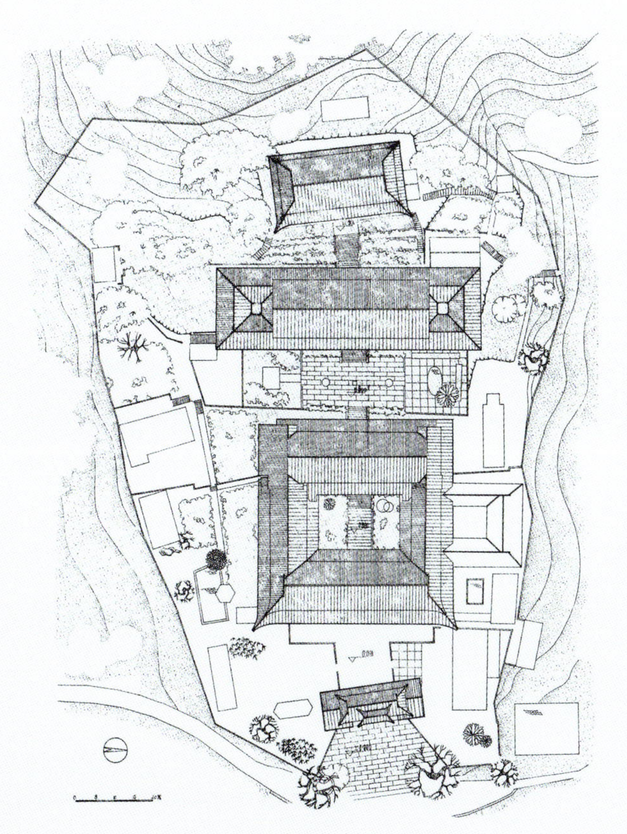

图 4-1-45　报国寺鸟瞰（来源：吴健　摄）

图 4-1-44　报国寺总平面图（来源：论文《多元文化影响下的峨眉山寺观建筑》）

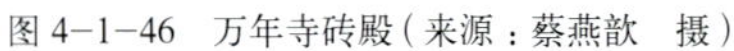

图 4-1-46　万年寺砖殿（来源：蔡燕歆　摄）

图 4-1-47　万年寺普贤像（来源：蔡燕歆　摄）

态各异、栩栩如生，正中为观世音菩萨塑像。

2. 万年寺

万年寺位于峨眉山中山的黄湾乡万年村，建于明万历二十八年至清康熙四年（1600 ~ 1665 年）。占地面积 67000 平方米，建筑面积 10200 平方米。中轴线上以砖殿为中心，分散布局，山门、弥勒殿、砖殿、巍峨宝殿、大雄殿由下而上次第排列。砖殿东为藏经楼，西为行愿楼，东南侧为般若堂，西南侧为斋堂，殿后为由巍峨宝殿和大雄殿组成的四合院。

砖殿（图 4-1-46、图 4-1-47）仿印度热那寺造型，为穹隆圆顶方形建筑。坐西向东，平面呈正方形，高 16 米，边长 16 米。因殿内部用砖发券，砌成巨大穹顶，不用梁柱，故又名“无梁殿”，俗称“锅盯顶”，堪称峨眉山一绝。砖殿屋顶部分建五个喇嘛塔式，正中一塔较大，四角较小，穹顶隆起，近于金刚宝座塔的形制。殿外装饰，门楣、额枋、斗栱、垂柱、花窗等全系砖仿木建造。殿内四壁下部设小佛龛 24 个，表示二十四节气，中部和上部横龛六道，列置小铜佛 300 余个。殿正中立普贤菩萨骑六牙白象铜像。

3. 伏虎寺

始建于南宋绍兴年间（1131 ~ 1161 年），名“神龙堂”，当时因附近常有虎伤人，建“尊胜幢”以镇虎，后改名为“伏虎寺”。明末寺全毁，清顺治八年至康熙十年（1651 ~ 1671 年）年间重修。曾为峨眉山最大的一座寺庙，如今占地面积 6.7 万平方米，四合院纵横交错及分散布局相结合。坐北向南，中轴线由低至高排列天王殿、普贤殿、大雄殿。大雄殿的西、南两侧分别有“华严宝塔”亭（图 4-1-48）、罗汉亭、御书楼、观音殿。山门前有引道，长达 200 余米，迂回曲绕，横穿虎溪、瑜伽河，引道设有两道木坊、四座小桥（图 4-1-49）。

伏虎寺最重要的建筑为大雄宝殿（图 4-1-50），大雄宝殿为重檐歇山顶，小青瓦屋面，抬梁式梁架，抬梁十架椽屋前后乳袱褡牵用七柱。面阔十三间 53.33 米，进深三间 14.57 米，通高 14.7 米，素面台基高 4.45 米，垂带式踏道 22 级。建筑面积 1826 平方米。现在为全景区最大的殿堂。

大雄殿内供“华严三圣”三尊大佛，两旁为十八罗汉。殿前有门联“悬佛日于中天，光含大地；灿明珠于性海，彩彻十方”。殿后龛观音大士像前有联“问大士为何倒坐，恨世人不肯回头”。

4. 清音阁

清音阁位于牛心岭下，始建于唐武德年间（公

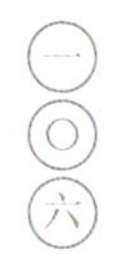

图 4-1-48　伏虎寺华严宝塔（来源：陈颖　摄）

(a)

(b)

(c)

图 4-1-49　伏虎寺前导空间序列（来源：蔡燕歆　摄）
(a)“伏虎寺”牌楼；(b) 虎浴桥；(c)“布金林”牌楼

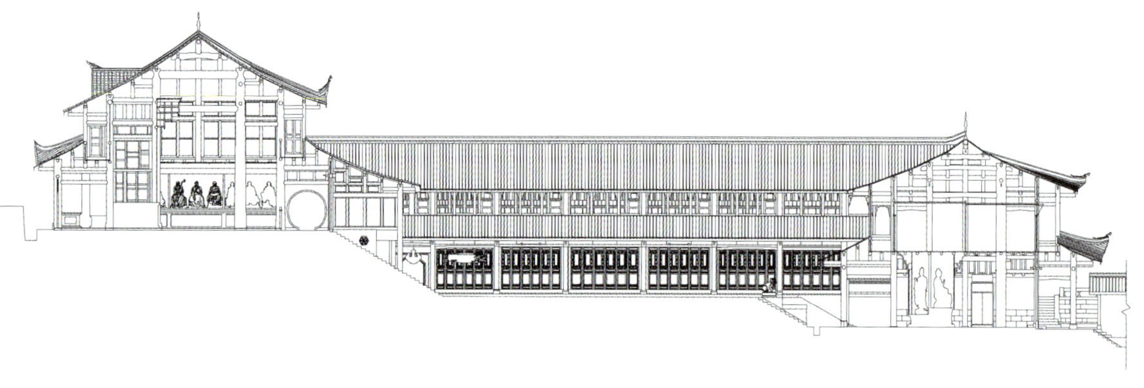

图 4-1-50　伏虎寺大雄宝殿照片与院落剖面（来源：李林东　摄；西南交通大学测绘图集）

元 618 ～ 626 年)，时名牛心寺。明洪武时 (1368 年) 广济和尚复修，取晋人左思《招隐诗》“何必丝与竹，山水有清音”之意，更名清音阁。在清康熙年间 (1662 ～ 1722 年)，寺庙逐步建成。占地面积 4 平方公里，建筑面积 8252 平方米。中轴线以阁为中心，散点布局，依山形水势趋向，按台、亭、楼、阁由下而上序列排布。阁右为广福寺，阁后为延福寺，与沿黑龙江而上 2 里许白云峡珠联璧合，构成一组风格独特的寺庙园林建筑群体。

清音阁位于山坳溪谷，因流水交汇集注，近侧常有流溪、飞瀑潭环围。利用淙淙的水流作为前导空间，前导空间沿岸呈带形展开，空间大而狭长。溪水流动，与亭、桥、游览线交织穿插，空间动态感很强，给人以清新活泼之感。

清音阁中的接王亭、双飞桥与大殿沿几何轴线纵深布置，左右对称，伴着缭绕的香烟，形成肃穆的气氛（图 4-1-51）。自斗龙坝至接王亭，与地形坡度适应，建筑空间靠视觉轴线来组织，表现得相当灵活和自由。自斗龙坝可以看到巨岩上的洗心台（宝瑞台），随着视线方向前行，可以看到黑、白二水之上的牛心亭，黑、白二水倾泻而下，以水声引导行人。山路一转，出现于眼前的是接王亭，直至位置最高的大殿。行进的途中始终有较高的建筑物或构筑物吸引视线，保证视觉轴线的连续性，在群体空间内部建立清晰的秩序（图 4-1-52）。

清音阁建筑组成包括清音阁大殿、清音观堂及其他文物。其中以清音阁大殿为主要建筑，其始建于唐代，明、清时期多次重建，民国时期及新中国成立后曾多次进行大型维修。坐西南朝东北，总建筑面积287平方米，总占地面积480平方米。木结构，重檐歇山顶，梁架六椽用七柱。面阔七间33.6米，进深三间11.5米，通高11.4米，小青瓦屋面。素面台基3.5米，垂带踏道32级，分施两跑：第一跑高1.2米，10级，分两翼左右上；第二跑高2.3米，22级，由正中直上。楼分3层，一、二层四周均有回廊通连，正立面施“醉杨妃”椅靠。

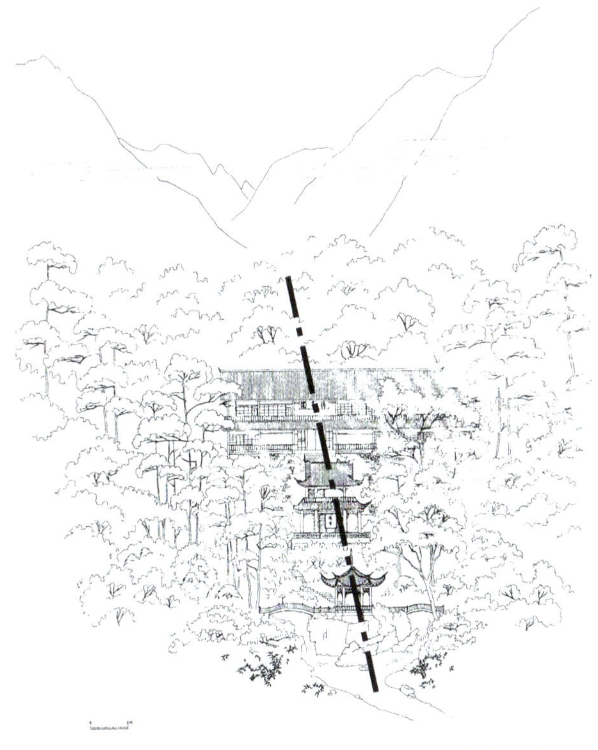

图4-1-51　清音阁的几何轴线（来源：论文《多元文化影响下的峨眉山寺观建筑》）

5. 洪椿坪

洪椿坪位于峨眉山中山区的龙门村，建于清乾隆四十七至五十五年（1782～1790年）。占地面积20000平方米，建筑面积3614平方米。木结构建筑，殿宇三重，主体建筑依山门、观音殿、大雄殿、普贤殿序列多进四合院布局，依山就势逐渐升高。以其融于山林环境的布局和民居般简朴的山门

(a)　(b)　(c)　(d)

图4-1-52　清音阁的视感轴线
(a) 从斗龙坝看宝瑞台（来源：刘勇　摄）；
(b) 从宝瑞台看牛心亭（来源：蔡燕歆　摄）；
(c) 从牛心亭看接王亭（来源：蔡燕歆　摄）；
(d) 从接王亭看大殿（来源：河川　摄）

（图 4-1-53）为突出特色。

（三）广德寺

广德寺位于遂宁船山区卧龙山麓，始建于唐朝，原名石佛寺，至明武宗正德年间（1505 ~ 1521 年）敕赐更名为“广德寺”。自唐代宗永泰元年（公元 765 年）高僧克幽禅师来遂主持开山阐教以来，受到历代帝王封赏达 11 次之多，其规模在明代达到顶峰，曾经领导川、滇、黔三省三百余山的寺庙，管辖的僧众人数超过千人。清康熙年间（1662 ~ 1722 年）扩大寺庙的建筑规模，被誉为“西来第一禅林”。寺坐北朝南，依山而建，占地面积约 4.7 万平方米，建筑面积约 8350 平方米。广德寺为全国重点文物保护单位。

广德寺采取的是以纵为主、横为辅的纵、横两向发展模式，在纵向中轴线上布置主要建筑圆觉桥、哼哈殿、圣旨坊、天王殿、大雄宝殿（图 4-1-54）、毗卢殿、寿佛殿、三官殿、佛顶殿（图 4-1-55）。而在垂直于纵轴上的东侧则多为配殿，如千佛楼、燃灯殿、千手观音殿等，西有观音殿、轮藏殿、善济塔、玉佛殿等。虽主体沿轴线对称布局，但左、右仍有院落因地形等因素体现出一定的随意性。整个建筑群依山就势，利用地势高低变化组织整体空间序列，再通过建筑围合成大小不一，形态丰富的院落空间形态。广德寺的总体布局（图 4-1-56）不仅符合典型的佛教寺院布局形制，更是利用合理、对称的布局手法，使空间收放有度、形态多变，可谓将优美的自然风光与人文环境完美地结合。

圣旨牌坊（图 4-1-57），始建于宋代，明成化年间（1465 ~ 1487 年）重建。四柱三间三楼木枋。面阔三间，进深 2.5 米，通高 7 米。正楼施六铺作斗栱五朵，边楼施五铺作斗栱两朵，明间额上书“圣旨”二字。圣旨牌坊是寺内唯一庑殿顶的建筑物，虽然只

图 4-1-53　洪椿坪山门（来源：蔡燕歆　摄）

图 4-1-54　大雄宝殿（来源：罗号　摄）

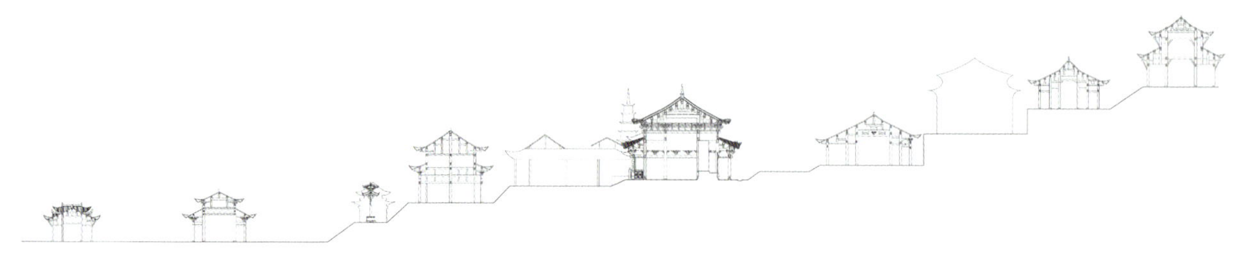

图 4-1-55　广德寺剖面示意图（来源：郭方洁根据资料绘制）

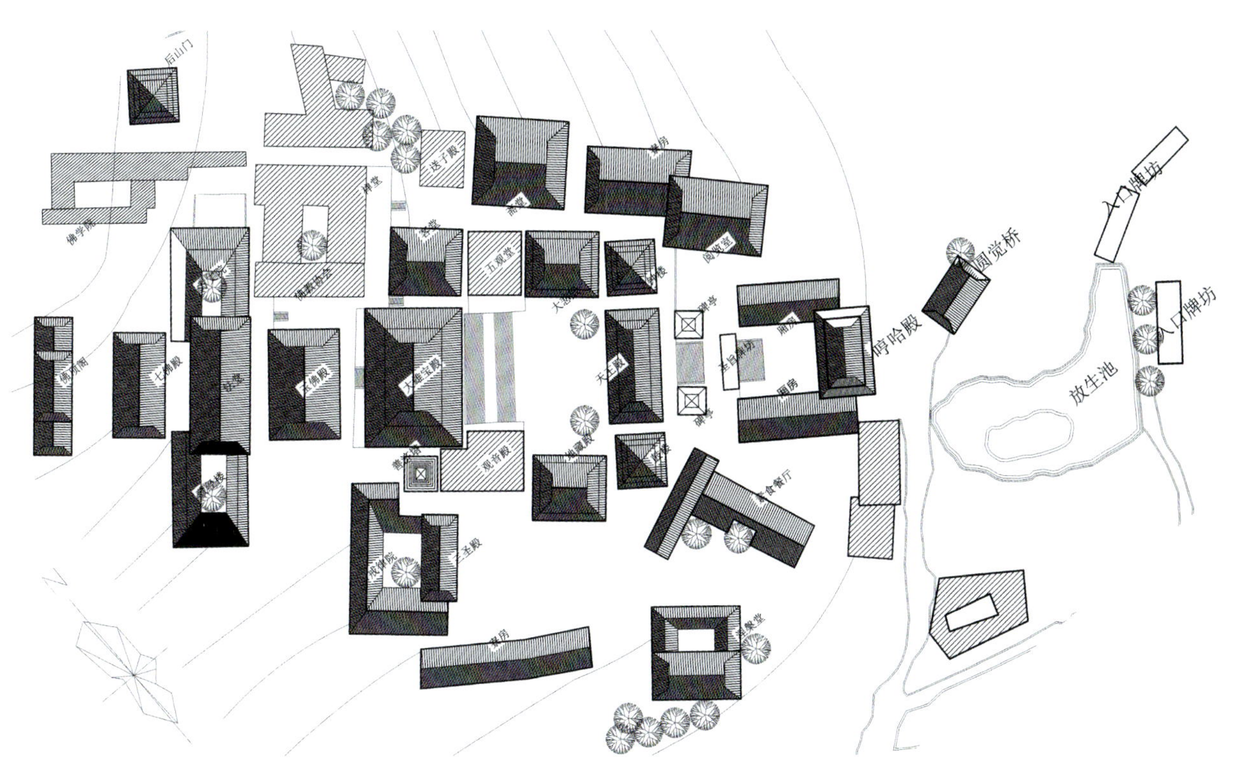

图 4-1-56　广德寺平面布局示意图（来源：罗号　绘制）

图 4-1-57　圣旨坊（来源：罗号　摄）

图 4-1-58　天王殿背面（来源：罗号　摄）

有三开间，但却用了七踩斗栱，并置于天王殿前的中轴线上，足见其地位非凡。坊门两侧后各建一正方形碑亭，重檐歇山式，上、下檐均有三踩、五踩斗栱。各由四根大红木柱支撑，翼角起翘，上盖琉璃筒瓦。

天王殿，建于明代洪武（1368 ～ 1398 年）至宣德年间（1425 ～ 1435 年），面阔五间，进深三间，通高 12.15 米，重檐歇山顶。其平面与哼哈殿相同的是在前檐明间的檐下增加柱子以隔断空间，下部素面台基高 3.7 米，施垂带踏道 28 级，天王殿的梁架形制采用的是身内六椽厅堂——前后乳栿分心用三柱，副阶一椽，虽为抬梁式，但却体现出一些穿斗式构架形制特点；建筑上檐不施斗栱，其下檐施四铺作斗栱，共 28 朵（图 4-1-58）。

（四）木门寺

木门寺（图 4-1-59）位于安岳县，始建于明永乐年间（1403 ～ 1424 年），祖师殿、大雄宝殿系清代重建。占地面积 3400 平方米，现存石牌坊、无际禅师亭、祖师殿、大雄宝殿（图 4-1-60），其

图 4-1-59　木门寺祖师殿（来源：何龙　摄）

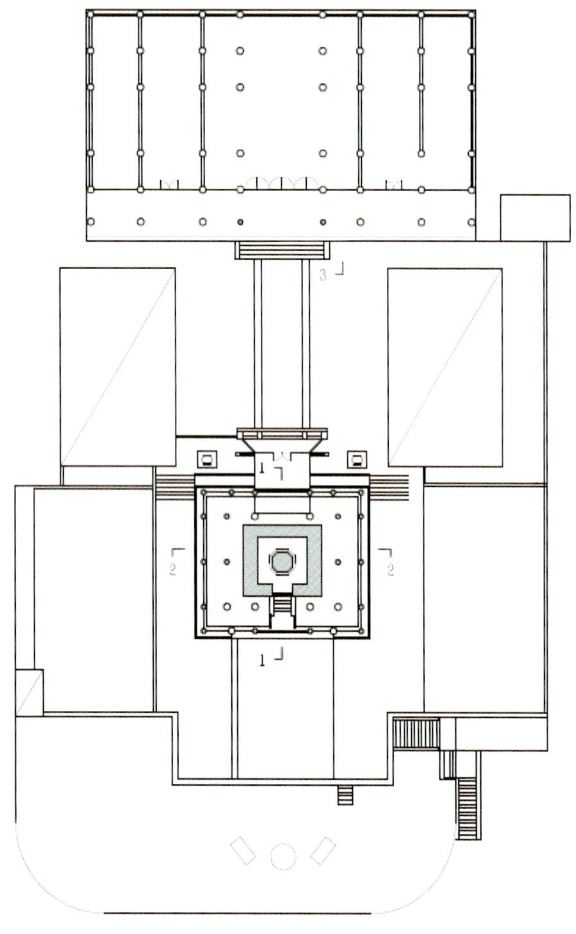

图 4-1-60　木门寺总平面图（来源：滕欢根据文保资料绘制）

余建筑均毁。石牌坊坐北向南，四柱三间三楼，面阔 7.5 米，高 6.5 米。寺前一高石坊，檐下施装饰斗栱，上书“东普禅林”。寺中塔亭的用材，只有门是木制的，其余全用石料精工建造，故称木门寺，为全国重点文物保护单位。

寺中有明代建造的无际禅师亭，是一座殿内有亭，亭内建塔的殿宇建筑。

亭为石砌仿木结构无梁四方亭，四角攒尖顶，面阔 6.8 米，进深 6.5 米，通高 10 米，坐北朝南，外观如“介”字，亭顶系单檐四角攒尖顶，飞檐翘角，檐下施斗栱 16 朵，斗栱间施以镂空浮雕卷叶花卉。门额上方有二龙戏珠及花卉图案，并阴刻“无际禅师亭”五字。亭盖、椽、桷、瓦当、滴水、斗栱全用巨石精雕而成，严丝合缝，与木质无异（图 4-1-61），与亭、鳌、壁、柱等精湛的石刻浮雕相辉映。亭顶内部穹隆状，中心雕莲形团花图案。内壁四角施云纹卷花斗栱 12 朵，饰以花纹。每朵斗栱上有圆雕禅师弟子像一尊，神态各异，均面向禅师墓塔，面部表情哀敬若思，似有不负高僧重望之意。亭内正中立八角形五层石塔一座，为无际禅师圆寂塔。塔高 4.7 米，须弥座式塔基，塔身光亮如镜。

祖师殿为三重檐歇山顶，覆盖无际禅师亭，面阔五间约 18 米，进深四间约 11 米，平面柱网采用移柱式，为设置四方亭，大殿前檐明间向前延伸出一间形成建筑“通道式”入口形式，这种平面形制的建筑较少见，而入口屋顶形制则采用二重檐庑殿顶，入口立面形制与传统门牌楼建筑相似，也进一步象征了“门”的意义。大殿气势雄伟，高踞清凉山麓，形成塔于亭中，亭于殿中，构思巧妙，造型奇特（图 4-1-62）。

（五）阆中永安寺

阆中永安寺，又叫本觉院，位于阆中市水观镇。始建于唐代，宋治平四年（1064 ～ 1067 年）、元至顺二年（1331 年）、明洪武（1368 ～ 1398 年）、嘉靖（1522 ～ 1566 年），清道光（1821 ～ 1850 年）、咸丰（1851 ～ 1861 年）、光绪（1875 ～ 1908 年）屡为培修；现存为元代和清代建筑组成的古建筑群。该寺以其保留下的元代建筑及殿内壁画而闻名。

全寺占地面积约 1.3 万平方米，建筑面积 1700 平方米。坐北朝南，由两进院落构成，其中轴线上依次为山门、观音殿和大殿，再与左、右厢房构成围合院落。周围群山环抱，古刹遮映于绿树丛中，

图 4-1-61　木门寺斗栱（来源：何龙　摄）

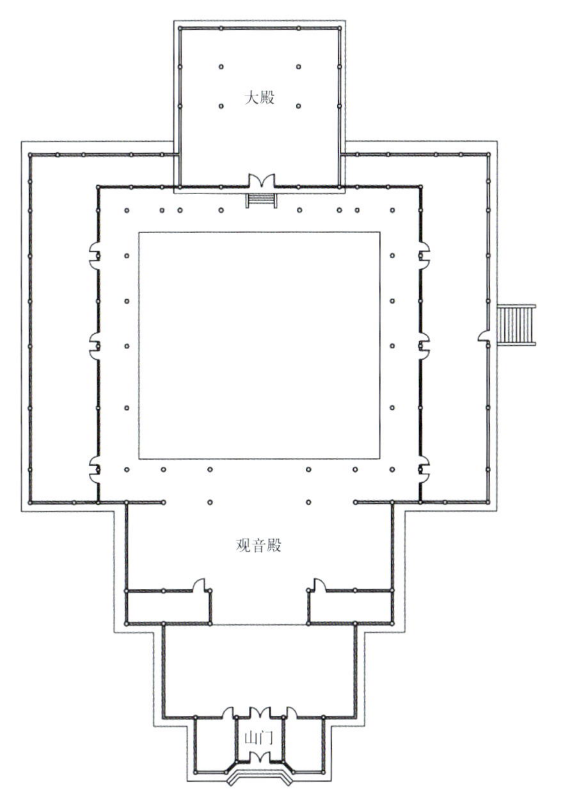

图 4-1-63　永安寺总平面示意图（来源：根据文保资料绘制）

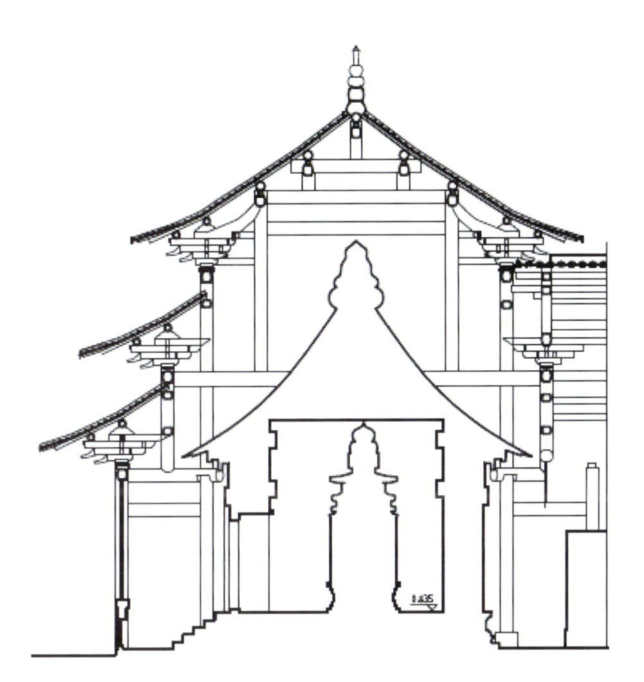

图 4-1-62　祖师殿剖面示意图（来源：滕欢根据文保资料绘制）

图 4-1-64　永安寺大殿（来源：柏呈　摄）

环境异常幽静（图 4-1-63）。

阆中永安寺为元代寺院布局保存较为完整的一例。大殿（图 4-1-64）坐北朝南，始建于元代，虽经后世多次修缮，但其梁架结构明确简洁，保留着较多的古老做法，为研究四川地区元代建筑提供了实物佐证。

建筑为单檐歇山顶，面阔三间，进深四间，平面略呈方形，门窗设于第二列柱间形成前廊，而室内地坪与前廊地坪有 1 米左右高差。为满足室内空间需求，加大了建筑当心间与进深向第二间尺度，进而产生八椽厅堂——前后劄牵，前三椽栿对后乳栿用五柱的梁架形制。

大殿是早期木构做法的代表作。结构简洁雄浑，山面、后檐铺作虽经后世更换改修，其内部构架做法清晰，很多细节做法尚存古制，如蜀柱、驼峰、绰幕枋等做法。殿内内额的使用较为广泛，应是适应明间较广的需要。内额上对应前檐补间铺作的位置常施用铺作或蜀柱，建筑室内完整而统一。在大

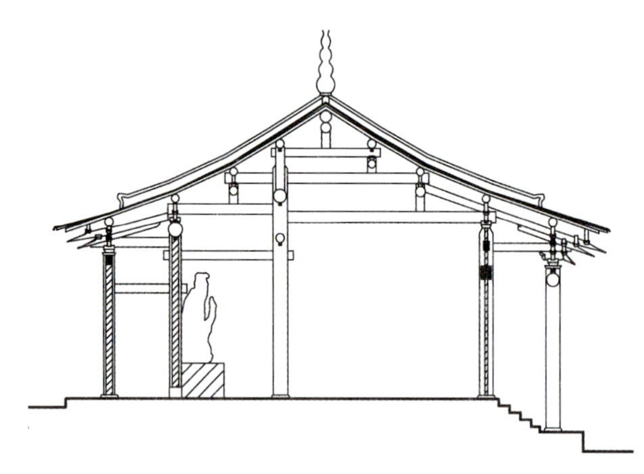

图 4-1-65　永安寺大殿横剖面（来源：柏呈　绘）

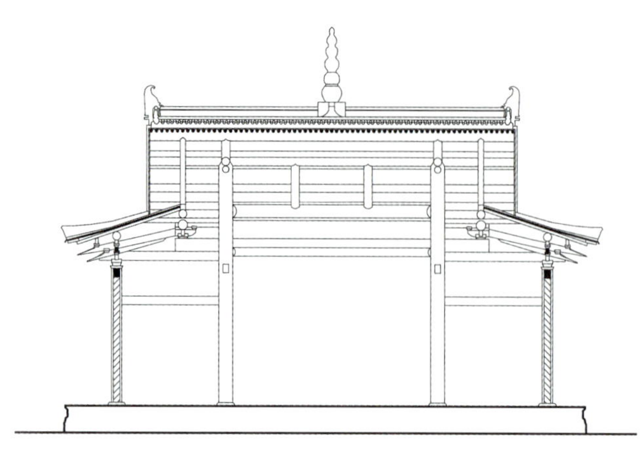

图 4-1-66　永安寺大殿纵剖面（来源：柏呈　绘）

图 4-1-67　开善寺大雄宝殿（来源：《四川古建筑测绘图集　第一辑》）

殿脊榑与中平榑之间，未使用“大叉手”等做法，而是用较为规范的抬梁式构架。但殿内仍可见斜向梁栿的施用，表明其在一定程度上仍保持并延续了地方特色做法（图 4-1-65、图 4-1-66）。永安寺大殿为全国重点文物保护单位。

（六）开善寺

开善寺位于荥经县城西南隅，背靠四平山，东北向，古名“开善禅寺”，简称“开善寺”，又因其为荥经名山——瓦屋山之山门，人们亦叫它“开山寺”或“山门寺”，是瓦屋山辟支佛道场系列庙宇之一，佛教圣地进山的第一寺院。是明清时期木构建筑的重要研究实物，全国重点文物保护单位。

寺院建于明成化十七年（1481 年），至清代逐渐完善，到清光绪年间（1874 ～ 1908 年）形成最后规模，由六重殿构成，其中轴线上的正殿有天王殿、大雄宝殿、后殿，两侧分别有观音殿、灵宫殿、玉皇殿三座偏殿；但现仅存大殿，即大雄宝殿。

大雄宝殿（图 4-1-67），其平面布局呈正方形，占地 256 平方米。面阔进深各三间均为 14.45 米，大殿的当心间尺度为 6.9 米，而加大进深的第二间尺度亦为 6.9 米，这样便形成了外方形套内方形的平面布局特点，门设于前后檐当心间，左、右次间设窗。屋脊为青窑烧制镂空脊筒组成龙凤头拥珠顶。其营造手法大多沿用传统手法，但也有创造性的处理技术，如为使后檐斗栱与前檐斗栱重量一致，加大屋顶面出檐，后檐第一排华栱出挑二倍于前檐华栱重量，并连置二交副斗。并且开善寺有大量精巧细腻的深浮雕，将艺术性、功能性与宗教性融为一体。

建筑为单檐歇山顶建筑，收山半间，其梁架结构采用的是抬梁式厅堂，八架椽屋——前后乳栿用四柱；在四椽袱间做平棋，使部分结构露明，这种做法结合了法式中殿堂与厅堂建筑的特点，而此种做法在四川元代建筑的醴峰观中已出现；因主要使用空间的尺度较大，故在四金柱间拉结额枋，形成“口”形，似现代建筑中的“圈梁”结构，维持结构体系的稳定（图 4-1-68）。

（七）壤塘措尔基寺

措尔基寺全称“夏尔壤塘桑周罗尔吾伦”，得名于该寺第一任活佛“措尔基活佛”。位于阿坝州壤塘县中壤塘乡，由苯教早期寺庙改宗而来。始建于元大德十一年（1307 年），属藏传佛教觉囊派，是中壤塘三大寺院中最早建立的寺院，2006 年被列

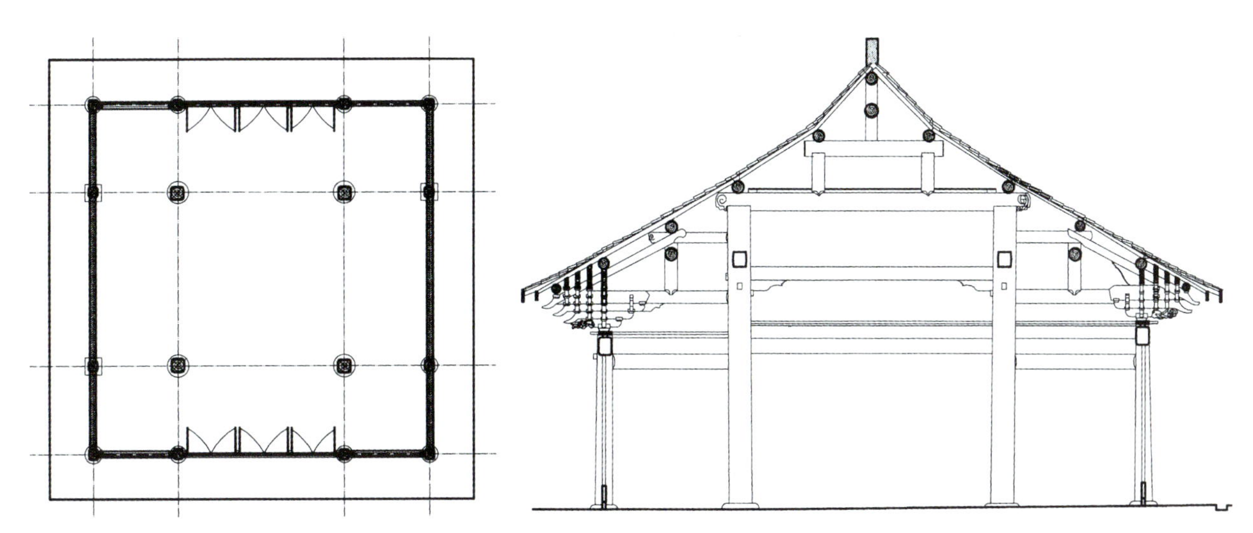

图 4-1-68　开善寺大雄宝殿平面与剖面图（来源：《四川古建筑测绘图集　第一辑》）

图 4-1-69　壤塘县措尔机寺活佛住宅（来源：王及宏　摄）及平面示意图（来源：何龙根据《中国文物地图集》绘制）

为全国重点文物保护单位。

寺院地处山原河谷缓坡地带，背靠形似菩萨的藏跋拉山，面朝则曲河。占地 2500 平方米。现保存元明清时期建筑四座，历代活佛住宅（第 1 ～ 13 代）、康玛庙、康萨庙、大经堂，属典型的藏族传统风格。现存活佛住宅面南背北，占地 125 平方米，平面呈“凸”字形，前为门廊，后为通高 2 层的佛殿，局部二层为经堂与活佛住宅，形制与苯教早期的拉康神殿相近。殿前为一方形院落，西侧为单层辅助用房（图 4-1-69）。

（八）白玉嘎托寺

嘎托寺坐落于甘孜州白玉县河坡乡公布村多尼山腰，是康区藏传佛教宁玛派最大的朝拜圣地。南宋绍兴二年（1132 年），西藏名僧嘎·当巴德西在此正式修建嘎托寺，距今已有 800 多年历史。“嘎托”意为洁白的石头，嘎托寺的得名有两个原因，一是因寺庙建在一块白石上，二是嘎托寺所坐落的夏邛山形如藏文的“嘎”字而得名。嘎托寺为康区第一座寺院，是仅次于印度的第二金刚座。其属寺遍及西藏、青海、云南等省区和蒙古、印度、不丹诸国，共达 140 余寺。

嘎托寺气势宏伟，占地约 1 平方公里。建筑群顺山势自下而上，层层叠叠。共有经堂 8 座，辩经场 4 座，坐经点 5 座，僧众寝房达 513 套。殿堂建筑均为藏式平顶上加飞檐坡顶，檐下饰兽形尾式斗栱，浓墨重彩，雕镂各种花纹图案。寺内四墙绘有人物、兽、祥云、巨浪等精美壁画。三座正殿高大宽敞，雄伟壮观。第一殿置有来自印度的大铜塔，

图 4-1-70 白玉县嘎托寺（来源：王及宏 摄）

图 4-1-71 嘎托寺大殿（来源：文保单位资料）

高 9.4 米；第二殿供奉 8 米高的释迦牟尼铜像；第三殿置有青狮白象，刻工细腻，形态逼真。经堂门供奉 10 万尊大小佛像，千姿百态，栩栩如生。寺内设有一间印经平房，保存着各类经书刻板 900 余枚，藏、梵文共存，十分珍贵。寺庙还珍藏有相传是格萨尔王用过的铠甲铜刀、藏王松赞干布的贝叶经文等。2013 年被列入全国重点文物保护单位（图 4-1-70、图 4-1-71）。

（九）壤塘棒托寺

棒托寺位于阿坝州壤塘县茸木达乡，始建于元代，属藏传佛教宁玛派寺院。棒托寺藏语意为“草坝上的寺庙”，寺庙背靠瞻巴拉山，面对象山和大渡河支流则曲河。眺望象山伸出长鼻畅饮则曲河水，把河流弯曲成“U”字形。瞻巴拉山像一尊神佛塑像巍然屹立。寺内现存喇嘛塔与石刻藏经两部分。寺院总占地约 1 公顷，建筑面积 1538 平方米。该寺共有喇嘛塔 32 座，分别为明、清、民国时期陆续修建，分布在寺院中部长 465 米、宽 25 米的范围内，在历史上与西藏的降扎寺、甘孜色达寺塔群并称全国藏区三大塔群。其中降妖塔建于 1427 年，塔基边长 9.25 米，塔体通高 32 米，内存部分明代佛像和壁画，是塔群中历史最悠久的喇嘛塔。周围点缀着“万佛塔”“尊胜塔”“菩提塔”“胜乐塔”“多闻塔”“仙人塔”“长寿塔”“时轮塔”“伏魔塔”等

图 4-1-72　壤塘县棒托寺（来源：王及宏　摄）

图 4-1-73　棒托寺大殿（来源：王及宏　摄）

图 4-1-74　马尔康县大藏寺（来源：王及宏　摄）

图 4-1-75　大藏寺护法殿（来源：陈颖　摄）

32 座塔，石刻藏文大藏经刻于明清时期，分《甘珠尔》和《丹珠尔》，用 50 余万片石双面刻成，是国内外稀有的石刻佛堂和藏学经典。2001 年被列入全国重点文物保护单位（图 4-1-72、图 4-1-73）。

（十）大藏寺

大藏寺位于甘孜州马尔康县大藏乡，属藏传佛教之格鲁派寺院。始建于明永乐十二年（1414 年），由查柯 · 阿旺扎巴大师修建，占地面积约 15 万平方米，建筑面积约 2.08 万平方米。整座寺院由正殿、护法殿、罗汉殿、观音殿、未来佛殿、宗喀巴殿、文物房、辩经堂、佛灯殿、活佛寝宫、厨房、转经廊以及大量的扎仓（僧侣住房）等建筑组成，均为传统石木结构，具有鲜明的藏式传统建筑风格（图 4-1-74），现存明清时期的建筑五座。堂、殿墙体内外壁上保留有较为完整的明清时期的壁画，色彩鲜艳，线条流畅。有明、清、民国时绘制的“唐卡”画，金水、银水书写的佛经，泥、石、铜佛像和法器，镶宝石银质灵塔，明朝皇帝赐给大藏寺的“康保富”象牙印章，清朝皇帝的诏谕以及宗喀巴大师的牙齿、西藏地方政府赐予的玉雕观音菩萨像，各种法事所用的法器，历代出版的珍贵典籍《甘珠尔》、《丹珠尔》等文物数百余件。2013 年公布为全国重点文物保护单位。

护法殿，建于明代（1414 年），坐南向北，2 层石木结构平顶式建筑。平面为长方形，面阔 16.9 米，通进深 18.6 米，通高 17.8 米，墙厚 1 米。殿内四壁有清代壁画，画工精湛（图 4-1-75）。

阿旺扎巴殿，建于清代，坐西向东，石木结构，长方形平面，面阔 13 米，进深 10 米。20 世纪 90 年代维修后改为文物保管室和陈列室，收藏和展示

图 4-1-76　德格印经院（来源：陈颖　摄）

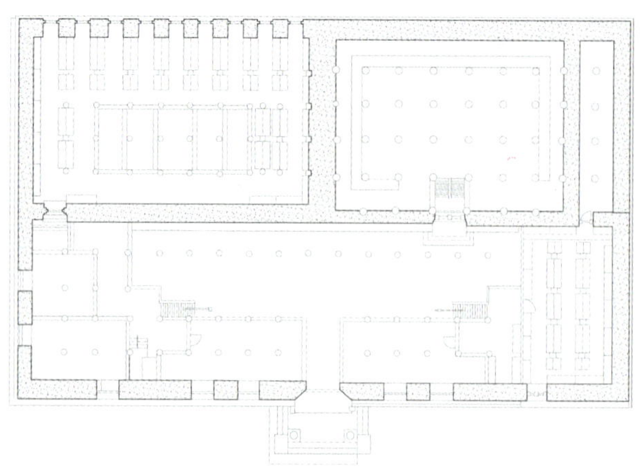

图 4-1-77　平面示意图（来源：韩东升根据文保资料绘）

寺院的各类文物。

现存明清时期扎仓三座，石木结构，施青石板坡顶，3 至 4 层不等的碉房民居形式，墙体用片石、黄黏土砌造，底大上小，内直外收分，底部厚 1 米，顶厚 0.65 米。一层为厨房，二层为起居室，三层为经堂，经堂四壁保存有较完好的明清时期佛教壁画，天花板上保存大量的木版画。

（十一）德格印经院

德格印经院坐落在甘孜州德格县更庆镇巴宫街，原是著名的德格土司官寨所在地。清雍正七年(1729 年)，第十二代德格土司却杰 · 登巴泽仁为发展佛教，在其家庙更庆寺内另建佛殿，刻版印经。其子杰色·索朗贡布继位后，又大兴土木，加以扩建，前后历16年始具规模。院内分藏版库、纸库、晒经楼、洗版平台、裁纸齐书室及佛殿、经堂等。藏版库大小共六间，约占整个建筑面积的一半，印书操作均在其中。1996 年公布为全国重点文物保护单位。

其主体建筑高 18 米，宽 45 米，长 60 米，占地面积 5896 平方米，附属建筑面积 2000 余平方米，为典型的藏式建筑风格。平面采用“回”字形布局，中部为东西走向的狭长天井，南面为二楼一底，总面阔十三间，进深二间，顶层为开敞廊道，北面为二楼一底，底层总面阔十七间，进深五间，东、西分列大、小经堂，其余为物资存放室和经书打磨加工室，二层以上设有两个采光、通风的内天井；东、西面为三楼一底，均为面阔四间，进深三间，二、三层主要用作藏版，其余用作裁纸、印刷、装订和办公，环绕天井的宽大走廊为印经场地，四层日照长，通风好，用于晾晒经书（图 4-1-76、图 4-1-77）。

（十二）松格嘛呢石经城和巴格嘛呢石经墙

松格嘛呢石经城位于甘孜州石渠县阿日扎乡，坐落在雅砻江支流洛曲河沿岸一处两山对峙的宽谷地带，始建于 11 ～ 12 世纪。石经城总占地约 4000 平方米，呈一长方形，坐北朝南。东西长 73 米，南北宽 47 米，城的外墙高度约为 9 米，城的中心主体部分的最高点为 15 米。正面有一道城门可以进出，里面是一圈圈的玛尼墙，中间有狭窄的通道。整座建筑由白塔和城墙组成。城墙完全是由一块块石刻经文的玛尼石板堆砌而成，没有使用任何粘结剂，也没有任何框架作支撑。在松格玛尼石经城四周外墙上布满了大量的如“窗口”状的神龛，共 383 处，神龛内放置着各种雕刻精美的彩绘和原色石刻佛像、神像，有浅浮雕，也有线刻，其雕刻极为精美。佛像和神像的种类繁多，神态各异。城的中心是五块按大小排列的重叠起来的石圆圈，石圆圈的中央洞中能传出不同的声音。石经城结构独特，布局考究，规模宏伟，雕刻技法精致、高超，对研究民族历史、民族建筑、格萨尔王文化方面都有极高的价值。2006 年公布为第六批全国重点文物保护单位。

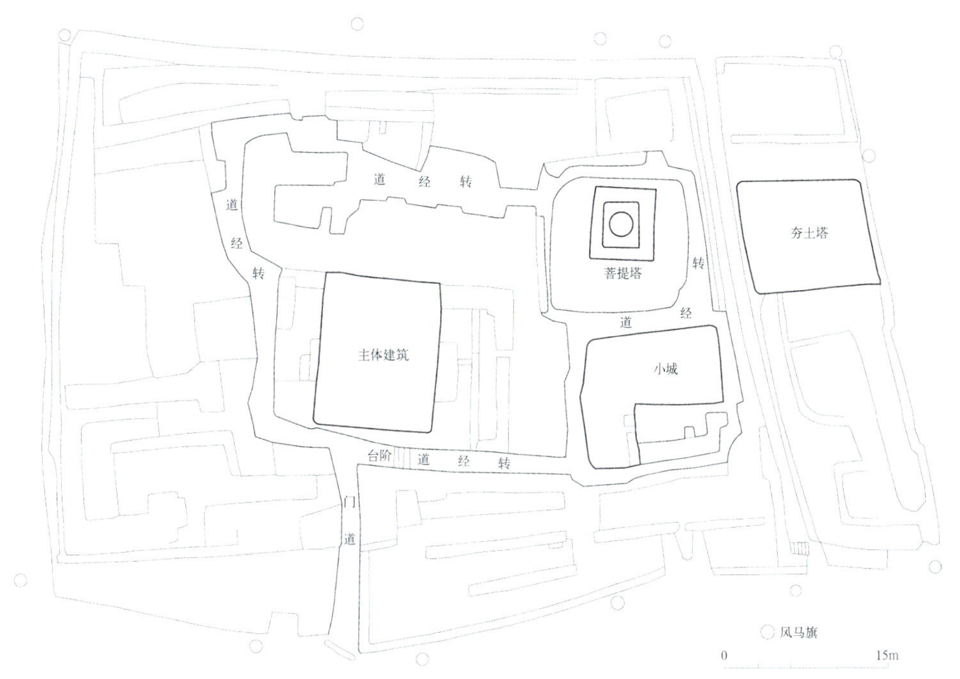

图 4-1-78　松格玛尼石经城及巴格玛尼石经墙（来源：文保单位资料）

巴格玛尼石经墙位于甘孜州石渠县长沙贡马乡，明崇祯十二年（1639 年）由第一世巴格喇嘛桑登彭措堆建。第二世巴格喇嘛根绒活佛不仅在原有的基础上扩建，还在此地长期举行转轮法会。第三世巴格喇嘛尼美曲吉翁波和第四世巴格喇嘛贡夏·曲尼多吉也先后对巴格玛尼石经墙进行维修和扩建。巴格玛尼石经墙是石刻艺术宝库，在全长 1700 米的石经墙体内刻绘了各种佛像、神像 3000 多尊，并刻有藏文巨著《甘珠尔》《丹珠尔》和《贤劫经》《解脱经》以及其他数以亿计的大大小小玛尼石板。

巴格玛尼石经墙石刻精美，雕刻工艺、技法独具特色，是康巴藏区历史久远、形态特殊、艺术价值颇高的佛教文化遗存（图 4-1-78）。

第二节 道教建筑

一、概述

自东汉末年张陵创立了五斗米道并入川布道之后，在教区内设立了二十四治，主要分布在川西、川北地区，用于集体祀神。在集体祀神的同时，还出现了用于个人静修的“靖”（靖室）以及苦修的“茅室”。魏晋时期提倡道士出家住宫观，称为“庐”“馆”“观”，是自行修炼的场所和人神沟通的重要媒介，这时期涌现了很多道观。青城山上的道观多为这一时期创建，峨眉山在这时出现了第一座道观，成都的青羊宫原名青羊观，也始建于这一时期。到南北朝时期，道教更加兴盛，有“馆舍盈于山薮”之势，道观的样式、格局、规模和功能都有了进一步的发展。唐宋两朝是道教发展的鼎盛时期，据《唐六典 · 祠部》记载，唐朝时有道观 1687 座，不但数量多，而且规模大。过去的治、庐、靖、馆等名称一律统称为道观，规模巨大或者由皇帝敕建的还被称作道宫，且在布局上也形成了定式，即每座道观的建筑都有山门、中庭、殿堂、寝殿等。青羊宫便是在唐末改“观”为“宫”，成为川西最大的宫观。位于成都南门附近的玉局观，规模庞大，共有房屋 135 间，也是唐宋时期四川最有影响力的宫观之一。宋朝道教发展出十大洞天、三十六小洞天、七十二福地，每一洞天福地都是宫观云集。四川便有青城山第五大洞天和峨眉山第七小洞天，青城山中以长生宫、建福宫、天师洞、上清宫、清都观、圆明宫最为有名，被宋人称道为六道宫。

四川现存最早的木建筑即为建于江油窦团山的道教建筑云岩寺飞天藏殿，其殿内飞天藏，形如佛教转轮藏而无经橱，又名星辰车，是宋淳熙八年（1182 年）按《营造法式》建造的。它是道教用来储存经典的柜子，外表做成亭阁式，中心有转轴，可以推其转动。做工精致，全由珍贵的楠木穿斗而成。在藏身屋檐平坐和天宫楼阁中共有六层斗栱、20 种类型，各类斗栱组合巧妙，形式丰富多彩，在宋代遗构中首屈一指。藏身门窗装修做工精细，木雕花板飘逸婉转，写实生动，道教人物雕刻精美，天宫楼阁富丽堂皇，体现了四川宋代木建筑的发展水平。

从宋真宗起，宫观内开始普遍塑像供奉。金元时期由于全真道的出现，建立了道士出家制度以及十方丛林制度，道教建筑的规模进一步扩大化和多样化，形成了比较完善的建筑体系。全真道由北向南发展，四川的著名道观也都称为全真道场。至元代以后，道教一度衰落，没有太大的发展，有的道场甚至被佛教占领，如原来的道教第七小洞天的峨眉山，后来成了佛教四大名山之一。但在明初一段时期，四川道教复为兴盛，出现了皇帝敕建并由朝廷监造的三台县云台观，其规模宏大，殿宇巍峨，山门前置石刻华表，颇具皇家风范。明末战乱后，清初四川经济逐渐恢复，这一时期的道教建筑出现多样化的态势，更富有民间及地方色彩。由于战乱使四川的文化经济遭到重创，受到财力物力的影响，建筑更是趋向于平民化，用材和做法都比较随意。

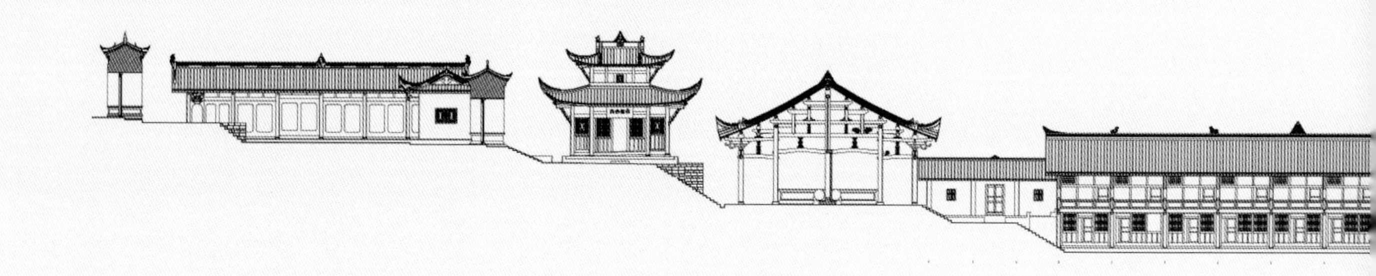

四川虽是道教的发源地，历史悠久，但现存的宫观除极少数外，多为清代修建或培修。为小式木作，一般不施斗栱，在结构构件变小的同时更加注重殿宇的装饰。

（一）建筑选址与布局

道教宫观的主要功能要求为静修（包括炼丹）、祀神、弘道。其建筑的选址与道教崇尚自然的思想密切相关，道士们为了清修和追求天人合一，一般都把道场选在环境清幽的名山大川（如青城山、峨眉山）。同时，为了弘扬道教，道士们亦走出深山幽谷，将宫观建在便于弘道布教的都府城镇，如成都青羊宫。而宫观的具体选址，则极其讲求风水。

四川的道教建筑以其规格不同，分为两种不同形制，其中规格高一级的属于宫观式，此种建筑多属皇朝敕建，规模较大，布局严整，如成都的青羊宫。次一级的形制是庭院式，较多采用，多属规模较小的建筑，便于道士清修。它类似传统民居的三合院、四合院，有的也接近于园林的布局。由于它们所处的地理环境不同，形态也有所区别。

金元时期全真道兴盛以后，很快传播到大江南北，四川地区的道教流派也逐渐以全真道为主。全真道建立了道士出家制度和十方丛林制度，宫观的布局也有了一定的制式，即沿中轴线延伸依次为照壁、山门、灵官殿、玉皇殿和三清殿，左、右有配楼。三清殿为主殿，根据具体道观的祭祀重点，还会增建不同的殿宇。

道教宫观因其性质及其所处地形、地势不同，布局形式既可为规整式，也有自由式布局。规整式是指整体建筑布局严谨，轴线分明，院落进深规矩。一般建于较大的开阔平地上，由于有大规模祭祀与斋醮的需要，主体院落多宏大宽敞。前、后殿之间往往有甬道连接。成都青羊宫便是典型的规整式布局。自由式是指在地形复杂的丘陵山地，建筑群往往没有绝对的中轴线，单体建筑多因循地势分布，创造出自由多变的建筑立面与院落空间。青城山上的道教建筑则多为自由式布局，或自由式与规整式的巧妙结合。但不论是规整式或自由式，它们都有一个共同的目的，即将主要殿堂置于最显赫的位置。

（二）单体建筑特点

在巴蜀地区保存下来的道教建筑，明代以抬梁式梁架为多，屋顶多为歇山顶，施斗栱。而清代建筑多为穿斗式或穿斗抬梁混合式梁架，屋顶形式除歇山顶以外，出现了大量悬山顶和部分硬山顶，这也是道观建筑逐渐民间化的一个表现。同时涌现出大量的地方做法，很多殿宇还用采用封火山墙，用砖砌筑等。

单体建筑的平面布局和空间特点多承袭中国传统宫室建筑形制，并常灵活采用台、观、楼、阁等建筑形式及其组合，颇具特色。如位于云台山上，始建于南宋时期的三台县云台观，主轴线上建有山门、云台胜景坊、三合门、灵宫殿、降魔殿、藏经阁、玄天宫等殿堂楼阁，依山就势，高低错落。观音阁、青龙白虎殿（旧名城隍殿）、钟鼓楼、十殿等殿堂分布在东、西两侧。道观建筑群从南向北绵延二三华里，占地 300 余亩，建筑面积达 5550 平方米，规模宏大。明代重修的正殿玄天宫屋面举折平缓，减去前金柱

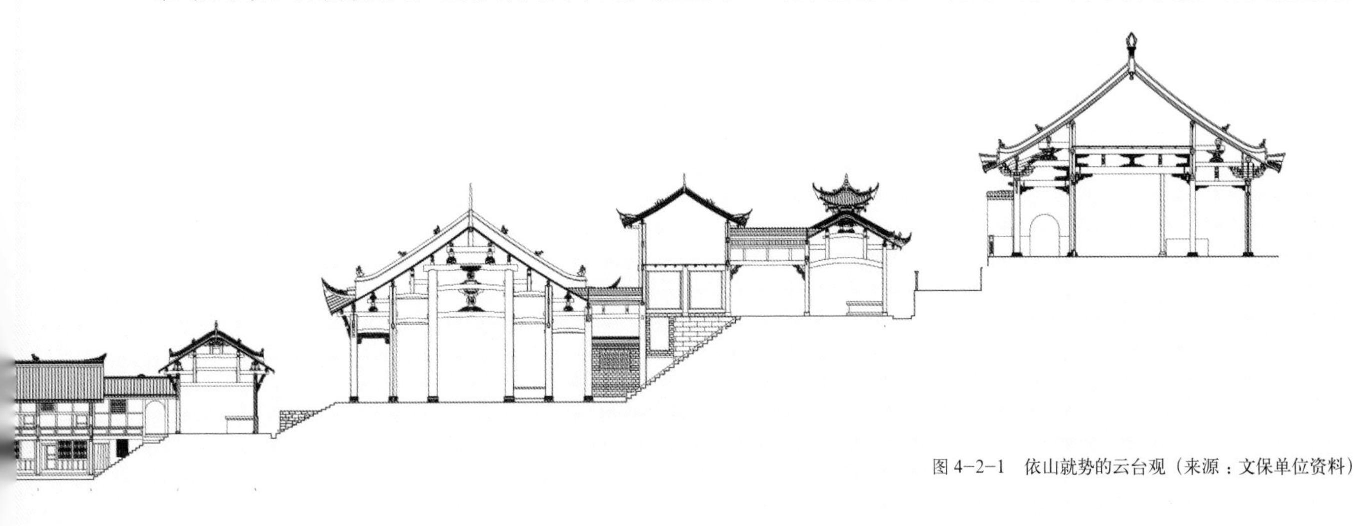

图 4–2–1　依山就势的云台观（来源：文保单位资料）

的“减柱造”做法，以及檐柱柱径与柱高1∶9的比例等，保持了宋代官式建筑做法的痕迹，斗栱介于明清风格之间。降魔殿和青龙白虎殿柱列规整，柱径与柱高比例1∶10左右，具有明清时期特点。云台观是反映四川地区官式建筑从宋式过渡到清式的典型实例。

建筑的装饰艺术表达出道教追求吉祥如意、长生久视、羽化登仙的思想。明清以来，建筑的装饰趋于烦琐，多为古代的神话传说，道教故事以及有吉祥寓意的纹样。在四川境内，木雕和壁画的使用较多；其次，砖雕石雕也多有使用。道教是一个多神的宗教，每个殿堂供奉不同的尊神，其殿宇的装饰题材也多围绕该尊神而展开。斗栱、梁枋、雀替和天花多有施以彩绘。道教建筑云台观还融合了民间信仰的内容，除供奉玄武（真武）外，有百姓喜欢的三皇、玉皇、观音、城隍、灵宫、阎罗等，还有民间传说的周公、桃花及历史人物关羽、周仓等。在建筑的梁桥、撑栱、雀替、门窗和香案、座椅上的彩绘、壁画、木刻中，也有很多神仙传说、民间故事的人物和百姓喜欢的花鸟、杂宝等。体现出民间宗教建筑的多元文化融合以及世俗性特性的特征。

道教建筑向来讲究意境的创造，而意境的点睛之笔即在楹联题刻上。每一座殿堂必有楹联额匾，且多为书法大家之作，书法精湛，内容更发人深省。如青城山古常道观山门有楹联“胜地冠两川放眼岷峨千派绕，大名尊五岳惊心风雨百灵朝”，气势十分磅礴，一下子将人们带入青城胜境。在一些风景优美的道教圣地，还有不少文人雅士的题刻，它们历经风雨，成为人类文明的瑰宝。

二、现存建筑实例

（一）大庙飞来殿

峨眉大庙位于峨眉山市城北的飞来岗上，坐西向东。原为道观，是祭祀道教泰山之神东岳大帝的场所，因此又名东岳庙。明万历三年（1575年），峨眉山天台庵和尚借居此处，始供佛像，成为佛道共处，明崇祯八年（1635年）改称飞来殿，多神群祀，清初俗称大庙，是全国重点文物保护单位。

大庙占地面积约1.98万平方米，建筑面积共1940平方米，由山门、毗卢殿、观音殿、九蟒殿、香殿、飞来殿等组成。中轴线上有殿堂五重，由低到高依次是星祖殿（今山门）、九蟒殿、香殿、飞来殿。每重殿前有一个院落，尺度宜人，院中种有花草树木，和周边山林环境相掩映，十分清幽（图4–2–2、图4–2–3）。

主殿飞来殿相传始建于唐代，据现存宋淳化四年（公元993年）《重修庙记》碑、元泰定四年（1327年）《重修东岳庙记》碑及《四川通志》所载，此殿重建于宋淳化中，元大德中再建，明万历年间（1573～1620年）重修。1984年落架维修时在角梁处发现一铁卯栓，上刻“元大德戊戌年”（1298年）字样，可证实该殿为元代建筑，至今已有近700年历史，是迄今所知四川地区规模最大、保存最完好的元代木构建筑。飞来殿坐西向东，为单檐歇山式琉璃屋顶，抬梁式梁架。殿宇的整个大木作做法具有宋代建筑遗风，面阔五间，进深四间，高10.3米，前设宽敞檐廊，平面布局使用减柱造和移柱造，使前廊成为三开间，正立面气势骤然浑厚起来。建筑的出檐深远，斗栱雄大，前檐施斗栱12朵，当心间用补间铺作4朵，次间2朵，皆为六铺作单抄双下昂重栱计心造；上层昂呈象鼻形，第二跳华栱刻龙头置于昂下。昂尾伸至金檩下，结构功能还未完全退化，这与明清时期昂仅作装饰有所不同。后檐与山面斗栱26朵，形制与前檐斗栱相同。殿内彻上明造，九架梁制作规整。檐柱侧脚生起明显，前檐明间柱上塑金身泥胎蟠龙两条，矫健飞动，栩栩如生。殿前有月台，阔16米，深10.2米，高1.5米。（图4–2–4、图4–2–5）

香殿位于飞来殿前，面阔三间，进深二间，高8.2米，歇山顶，抬梁式梁架。檐下施斗栱9朵，为双抄重栱五铺作计心造。梁上有元至治二年（1322年）的题记。

九蟒殿位于香殿前，面阔三间，进深二间，高6.8米，歇山顶，抬梁式梁架。檐下施四铺作斗栱24朵。有明崇祯五年（1632年）重建题记。

九蟒殿前为山门，面阔五间，进深五间，高7.4米，重檐庑殿顶，穿斗式梁架，有清道光十四年（1834年）题记。

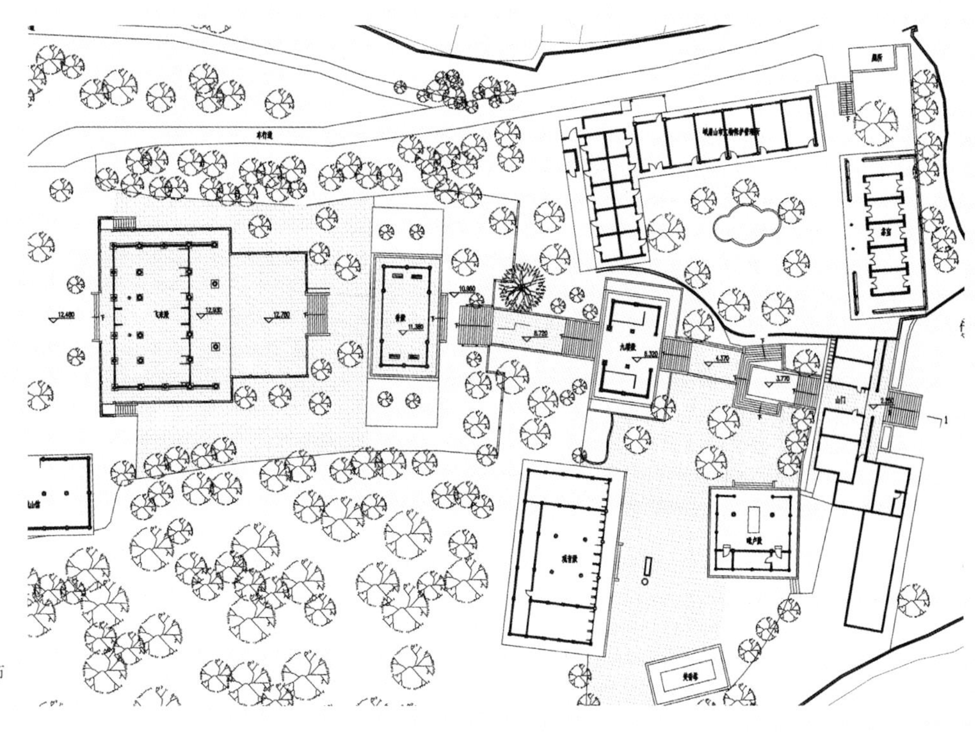

图 4-2-2　大庙建筑群平面布局示意图

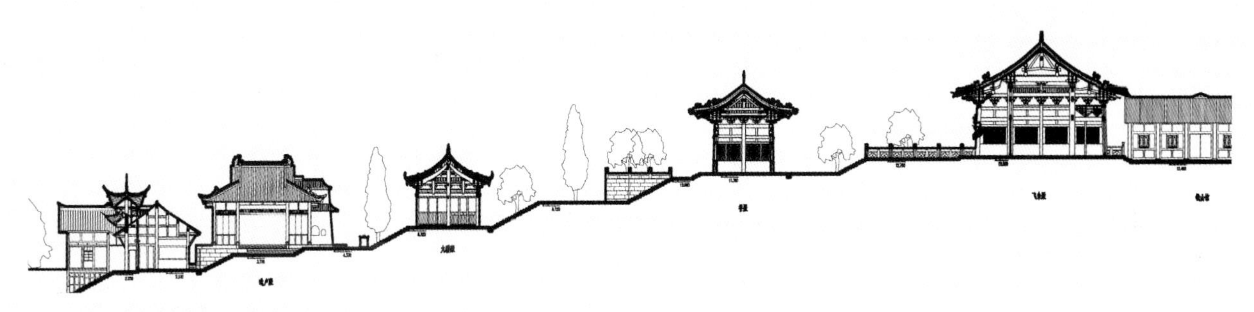

图 4-2-3　建筑群主轴线剖面示意图

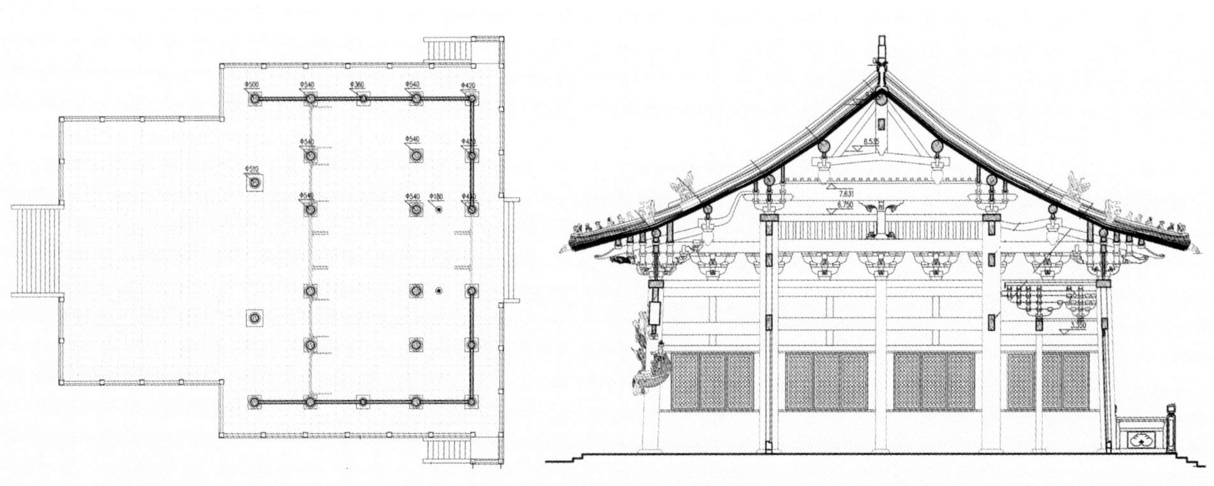

图 4-2-4　飞来殿平面图

图 4-2-5　飞来殿剖面图

图 4-2-6　峨眉大庙山门

图 4-2-7　香殿

图 4-2-8　飞来殿

毗卢殿建于明代，位于九蟒殿和山门之间的平台左侧，坐南向北，与九蟒殿和山门组合成一个三面围合的院落。该殿面阔三间，进深四间，高 7.5 米，歇山顶，抬梁式梁架。

观音殿位于毗卢寺南面的院落中，为清代建筑，坐西向东，面阔五间，进深五间，高 7.4 米，悬山顶，抬梁穿斗混合式梁架。四根前檐柱，下部为八角石柱，上部为八角木柱。梁上有清同治三年（1864 年）题记（图 4-2-6 ～图 4-2-8）。

（二）宜宾真武山古建筑群

真武山古庙群位于宜宾市西北隅的真武山上，北临岷江。明万历初年，四川巡抚曾省吾征剿川南少数民族"都掌蛮"，为标榜"战功"托词真武帝助其师，在山上修建了真武祠，之后又陆续建宫观殿宇 10 多座，遂成为川南道教名山。从山下到山顶，有石级可通。在石级道上，原仿泰山建有头天门、二天门、三天门三座石坊，惜已毁。现仅存元极宫、斗姆宫、文昌宫、三府宫、地姆宫等五座宫观。元极宫是真武山最大的宫观，其主殿真武殿（又名玄祖殿）前依次有谒仙桥、祖师殿、望江楼，后有无量殿，它们依山势坐落在一条中轴线上，以蜿蜒盘旋的石道相连。斗姆宫、三府宫和文昌宫与元极宫基本呈并列排布，依照地形灵活布置，自成一体。整个庙群占地 50 亩（图 4-2-9），为全国重点文物保护单位。

真武山古建筑群包括明清两个时代的建筑，时代特征明显，对比鲜明。其中望江楼、祖师殿、玄祖殿以及斗姆宫的前殿慈航殿为明代建筑，皆为抬梁式梁架。三府宫、文昌宫、地姆宫和斗姆宫的中殿和后殿则为清代建筑，山墙面为典型的穿斗结构。在整个建筑群中以玄祖殿和望江楼最具代表性。

望江楼建于明代万历年间（1573 ～ 1620 年），清乾隆五十六年（1791 年）培修。建筑面阔三间，进深三间，通高 11.8 米。望江楼为 2 层阁楼，平面呈长方形，四周绕以檐廊并施飞来椅。三重檐歇山顶，第三檐下施如意斗栱。屋顶以黄色琉璃瓦铺面，脊兽形态各异，十分生动形象（图 4-2-10）。

祖师殿建于明万历九年（1581 年），面阔三间，进深三间，通高 7.8 米。重檐歇山式顶，檐下施斗栱出二跳。

玄祖殿，又名无极宫，系真武祠主殿。明万历二年（1574 年）建。面阔三间，进深三间，通高 8.9 米，重檐歇山顶。平面略呈方形，为四椽屋架。当心间做藻井，彩绘八卦图案，两次间则为彻上明造。四角柱侧脚明显，无生起，石质覆盆式柱础。上下檐皆施斗栱，六铺作出三抄，不用昂，并出 45° 斜华栱。斗栱尺度巨大，下檐斗栱高约 1 米，占柱高的 1/4。其样式有别于宋清两代宫式做法。殿前 10 米左右，建有木石结构如意斗栱建筑牌坊一座，四柱三间，系清代所建（图 4-2-11）。

无量殿，始建于明代万历年间（1573 ～ 1620 年），后毁，清康熙十二年（1673 年）重建。穿斗式木结构建筑硬山式顶。前檐下施卷棚，面阔五间，进深 11.4 米，通高 8.9 米。

斗姆宫由前殿、中殿和后殿构成。前殿慈航殿为明万历四十六年（1618 年）建，其结构独特，为

图 4-2-9　宜宾真武山平面布局示意图（来源：何龙参考文保单位资料绘）

图 4-2-10　望江楼（来源：詹力耘　摄）

图 4-2-11　玄祖殿（来源：詹力耘　摄）

不完全的抬梁式构架，面阔三间，进深三间，通高8.2米，重檐歇山顶，檐下施斗栱。整座建筑同玄祖殿之抬梁构架几乎一样，独特之处在于，金柱直接金檩，略与五架梁平行，打破了规范的抬梁结构。中殿和后殿均为清代重建，木结构硬山式穿斗结构。中殿面阔三间，进深三间，通高8米。后殿面阔三间，进深三间，通高8米（图4-2-12）。

三府宫，清道光年间（1821～1850年）建。由前后两殿构成二进四合院。前殿为单檐歇山式穿斗建筑，减柱造，面阔五间，进深四间，通高10.8米。后殿为硬山穿斗式建筑，减柱造，面阔五间，进深四间，通高8.5米（图4-2-13）。

文昌宫，清代修建，三重大殿均在纵轴线上，硬山式穿斗建筑。前殿面阔五间，进深五间，通高9米；中殿面阔三间，进深七间，通高8.75米；后殿面阔三间，进深三间，通高8.3米。

（三）成都青羊宫

青羊宫位于成都市青羊区，是川西第一道观。宫址古名青羊肆，据《道藏辑要》记载，这里曾是张道陵创立道教传教地之一。后名青羊观、玄中观。唐僖宗中和三年（公元883年）扩建后改名青羊宫，明代改叫青羊万寿宫，清代复称青羊宫。

青羊宫是一组典型的位于都府城镇的宫观式道教建筑群。坐东北朝西南，总占地面积45000平方米，依次为灵祖殿（山门）、混元殿、八卦亭、三清殿、斗姥殿、玉皇殿、唐王殿，是宋元以来比较典型的全真道丛林布局，只因地制宜增加了斗姥殿和唐王殿。说法台和降生台是分别位于中轴线两侧的高台建筑，它们与唐王殿位于中轴线的尾部组成三角形压轴。此外，东侧还有印经堂，是印刷道教经籍的地方；西侧的祖堂是供奉历代祖师之处。

原有山门于1958年因成都新建一环路而拆毁，20世纪80年代紧贴灵祖殿前新修重檐歇山顶式建筑，合为新山门。灵祖殿高11.5米，重檐悬山顶，抬梁式梁架。楼内供奉在道教中被尊为门神的王灵官，东设青龙星君，西设白虎星君（图4-2-14）。

混元殿重建于清光绪年间（1875～1908年），其内供奉的是混元祖师（太上老君），北面供奉

图 4-2-12 斗姆宫（来源：詹力耘 摄）

图 4-2-13 三府宫（来源：詹力耘 摄）

图 4-2-14 青羊宫山门（来源：詹力耘 摄）

图 4-2-15 三清殿后部（来源：詹力耘 摄）

十二金仙之一“慈航真人”。混元殿面阔五间，进深三间，山墙总深达到 20.6 米，硬山顶，抬梁式梁架。殿内有木柱 26 根，石柱 2 根。

三清殿是青羊宫的主殿，为清同治八年（1869 年）重建，殿内供奉玉清、上清、太清三清至尊。三清殿体量巨大，面阔五间，进深五间，通高 15.5 米，总面积达到了 1000 平方米，是整个宫观内规模最大的建筑，甚至是川西宫观之最。抬梁式梁架，殿内有 36 根柱子，其中木柱 8 根，象征道教的八大天王，石柱 28 根，象征天上的二十八星宿。殿内使用中柱来支撑如此庞大的体量，中柱高达 15 米，直通屋脊，各架的抬梁端部皆用透榫穿插到柱身。殿前的院落十分宽敞，可用于祭祀和斋醮（图 4-2-15）。

在混元殿与三清殿之间为八卦亭。八卦亭坐落在中轴线上，这是十分罕见的。八卦亭始建年代不详，重建于清同治、光绪年间，为石木结构，体量不大却十分精美。亭身为圆形，重檐八角攒尖顶，高 13.7 米。它的造型与道教教义有密切关系。底座为三层：第一层为方形；最上层为圆形，象征天圆地方；中间层为八边形，八方设八卦符号，象征位于天地之间的万物。亭外檐有 8 根镂雕盘龙石柱，高约 3.6 米，径约 0.5 米。八卦亭的四面都开有门，正面二层屋檐下的额匾上，写着“紫气东来”四个大字。八卦亭是整个建筑群中装饰得最富丽堂皇的，顶层屋面用黄色琉璃瓦覆盖，屋角起翘很高，八条垂脊用刻有花纹的彩色琉璃砖垒砌，梁枋、斜撑等构件也都刻有花纹、覆有彩画（图 4-2-16）。

斗姥殿，是青羊宫现存的唯一一座明代建筑。殿宇面阔四间，高 9.56 米，重檐悬山顶，抬梁穿斗混合式梁架。殿内供奉的是斗姥——道教信奉的一大女神。斗姥有三目、四首、八臂，其神像慈容照人。其右为西王母，左为土皇帝祇。

中轴线的最后是建立在高台上的唐王殿，又名紫金台，建于清康熙年间，重檐歇山顶，抬梁穿斗

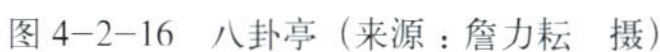
图 4-2-16　八卦亭（来源：詹力耘　摄）

图 4-2-17　唐王殿（来源：詹力耘　摄）

混合式梁架。唐王殿内供奉的是李渊夫妇和李世民，左为武将秦琼、尉迟恭，右为文臣徐茂公、魏征。由于唐朝皇室尊老子为其祖先，以道教为国教，重建后的青羊宫又基本沿用唐朝形制，所以出现唐王殿也不奇怪。中轴线两旁的降生台和说法台皆为康熙年间修建，对应的分别是老子降生的故事和老子传道于尹喜的故事（图 4-2-17）。

青羊宫所处位置原为府城之外的城郊风光带，历史上拥有规模宏大的附属园林，古树苍苍，恍若仙境。至今内部的环境也是十分注重与周围环境结合，走在院落中，处处碧草绿树，仿佛进入世外桃源。站在高台上向下俯瞰，树木葱郁，将建筑掩映于其中。

清代建筑的特点是建筑构件逐渐减小，装饰却逐渐繁复。在青羊宫中，处处可看见八卦符号，道教故事、吉祥纹样等，这些都是道教建筑鲜明的特征。

紧邻青羊宫旁的二仙庵，始建于清康熙年间，为全真龙门派碧洞宗开山祖庭，康熙帝钦赐御书匾“二仙庵”供坤道住持修行，乾隆四十六年（1781）、道光十三年（1833）、光绪十九年（1893）都进行了较大规模的重修和扩建，为我国南北两大传戒演钵圣地之一。二仙庵坐北朝南，面积约 3280 平方米，吕祖殿为仅剩的清代建筑，木结构单檐歇山式，青瓦顶，面阔七间，进深二间，高 9.77 米。周边设柱廊，主供纯阳演政警化孚佑帝君神像，两侧供奉全真鼻祖重阳全真开化辅极帝君及七真神像。其余各殿均为 2004 年后原样复建。二仙庵与青羊宫在清代盛时号称“十方丛林”，同为川西重要的道教活动场所。现共为一处四川省文物保护单位。

（四）青城山古建筑群

青城山古建筑群位于都江堰市青城山镇。青城山是中国著名的道教名山，道教的发源地之一，自东汉以来历经 2000 多年。东汉顺帝汉安二年（公元 143 年），“天师”张道陵来到青城山，选中青城山的深幽涵碧，结茅传道，青城山遂成为道教的发祥地，被道教列为“第五洞天”。晋代以降，山上陆续创建了一批庙宇，历代屡毁屡建，现存宫观建筑、桥梁、亭阁多为清代和民国时期所建。全山的道教宫观以天师洞为核心，包括建福宫、上清宫、真武宫（祖师殿）、圆明宫、老君阁、玉清宫、朝阳洞等至今完好地保存有数十座道教宫观。

1. 天师洞（常道观）

天师洞大殿位于青城山中山区的山坳中。始建于隋大业年间（公元 605 ~ 618 年），名延庆观，唐代改为常道观，宋称昭庆观，清代始用今名。因传说东汉张道陵在观后的洞窟结茅传道，故俗称天师洞。西接混元顶绝壁，西南为掷笔槽，南有黑虎堂，东北有青龙岗，海棠溪自西北向东南从观东北流过。现存建筑主要为清光绪及民国间重建，占地面积 8132.5 平方米，建筑面积 5749 平方米。天师洞背靠一面绝壁，其他三面均为深壑。建筑群坐西向东，不强调中轴线，依地势和使用功能在总体上分为四个区域，在纵向和横向布置成 10 多个大小不等、形

状各异、气氛有别的院落，由曲折环绕的石道连接成一座完整的古建筑群。天师洞古建筑群的主殿为混合式木梁架（主殿为木石混用）、歇山顶，厢房及其他功能建筑为穿斗式木梁架、悬山顶，均为小青瓦屋。建筑材料采用本地常见的木、石、砖瓦等。

主要建筑三清殿，位于建筑群中心区，是整个古建筑群的核心。面阔七间，进深四间，2层，建筑面积580平方米。明间为抬梁式构架，中部开采光井；次间、梢间为穿斗式构架；前后廊柱为通柱，檐柱斜撑和花牙雕刻精湛，前额枋彩绘，前后檐廊前廊施卷棚顶。

“龙桥仙踪”牌楼及天师殿：牌楼系穿斗式木梁架，三重檐歇山顶、小青瓦屋面，檐下饰花板斗栱，面阔三间，进深二间，通高三檐。天师殿为混合式梁架，重檐歇山顶，小青瓦屋面，面阔三间，进深一间，通高三檐6.3米。

长啸楼：位于三清大殿南侧小院内，面阔五间，进深四间，通高3层，建筑面积396平方米。穿斗式木梁架，正面加设披檐，形成重檐悬山顶，小青瓦屋面。

2. 朝阳洞

朝阳洞位于青城山景区北部、朝阳顶东南绝壁下，东北为高台山，东南临海棠溪，隔溪望青龙岗，南眺混元顶。大、小朝阳洞间相距5米，均面向东南。清光绪年间黄云鹄在此结茅居住，题诗和纪事于小朝阳洞石壁，现代画家徐悲鸿亦题有一联。洞口接搭木结构树皮屋面建筑，顺绝壁横向展开，朴素无华，十分自然。占地面积约500平方米、建筑面积130平方米。

3. 上清宫

上清宫位于青城山第一峰——高台山下，是青城山海拔最高的一座古建筑群。背负林木苍翠第一峰，常隐于烟霞飘渺中。始建于晋，五代王衍重建，现存建筑是清同治八年（1869年）再建。建筑群坐西向东，顺等高线横向展开，形成三区六个院落。占地面积6645.6平方米，建筑面积4202平方米。中心区沿轴线依次为山门，右茶楼、左斋楼，三官楼，南、北楼，三皇殿。山门为石券拱城楼式、重檐歇山顶，石作素面台基、25阶垂带踏道；门额书“上清宫”三字，两旁有联：“于今百草承元化；自古名山待圣人”。南区有道德经殿，木板壁刻《道德经》五千言。殿前有二井，一方一圆、一深一浅、一清一浊，名“鸳鸯井”。北区有文武殿（剑仙楼），供奉孔子、关羽。两旁有张大千等绘王母、麻姑、三丰祖师、花蕊夫人画碑和黄云鹤诗碑。文武殿下侧一池，半月形，池深数尺，名天池，传为麻姑浴丹处，故又名麻姑池。

上清宫至第一峰路侧有玉皇坪，坪内有前蜀王衍行宫遗址，础石犹存。左侧岩上有清代黄云鹤题字“天下第五名山”。周围还有观日亭、呼应亭、圣灯亭，是看日出、观云海、夜赏神灯的佳处。

主要建筑三皇殿：穿斗式木石梁架、歇山顶，面阔三间，进深三间，通高6.64米。

文武殿（剑仙楼）：位于上清宫西南角，混合式木梁架，重檐歇山顶，小青瓦屋面，面阔三间，进深四间，通高2层11.55米，建筑面积380平方米。

丹房、斋堂：位于文武殿东面，四合院布局，穿斗式木构架，建筑面积600平方米，张大千曾在丹房寓居。

4. 真武宫（祖师殿）

祖师殿位于青城山景区西部、轩辕峰东绝壁下，东距天师洞400米。游山石道由东北而来，观后小道可通往青城后山。创建于唐代，名清都观、洞天观，清乾隆十七年（1752年）重建，改称真武宫，现存建筑为清光绪年间（1875～1908年）所建。因又供奉三丰祖师，俗名祖师殿。庙宇背倚轩辕峰，面对白云溪，地极清幽。传说唐玉真公主曾在此修道；唐人杜光庭、薛昌，宋人张愈曾在此隐居。建筑群占地1840平方米，建筑面积303平方米，坐西向东，四合院布局，沿轴线依次为山门、三官殿及左、右厢房；建筑形式为穿斗式木梁架、悬山顶。三官殿面阔三间，进深三间，高6.49米。建筑群右边跨出台地部分，采用了一列吊脚楼支承。

5. 圆明宫

圆明宫位于青城山东北区，丈人峰北木鱼山的坡地。始建年代不详，重建于明万历年间（1573～1620年），称清虚观。清道光二十六年（1846年）重建，改称圆明宫。占地面积 3971.5 平方米，建筑面积 1800.3 平方米。建筑形式为穿斗式木梁架、歇山顶。建筑群依山势和使用功能从纵、横两个方向展开，分为三个区 85 间房舍。中央一组是殿堂区，依次为灵官殿、斗姆殿、三官殿及左右厢房。左边一组是大片客房及后勤用房，右边一组是贵宾用房，入口顺应地形与山道位置，偏于左前部，构思奇巧，协调自然。宫内古木成林，浓荫蔽日，庭院内遍植四季花卉，更显清静幽雅。山间小道从宫北面由东而西穿过。

主殿三官殿，明间抬梁式木构架、次间及梢间穿斗式木梁架，悬山顶，小青瓦屋面，前后均有副阶；面阔五间，进深三间，通高 9.45 米。因其常年难有灰尘，故又被称为“无尘殿”。斗姆殿，明间抬梁式木构架，次间及梢间穿斗式木梁架，悬山顶，小青瓦屋面，前后均有副阶。面阔三间，进深五间，高 8.54 米。

6. 玉清宫

玉清宫位于青城山景区东北部、丈人峰北的一山沟尽头台地上。为青城原有 72 宫观之一。古名天真观，早废。1938 年成都两仪慈善会重建，改称玉清宫。建筑群坐西向东，占地 1020 平方米，建筑面积 697 平方米。建筑结构为穿斗式木构架，歇山顶，是川西地区典型近代建筑之一。殿宇两重，依次为灵祖殿、纯阳殿。宫左侧有天然莲蕊石，形如莲花。宫后有小道，西行里许可达丈人峰。登峰眺望，后面青城诸峰，前面千里平川，尽收眼内。

7. 建福宫

建福宫位于青城山丈人峰西南麓，青城山山门北侧。为青城山道教主要宫观之一。始建于唐代，称丈人观。南宋淳熙二年（1175 年）范成大奏请改为今名，宝祐年间（1253 ~ 1258 年）毁于地震引发的滑坡。清光绪十四年（1888 年）重建。建筑群布置在清溪沟侧一台地上、依地势由东向西纵向展开，占地 2753 平方米，建筑面积 1119 平方米。原建筑沿轴线依次为山门、正殿、后殿及厢房等穿斗式木梁架，歇山顶建筑，东北部为园林，与环境配合得自然贴切。现存的建福宫是 20 世纪 90 年代后全面改建的仿古建筑（图 4-2-18）。

图 4-2-18　青城山古建筑（来源：文保单位资料）

第三节　伊斯兰教建筑

一、概述

伊斯兰教在唐代传入中国，四川有穆斯林居住的历史，亦可以追溯到唐末五代时期。而穆斯林大量入川主要是在元明清时期。目前，穆斯林基本上遍布于四川各地，但大部分分布在成都、凉山州的西昌、南充阆中、广元青川以及阿坝州的金川、茂县、小金、松潘等地，其中成都、西昌和松潘穆斯林最多，形成了大分散、小集中的特点。

依照伊斯兰教教义，穆斯林要进行礼拜及聚礼、会礼等宗教活动，这就需要一个礼拜的场所。因此穆斯林一般都是围绕清真寺聚居，穆斯林越多，清真寺就越多。如成都市在解放前，就有13座清真寺。四川地区的清真寺建筑则属于内地清真寺建筑类型，它体现了中国传统建筑文化与阿拉伯建筑艺术的融合，在建筑结构和平面布局上采用传统的木结构和四合院式布局，而在装饰艺术上，则多用阿拉伯文字与花卉图案，保留了阿拉伯建筑的风格元素。

（一）建筑选址

清真寺不仅有宗教方面的功能，还有社会多方面的功能，如交流聚会、庆祝节日、婚丧嫁娶、排解纠纷，以及学习宗教文化和进行体育锻炼的场所，有别于其他宗教建筑。为了便于就近礼拜，清真寺多建在穆斯林聚居的中心位置。在城市中多位于聚集地的主要街道和交通便利之处，如成都鼓楼街清真寺位于青羊区鼓楼南街；城郊或农村则多建在村头风景秀丽的高岗上，如阆中巴巴寺。

（二）建筑组成与布局

由于清真寺的社会功能比较复杂，其建筑群的组成也比较多，一般有门、邦克楼或望月楼、礼拜殿、水房（沐浴室）、阿訇办公室和生活起居的住房、讲堂、客舍、杂物院以及碑亭、凉亭、游廊等建筑小品。川内的清真寺受中国传统建筑的影响，一般多沿中轴线布局。中轴线上依次排列大门、二门、邦克楼、木石牌楼和礼拜殿。中轴线的两侧，则布置有讲堂、办公室、水房、住宅、杂物等，形成多个院落。穆斯林朝拜时必须面向圣地麦加，中国在麦加的东面，所以清真寺的中轴线一律为东西走向。

礼拜殿是清真寺的中心建筑，一律坐西向东，以使信徒朝拜时面向圣地麦加。大殿前一般有檐廊或单独的一栋卷棚顶式的建筑，为教民进殿前脱鞋处，教民众多时，亦可以在此朝拜。大殿西面的墙上布置圣龛，圣龛是朝拜方向的标志，是大殿内最为神圣的地方，因此常运用各种装饰加以突出和美化。由于穆斯林常进行集体朝拜，礼拜殿的规模通常很大。与佛道教的殿宇面阔宽、进深窄不同的是，清真寺大殿的平面形式多样，十分灵活。伊斯兰教严禁偶像崇拜，殿堂内不设神像，只设圣龛，朝拜时只要求向西而不要求近距离叩拜神像，因此大殿摆脱了视线的制约，平面布局可以十分宽敞且进深可以很深。如成都鼓楼南街清真寺的礼拜殿，就是窄面阔、深进深的“工”字形布局。还由于这种自由的特性，礼拜殿可以不断扩建，这样就呈现出更丰富的平面形态。为了使殿内空间更加宽敞明亮，常在殿内使用减柱或移柱法，而在及其宽敞的大殿中，柱列整齐地排列和延伸，更加突出了空间的神圣感。柱列之间可能会以满饰彩绘的梁枋相连，也可能砌筑成阿拉伯建筑的拱券形式。

邦克楼是伊斯兰建筑中特有的高层建筑物，2～5层不等，最初为召唤教民到清真寺做礼拜之用，随着时间的推移，邦克楼的唤醒功能逐渐消失，但其作为清真寺的一定制而保留下来，成为一种装饰性建筑。四川境内的邦克楼多仿造中国传统楼阁式建筑，木结构、攒尖顶、形式十分亲切，有时又被称为望月楼。在内地的庭院式清真寺建筑中，邦克楼往往位于中轴线上，有的单独建造，有的与大门结合，成为门楼。如米易清真寺，即是邦克楼与大门结合的实例。

（三）建筑特点

礼拜殿和邦克楼大多施以斗栱，斗栱的形式富有四川特色：①多采用如意斗栱，出45°度斜角，犹如一朵盛开的花，极富装饰性效果；②在同一建筑的各层屋檐施以不同形制的斗栱，以美观华丽为准则，极尽变化之巧；③在挑出斗栱的横向构件上多运用木雕彩绘而形成华美的装饰。总之，在清真寺建筑中，斗栱繁复而密集、精美而华丽，结构作用逐渐减小，装饰作用则十分显著。

清真寺礼拜殿庞大及其不规则的特点为其带来了另一个造型特点——层层叠落的勾连搭屋顶。寺大殿的屋顶一般都为多重檐顶，以突出它的重要性，而由于大殿体形庞大或经过扩建，其屋顶需以勾连搭的形式连接起来，有的还在上面加建楼、亭。从远处看，一片屋顶的海洋错落有致，气势磅礴而美观。

清真寺内的装饰图案多为植物花纹、几何纹样组合而成，很少使用人物、动物等具象性纹样，这跟伊斯兰教禁止偶像崇拜有直接关系。伊斯兰建筑都十分注重装饰，其工匠的技艺十分高超，闻名遐迩。阆中的巴巴寺的砖雕艺术便被公认为四川省砖雕工艺的上乘之作。

除了清真寺以外，还有一类伊斯兰建筑称为“拱北”，它实际是知名穆斯林的墓祠，如阆中的巴巴寺。最初的墓祠规模比较小且朴实无华，但是到了明朝末年，中国伊斯兰教形成门宦制度，各教派门宦为扩大势力、收揽教民，纷纷大肆修建拱北，材料讲究，做工精细，是穆斯林建筑的重要部分。

二、现存建筑实例

（一）巴巴寺

巴巴寺位于阆中市北郊蟠龙山麓上，清康熙二十八年（1689 年）始建，于康熙三十年（1691 年）竣工。占地2.18万平方米，总建筑面积1520平方米，由山门、影壁、正门、牌坊、久照亭、花厅及四合院民居式的生活用房组成，是一组融合了中国传统建筑和伊斯兰建筑特色的清早期建筑群。

清康熙二十三年（1684 年），伊斯兰教噶德勒耶教派大老祖师尔朴 · 董那希，随调任川北镇总兵马子云来阆传教，由于其学识渊博、医术高明，深受阆中百姓喜爱。康熙二十八年(1689 年)死于阆中，其弟子筹资将他葬在蟠龙山麓，并建久照亭建筑保护其拱北(墓),因大老祖师在阿拉伯语中读音为“巴巴”，故将其陵墓建筑称巴巴寺。巴巴寺每年由陕甘的噶德勒耶教派派弟子来阆中为尔朴 · 董那希守墓，相继建有花厅、生活用房的四合院等建筑，并有陕甘弟子、信徒远涉阆中朝拜巴巴寺，300 余年来共向阆中派了 17 位守墓人。

巴巴寺由陵墓区、花厅和生活区三个部分组成。陵墓区以尔朴 · 董那希拱北、墓殿为核心，沿南北向中轴线从南向北依次分布有影壁、正门、牌坊、墓殿和拱北。

影壁位于中轴线南端大门外，为大式青砖一字影壁，宽 8.2 米，通高 3.25 米，下为石砌须弥座形，束腰施莲枝纹浮雕。上身为方砖墙心，墙心中间正面施松山溪流图浮雕，背面为唐张藻松竹图。墙檐为砖仿大式大木结构庑殿顶墙檐，檐下有砖仿木结构一斗三升斗栱，做工细致。墙身采用干摆（墙心）、丝缝（撞头墙）砌筑工艺，雕刻精美。

大门为砖券大门，墙体下为砂石筑须弥座，上身青砖丝缝砌筑到顶，南北两面各开一券拱形门洞，拱圈外侧门楣上施莲枝纹花卉浮雕，屋顶起砖券拱，券拱上出砖仿大式木结构屋顶，檐下施垂花柱，四周施垂花柱间施仿木结构透雕挂落。

牌坊位于大门内侧，为四柱三门三楼柱不出头式木结构牌坊，四柱直接立于月台之上，不用夹杆石，滚墩石鼓和壶瓶牙子两面均施精美花卉浮雕。明楼檐下施九踩斗栱五攒，次楼各施七踩斗栱两攒，每攒斗栱均沿 45° 方向增加斜栱，拱头相交，结构繁复。斗栱下施垂花柱，垂花柱间施木雕挂落，柱间额枋、花板、雀替浮雕精美，图案繁复。檐楼为庑殿顶形式，而同时又施垂脊，灰筒瓦屋面。

墓殿又称久照亭，位于中轴线最北端，华哲尔朴 · 董那希的拱北便在殿内，久照亭便是称赞大老祖师的学识和精神如日月之光，永远照耀的意思。这是整个巴巴寺的核心建筑。建于 39 厘米高的素面台基上，面阔三间 11.7 米，进深三间 11.7 米，抬梁式结构，四根内柱用永定柱，三重檐盝式顶，屋面施灰筒瓦，檐下施斗栱，第一层檐下为九踩斗栱，柱头科施 45° 方向斜栱，第二重檐为七踩斗栱，不出斜栱；第三重檐为五踩斗栱。殿内梁架变为八

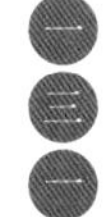

角形，施雕花藻井。大殿前檐槛墙采用木装修，做成落地式格眼门，内外透空，下檐额枋均施贴金花卉浮雕，装饰精美，有伊斯兰教建筑装饰风格。另三面用砖墙围护，青砖丝缝砌筑。

从大门至墓殿间有围墙相连，围合成一个四合院式平面布局。牌坊至围墙间亦用砖墙连接，将庭院空间有机分割成两个部分。

花厅在久照亭东侧，为一四合庭式小花园建筑，园内栽植名花，中置一花坛，青砖砌筑成须弥座形式。庭院东侧为花厅，厅内用抬梁减去内部所有柱子，只用前、后檐柱。坐在花厅可瞻拜久照亭，赏窗后井亭，成功地运用了园林借景的建筑手法。

生活用房在久照亭东110米，是由三个相连的四合院组成的一个“品”字形的传统民居式建筑群，穿斗木结构建筑，为守墓阿訇和前来瞻拜的陕甘回民住所。

巴巴寺建筑是聘请陕甘土木专家修建的，建筑特色上融合了传统木结构建筑和伊斯兰教建筑特点，布局精巧、装饰典雅精美，特别是建筑砖雕，工艺精湛、图案精美，具有极高的建筑艺术价值和观赏价值，被公布为全国重点文物保护单位。现该建筑由甘肃临夏大拱北使用，并派人来阆中看守保护（图4-3-1）。

（二）阆中清真寺

阆中清真寺位于阆中市保宁镇礼拜寺街，始建于清康熙八年（1669年），历三年时间而成，是由陕甘匠师仿西安化觉巷清真大寺设计监造的一座礼拜寺，清嘉庆年间（1796～1820年）重修。建筑坐西向东，占地面积2380平方米，总建筑面积864平方米，由山门、左右碑室、大殿、左、右厢房组成宽敞的庭院，间以花圃。

大门面阔三间，进深二间。左、右厢房各面阔九间，进深四间，穿斗结构。

大殿规模庞大，面阔五间，进深四间，面积484.4平方米，通高11.8米，悬山式屋顶，覆青灰筒瓦。前檐廊很宽，做卷棚顶，檐下施五踩斗栱17攒，后檐出三踩斗栱17攒并出斜栱。大殿内采取减柱、移柱做法，形成明五暗三的格局，殿内空间十分宽敞，充分满足礼拜活动对空间的需求。殿宇装饰繁多，额枋、花牙、撑栱、门窗等雕刻和彩绘装饰精美，内容包括琴书宝剑、福禄寿喜、博古图案。整个建筑融合了内地建筑和伊斯兰建筑特点，一直作为当地及部分外来穆斯林的礼拜场所（图4-3-2、图4-3-3），是四川省文物保护单位。

（三）米易清真寺

米易清真寺位于攀枝花市米易县白马镇。始建于清康熙四十一年（1702年），后经乾隆、嘉庆、道光年间多次扩建维修形成今天占地1200平方米的规模。被列为四川省文物保护单位。清真寺坐西朝东，采用传统的四合院布局，由照壁、望月楼、天井、左右厢房、礼拜堂等建筑组成。建筑为砖木结构，以木为主，辅以砖石、土坯为建筑的维护材料。

望月楼又称邦克楼，有“攀西第一楼”之称。为三重檐六角攒尖顶，高14.5米，一层的正面为清真寺的大门。底层为四边形，二层以上为六边形，楼层之间以木梯相连。二层和顶层施有七踩计心造斗栱。

礼拜堂原为歇山顶，后民间维修时改成悬山顶，但仍然保留有歇山顶的梁架结构。礼拜堂面阔五间，进深四间，占地面积172平方米，抬梁穿斗混合式梁架，素筒瓦屋面。柱础为素面覆盆式，驼峰、角背、雀替等均雕刻卷草纹图案，梁、枋上刻有云纹、象头等图案。左、右厢房各三间，面积346平方米（图4-3-4）。

图4-3-1　阆中巴巴寺（来源：文保单位资料）

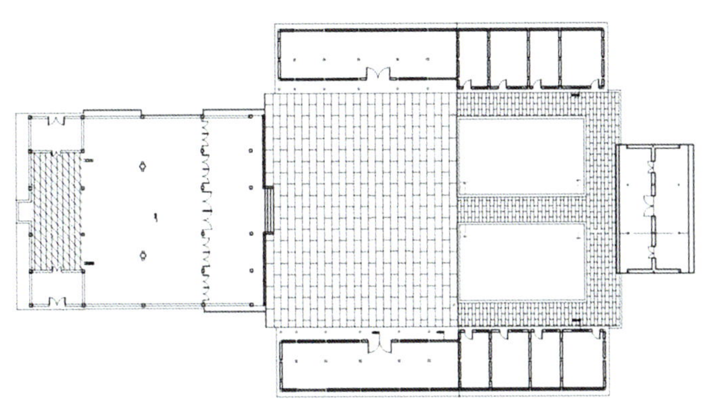

图 4-3-2　阆中清真寺平面示意图（来源：文保单位资料）

图 4-3-4　米易清真寺（来源：文保单位资料）

图 4-3-3　阆中清真寺（来源：汪婧　摄）

注释

① 参考《四川省志 · 宗教志》，P1-4。

② 杨嘉铭，杨环．四川藏区的建筑文化．成都：四川民族出版社，2007：108．在西藏地区，把这种密宗修行处称为“日追”，一般位于山上。

四川古建筑

第五章　文庙、书院、考棚建筑

四川文庙、书院、考棚建筑分布图

1. 富顺文庙
2. 犍为文庙
3. 德阳文庙
4. 资中文庙
5. 渠县文庙
6. 乐山文庙
7. 翠屏书院
8. 绣川书院
9. 金江书院
10. 川北道贡院
11. 合江考棚

（地图引自：中华人民共和国民政部编 . 中华人民共和国行政区划简册 2014. 北京：中国地图出版社，2014.）

文庙，即孔庙，系历代祭祀供奉孔子之所，并兼作教授儒学之地，亦有“学庙”之称。孔庙建制后，“学宫”特指地方官办学校，并且官学与地方孔庙共同组成了一个特殊的建筑群类型——庙学建筑，孔庙成为学校的信仰中心，学校成为孔庙的存在依据，这种合二为一的庙学亦称“文庙”。文庙分为家庙和官庙。家庙即指山东曲阜的孔子本庙以及浙江衢州的孔氏南宗家庙。官庙指的是其余建立于各地奉祀孔子的祠庙。四川的文庙皆属于官庙。

书院是中国历史上特有的一种教育组织。始于唐代，唐玄宗开元年间（公元 713 ～ 741 年）置丽正书院、集贤殿书院。这种书院是兼具某些政治职能的图书搜集、整理与收藏机构。也有一些私人读书处被称为书院。[①] 唐代的书院还处于初始阶段。到北宋时，书院普遍兴起。南宋时期确立了书院制度。经过元明清的发展，书院制度日趋完善，清光绪末年，书院制度废止。

贡院是科举考试的考场。在科举制度形成之初，并没有专门的考试场所，一般是借用官府公廨进行考试。直至唐玄宗开元二十四年(公元 726 年)，始设贡院。唐至宋代，在中央一级设贡院，作为省试的考场。随着参加考试的人逐渐增多，地方也开始设立贡院。至南宋时期，贡院得以普遍修建。根据《元婚礼贡举考 · 会试程式》记载的“试院于翰林院东至公堂设席分舍”“每举人一名，给只应巡军一人，隔夜入院，分宿席房”等文字，可推测元代试院已经形成了致公堂与一人一号舍的建筑形式。

第一节 文庙

官庙自唐以后形成庙堂和学馆相结合的布局，四川文庙属于地方官庙，文庙与学宫的布局关系有以下四种：①左庙右学，如清洪雅县、成都县等文庙；②左学右庙，如清新宁县（开江）、庆府县等的布局；③庙居中，两翼为学署，如江安文庙；④前庙后学，如夹江县文庙。[②] 文庙大多坐北朝南，少数受地形的影响，没有遵照标准形制。如达州宣汉县文庙为坐东向西；万源县文庙为“坐艮面坤”；江油县文庙“道光二十年雨水连绵，庙宇倾圮，地势山向失宜，知县桂星移建城西学道街，改为坐西向东”。在选址上，既有平地布局，也有沿山势布局。平地布局的文庙如德阳文庙、犍为文庙、崇州文庙等，通过台基高度的变化来突出主要的建筑物。如德阳文庙戟门台基高 0.7 米，脊桁高 9.71 米，大成殿台基高 0.95 米，脊桁高 14.7 米，启圣殿台基高 1.2 米，脊桁高 9.8 米，在建筑群体中，突出了大成殿的重要位置。沿山势布局的如灌县（现都江堰市）文庙、渠县文庙、乐山文庙等，从下至上，逐级布置建筑，突出大成殿的体量。

文庙的平面布局，均采取纵向发展的四合院式布局形式。主要建筑位于中轴线上，次要建筑对称分布于两侧。通常有三进院落，第一进院落中轴线上依次为照壁“万仞宫墙”、泮池、棂星门、戟门（或为大成门），两侧对称布置的建筑通常为圣域、贤关坊门，或为礼门、义路，或为德配天地、道冠古今坊等，以及乡贤、名宦祠，神厨、祭器库等。第二进院落为文庙的主体院落，进入大成门，正殿大成殿位于轴线正中，两庑位于两侧，有些文庙如资中文庙还在此院落两侧建钟鼓楼（或为礼乐亭）等。第三进院落的主体建筑为崇圣祠，有的两侧设配殿，有的则不设。四川现存文庙 37 处，大多建于清代。有的文庙已不完整，如都江堰文庙存大成殿、泮池和万仞宫墙，蒲江县文庙仅存大成殿，宜宾县文庙仅存附属建筑奎星阁，有的还异地迁建。建筑布局较为完整的仅有 10 处左右。[③]

照壁墙是文庙建筑最前面的标志建筑，多为一字式照墙，正面一般刻“万仞宫墙”或“宫墙万仞”，或者是“宫墙数仞”四个字。

圣域、贤关坊（或礼门、义路，或德配天地、道冠古今坊门）位于照壁墙的两侧，是文庙的出入口。分设两侧，是体现对孔子的无比尊崇恭敬和享有的最高礼节规制。建筑形制不定，有前坊后屋式，如德阳文庙，或门庑式，如犍为文庙，或为拱形门，如富顺文庙。

棂星门多为冲天柱式，有单座和并列三座两种形式。以四柱三间居多，也有六柱五间的形式。正间的

坊心刻“棂星门”三个字。棂星门的石坊及坊心的边框多雕刻精美，雕刻题材有龙、凤等祥禽瑞兽和花草等。

泮池均为半圆形，是地方官学的标志。石砌池壁，上设泮桥，桥及池周围设栏杆。

大成门（戟门）的形制相似，为歇山式门庑，也有悬山式。犍为文庙的大成门屋顶较为独特，正面为歇山式屋顶，但在明间屋顶上又升起小重檐，似牌楼式做法。

大成殿是文庙建筑中等级最高的建筑。殿前有拜台。大成殿制式按官式做法，最为严谨，主体空间抬梁结构，两山混合穿斗式梁架。根据文庙的县、州府等级不同，建筑规模制式不等，一般面阔三间、五间，最多七间。屋顶多为重檐歇山顶，上覆琉璃瓦，或筒瓦、青板瓦。大成殿也是最为华丽的建筑，以最高等级的龙、凤图案修饰，其他建筑则饰以寓意吉祥如意、前程美好的花草鸟兽组合图案。建筑的柱、撑栱、雀替、驼墩、柱础、屋脊、御路等部位，施以雕刻、灰塑、嵌瓷等技法装饰。细部处理具有浓郁的地方特色。

东、西庑对称分布于大成殿与大成门之间的两侧，多为青瓦悬山顶。

崇圣祠多位于大成殿之后，多为歇山顶。资中文庙的崇圣祠位于大成殿后右侧，为特例。

一、富顺文庙

富顺文庙始位于自贡市富顺县城中心南门，始建于北宋庆历四年（1044年），曾经宋、元、明、清各代21次修葺、改建，现存规模是清道光十六年（1836年）形成。富顺在明代即有“才子之乡”“才子甲西蜀”之称，文庙在传播文化及兴教育才中起着极其重要的作用。富顺文庙属于平地起建型，坐北朝南，占地6000多平方米。主要建筑依次布置于南北轴线上，次要建筑对称于东、西两侧，形成三个庭院，建筑面积3000余平方米（图5-1-1），是我国保存完整的少数文庙之一，被誉为四川文庙之首。2001年公布为全国重点文物保护单位。

第一进院落从数仞宫墙到戟门。红墙黄琉璃顶的数仞宫墙位于建筑群南端，两侧礼门、义路，圣域、贤关两道门，庭院前端为平面形似半月状的泮池，池上设三路石拱桥，中间桥桥面为后来恢复的“龙戏珠”浮雕图案，左、右两侧平桥。棂星门位于泮池北面，是四川现存文庙中，颇具特色的建筑。棂星门由三座四柱三门冲天式石坊组成，三座石坊并列于一条直线上，石柱顶端均雕刻蟠龙，前、后施抱鼓石，前雕青狮，后雕麒麟，坊间华版雕刻“十八学士”“五老祝寿”等（图5-1-2）。乡贤祠、名宦祠面阔五间，进深一间，对称分布于棂星门的两侧。戟门前的东、西两侧为祭器库、更衣所。

过戟门进入中院，南端为高1.9米的两层青砂岩拜台，北端与大成殿相连。拜台东、西两侧各施一路垂带踏道，正面施一丹陛，宽4米，长3米，浮雕九龙。拜台周边浮雕二龙戏珠、植物花卉、封官得禄等图案。右侧有一专为洗涤祭祀器皿用的水井，名为“芹井”。

大成殿面阔五间、进深四间，副阶周匝，通面阔30.2米，通进深18.8米。穿斗抬梁混合式结构，平面采用减柱造，彻上露明造，重檐歇山顶。柱础雕刻精美，额枋、撑栱雕有龙凤花草，精巧华美，玲珑剔透，画栋飞檐，壮丽凝重。屋顶覆黄色琉璃瓦，正脊陡板上施嵌瓷图案脊饰，上又施绿色琉璃镂空砖拼接装饰，最上为行龙琉璃砖。四条行龙砖饰均朝向正中的四重宝珠宝顶，宝顶两侧各有一只朝向宝顶的狮子，正脊两端施鱼龙大吻（图5-1-3）。

第三进庭院的正中是崇圣祠，原是祀奉孔子祖先之所，后来兼作教授儒学之地，培育士子，业绩斐然。据史料记载，富顺县有历代进士230多人。敬一亭在庙后最高处，内有吴道子所画刻于南宋绍兴十五年（1145年）的孔子全身阴刻坐像一尊，其笔力遒劲，飘逸而传神。西北角有石砌龙池。

崇圣祠前设有宽3.43米、长5.9米的月台。南面正中为丹陛石，雕云龙，龙首为圆雕，龙身及云、山为浮雕。月台东、西两侧各施一路垂带踏道，垂带及月台阶条石正面均施浮雕。崇圣祠面阔三间，进深一间，四面出廊，为穿斗、抬梁混合式构架，绿琉璃瓦重檐歇山顶（图5-1-4）。

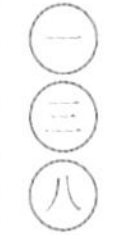

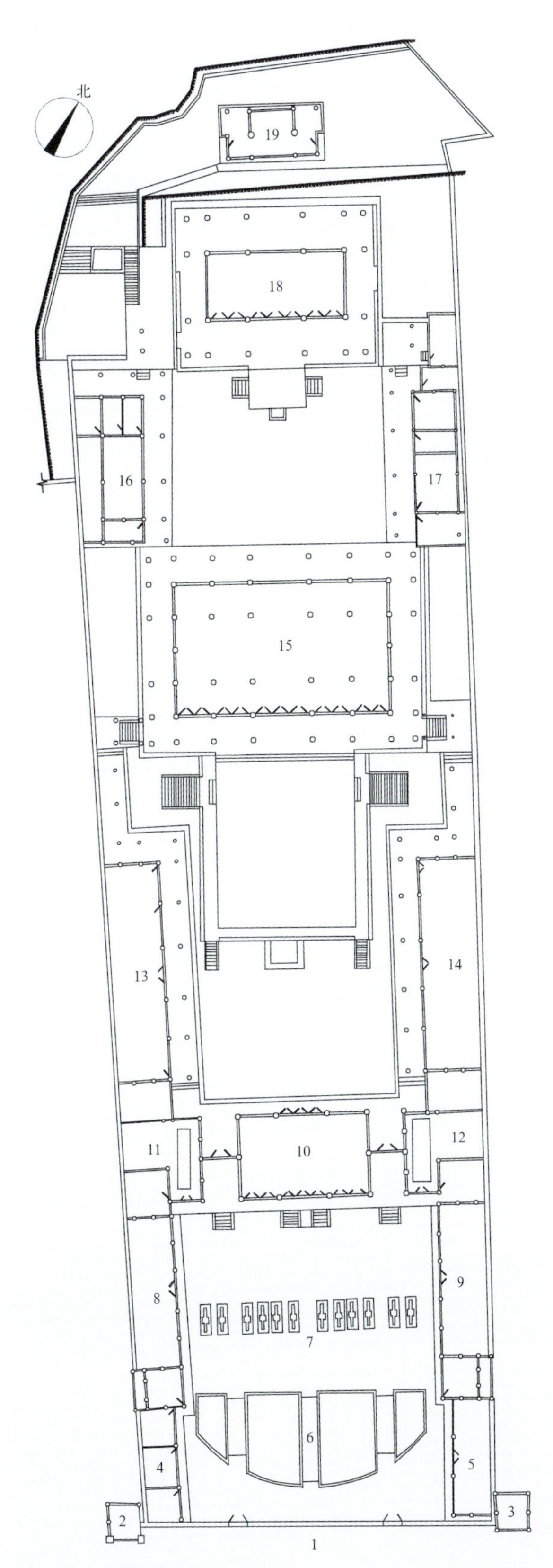

图 5-1-1　富顺文庙总平面示意图

1—数仞宫墙；2—礼门；3—义路；4—西厢房；5—东厢房；6—泮池；7—棂星门；8—乡贤祠；9—名宦祠；10—戟门；11—西更衣祭器厅；12—东更衣祭器厅；13—西庑殿；14—东庑殿；15—大成殿；16—西会馔厅；17—东会馔厅；18—崇圣祠；19—敬一亭

图 5-1-2　棂星门（来源：李俍岑　摄）

图 5-1-3　大成殿（来源：李俍岑　摄）

图 5-1-4　崇圣祠（来源：李俍岑　摄）

整个建筑群体平面布局严谨工整，主从分明，建筑形体尺度得当，装饰装修雕刻精细、色彩绚丽，尤其是300多条祥龙造工隽永，形态生动，栩栩如生。屋面设计具有浓厚的地方特色，既有北方古建筑雄浑庄严的气势，又有南方古建筑俏丽精巧的风格。

二、犍为文庙

犍为文庙位于乐山市犍为县玉津镇，始建于北宋，重建于明洪武四年（1372年），先后经过三次重建和10余次大型维修，现存文庙是在清代重建并经多次维修、增建的基础上形成的。由于犍为县历来文运昌盛，因此在清初，犍为学宫就得以局部重修，并逐渐完善。对文庙建筑的增修是在清康熙年间(1661～1722年)和乾隆年间(1735～1796年)完成的。[④] 民国23年(1934年)创办犍为女子中学，长期办学于文庙中。2006年公布为全国重点文物保护单位。

文庙建筑坐北向南，平面呈长方“凸”字形，南北全长200米，东西宽120米，占地面积2.4万平方米，建筑面积3443平方米。文庙建筑群所在地地势平坦，通过逐层抬高主体建筑的台基，增加建筑的体量，使祭拜者在行进过程中体会到一种逐渐加强的庄严和神圣感。建筑群由万仞宫墙、棂星门、泮池、大成门、拜台、大成殿、启圣宫等建筑组成三进四合院，主要建筑位于中轴线上，次要建筑对称分布于两侧。各院落自南向北依次升高，错落有致（图5-1-5）。与此相映，距文庙东侧不足5米之处建有清代咸丰年间（1858年）的节孝坊和清乾隆四十五年（1780年）的奎阁（图5-1-6），以及与文庙泮池遥遥相对，建于明万历三十四年（1604年）的文峰塔。这些建筑如星拱月，形成以文庙为中心的大型古建筑群。

第一进院落中包括万仞宫墙，圣域、贤关坊，棂星门，礼门、义路，泮池，乡贤祠，名宦祠，忠

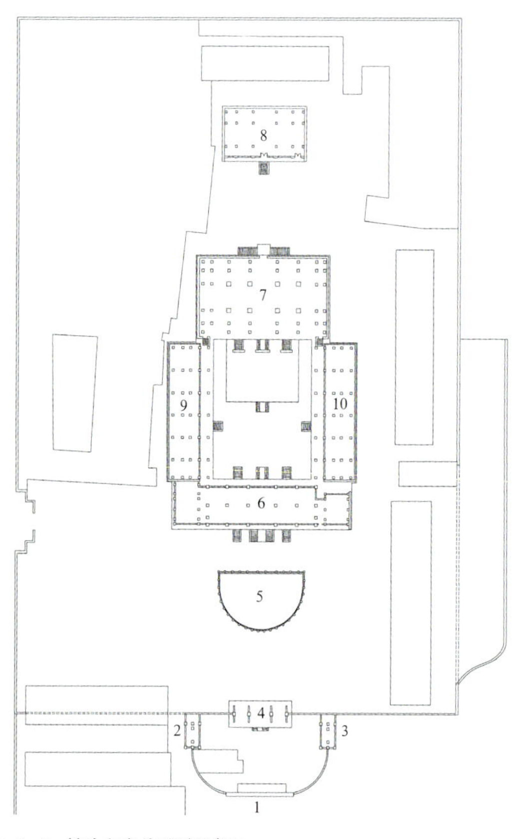

图5-1-5　犍为文庙总平面示意图
1—万仞宫墙；2—贤关；3—圣域；4—棂星门；5—泮池；6—戟门；7—大成殿；8—启圣宫；9—西庑；10—东庑

图5-1-6　奎阁（来源：文保单位资料）

图 5-1-7　大成门（来源：王景安　摄）

图 5-1-8　大成殿（来源：文保单位资料）

孝祠，大成门。万仞宫墙建于清嘉庆年间（1796～1820年），“万仞宫墙”四字遒劲有力，堪称书法精品，史载该字为嘉庆年间狱犯彭山所书，书成由此获释。圣域、贤关分别为进出文庙的东、西大门，均为单檐歇山式琉璃瓦屋面建筑，贤关外竖有“文武官员至此下马”石碑一座。棂星门为明代建筑，与其他文庙不同的是其位于泮池之前，浮雕图案为龙凤花草等，手法精湛、玲珑剔透。庙内半月形泮池池深2米，常年半深，不见消涨，令人称奇。站于池边，可见文峰塔影，誉为玉笔丹池。

进入大成门即进入第二进院落，包括主体建筑大成殿和东、西两庑。大成门又称戟门，门面阔五间，进深二间，穿斗式结构。正面屋顶为歇山顶，明间上方的屋面之上，叠建“天开文运”黄瓦飞檐（图5-1-7），背面为悬山式屋顶，构造与造型十分独特。大成门的柱础由鼓镜、柱础身及座组成，由整石雕成。主题有祥花瑞草、瑞兽和吉祥图案等；也有于柱础身四角雕刻兽头，或将柱础身雕刻成整只动物，雕刻精美。院落东、西分别为礼器库、乐器库。

大成殿的南面与拜台相连，立于3米多高的台基上，穿斗抬梁混合式结构，单檐歇山顶。面阔五间，进深三间，四周回廊，通高17米。大成殿用明代高浮雕鼓镜式柱础八个，建筑木构件雕刻精美，使用如意斗栱。屋面覆黄色琉璃瓦，脊饰由绿色琉璃镂空砖构成，正脊上有行龙四条，宝顶两侧的两龙相向朝向宝顶，外侧的两龙与其相背，但龙首仍朝向宝顶。宝顶为五重琉璃宝瓶式，两侧灰塑、嵌瓷拐子龙。正脊和排山脊两端各置一鱼龙大吻。垂脊前置靠背，滚筒上置绿色琉璃镂空砖，戗脊亦于滚筒上置绿色琉璃镂空砖（图5-1-8）。

大成殿后即为第三进院落，以启圣宫为中心。启圣宫位于1.84米高的台基上。面阔五间，进深三间，高10.3米。为穿斗抬梁混合式结构，单檐歇山顶。绿色琉璃瓦屋面，正脊中施双层六角宝塔式宝顶，两侧各施行龙一条朝向宝顶。正脊两端施鱼龙大吻。翼角上置一含珠的龙首，长鼻又被一小龙所含，小龙龙身做三个嵌瓷圆球形，生动活泼。

犍为文庙是代表明清建筑风格的建筑，其艺术风格有众多独创之处，四层斗栱的使用，带有很强的装饰效果，显示其至尊地位；大成殿、启圣宫的驼峰木雕，造型逼真，手法细腻，其中全龙撑栱，可谓雕刻精品。大成门的重檐牌楼建筑更是少有的特殊屋顶形式，堪称奇观。

三、德阳文庙

德阳文庙位于德阳市市区。始建于南宋开禧二年（1206年），明洪武年间迁建于城南今址。明初改建后的文庙规制尚未完全，仅有大成殿、戟门、棂星门等建筑，建筑规模也较小。其后经过多次扩建和修葺。明万历三年（1575年），文庙进行了增修与修缮，规制渐全。

明末由于战乱，文庙遭到严重破坏，后经清顺治及康熙年间的修葺和重建，基本奠定了现在文庙的格局。从清嘉庆《德阳县志》所附的“圣庙图”中我们可以看到文庙建筑的布局：孔庙位于学署的西侧，建筑群采用四合院布局，主要建筑位于中轴线，由南向北依次为万仞宫墙、棂星门、泮池、戟门、大成殿，启圣殿位于大成殿的东北；次要建筑分布于中轴线的两侧，主要有德配天地坊、道冠古今坊，坊前有“文武百官至此下马”碑，神厨，官厅，钟鼓楼，乐楼，东、西庑等建筑，乡贤祠、名宦祠分别位于戟门的西、东两侧，节孝祠、孝子祠位于泮池两侧，对称分布。

约近半个世纪后，文庙因年久失修而有祠殿倾圮。知县张行忠率当地的士绅田瀛等对文庙进行了一次扩建，采用了大多数文庙的布局方式，将启圣殿置于大成殿后。并在万仞宫墙外又辟外泮池，在文庙的北端建花园。现存的文庙是清道光三十年（1850 年）的格局。坐北朝南，由三进院落组成，主要建筑居于中轴线，次要建筑位于两侧呈对称分布。共有启圣殿、大成殿、御碑亭、礼乐亭、戟门、泮桥（泮池）、棂星门、万仞宫墙、“道冠古今”“德配天地”门与名臣宦、乡贤、忠孝、节孝各祠，以及明伦堂、斋宿所等建筑 30 余座（图 5-1-9）。建筑占地面积 2.9 万平方米，规模仅次于山东曲阜孔庙。2001 年公布为全国重点文物保护单位。

庙前，立有“文武官员下马碑”。孔子在古代被子尊为“至圣”“文宣王”“万世师表”，文武官员都只能下马下轿，步行入孔庙。

第一进院落由万仞宫墙、“道冠古今”“德配天地”两坊、神库、神厨、棂星门、泮池、戟门、更冠亭、省牲所等建筑组成，其中神库、神厨两建筑已毁不存。文庙的牌楼式砖门坊建筑具有特色（图 5-1-10）。

红色的“万仞宫墙”，两侧“道冠古今”“德配天地”两道坊门遥相呼应，象征孔子的思想可以贯通古今，孔子之德与天地相配。万仞宫墙北的棂星门，用灰砂岩石修造，门上雕有造型各异的石刻图案 260 余幅，飞禽走兽，龙飞凤舞，形态逼真，雕刻精美。棂星门两侧更冠亭、省牲所相对而立。棂星门之后是半圆形的泮池。泮，是古代的学校。按照礼制，诸侯一级的学校，只能东、西面通水，称为“泮宫”；天子一级的学校，可四周环水，称为“壁雍”。

第二进院落的主体建筑为大成殿，位于其前面的四座礼乐亭，两侧的东、西御碑亭及东、西两庑对称分布于轴线两侧。

四座礼乐亭一字排列。礼乐亭，是祭孔时摆放乐器、演奏礼乐的地方。中间两座为重檐六角攒尖顶，宝顶呈兽状；侧面两座均为重檐，上层为六角，下层为四角，宝顶呈鸟状。四座礼乐亭的布局在中国文庙建筑中较为少见（图 5-1-11）。

主体建筑大成殿庄严雄伟，装饰精美。面阔五间，进深四间，四面出廊，建筑面积 554 平方米，通高 21 米。梁架采用穿斗与抬梁混合式构架。圆柱，多边形石柱础，鼓形鼓磴。由于采用减柱，步架较大，因此上、下层枋间施柁墩、枋下施随枋以加强承重。挑尖梁及角梁梁头雕饰龙、草等雕刻。撑栱浮雕题材有龙（升龙、降龙）、喜报三元、麒麟吐书等。挑檐檩出头亦贴雕饰。前廊顶施卷骨子，做船棚式。山面及后檐廊步深三步，顶部不作卷棚装饰。枋下施龙吐火珠、鲤鱼跳龙门、博古等浮雕雀替。挂落浮雕龙、凤等题材内容。[5] 重檐歇山式屋顶的屋面用金色琉璃瓦覆盖，正脊饰以飞龙，中间置宝顶。

大成殿前有举行祭祀仪式的拜台。在清代，德阳孔庙每年仲春、仲秋的丁日，按照皇帝钦定颁行祭孔祀典，举行大祭，其仪式分迎神、初献、亚献、终献、撤馔、送神六部分，进香、奠帛、献爵、读祝等行礼程式与乐舞相结合，形成独具一格的祭孔特色。

第三进院落由启圣殿和位于其南面的西配殿组成，原有的东配殿已毁。在三进院落中，此进院落面积最小。

大成殿后的启圣殿，是供奉孔父及其祖先的场所。一般在文庙建筑中，启圣殿后檐不设门和踏道，而该启圣殿后檐墙设门，可能与启圣殿后面为后花园有关。启圣殿面阔五间，进深四间。单檐歇山顶，

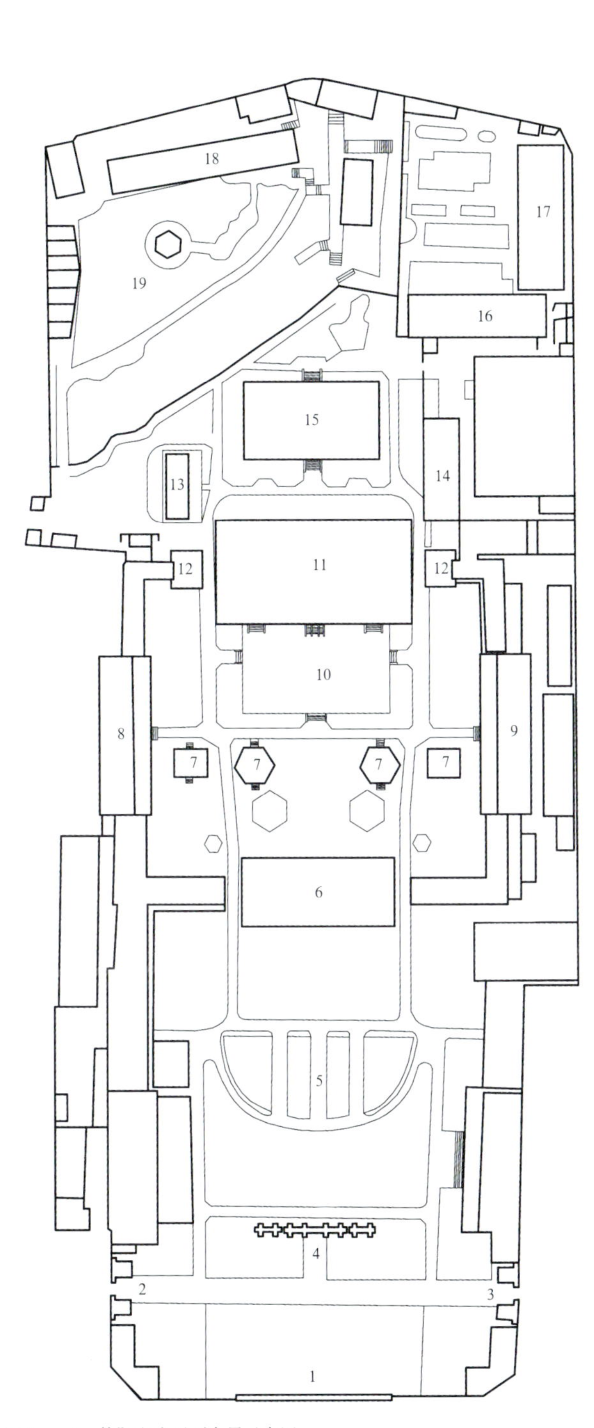

图 5-1-9 德阳文庙平面布局示意图

1—万仞宫墙；2—道冠古今坊；3—德配天地坊；4—棂星门；5—泮池；6—戟门；7—礼乐亭；8—西庑；9—东庑；10—拜台；11—大成殿；12—御碑亭；13—西配殿；14—东配殿；15—崇圣祠；16—万花楼；17—柒云轩；18—致远楼；19—荷花池

图 5-1-10 砖门坊（来源：文保单位资料）

图 5-1-11 礼乐亭（来源：文保单位资料）

图 5-1-12 大成殿鸟瞰（来源：文保单位资料）

穿斗式梁架，砌上露明减柱造。

启圣殿后为后花园。平面呈不规则形，由东、西两部分组成，西部分以荷花池为中心，池北为志远楼，池中为六角沁心亭；东半部则以建筑为主，包括柒云轩和万花楼。园门设于西偏隅，从园门进入可通达各建筑。文庙后带后花园，为四川现存文庙中所仅有。有学者认为是德阳儒学旧明伦堂所在地，清乾隆元年（1736年）重修德阳儒学时，将前庙后学的格局改为左庙右学，明伦堂之地改为后花园，仍为师生游息之处。[⑥]

四、资中文庙

资中文庙位于内江市资中县重龙镇文庙街。始建于北宋雍熙年间（公元984～987年），时位于县城大东街，因旧庙低湿狭窄当街嚣闹，清道光九年（1829年），经张海澜倡议，士绅集资，将文庙迁至北关外南宋状元邑人赵逵居游过的洗墨池，即今址，清道光十五年（1835年）竣工。清光绪二十一年（1895年），邑人骆成骧中乙未科状元，他荣归故里后，出资重修文庙，并在泮池上造桥，名为状元桥。清同治十二年(1862年)及民国31年(1942年)经过整修。建筑群坐北朝南，占地面积6780平方米，建筑面积2643平方米。建筑群为四进四合院布局方式，高低错落有致。中轴线上有万仞宫墙、月池、照壁、棂星门、泮池、大成门及大成殿，崇圣祠位于大成殿东北侧；华表、礼门、仪路、乡贤祠、名宦祠、钟楼、鼓楼，东西庑分布于轴线东西两侧(图5–1–13)。主要建筑覆琉璃瓦，正脊饰宝鼎、蟠龙，翼角飞翘，轻盈飘逸。被称为全国四大文庙之一，2006年公布为全国重点文物保护单位。

旧时文庙只开边门，不开正门，唯资中出过状元，可开中门；一般文庙只供大成至圣先师牌位，资中人苌弘曾为孔子师，破例雕像以记其事，资中文庙祀有孔子站立塑像，为国内少有。庙内月池两侧，竖有高4米的清康熙手书《四书 · 大学篇》、明成化年间（1465～1487年）《重修文庙碑》两碑，庙内有全国最大的孔子牌位，为镂空木质蟠龙雕刻，亦为艺术精品，有很高的欣赏价值。

照壁、棂星门以及东、西两侧的义路、礼门围合成了一个小院。建于清同治年间(1862～1874年)的照壁最具有地方特色。照壁长19.5米，高6米，为悬山顶一字式。基座雕刻精美，墙体刷红，壁间有七个直径1.7米的圆形镂空雕饰，图案有“水宫龙府”“亭塔园林”“鹰翔鱼跃”“龙凤呈祥”“鱼跃龙门”“坊塔石树”等（图5–1–14），寓意古代士

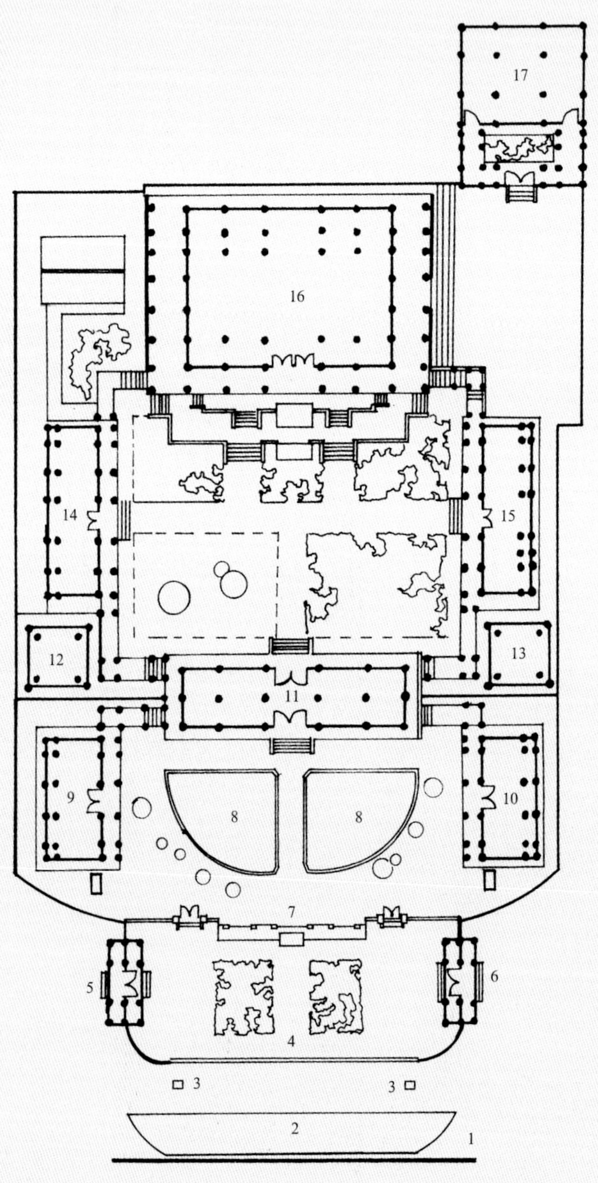

图5–1–13　资中文庙平面示意图
1—万仞宫墙；2—月池；3—华表；4—照壁；5—仪门；6—礼门；7—棂星门；8—泮池；9—名宦祠；10—乡贤祠；11—戟门；12—鼓楼；13—钟楼；14—西庑；15—东庑；16—大成殿；17—崇圣祠

图 5-1-14 照壁（来源：何龙 摄）

图 5-1-15 大成门（来源：何龙 摄）

图 5-1-16 大成殿（来源：何龙 摄）

子如江河中的鱼，只有不断努力进取，经尊孔尊儒的教化，最终方能跳过龙门，由鱼而成龙，到达人生的光辉顶点。

大成门面阔五间，进深二间，穿斗式梁架，歇山与悬山结合式屋顶，做工精致，气势宏伟（图 5-1-15）。大成殿位于高 2.9 米的素面台基上。面阔五间，进深三间，通高 15 米。抬梁与穿斗式混合式梁架，黄色琉璃瓦重檐歇山顶（图 5-1-16）。殿内清代八大匾额是资中文庙的又一特色，“万世师表”“生民未有”“与天地参”“圣集大成”“圣协时中”“德齐帱载”“圣神天纵”“斯文在兹”，是全国文庙中保存最完整的匾额。

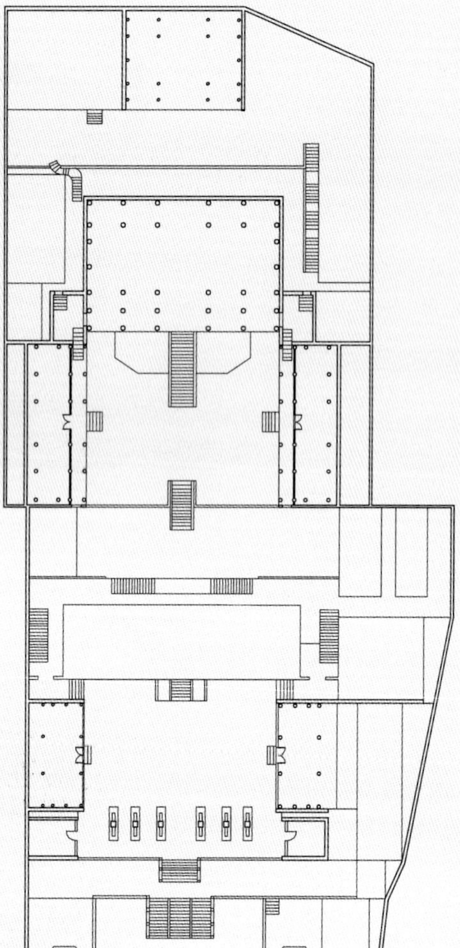

五、渠县文庙

渠县文庙位于达州地区渠县县城西边，依山就势，错落有致，是川东北地区唯一保存较好的祭祀孔子的庙宇。2013年公布为全国重点文物保护单位。文庙始建于宋嘉定（1208年）以前，其后几毁几建，现存文庙于清康熙二年（1663年）始修，康、雍、乾、嘉相继修葺，至道光元年（1821年）秋季竣工，成现在的规模。文庙平面呈矩形，南北长143米，宽32～39米，占地面积5711平方米，依纵向轴线分别布置了以“宫墙万仞”照壁墙、泮池、棂星门、戟门（已毁，复建）、大成殿、东西庑、启圣殿为主要建筑的三进四合院。借助山势，由南向北逐级升高，总高差26.65米，古建筑群呈宏伟壮观的阶梯状空间序列，厢庑亭阁浑然一体，庄严、雄伟（图5–1–17、图5–1–18）。

“宫墙万仞”照墙，为一字式照壁，庑殿顶。圣域、贤关坊位于照墙两侧，大小、结构相同，与照墙之间以矮墙相连。面阔一间，两柱六檩。穿斗式梁架结构，筒瓦硬山顶屋面，小式元宝正脊。

泮池上设三座三孔石桥。中桥桥头两端分别浮雕正面四爪坐龙和升龙。池周及桥两侧均设望柱、栏板。栏板上雕刻内容有文房四宝、花鸟虫鱼、祥云灵兽等。

棂星门为六柱五间石牌坊式，面阔14.57米，高11.30米。牌坊除柱身及石枋不施雕刻外，其余部位均施雕刻，多运用透雕。内容有二龙戏珠、双凤朝阳、仙鹤穿云、麒麟吐书、五蝠归真、鱼跃龙门、拐子龙棒等。棂星门不仅“石材美而巨”，而且雕刻精美，两者相得而益彰（图5–1–19）。

图5–1–17　渠县文庙平面示意图

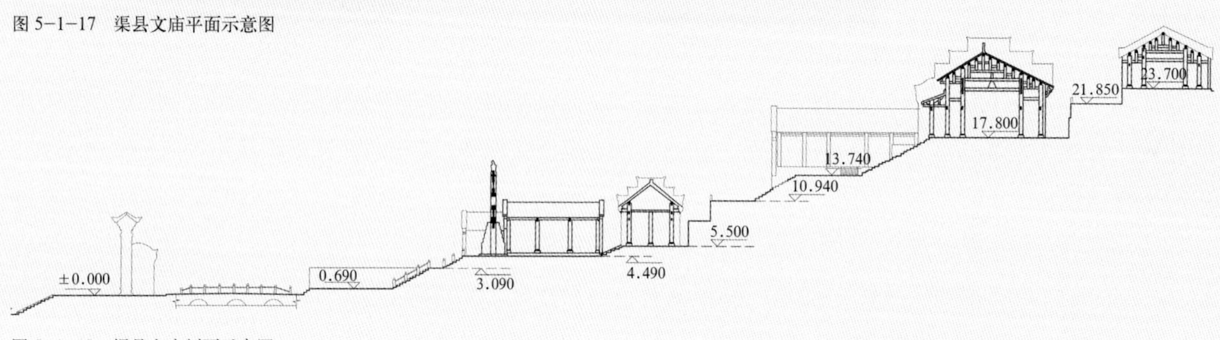

图5–1–18　渠县文庙剖面示意图

文庙主殿大成殿，殿前设月台，建筑面阔五间20.45米，进深五间13.05米，通高15.63米，平面减柱造，为穿斗、抬梁式混合结构，明间抬梁枋施藻井。重檐硬山式琉璃瓦屋面，封火山墙曲直结合，地方色彩浓厚（图5-1-20）。

崇圣祠位于组群最北端，为带前廊的硬山式建筑。面阔三间，进深二间，廊深1.7米，穿斗抬梁混合式架构。

六、乐山文庙

乐山文庙位于乐山市城区高标山麓月咡塘。根据《嘉定府志》记载，建筑始建于唐武德年间（公元618～626年），最初位于州治南育贤坝。明洪武时没于水，后重建于方响洞上，经多次搬迁。明天顺八年（1464年），最终定现址。现存建筑为清康熙年间（1662～1722年）重建，为四川省文物保护单位。

建筑群坐西朝东，为三进四合院布局，占地面积约2万平方米。泮池、棂星门、大成殿、崇圣祠建于中轴线上，两侧有圣域、贤关（已毁）、更衣房、执事室、名宦祠、乡贤祠、东西庑、尊经阁、崇文阁等。其中棂星门、戟门、圣域、乡贤祠、名宦祠围合成了第一进院落；戟门后的大成殿、东西庑、尊经阁、崇文阁形成了第二进院落；穿过大成殿，则进入第三进院落，主体建筑为崇圣祠，中轴线上的最后压轴（图5-1-21、图5-1-22）。

棂星门为六柱五间冲天柱式石坊。通面阔约13米，明间两柱通高8.7米，柱头施石雕莲花。梢间两柱通高6.9米，柱头无装饰。六柱前后均施抱鼓石。

乡贤祠和名宦祠位于戟门两侧，形制相同。面阔三间，进深三间，为穿斗、抬梁混合式梁架结构。建筑后檐下施砖墙，两山为五花式封火山墙。屋顶覆小青瓦，正脊两端施鱼龙大吻。

礼器建筑面阔三间，进深两间，抬梁、穿斗混合式梁架结构。建筑后檐下施砖墙围护，一侧山面为猫拱背形封火山墙。乐器与礼器形制基本相同，在柱网布局上略有不同，封火山墙为三角形。

大成殿坐落于高1.05米的素面台基上，前设垂带踏道五级。大成殿面阔五间30.4米，进深三间20.4米，高18米，抬梁式结构，歇山顶。檐下施七踩斗栱48攒，殿内用金丝楠木柱共28根，柱径平均为0.9米，最大的达1米，柱础透雕精美（图5-1-23、图5-1-24）。

尊经、崇文阁位于大成殿前两侧，与东、西庑相连。建筑面阔四间，进深五间。明间为2层，屋顶为六角攒尖顶，次间与梢间为1层，屋顶为硬山顶。

崇圣祠建筑面阔三间，进深三间，高10.8米。穿斗、抬梁混合式梁架结构，歇山顶。屋脊为拼接的镂空花砖，饰有云纹、蝙蝠、花朵等镂空图案。

图5-1-19　棂星门（来源：陈颖　摄）

图5-1-20　大成殿（来源：文保单位资料）

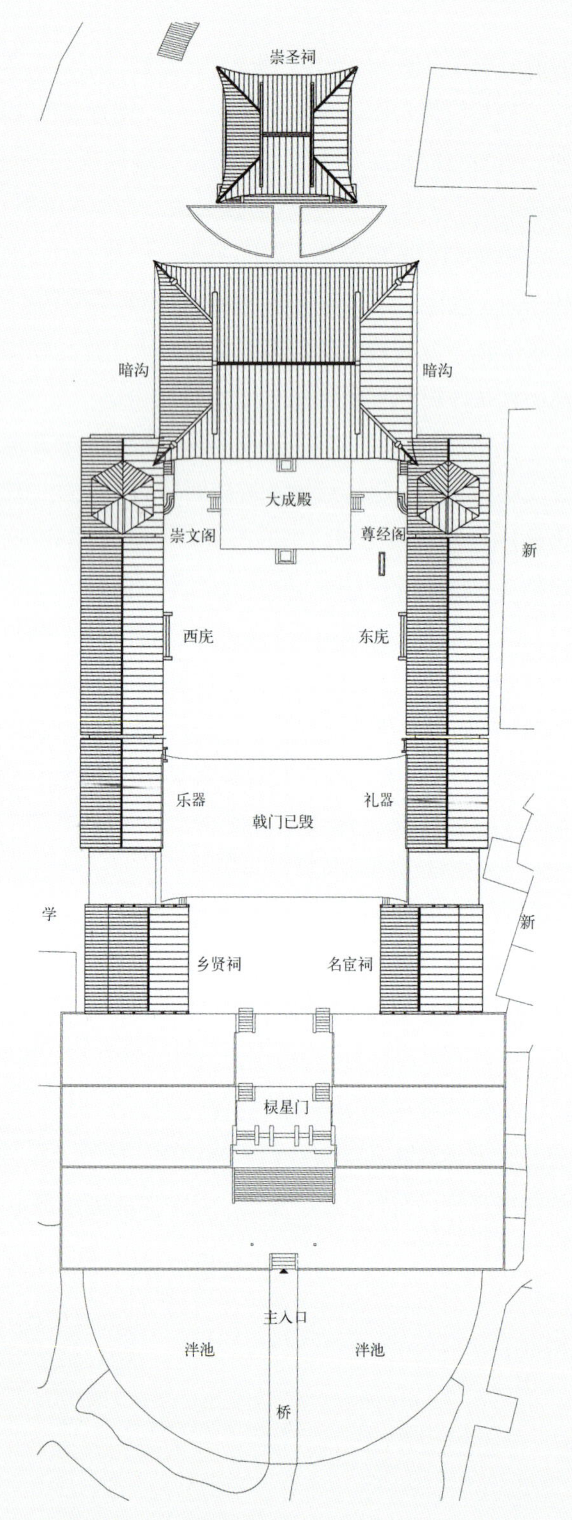

图 5-1-21　乐山文庙平面示意图

图 5-1-23　大成殿（来源：陈颖　摄）

图 5-1-24　大成殿室内（来源：陈颖　摄）

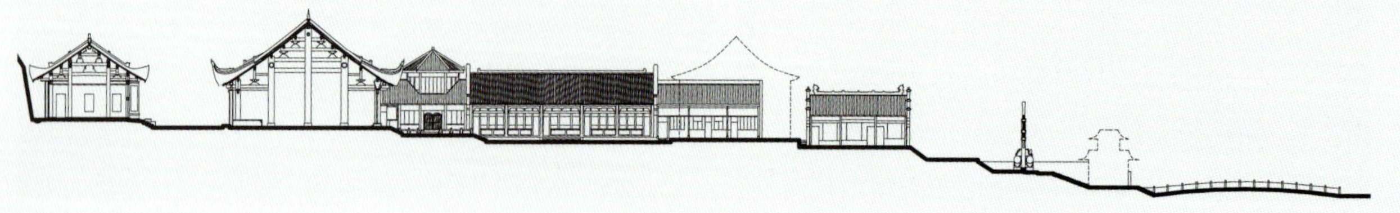

图 5-1-22　乐山文庙剖面示意图

第二节　书院

早在西汉时期，蜀郡太守文翁在成都南修建学宫，学宫内以石室作为公办讲学的讲堂，人称“文翁石室”。唐宋以后，文翁石室既是成都府儒学的讲堂，又是祀孔的庙堂，这也是成都最早的公办讲学的书院。

书院的三大主要活动为讲学、祭祀和藏书，书院的功能决定了其中建筑的功能。讲堂是书院讲学的地方，尺度较书院其他建筑更为宽敞。一般的书院设一个讲堂，个别的设两个或以上。如绣川书院，设有两个讲堂。藏书是书院一个重要的功能，凡是规模较大的书院都设有藏书建筑。如翠屏书院的藏书楼，高3层，一层的明间和次间为祭堂，祭堂两侧为藏书室，二层和三层为藏书室。祭祀，是当时进行社会教化的方式，是书院的主要活动之一。如翠屏书院，祭祀理学诸儒等先贤，“后之堂，肖濂溪、明道、伊川、横渠、晦庵五贤之像，以为学者依归”。[⑦]除以上三种主要的建筑外，书院还设有供学生和山长、教师居住的斋舍以及配套的生活附属用房。

书院多建于环境优美的地方，并重视选址的人文因素。如宜宾翠屏书院，建于风景优美的翠屏山上，并紧邻千年古寺——千佛寺。当初选址时，“夏月，偕郡人、观察使，涉彼众山，……此眺三江，心怡神爽，此为儒生居业之善地”。[⑧]绣川书院的选址则重视自然山水的配合，金堂知县在修建绣川书院时写道：“今岁春首，偶巡视城东，得隙地为焉，前则临深池，广而清，终年不涸；远者面高峰，秀而奇，四时如画，余不禁欣然喜曰，立学造士，刮垢磨光其在是矣。”[⑨]

书院建筑多为四合院布局，主要建筑沿轴线布置，次要建筑对称分布于轴线两侧。通常山门、讲堂、祭堂以及藏书楼位于中轴线上，斋舍和附属用房位于中轴线的两侧。

书院建筑不同于官式建筑的学宫，即使到明清时期浓厚的“宫学化”，但从本质上来说是民间建筑，主要采用大木小式作法。书院中的斋舍、书楼等建筑并不需要大空间，基本都采用穿斗式构架。讲堂、祭祠这些需要大空间的建筑则采用穿斗、抬梁混合式梁架结构。抬梁结构运用于公共活动空间，穿斗式运用于两侧的山墙或小空间中。四川书院的抬梁式结构与北方的不同，北方的做法是将梁头置于柱上，而四川书院的梁头插入柱上，柱间以枋连接。

四川书院建筑的屋顶常用双坡的硬山、悬山，在等级较高的建筑中用歇山顶，甚至是重檐歇山顶。亭、台、楼、阁主要采用攒尖屋顶。由于四川盆地温润多雨，屋檐出挑深远，达1.5米，有柱廊宽者出檐达3.0米，屋面多为五分水到六分水。檐口通常做成前高后低式。

建筑以灰、白、红为主色调，外观朴实。以直棂窗和格子窗为主，有的书院窗格也会选择图案，有万字回纹、田字纹、菱花纹、冰纹等样式。檐下撑栱是书院建筑中着力装饰的部位，雕刻工艺主要有圆雕、浮雕、半浮雕等多种形式，多以龙凤、花草、民间传说及戏曲人物作为雕刻内容。廊轩顶棚也是重要的装饰部位，有的书院在檐廊结构上采用了驼峰，既起结构作用，也有一定的装饰效果。

一、翠屏书院

翠屏书院位于宜宾市翠屏山上。据清嘉庆十七年（1812年）《宜宾县志》载，书院始建于明成化十八年（1482年），时“前后为堂，而二堂之间贯以重房，东为厨西为库，外树宰牲亭一、碑亭一。高其垣而宏其门，扁以今额。后之堂肖濂溪、明道、伊川、横渠、晦庵之像。由郡守陆克深置”。清嘉庆六年（1801年）时，书院移建城内大南街。现城内建筑已不存，唯翠屏书院尚在。后经历过多次维修。现为宜宾赵一曼纪念馆，四川省文物保护单位。

翠屏书院是明清时期四川南部地区书院建筑的典型代表。选址在环境幽静的翠屏山，突出了人与环境的协调统一的理想境界。四合院建筑布局

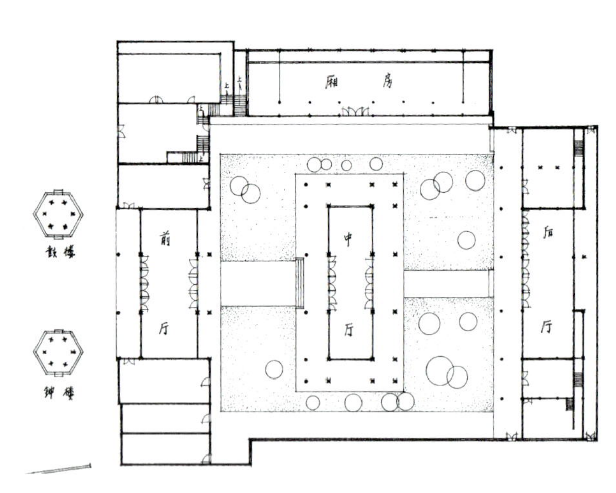

图 5-2-1　翠屏书院平面示意图（来源：文保单位资料）

中，进行了合理的功能分区，体现了教学（讲学）、祭祀、藏书三大主要功能。在其始建和重建过程中，都有地方官员的大力支持，反映了当时书院的官学化历史。

书院现存建筑，保持原有的布局和风貌，为典型的清式书院建筑。占地面积约 5500 平方米，建筑面积约 1650 平方米。前有长约 52 米、宽约 49 米的院坝。位于南北纵轴上的主体建筑前厅、中厅、后厅，都为穿斗式梁架，小青瓦屋顶（图 5-2-1）。

前幢为硬山式顶，前后出廊，面阔、进深均三间，通高 10.1 米，穿斗式结构。中幢回廊环绕，歇山式顶，面阔五间，进深三间，通高 10 米，穿斗式梁架。后幢前出廊，硬山式顶，面阔七间，进深四间，通高 11.9 米。西侧有 2 层厢楼，为木结构悬山式小青瓦屋顶，面阔八间，进深三间，高 8.3 米。书院四角，以砖墙环绕，形成大四合院布局。书院门前，东、西分列钟亭、鼓亭，重檐六角攒尖顶，施素筒瓦。清代时，每当暮色临近，钟声敲响，回荡山谷，苍劲悠远，使人遐想联翩，曾被誉为“宜宾八景”之一，称“翠屏晚钟”（图 5-2-2、图 5-2-3）。

二、绣川书院

绣川书院位于今成都市青白江区城厢镇（原金堂县城）。始建于宋代，原在该镇西街，清康熙五十九年（1720 年），金堂县令陈舜明将其从镇的西街闹市迁建于此，依据附近绣川河将原“金堂书院”之名改为绣川书院。清道光十年（1830 年），时任金堂县令吕伟峡在书院修建了考棚，据《概要》载：书院考棚“东临城墙，以内壕为界；西抵明教寺菜园，以墙壁为界；南与绣川书院毗连。”又据县志载：考棚“从书院大门出入，由左进棚，夹道约二百步有仪门五楹，以为试官点名处，两旁雨棚各二间，……前东西各十间，后东西各十二间，每间置号桌四张，每张可坐十人，中有甬道，大堂临其上，……后有房五楹，为考官幕友阅卷所。”（图 5-2-4）清光绪三十一年（1905 年），该书院为县立高等小学，民国 17 年（1928 年）改名为金渊小学。

图 5-2-2　前厅、钟亭、鼓亭

图 5-2-3　后厅

图 5-2-4　绣川书院（清嘉庆时期）（金堂县志）

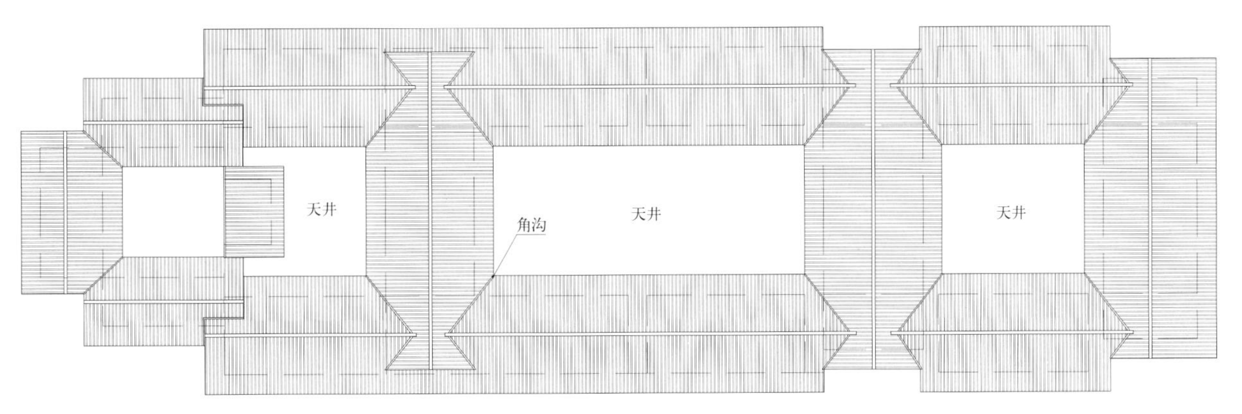

图 5-2-5　绣川书院平面示意图

新中国成立后，改为城厢第一小学。书院坐北朝南，四进四合院布局，穿斗式木构建筑，小青瓦悬山屋面。占地面积 5085 平方米，建筑面积 1969 平方米。一、二进院落，由大门、照壁龙门与两侧厢房围合而成，第三进为外讲堂，第四进为内讲堂（图 5-2-5）。

大门为三开间门厅，木抬梁结构，上部为竹编壁、下部为半装台木裙板，木质双开门，门外独立圆柱两根，石雕柱础（图 5-2-6），外墙呈“八”字形。第一进院落内东、西厢房为三开间木穿斗结构。

二门为砖砌门坊，雕刻有清代县令李淇章撰写的门联：“博学多能养成佳士，依人游艺勉作通儒”横额为：“人文蔚起”（图 5-2-7）。第二进院落东西厢房三开间，木穿斗结构。

过厅为三开间木抬梁结构，木制六合门。第三进院落东、西厢房为六开间木穿斗结构，原为书院学生的自修室，后改用为教室；东、西厢房为木制六合门。外讲堂为三开间木抬梁结构。外讲堂是书院山长（院长）讲课之处。

第四进院落主体建筑内讲堂为三开间，木抬梁结构。东、西厢房为三开间木穿斗结构，该是书院院长、斋长宿舍区，自成小院。

绣川书院是原金堂县修建最早、规模最大、藏书量最多、声誉最高的一所书院。历任院长皆为博学之士。据查实的九任院长中，有进士 1 人、举人 6 人、拔贡 2 人。学生多系秀才和童生中的高等生。绣川书院是四川省至今保存较为完好的古代县一级的最高学府，四川省文物保护单位。

图 5–2–6　绣川书院大门（来源：文保单位资料）

图 5–2–7　绣川书院二门（来源：文保单位资料）

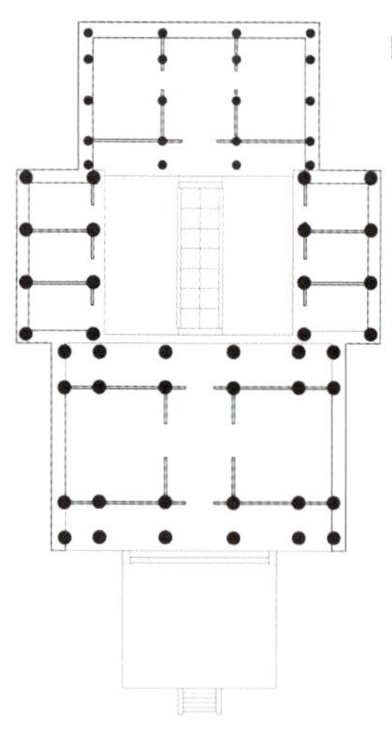

图 5–2–8　金江书院平面示意图（来源：何龙　绘）

图 5–2–9　讲堂（来源：文保单位资料）

图 5–2–10　讲堂前廊

三、金江书院

金江书院位于凉山彝族自治州会理县城关镇会理县第一中学内。其前身为会华书院，创建于清乾隆十六年（1751 年）。乾隆十八年（1753 年）更名为玉墟书院，乾隆五十九年（1794 年）改称会川书院。清嘉庆十六年（1811 年），迁建于文庙南侧，清道光初年又更名为金江书院，清咸丰十年（1860 年）云南回民起事，攻占会理，书院被毁。咸丰十一年（1861 年）改建于现址，清同治元年（1862 年）建成，四川省文物保护单位。现存书院建筑群坐西向东，占地面积约 960 平方米，由讲堂、正厅、厢房组成四合院布局（图 5–2–8）。

讲堂为歇山顶抬梁式架梁的土木结构建筑，梁柱间施雀替，柱底为深浮雕云龙纹鼓形台础，堂前置须弥座明台，垂带踏道四级。建筑建于 1.15 米高的素面台基上，面阔五间，进深三间，前置廊道，高 10 米（图 5–2–9、图 5–2–10）。正厅为硬山顶穿斗式土木结构建筑，面阔三间，进深四间，通高 6 米。左右厢房各面阔三间，进深一间，长 10 米。

第三节　考棚

清道光年间（1821 ～ 1850 年），四川省属建制就有 24 个厅、州、府。科考时，除松潘、理番两厅，资、绵、茂三州附属成都府，叙永厅附属泸州，石柱厅附属忠州等考棚（试院）外，全省实设考棚17个。[10]

四川省现存考棚四处，其中川北道贡院为全国重点文物保护单位，合江考棚及昭化考棚为四川省文物保护单位，青神考棚为县级文物保护单位。

一、川北道贡院

川北道贡院位于阆中市学道街，始建于清顺治九年（1652年），是清顺治年间（1644～1661年）举行四川乡试的场所。历辛卯、壬辰、癸巳，甲午四科乡试，至清康熙二年（1662年）随省会迁入成都后始行废止，清嘉庆年间（1796～1820年）中川北道黎学锦重修后作为乡学之所。现存的川北道贡院比较完整地保存了清初贡院的格局，建筑坐北朝南，占地4500平方米，总建筑面积1600平方米，主要由大门、号舍（考棚）、致公堂、明远楼、十字连廊等建筑组成两进四合庭院（图5–3–1）。是一处保存完整的清代乡试场所，成为一处反映我国古代科举教育制度的重要实物资料和展示场所。川北道贡院已为第七批全国重点文物保护单位。

大门三间为九檩四柱穿斗抬梁混合结构，小青瓦屋面，明间设金柱门（图5–3–2），两侧耳房与号舍相连，十一檩五柱前檐双步廊结构。

在庭院东、南、西三面共有号舍24间，南面大门向东、西两侧各延伸五间，东、西厢各有七间，均为七檩五柱穿斗结构，小青瓦悬山屋面。乡试时，每一个号舍被分成六格，每格坐一名考生（图5–3–3）。

北面正中为致公堂，十一檩五柱前檐双步廊结构，小青瓦悬山顶，堂内供孔子像，是主考官监临之所。致公堂两侧各有正厅三间，是内帘考官监临和批阅考卷之所。

在大门至致公堂之间有宽5米的卷棚顶廊道相通，柱间设美人靠座椅，可供考生休息，两侧并有廊道通向东、西厢号舍（图5–3–4）。“十”字形廊道连接了大门、号舍以及殿堂，廊道俗称“旱船”。

贡院北侧原有明远楼、斋舍，供考生试前读书、休息用，早年被拆毁，2006年予以恢复与贡院维修后进行了科举陈列供游客参观。

二、合江考棚

合江考棚位于泸州市合江县合江镇，清道光十一年（1831年）修建。建筑群坐西北向东南，占地面积1743平方米。双重四合院布局，沿中轴线为大门、过亭、过廊、天井、后厅，厢房分立两侧，

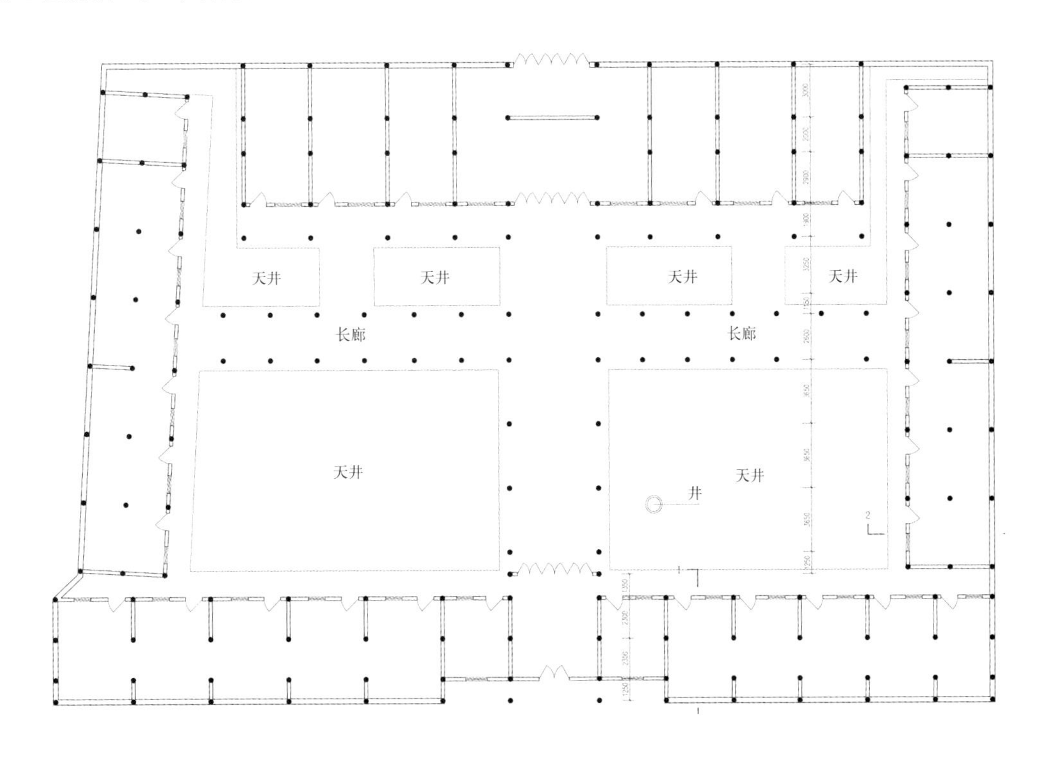

图5–3–1　川北道贡院
（来源：何龙　绘）

图 5-3-2　贡院大门（来源：何龙　摄）

图 5-3-3　内院（来源：何龙　摄）

图 5-3-4　致公堂前廊道（来源：何龙　摄）

占地面积约 880 平方米（图 5–3–5）。为四川省文物保护单位，对研究清代科举制度具有史证价值。

门厅经过改建，面阔五间，进深三间，明间为大门，门宽 3.0 米，高 2.4 米。穿斗式结构，重檐歇山式青瓦屋顶（图 5–3–6）。

过廊宽 5.4 米，长 12 米，为小青瓦卷棚顶（图 5–3–7）。过廊两侧设文场，形制相同，面阔五间 23.4 米，进深一间，穿斗式结构，青瓦悬山顶。过廊与厢房间各设 1 个天井，呈长方形，长 12 米，宽 5.0 米。

后厅建在 0.5 米高的台基上，面阔三间，进深一间，明间宽 5.4 米，左、右次间各宽 4.6 米，为抬梁、穿斗混合式结构，小青瓦悬山顶。

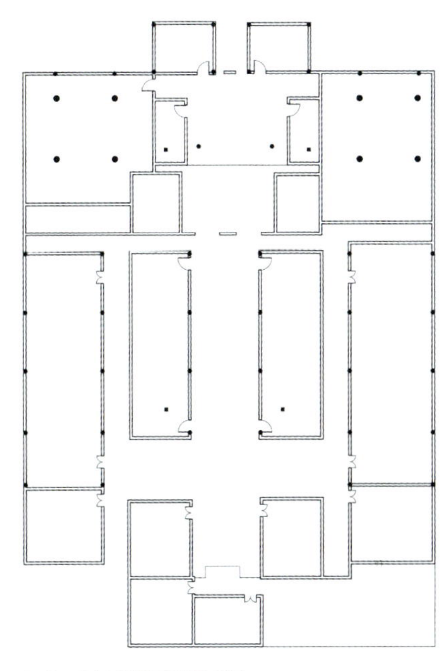

图 5–3–5　合江考棚平面示意图

图 5–3–6　入口（来源：文保单位资料）

图 5–3–7　过廊（来源：文保单位资料）

注释

① 胡昭曦．四川书院史．成都：四川大学出版社，2005：1.

② 四川省文物考古研究院．四川文庙．北京：文物出版社，2008：7.

③ 四川省文物考古研究院．四川文庙．北京：文物出版社，2008：7.

④ 四川省文物考古研究院．四川文庙．北京：文物出版社，2008：100.

⑤ 四川省文物考古研究院．四川文庙．北京：文物出版社，2008：74.

⑥ 四川省文物考古研究院．四川文庙．北京：文物出版社，2008：99.

⑦ 胡昭曦．四川书院史．成都：四川大学出版社，2005：128.

⑧ 翠屏书院碑记．（清嘉庆版）宜宾县志（卷四十八·艺文志）.

⑨ 修金堂书院记．（清嘉庆版）金堂县志（卷七·学校）.

⑩ 郭静洲，清代四川“考棚”楹联。

四川古建筑

第六章　会馆建筑

四川会馆建筑分布图

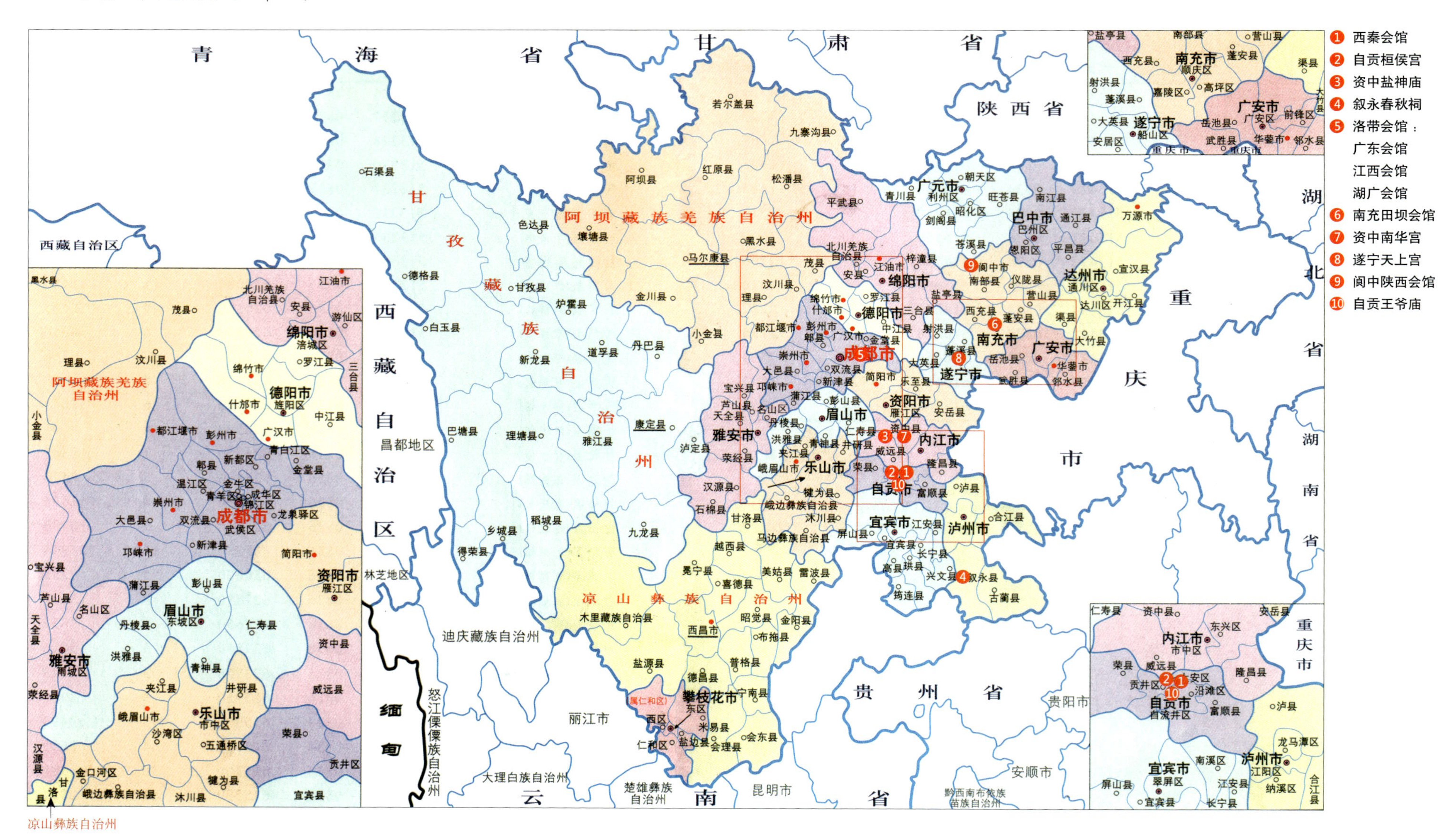

（地图引自：中华人民共和国民政部编．中华人民共和国行政区划简册 2014. 北京：中国地图出版社，2014.）

会馆是兴起于明代，盛行于清代的一种同乡或同业的公共活动场所，由同籍乡民或同业商家共同集资筹建，供同乡或同业聚会、议事、交流、祭祀、节庆活动乃至寄居之用。元末明初、明末清初的两次“湖广填四川”的移民运动，大量外省移民入川后，置身于完全陌生的自然、社会和文化环境中，“由于语言、习俗等差异，刚到一个陌生之地的移民群体与土著及其他移民间存在较大的隔阂，缺乏共同的信任感，使得各省和各地区间的移民内部需要有一种内聚的集体组织，互相帮助，共同抵御外来势力。而对乡土的眷念和共同本土信仰的因素，使得这种组织以会馆及相应的庙会形式出现。”[①]

明清以来，大规模的移民活动使得外来人口剧增，同时各处商贸繁荣，使得会馆建筑如雨后春笋般在四川境内涌现，成为巴蜀地区明清时期的一种重要的公共性建筑。移民文化给四川增添了外来风情，文化的融合与地方材料及技术的使用也让四川的会馆建筑具有更为丰富多彩的地域特色。

第一节　建筑类型与特点

一、四川会馆的类型

会馆是特定历史条件下的产物，是同籍人在客地或同业人在一地的一种特殊的社会机构。历史上的多次战争与自然灾害，特别是明末清初时的长期战乱导致四川人口几乎损失殆尽。为平衡全国人口分布，以及恢复四川农耕及经济建设，清康熙年间（1662 ~ 1722 年）便出现过几次大的移民浪潮，此外皆有不同规模的移民活动，这些迁徙的人口成为会馆建筑的使用主体。移民对四川经济的复苏起着举足轻重的作用，手工业、商贸等得到良好的发展，尤其在“川盐济楚”的运动中，四川部分地区经济迅猛发展，这些都成了四川会馆发展的基础条件。而全国范围内会馆建造的繁盛也为四川会馆的建造提供了形制和管理上的借鉴。

从全国范围看，按会馆的使用功能可以分为同乡会馆、行业会馆、科举会馆三大类。四川由于移民社会的特殊历史背景，会馆的类型主要有移民同乡会馆、行业会馆两种。但是这种分类也不是绝对的割裂，有时这两者往往有所结合，很多会馆既是行业会馆又是同乡会馆。四川现存的会馆建筑几乎都是清朝时期修建的，先是移民的同乡会馆陆续建造，随后是行业会馆逐渐兴盛。

（一）同乡会馆

移民使得那些身处异地的人士五方杂处，为了保障自身利益，同乡之间互相照顾，以地缘关系为纽带建立同乡会组织并修建其活动场所——会馆，以联络乡谊、祭祀乡贤或宴集娱乐，人们在此“敦亲睦之谊，叙桑梓之乐”。四川的这种移民会馆数量最多、最具特色，并各有自己的名称，如湖广籍的湖广会馆，也称禹王宫、帝主宫、黄州会馆；江西移民的江西会馆，又称万寿宫；广东移民的南华宫、广东会馆；福建移民的天后宫、天上宫、建福馆；陕西籍的武圣宫、三圣宫、山陕会馆；贵州籍的忠烈祠、贵州馆，以及本土民众的川主宫、川主庙等，后期还有多省共用的会馆，如江南馆。

同乡会馆的主要功能可概括为“迎神庥、联嘉会、襄义举、笃乡情”。[②]“迎神庥”就是通过对原乡的乡土神和先贤的崇拜，树立集体象征，形成身处异乡的同籍人的精神支柱；“联嘉会”是在年节、庆典时，通过举办的联谊活动，加强同乡之间的协作关系；“襄义举”是通过助学济困、养老善终等积极的慈善活动，服务同乡、维护社会秩序，巩固同乡人在异乡的社会地位；“笃乡情”是以乡土神为纽带，产生文化共鸣，通过会馆这个平台加深同乡之间的感情。

（二）行业会馆

随着商贸活动的日趋繁荣，移民中的商贾阶层逐渐分化，使得会馆成为同乡兼同行的社会组织，渐渐地同业者之间为沟通买卖、联络感情、处理商业事务、保障共同利益的需要，跳出地域的限制，以业缘关系为纽带建立同业会馆。因为中国传统社会经商者中向来多小商人，他们中的许多人具有短期行为，应运而生的传统的具有工商性质的“行业

会馆”往往能起到规范商业行为的作用。这类会馆或以地名相冠，或以其膜拜的行业神命名，如自贡的盐商会馆——西秦会馆、盐运行帮会馆——王爷庙、屠宰业会馆——桓侯宫（张爷庙）等。

行业会馆的主要功能是通过祭拜行业内的神灵或先贤，形成群体的认同感，增加凝聚力；通过商务交涉或联谊活动，同行业的业内人士加强联系、规范行为、制定规则等。通过各种对公众的娱乐活动，提升行业的影响力和社会地位等。

二、四川会馆的特点

（一）数量多、分布广

明清以来移民活动使得四川外来人口剧增，天府之国的农业生产和社会经济迅速恢复，随之各处商贸也日益繁荣，使得会馆建筑迅速涌现。由于政治、经济、地理环境等因素的影响，呈现出“分布广、数量多”的特点。

四川的会馆建筑数量众多，且分布广泛，查阅清代四川各地方志均能发现其中关于会馆建筑的记载，民间一般都有“九宫十八庙”之称。刘致平在《中国建筑类型与结构》中的记载，“四川在清初曾大量移民入川，北城南城会馆达百余……”。每个地区各类会馆共存。

四川会馆建筑虽然分布广泛，却又呈现出相对集中的状态。主要集中在一是以“成都”为中心的川西地区，成都是四川的政治、经济中心，因此成为不少移民的首选之地；二是以自贡、泸州为代表的沱江流域和以乐山、宜宾为代表的岷江流域构成的川南地区，此区域内物产丰富，水路交通发达，更是四川境内古商道特别是四川的盐业商道的必经之地；三是以阆中、达州等地为代表的川东北地区，既是四川与中国政治核心区域联系的纽带，陕、甘入川的门户，又是通过长江流域与湖广相连接的必经之地。这些集中区域的形成与其政治地位、商贸文化和地理位置皆有着密切的关联。诸多因素影响着四川会馆的分布，反之会馆的建立进一步促使其区域的经济、文化不断发展、繁荣。

（二）选址控制城镇格局

会馆的设立起初主要目的是保护本省往来的商人和远离家乡移民的权益，随着其逐渐发展形成了相当的影响力后，担当了最基层的社会管理机构的职责，维持和保障了社会的正常有序运行。为了提高自身地位、增强势力，有条件的常常是选址毗邻官府衙门，以便更好地参与社会管理。

各省移民为了巩固自己的“生存空间”，化解因占地而引起的纠纷，在经过一段时间的斗争与磨合之后，在城镇区域内以精神纽带会馆为中心，划定了自己的地盘。由于会馆建筑关系到本省或本行业的“形象”，会馆建筑会按各省移民实力的差异，尽可能选择在城镇的中心的位置、繁华地段，形成“场镇的中心和标志”，彰显实力、财力。

由于特殊的历史原因，移民文化影响着聚落形态，四川形成了不同于其他地方的聚落形态——散居的方式。尤其是明末清初四川受到空前绝后的创伤，现在的乡村、城镇多是在清初战乱废墟之上重新恢复、兴建的。许多场镇都是因先有会馆的建立而逐渐兴建，可见会馆与场镇的关系非常密切。

从现状格局来看，所谓的会馆“占据”城镇中心地带，但从其发展演变的历史来看，实际上是先有会馆，才逐渐聚集同乡的地缘关系和同行的业缘关系，自然就形成了以会馆为中心，或以几个会馆割据一方的格局关系，在四川场镇会馆“选址”中，这一点体现得尤其突出。

尊崇风水之说。祖先们把选址定居作为安居乐业的头等大事，所谓“先安居，方可乐业”。大凡兴土动工，必察看地理形势，是否“藏风得水”，然后选择一个环境优美，形神俱胜，所谓“阴阳之交，藏风聚气”的宜土进行营造活动，增强神秘感。例如自贡王爷庙（盐运行帮）选址釜溪河流经自贡的拐弯处，即“夹子口”的地方。因为有人说王爷庙下的“夹子口”有洞直通东海，按阴阳五行之说“金生于水，水去金失”，如不修此庙锁住水口，则自贡这个“银窝窝”的财富将付之东流，所以在此修庙锁住水口，以免财源外流。

（三）与祠庙结合的多功能复合体

会馆最初是作为在异乡的同籍人聚集之所而出现，其后不断发展，功能日益增加并规范化，“祀神、合乐、义举、公约”成为其基本功能。神灵崇拜为会馆树立了集体象征和精神纽带，合乐为流寓人士提供了聚会与娱乐的空间，人们会在节日期间“一堂谈笑，皆作乡音，雍雍如也”。义举不仅为生者缓解旅途之困，更注重给死者创造暂厝、归葬的条件，公约则要求会员遵循规章制度维护集体利益，从而维护社会秩序的安定。[③]

四川会馆多以“宫”“庙”命名，其通过祭拜地方神灵以建立一种共同的、标志性的记忆，更容易将以地缘和业缘联系起来的乡民凝聚在一起。这也就容易与纪念性的祠庙及宗教的宫庙等相关联，并出现结合，如四川本土的“土著”，在纪念治水有功的李冰父子的祠庙进行祭拜，天长日久，一些纪念性祠庙转换成会馆“川主庙”。这种情况还见于纪念张飞的张爷庙（又称张飞庙、桓侯宫），传说张飞系杀猪匠出身，因此屠宰行业仰慕其忠勇英武，将其供为行业保护神。当“屠宰行”会期一到，即集体到张爷庙中上香膜拜，之后新建的会馆也成为“张爷庙”。

（四）层次分明的空间布局

会馆的规模和形式多受制于建造者的经济实力与文化价值取向，并没有一个严格的定数，而且会呈现出一种变化。当经济实力强时可以加建、扩建，吞并其他的会馆，而当势力微弱时会馆的规模就会较小，甚至被其他势力强大的会馆所侵占，如金堂现在的陕西会馆曾就是原来湖广会馆的所在。

会馆建筑一般由大门、戏楼、看楼、大殿、厢房、厨房、客房及庭园几部分组成，因建造者经济实力和文化、地域的差异，其建筑规模、内容、形式风格有所不同。作为一种特殊的公共建筑，其布局采用传统儒家思想影响下的“中轴对称”“院落式组织”形式。基本的构成是：中轴线上依次布置大门、戏楼（下部为入口通道、上部戏台）、院坝、大殿，两侧看楼围合而形成的四合院布局。山门与戏楼背对而立；戏楼前院坝开敞，两侧看楼，是观演、聚会之处；大殿为祀神和先贤之用。中型或是大型的会馆建筑沿轴线向后发展，依次布局戏楼、正厅、正殿、后殿，以及配殿、庭园等，形成多进院落。正厅面对戏楼，两侧配有耳房，作为议事、娱乐活动和接待之用。还出现主、辅轴线并置布局，或是多条轴线并置布局的情况。如叙永春秋祠在主轴线西侧发展出以观音殿为主的辅轴院落，形成不一样的艺术风格。

会馆特殊的功能使其空间特色既不同于一般意义上的公共建筑，又有别于普通居住建筑。建筑布局大多坐北向南，沿轴线布置主要建筑。入口往往是会馆建筑规模、气势的重要体现，因此为彰显财力、地位，都会特别注重入口的建造。入口有两种类型。一是“牌楼式”，有木构的也有砖石结构的，牌楼之后为戏楼。二是直接利用戏楼背面底层的门洞作为入口，利用戏楼华丽、精美的大屋顶来突出入口。穿过戏楼进入内院，豁然开朗，高大体量的正厅与两侧分立的看楼围合而成中心庭院，作为观演、集会的公共活动需要，往往是最大和最主要的院落空间。正厅之后的正殿、后殿用以组织祭祀的空间，以及后部生活空间，院落尺度逐渐减小。沿轴线从前至后，空间由开敞至封闭、由动至静、由疏至亲，层次分明。建筑群中单体建筑因其规模、形制、高度、地势高低各有不同，组合而成的轮廓高低起伏，加之主体建筑两侧高大的封火山墙，其变化的形态大大地丰富了整个侧面轮廓线。

在丘陵或山区，会馆的营造也会因地势影响而打破传统，利用山势与建筑布局营造出别具一格的院落空间环境。如自贡“王爷庙”，建筑临水而建，地势高低起伏，空间形态丰富，处处见景。

（五）不拘法式，民间化的建筑表达

四川城市中的一些大型会馆采用大木大式做法，但民间特色浓郁，如变化多样的如意斗栱的使用等。而场镇中的会馆建筑以小式大木结构居多，以穿斗式结构为主，正殿、后殿中部为满足大空间的需求也常常混合使用抬梁结构。戏楼为满足戏台上跑场等表演空间的需求常常减柱造。四川地区多雨水，因此建筑一般出檐较大，往往前檐高、后檐低。会馆建筑的屋顶坡度较为陡峭，多为五分水到六分水，屋顶形式丰富，悬山、硬山、卷棚、歇山都有采用。建筑风格融入了原乡的特色，具有兼收并蓄的文化特征。

会馆建筑的装饰艺术丰富多彩，虽然建筑形制为民间建筑，但装饰表现极尽奢华，装饰题材多体现商人及市民阶层的审美趣味及精神追求，如反映生活场景、民间传说、戏曲故事、自然景观等题材。装饰工艺多样，遍布建筑的各个部件。繁复奢华的装饰体现了精湛的民间技艺，也成了会馆建筑的象征。

第二节　现存建筑实例

一、洛带会馆

洛带古镇位于成都市东郊成都平原与龙泉山脉的交接处，始建于三国蜀汉时期，是一个千年古镇和历史文化名镇。古镇及周围的乡民以客家移民的后裔居多，客家人占全镇人口的90%，至今仍保存着较完整的客家文化，故有中国西部客家第一镇之称。为联络乡情、寄托思恋，客家移民在古镇中纷纷建造同乡会馆。而现在所称的“洛带会馆”，包括广东会馆、江西会馆、湖广会馆，以及迁于此处的由旅蓉川北籍商贾所建的川北会馆。建筑群宏伟壮观，布局考究，既反映移入民原籍的建筑风貌，又结合川派建筑特色，是研究会馆建筑的珍贵资料。2006年，洛带会馆被列入第六批全国重点文物保护单位。

（一）广东会馆

广东会馆由广东籍客家人捐资兴建，因供奉着被誉为“南华道人”的佛教禅宗创始者六祖慧能，因此又称为“南华宫”，是洛带镇的标志性建筑，位于洛带古镇的上街。始建于清乾隆十一年（1746年），民国初年（1912年）因火灾被毁，民国2年（1913年）重建。馆内石刻楹联“云水苍茫，异地久栖巴子国；乡关迢递，归舟欲上粤王台”最能反映广东的客家先民拓荒异乡的创业艰辛和对故乡的思念之情。

会馆建筑坐西北向东南，建筑占地面积3300余平方米。主要建筑沿中轴线展开，依次为大门戏楼、前殿、中殿和后殿。大门戏楼、前殿和左右厢房围合的宽敞的院坝，成为公共活动的中心，会馆

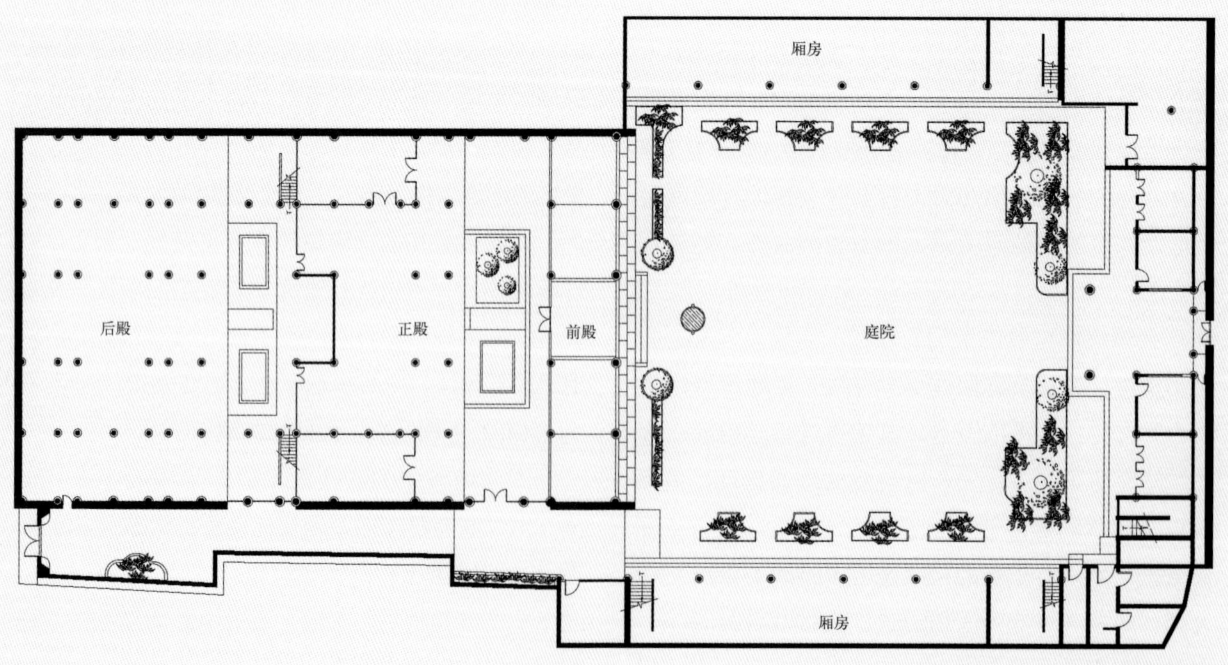

图6-2-1　广东会馆平面示意图

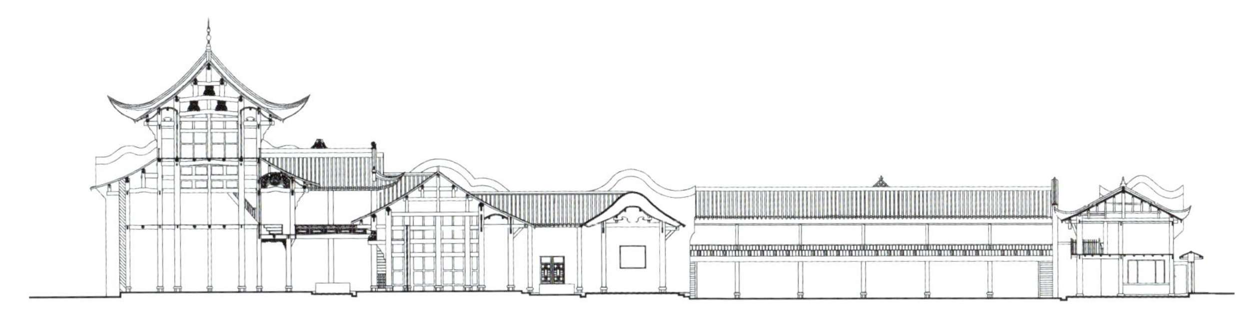

图 6-2-2　广东会馆剖面示意图

图 6-2-3　洛带广东会馆山墙外观

图 6-2-4　戏台

图 6-2-5　前殿

图 6-2-6　后殿局部

主体呈“三殿二天井”格局，对外高墙围合，后部楼阁伫立，体现出客家建筑的特色（图 6-2-1、图 6-2-2）。作为广东移民汇聚的场所，会馆大门开向东南方向，以便时时遥望故土。在后门通道及大殿的两侧，筑有高大的封火墙，并饰以花草图案，曲弧式山墙造型较多地融和了广东地区建筑风格，成为会馆的标志（图 6-2-3）。入口大门的上方就是戏台（图 6-2-4），厢房与前殿围合成院落，供人们聚会、观看戏剧表演。

前殿为开敞式过厅，面阔五间、进深一间，通高 7 米，卷棚硬山式，绿色琉璃瓦覆顶（图 6-2-5）。中殿面阔五间、中部六架椽抬梁式屋架前出廊，通高 8 米，硬山屋顶。后殿又称玉皇殿，3 层楼阁通高 16 米。下檐面阔五间，硬山式，以砖墙

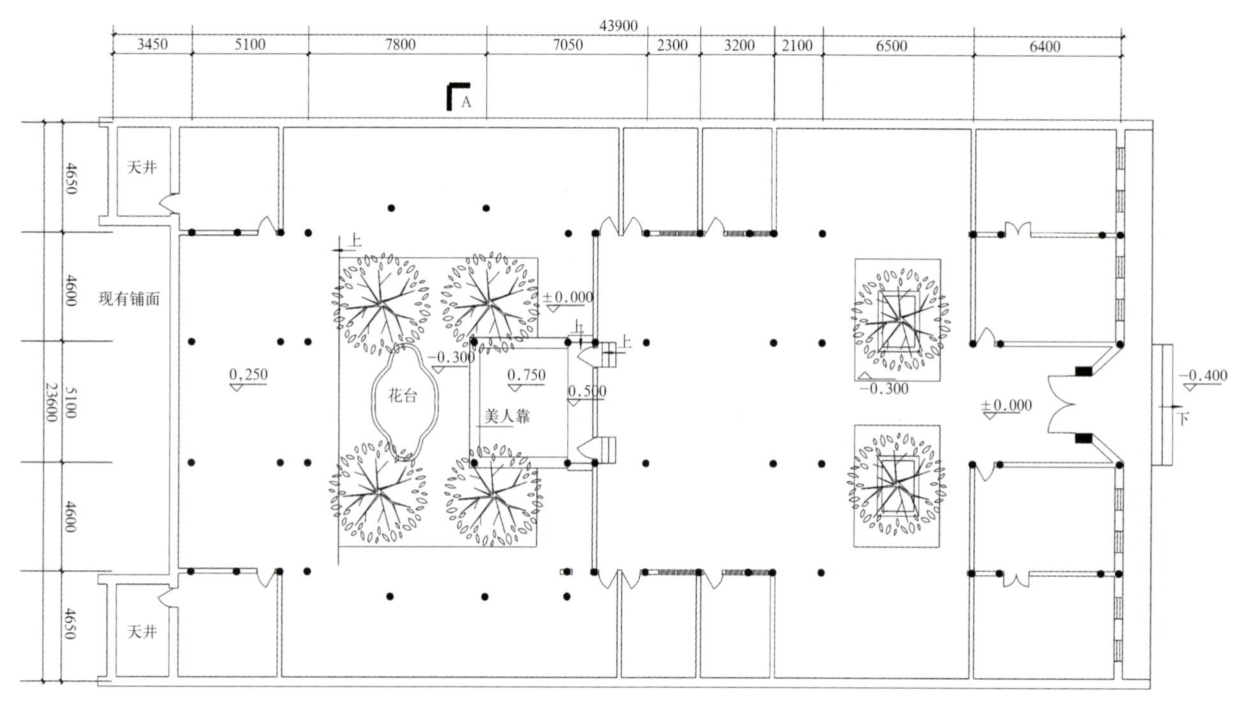

图 6-2-7　江西会馆平面示意图（来源：周密　绘）

对外。上檐面阔三间，穿斗、抬梁混合式梁架，翼角飞翘的歇山顶跃然而出，屋脊雕以龙凤花鸟图形（图 6-2-6）。各殿撑栱雕有坐狮、戏剧人物和花鸟图案，卷棚天花精雕至极。殿面枋上有各色花格，中棚上刻有金色祥龙，以八卦形居中，具有独特的广东风格，工艺精致。

会馆中堂悬挂着一幅古香古色的对联，上书“叭叶子烟品西蜀土味，摆客家话温中原古音”，显示出一种文化上的源远流长。这里常常举行一些客家民俗活动，如“吃客家菜，穿客家衣，睡花板床”等。

（二）**江西会馆**

江西会馆又称“万寿宫”，是江西赣南移民于清乾隆十八年（1753 年）集资修建的。会馆整体布局严谨，建筑群坐北向南，严格按照中轴线左右对称布局。主体建筑由乐楼、左右厢房、前中后三殿及一个小戏台组成，建筑群面宽 23.6 米，总进深达 43.9 米。其中、后殿之间的天井里伸出小戏台的做法与宅院戏台做法相同，构思独特（图 6-2-7、图 6-2-8）。

图 6-2-8　内院戏台（来源：周密　摄）

整个建筑群体内空间紧凑，布局小巧，有曲径通幽的意境，颇有江南民居小院的风格，但其入口前却有后来不当扩建尺度宽敞的广场，与建筑群内部空间形成了鲜明的对比，破坏了原有内外空间的协调比例。建筑内院天井空间局促，但其前后殿面对天井一侧完全开敞，很大程度上减小了局促感。此外，中殿与后殿之间伸出的戏台，也因殿宇开敞而形成了良好的观演场所，并未因院落狭小而受到影响。前殿卷棚硬山顶，后院戏

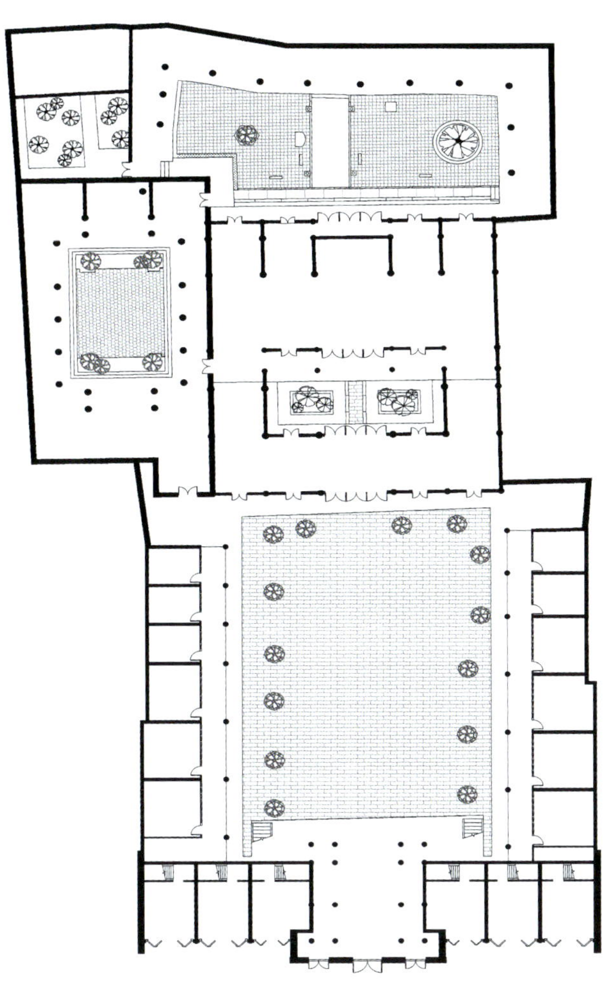

图 6-2-9　湖广会馆平面示意图

图 6-2-10　湖广会馆入口门坊

图 6-2-11　湖广会馆戏台

台重檐歇山顶，变化的屋顶加之两侧封火墙跌宕起伏，丰富了建筑造型。整个建筑群建筑雕刻装饰古朴精致，配合素净的色彩基调，显出朴实精美的风格。

（三）湖广会馆

湖广会馆位于洛带古镇中街，与江西会馆隔街相望。湖广移民捐资修建于清乾隆十一年(1746 年)，正殿供奉大禹,又称“禹王宫”。民国元年（1912 年）毁于火灾，民国 2 年（1913 年）重建。

会馆坐东北朝西南，空间序列同样是沿中轴线展开，由门坊、戏台、耳楼、中后殿和左右厢房构成。前院的空坝、两侧的厢房和走廊围合而成的天井、东西套院以及后院形成了层层递进、主次分明的空间格局，既丰富又有序（图 6-2-9）。

会馆建筑面积约 2800 平方米。建筑将砖砌的弧形“五花山墙”置于入口当作门坊，墙面上开三个与顶部曲线相呼应的拱门作为建筑的大门，既高大又简洁（图 6-2-10）。门坊背后就是歇山顶的牌楼，戏台正对中殿，两侧的厢房外走廊宽大轩敞，连同围合而成的院坝，正好供人们聚会、联谊、娱乐（图 6-2-11）。

中殿面阔五间，为卷棚式筒瓦屋盖。殿内木屋架为抬梁式，通高约 8 米。后院厢房与中殿、后殿连成走廊。院落另一端的大殿与大门对应，有着粗大的立柱和高敞的空间，立柱上有记录移民历史和乡梓情浓的楹联。

大殿的左侧庑廊边还有一个四合天井，天井边有一口八角古井。大殿右侧庑廊边是一排六间厢房。

二、自贡西秦会馆

西秦会馆位于自贡市自流井区。清康乾时期，因自贡盐产量丰富，吸引了大量的外地富商来此从事盐业生意，其中以陕籍富商居多。清乾隆元年(1736 年)，为“叙乡情”，陕籍盐商合资修建行馆，历时 16 年完工，此后经历过几次大规模的维修与扩建，最终形成现存规模。会馆群占地约 3150 平方米，建筑面积约为 3000 平方米。因会馆由陕籍盐商出资修建，正殿供奉关圣帝君，故又称为“陕西庙”或“关帝庙”“武圣宫”。

建筑坐南向北，沿中轴线对称布局，从北向南，层层加高。在长达 86 米的轴线上，依次布置了武圣宫大门、献技楼、抱厅、参天阁、中殿和正殿，轴线两侧对称排列着金镛阁、贲鼓阁、左右客廨、内轩、神庖等建筑，围合成若干个大小不等的院落(图 6–2–12)。

第一进院落由献技楼、抱厅，金镛、贲鼓两阁及之间廊楼围合而成，前院面积 789 平方米，由石板铺成，空间宽敞，是整个会馆建筑的观演空间(图 6–2–13)。第二进院落由抱厅、中殿和两侧客廨组成横向天井院，此院空间紧凑，而中心高耸的参天阁将小院一分为二。第三进中部为进深很窄的狭长小天井，正中高台之上为正殿，向两侧延伸至内轩、神庖前各有一纵向天井小院，舒展宁静。从南向北，院落尺度逐渐紧凑，各个建筑高度、体量由前到后逐渐增加，整个建筑群轮廓高低错落，起伏变化富有节奏。

武圣宫大门与献技楼背对而立，前后相依构成一体，实为四部分组成的复合建筑，底层为入口通道，二层为献技楼戏台，面向庭院，三层为大观楼贯通前后，第四层是福海楼以高窗面向大街。武圣宫大门为四柱七楼的牌楼形式，大门面阔四间约 30 米，高 16.8 米，歇山屋顶，正中置瓦制宝顶一束。下层各檐中部为四川常用的断开设壁板及博风抹斜的所谓“断檐造”做法，三重屋檐 12 个飞檐翼角高翘，立面形象丰富多变（图 6–2–14）。

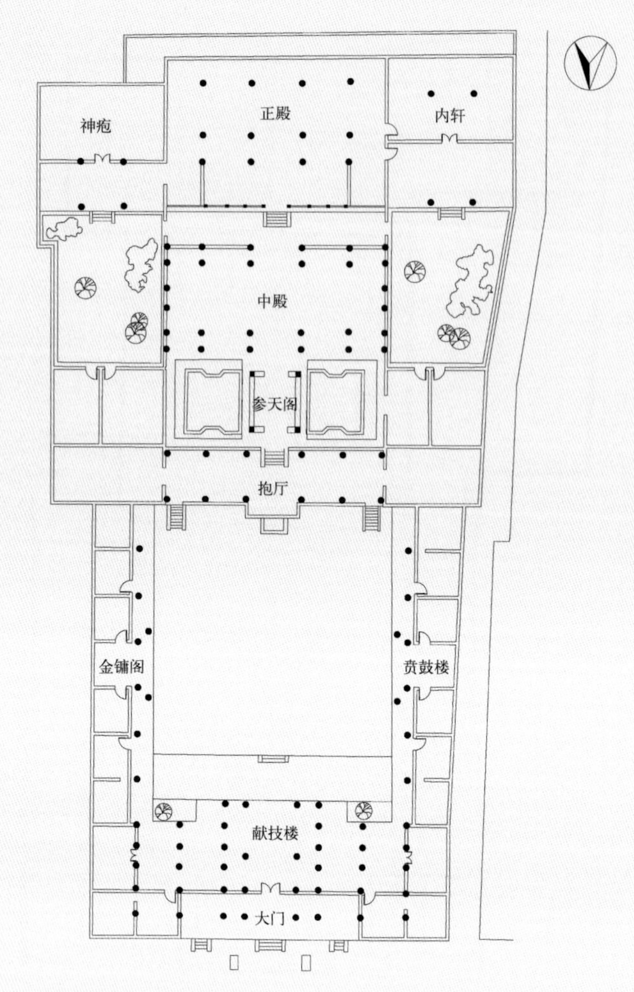

图 6–2–12　西秦会馆平面示意图（来源：陈昌义　绘）

献技楼戏台利用楼廊与左、右厢房连接，同抱厅一起形成通畅的回廊。整个建筑构件露明部分几乎都用绘画、雕刻装饰，栩栩如生。献技楼为三重檐歇山顶，由两个歇山式屋顶重叠而上，紧靠正脊加建六角盔顶嵌入其中（图 6–2–15）。大门屋顶与其相互交织构成一个巍峨雄奇的组合屋顶，在传统建筑中十分罕见，其技术、艺术和文化价值极高，体现了四川古代会馆建筑的最高水平。

东、西两厢楼廊为卷棚顶，中部隆起金镛、贲鼓二阁相对而立，重檐歇山顶，下檐为断檐造，翼角凌空飞翘飘逸舒展（图 6–2–16）。参天阁位于第二进院落中心，左、右分别是“留三日香”、“胜十年读”二客廨。建筑高达 12 米，分为上、下两层，四重檐六角盔顶，内饰藻井。

图 6-2-13　第一进院落——抱厅
（来源：何龙　摄）

图 6-2-14　武圣宫大门
（来源：何龙　摄）

图 6-2-15　前院——献技楼
（来源：何龙　摄）

图 6-2-16　金镛阁
（来源：何龙　摄）

图 6-2-17　檐下木作
（来源：何龙　摄）

中殿，面阔五间、进深三间，高 6 米，穿斗、抬梁式混合结构，硬山顶。屋顶正脊有“八仙过海”泥塑一组。建筑前、后两坡不对称，前檐略高于后檐。斗栱出檐，并成为装饰构件（图 6-2-17）。

正殿体量宏伟，造型庄严，殿内供奉关帝及陪祀神位。面阔五间、进深四间，高 13 米。大殿平面为凹形，前廊进深 10 米，前檐为两重檐，斗栱出檐，后方则只做一重，左、右五花山墙。正立面对称、庄重的造型，满足了祭祀建筑严谨规范的形式需要，而从剖面看前后不对称的做法则借鉴了民居建筑自由多变的手法。

整个会馆建筑的雕饰精细多样，建筑的额枋、撑栱、吊瓜、雀替、栏板等均有精美绝伦的木雕装饰，题材多源自民间传说、戏曲故事等，反映出当时的市井气息和世俗情趣（图 6-2-18、图 6-2-19）。西秦会馆 1988 年列为全国重点文物保护单位，现为自贡市盐业博物馆。

图 6-2-18 戏台木雕（来源：何龙 摄）

图 6-2-19 屋顶脊饰（来源：何龙 摄）

三、自贡桓侯宫

自贡桓侯宫位于自贡市自流井中心区，原来最为繁华的正街。桓侯宫俗称张飞庙、张爷庙。张飞曾从事屠宰业，民间屠沽行帮为纪念他的“忠肝义胆”，祭奉其为“始祖”，并纷纷兴宫建庙，并将它作为自己行帮组织决议重大事项的活动场所。

随着自贡盐业的不断发展，带动着经济进入繁盛时期，出现了屠宰工人的屠沽帮会。而在西秦会馆落成后，各行业也是争相效尤，建造行业会馆。与西秦会馆相似，整个屠宰行业为了团结业内人员，于清乾隆年间（1735 ~ 1796 年）修建了屠沽行帮会馆。清咸丰末年被烧毁后，同治年间（1862 ~ 1874 年）又开始重修，但出现了资金短缺，于是同行中商议“每宰猪一只，按行规抽钱贰百文”再筹资金，经过众人的锱铢积累，会馆终于在清光绪元年（1875 年）得以落成。

桓侯宫由大门、戏楼、正殿、两侧厢楼等围合而成封闭的四合院。建筑坐西向东，占地面积约 1200 平方米，建筑面积约 560 平方米，建筑群体布局紧凑。

整个建筑轴线长 47.3 米，建在前后高差达 11 米多的坡地上，建筑逐渐升高，故人们穿过门廊须拾级而上，两厢也随地形节节升高，充分展示了山地营建法中“爬”的方式。由于地形坡度的限制，桓侯宫难以在纵深方向发展其院落，为维护中轴线上“戏楼——正殿”的基本形制，将正殿室内中间用木隔墙分隔，前半部作为看台供观戏赏景，后半部为供奉张飞神位的祭台，功能布局紧凑而有序。一般会馆建筑中正殿应是与中轴线相垂直的，而桓侯宫的正殿倾斜面对大门，在古建筑中也实属少见，民间称为“内正外不正”。“内正”是指建筑群的主体建筑朝向是正的，也就是朝向风水好的方位，“外不正”指外立面方位看似不佳，桓侯宫外观看似随意，而内部正殿朝向正对釜溪河对岸富台山的风水佳位，正是工匠们为避免地方势力之争的巧妙处理。

桓侯宫的入口为四柱三间五楼式的砖牌楼。正楼檐下匾额题“桓侯宫”三字，门柱楹联“大义识君臣 想当年北战东征 单心直践桃园誓；丰功崇庙祀 看今日风微人往 寿世还留刁斗铭”，门上的浮雕和彩绘细腻精致，栩栩如生。飞檐比翼的重檐屋顶和两侧弧形封火墙使门楼富于动感，加上门前一

图 6-2-20　桓侯宫山门（来源：何龙　摄）

对石狮昂首翘立，威严庄重，使得整个大门显得生机勃勃（图 6-2-20）。

牌坊门楼后为戏楼，面阔三间、进深三间，卷棚歇山顶，后两翼角插于左、右耳房之上，前两角高高翘起，面向庭院。戏台楼沿饰有木雕，雕刻戏剧场景 18 幅，单人物就有 184 个。

两厢与戏楼连通，为2层建筑，随地势层层升高。两厢的楼沿板、垂柱等处也多有木雕装饰，使得平淡的厢房多了一份精美。两厢房中间分别建有一阁相互对立，现仅存“助风阁”，采用重檐卷棚歇山顶，上方卷棚歇山高起在山墙之外，下一重檐在山墙之内，只作面向庭院两角，保持了立面外观的完整。

会馆的正殿因地势抬高 3 米，前面伸出月台，大殿前部为观戏场所，后面则是祭祀场所。面阔五间，进深四间，高 13.82 米，直接使用双坡悬山顶，并在山面加设披檐，与民居做法相似，属于小式做法，但在正脊和吻兽处又采用大式做法，突出了正殿的主体地位。

整个建筑装饰考究，题材丰富。建筑的楼板、额枋、斜撑、雀替、挂落等都施以木雕，山门、柱础、屋脊也以石雕、灰塑、嵌瓷修饰，造型栩栩如生，做工精细，精美异常。题材多采用世俗民间生活场景和自然景物，特别是在其栏板木雕中，出现了杀猪、宰牛、烹狗的生动画面，这在庙宇会馆建筑中非常罕见，人情味甚浓。桓侯宫是研究会馆演进、帮会发展的重要实物资料，被列入第七批全国重点文物保护单位（图 6-2-21 ～图 6-2-24）。

四、资中盐神庙

盐神庙位于内江市资中县罗泉镇，是中国境内唯一用以纪念、祭拜盐神管仲的庙宇。据《盐法志记载》：“资州罗泉井古厂也，创于秦，沿两汉而晋而唐而宋而元明”。至清同治时，井数已达1200余眼，盐区面积方圆 209 方里。镇左、右两山相峡，中贯

图 6-2-21　随形就势的建筑布局（来源：何龙　摄）

图 6-2-22　内院望戏楼（来源：何龙　摄）

图 6-2-23　山门局部（来源：文保单位资料）

图 6-2-24　厢房细部（来源：文保单位资料）

图 6-2-25　盐神庙鸟瞰（来源：季富政　绘）

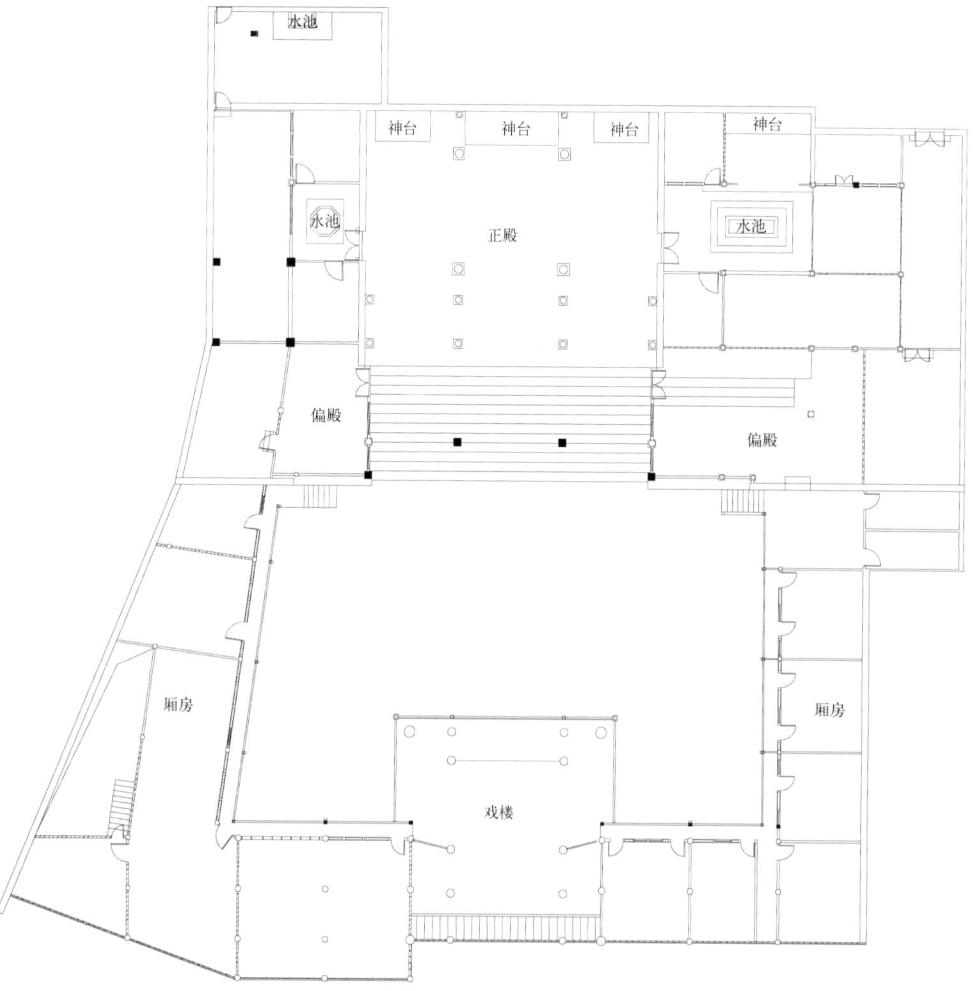

图 6-2-26　盐神庙平面示意图

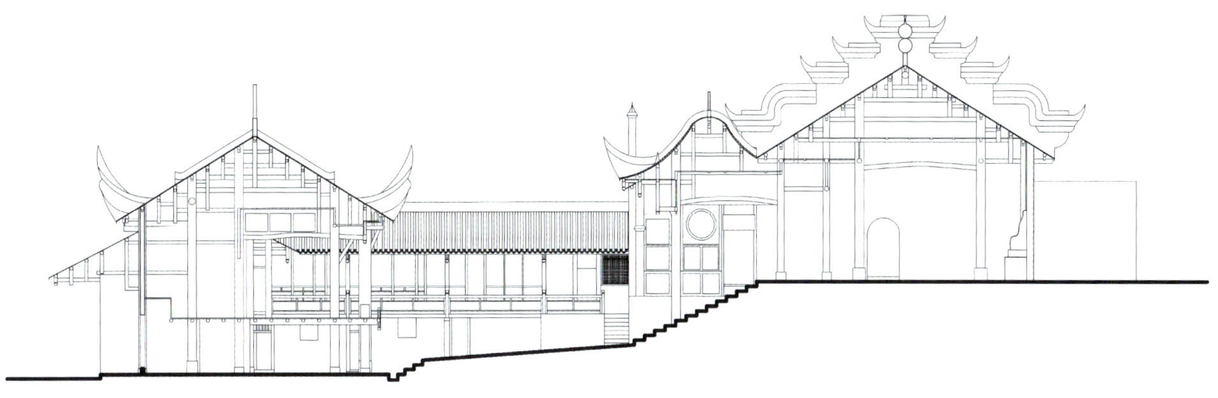

图 6-2-27　盐神庙剖面示意图

洙溪河小溪，沿岸人烟稠密，井灶相连，历代盛产井盐，故称罗泉井。罗泉镇商业繁荣，清代设资州分州署，管理盐政。盐商们为了祈神，保佑盐业发达，方便集会，在清同治七年（1868 年）由罗泉镇盐业主事钟氏出面筹资修建此庙（图 6-2-25）。

建筑坐东向西，四合院布局，占地面积 1275 平方米，建筑面积 1191 平方米。入口沿街而设，由山门、戏台、耳楼、侧房、院坝、正殿组成的群体融入周边民居之中，高低错落的建筑形体丰富了场镇天际轮廓（图 6-2-26、图 6-2-27）。

穿过庙门，由戏台底层进入院坝。戏楼面阔三间，进深 11.2 米，抬梁式梁架，梁上有“清同治七年”题记。歇山屋顶上的脊饰精美复杂，采用镂雕和浮雕，虽不像自贡王爷庙的戏楼屋顶置多尊人物塑像，但其雕刻技法与尺度，可与之媲美（图 6-2-28）。

宽敞的院坝约 300 平方米，左、右厢房面阔各四间 18 米，建于高台之上的大殿面对戏台而立（图 6-2-29）。大殿面阔三间，进深 12 米，通高 13 米，抬梁式梁架。前部为进深一间，由 13 级踏道构成的敞厅，歇山卷棚顶，成为视线良好的观戏台。殿身为硬山屋顶，四叠封火山墙，层层而上，翼角高翘，形态优美（图 6-2-30）。大殿内有四根金龙环绕的中心柱，天花由 100 块柏木镶嵌的方格板组成，板上刻绘民间传说或戏曲故事、乡土风俗。与自贡会馆多采用碎瓷片拼贴不同，盐神庙屋顶正脊用彩瓷装饰，其绚丽的色彩，与青灰色调的建筑群形成对比，增添了几分华丽之感。

图 6-2-28　戏台（来源：韩东升　摄）

图 6-2-29　大殿（来源：韩东升　摄）

图 6-2-30　封火山墙（来源：熊瑛　摄）

整个建筑上所有的挑梁斜撑、木格花窗雕刻精美，惟妙惟肖。建筑高低起伏，错落有致，独具匠心。盐神庙是社会发展、盐业兴衰和盐文化发展的见证，被列为全国重点文物保护单位。

五、叙永春秋祠

春秋祠位于泸州市叙永县，原关帝庙始建于明代，清光绪二十六年（1900年）重建，由山西、陕西的盐商筹资，拆除关帝庙旧址重建。祠内供奉关羽，传说关羽喜读《春秋》而得名春秋祠。春秋祠也称“陕西会馆”，为山西、陕西盐商祭祀、聚会之所，抗战时期曾作为西南联大叙永分校校舍。

建筑群坐南向北，四周围墙环绕，由多进合院组成。占地面积约4500平方米，建筑面积2500平方米。中轴线上依次为乐楼、大厅、正殿、三官殿，与左右厢房（走楼）、耳房组成三进大小不等的天井院（图6-2-31），后部花园暖阁和内戏台部分已毁。建筑错落的封火山墙、琉璃瓦顶和游龙脊饰，起伏有序，层次分明。

图6-2-31　多进院落（来源：潘熙　摄）

乐楼高大宽敞，与一般戏楼不同，台口无柱。天花藻井施以彩绘。从乐楼底层进入会馆的第一进院落，是建筑群的观演空间，此院较之其他会馆而言相对较小，且地坪未抬高。两侧的走楼，下层宴饮、上层看戏。走楼的栏板分别雕刻着“万寿朝霞”“双桥夜月”“铁炉晚照”“定水晓钟”“红岩霁雪”“漫岭腾云”“宝珠春眺”“流沙悬练”等“叙永八景”，并配有即景诗句。

图6-2-32　前院（来源：潘熙　摄）

穿过大厅进入正殿，殿前石级处的九龙石丹陛，镂雕九龙抢宝，也是石雕一绝。正殿是祭祀关羽之处，面阔五间，枋下有龙、凤雕刻。最著名的是前壁的八扇“百鸟图”雕窗，刻有百只不同姿态的喜鹊，配以梅枝、花朵组成图案，成为木雕之精品。三官殿面阔五间，木雕以楼台亭阁、人物花鸟、小桥流水等图案为主。三官殿之后为花园，尺度开阔，院内有山水营造（图6-2-32～图6-2-35）。

整个建筑群精湛的雕刻艺术，超过了其他会馆。其窗棂、门楣、撑栱、穿枋、花牙、额枋、石础上面，

图6-2-33　过厅（来源：潘熙　摄）

图 6-2-34 封火墙（来源：潘熙 摄）

图 6-2-35 屋顶脊饰（来源：潘熙 摄）

均分别雕饰有历史故事、神话传说、花鸟虫鱼、龙凤走兽及山水画卷等。圆雕、浮雕、镂空雕等多种手法，刻工精细，形态生动，构图巧妙。如九龙枋、九凤枋、永宁八景、百鸟梅花窗、百凤朝阳、百寿图、渔樵耕读等，精美绝伦，被誉为川南木雕博物馆。2006 年公布为第六批全国重点文物保护单位。

六、南充田坝会馆

南充田坝会馆位于南充市嘉陵区，始建于清乾隆五十六年（1791 年），为江浙移民集资修建。江浙会馆本通常称为“万天宫”，又因南充市万天宫地处双桂场镇的田坝之中，故俗称为田坝会馆。

会馆总面积约 800 平方米，由山门、戏楼、书楼、前殿和后殿组成。新中国成立后作为双桂小学使用，前殿和两侧的书楼陆续被拆除（图 6-2-36）。

会馆院落坐西朝东，现存中轴线上建筑依次为大门、戏台、后殿，随地势层层升高，与左、右的 2 层厢房共同构成建筑群体。具有浓郁的川东北地方特色，整体错落有致，建筑檐口平直、出檐短促，古朴典雅。1981 年原南充县公布为县级文物保护单位，2002 年被列为四川省文物保护单位。

大门为砖石结构牌楼式门墙，总长 21 米，高 7.9 米。门额及主要立柱、枋由条石构成，门楣上青砖砌筑仿木五间六柱五滴水门楼，砖制如意斗栱承托庑殿顶。牌楼明间镶嵌三块石板，正中竖刻“万天宫”，周围浮雕蟠龙纹，左、右两块各雕福星和禄星神像，门楣浮雕人物故事，中作宫殿，镌刻帝王像，左为“文渊阁”，右为“武英殿”，上额枋镌刻“百忍图”群像（图 6-2-37）。左、右次间枋间石板分别雕刻“福”“寿”二字。

图 6-2-36 南充田坝会馆大门（来源：潘熙 摄）

图 6-2-37 门楣雕刻（来源：潘熙 摄）

图 6-2-38　戏楼（来源：潘熙　摄）

图 6-2-39　戏台木雕（来源：潘熙　摄）

大门之后为戏楼，戏楼与大门相背而立相距约2米，左、右两侧形成狭长天井。戏楼平面呈“凸”形，下层为通道，上层为戏台，面阔8.8米，进深十一檩，穿斗结构歇山顶。台后横枋浮雕“二龙戏珠”，前檐横枋木雕“黄忠大战关云长”等戏剧场景和飑纹图案。台上浮雕“楼台会”“水漫金山”“白龙马”等传统剧目（图6-2-38、图6-2-39）。戏台采用减柱，台口呈“八”字形，柱下石磉礅为镂刻而成极为少见。戏楼前为300平方米的院坝，两侧原有书楼，前殿和后殿位于院坝后部高台之上。

后殿平面为“凹”形，面阔五间，进深三间，通高约10米，抬梁与穿斗混合式梁架歇山屋顶。额枋上均浮雕“封神榜”“包公案”等戏剧故事。明间二内柱柱础石磉上镂刻着“九龙捧柱”，依稀可辨。

整个建筑木石雕刻艺术精湛，内容丰富。戏台两侧的窗花多以福、禄、寿、喜等吉祥的文字构图。正殿以“封神”为主要内容、戏楼以“三国”故事为主的木雕艺术形象生动，雕刻手法多样，浮雕、圆雕、镂空雕等线条流畅，惟妙惟肖。

七、资中南华宫

南华宫位于内江市资中县重龙镇，为广东移民所建。建筑群精美华丽，见证了当时做工精良的民间建造工艺，同时也成为“湖广填四川”这段历史的见证。南华宫原是古资州“四观”之一的“天庆观”所在地，明代经改建为广东会馆即南华宫。清代经过几次补修和扩建，于清道光十七年（1837年）将其改置“凤鸣书院”，民国时其先后更改为“粤东小学”“岭南小学”，新中国成立后为资中县党校所在地。2007年被列入第七批四川省文物保护单位。

建筑坐北朝南，前后共五进院落，房屋40余间，平面布局同样是沿中轴线纵向展开，依次有大门、戏台、耳楼（均已改建）、正殿、寝殿、中殿、后殿，与两侧厢房及钟鼓楼组成合院式布局建筑群。占地面积1520平方米（图6-2-40）。

因前部建筑已改建，正殿便位于整个群体的最前端。面阔五间，通高9米。歇山屋顶，翼角高翘冲天，屋脊嵌瓷装饰。栩栩如生的石狮等瑞兽承托木柱，显得气势磅礴。寝殿面阔三间，进深三间，通高11米，歇山屋顶。建筑四面出廊，显得轻盈通透，同时也更好地利用游廊与两侧厢房联系起来。台基四周一圈石制栏板，雕刻细致。中殿、后殿形象稳重端庄，两端封火墙造型优美。

整个南华宫内的柱础、撑栱、雀替、檐枋乃至窗格等均精雕细刻，运用镂空、深雕、浮雕等各种手法，展现的内容丰富多彩，既有文臣持笏侍立，也有武将骑马横枪，人物表型或喜笑颜开，或怒目圆睁，形象生动。同样喜好用四川常见的青花碎瓷镶嵌屋脊和曲直相间的封火山墙装饰（图6-2-42～图6-2-44）。

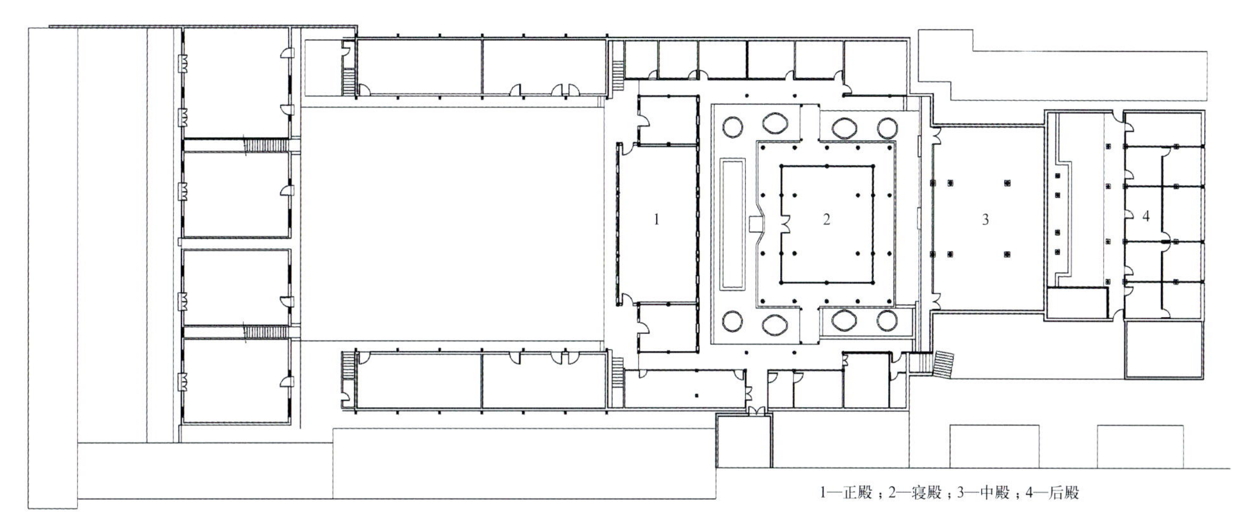

图 6-2-40　南华宫现存平面布局示意图（来源：柏呈　绘）

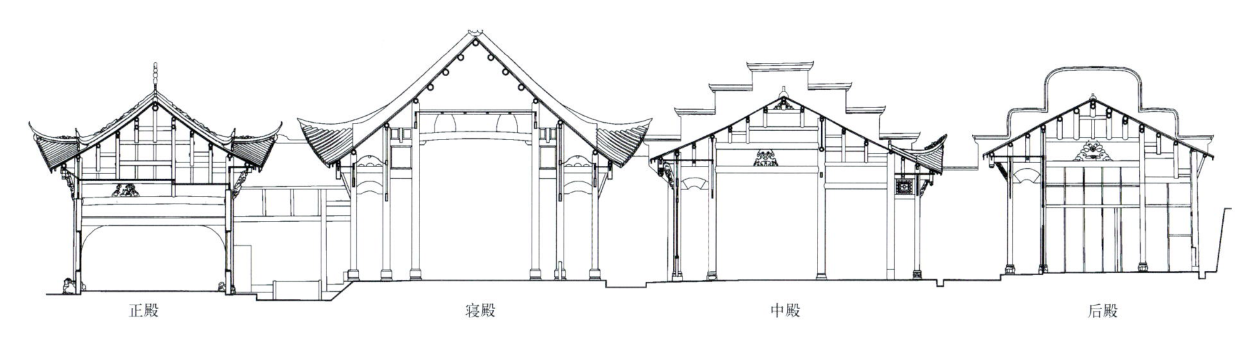

图 6-2-41　南华宫剖面示意图（来源：柏呈　绘）

图 6-2-42　寝殿檐下木件雕饰（来源：何龙　摄）

图 6-2-43　寝殿台基与石栏（来源：何龙　摄）

图 6-2-44　正殿屋脊（来源：何龙　摄）

八、遂宁天上宫

天上宫位于遂宁市船山区，始建于靖咸丰元年（1851 年），从正殿梢间正梁上“大清咸丰元年辛亥春二月二十六日闽省建立”的题记可以看出，是福建商人来遂宁修建的商会会馆。后经多次维修，现仅存戏楼、书楼、大殿和壁塔一对，其余建筑均已被拆除。原位于遂宁天上街，于 2003 年迁至现址并复原，为遂宁市图书馆所在地。2007 年列为四川省文物保护单位。

建筑坐北朝南，占地面积 4320 平方米，建筑面积 870 平方米，呈四合院布局，由山门、戏楼、左右书楼和大殿围合而成（图 6–2–45）。

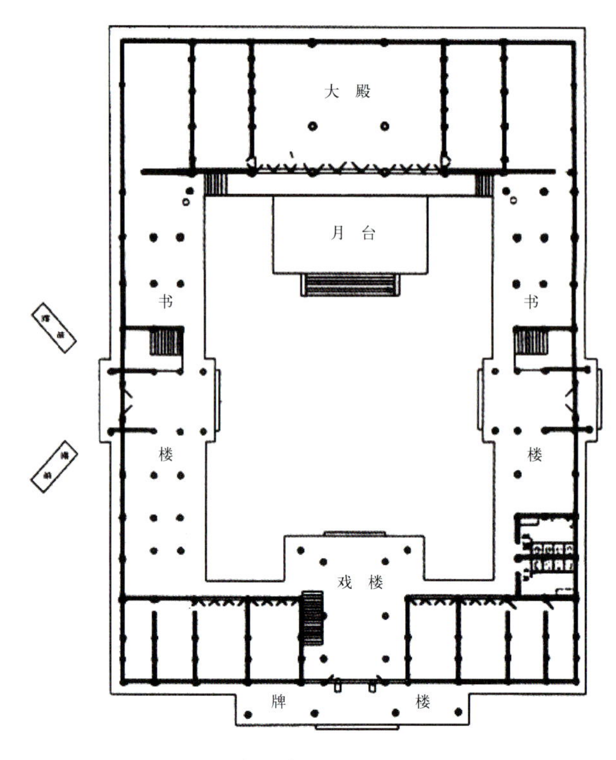

图 6–2–45　天上宫平面示意图（来源：四川省文保单位资料）

山门为木构牌坊式门楼，面阔三间，进深一间，三重檐，檐下施装饰性斗栱。山门之内下层为入口通道，上层为戏台，面阔三间，进深三间，高 9.7 米，单檐歇山顶（图 6–2–46、图 6–2–47）。

图 6–2–46　入口山门（来源：罗号　摄）

大殿前设宽大月台，空间高敞，面阔五间，进深二间，通高 9.8 米，穿斗、抬梁混合式梁架，前檐下施装饰性斗栱，单檐歇山顶，勾头滴水图案繁多。左、右两侧书楼相连，上层作为观演的看楼，面阔九间，进深二间，明间平面“凸”字形，歇山顶，其他为卷棚屋顶，穿斗式梁架。西侧院墙外还有砖砌八字墙一对，嵌入六边形 5 层楼阁式砖雕壁塔各一，称为“乃文”“乃武”，雕饰精美，造型独特（图 6–2–48）。

天上宫以雕刻精美著称，以木雕为主，并兼有石雕、砖雕。山门前的 25 幅戏剧故事，造型优美，人物栩栩如生。山门后檐枋上雕四龙两凤图，刻技精妙，匠心独运。正殿两边梢间石壁上也有戏文故事浮雕（图 6–2–49）。

图 6–2–47　戏台（来源：罗号　摄）

九、阆中陕西会馆

陕西会馆位于阆中市，是阆中的陕西籍商人发迹后，联合购置土地修建。原叫古三元宫，后改称西秦会馆、陕西会馆。其始建年代不详，但其正殿脊檩上“大清乾隆元年岁次丙辰月建庚午二十七日丙辰吉日”等字样，十分清晰。据正殿嵌碑及史料记载，曾先后历经清嘉庆、道光、咸丰、同治时期

图 6-2-48　砖饰壁塔（来源：http://www.360doc.com/content/12/1001/09/8413713_238979199.shtml）

图 6-2-49　木雕装饰（来源：罗号　摄）

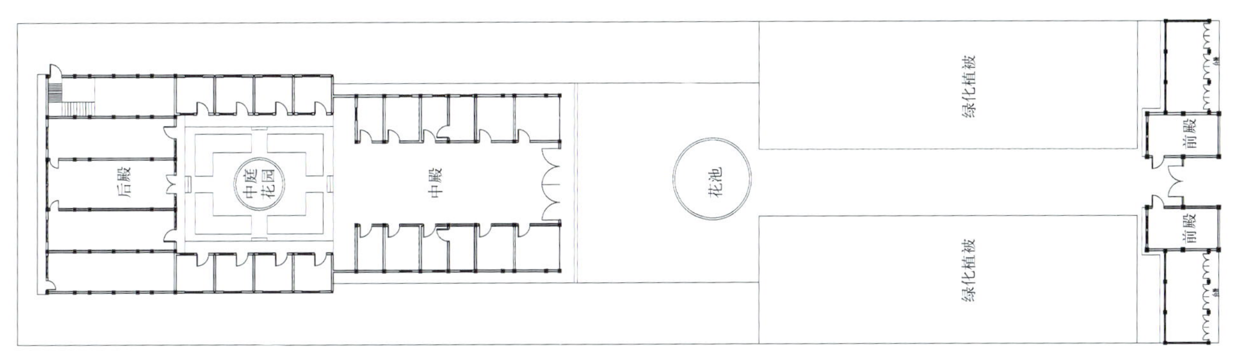

图 6-2-50　陕西会馆平面示意图（来源：柏呈　绘）

图 6-2-51　正殿前轩（来源：何龙　摄）

图 6-2-52　前轩与正殿侧面（来源：何龙　摄）

六次修葺。建筑坐北朝南，沿中轴线布局，占地 10 亩，建筑面积 720 平方米。由大门、前轩、正殿、后殿、左右厢房组成（图 6-2-50）。前轩、正殿与后殿形成严谨对称的四合院布局。

大门位于整个建筑群南端，面阔三间，进深二间，抬梁式屋架，单檐歇山顶，屋面施绿色琉璃瓦。前后檐下各施七踩斗栱 14 攒，出象鼻昂，并沿 45° 方向出插昂。大门两侧各设耳房三间。

正殿位于大门北面约 100 米，面阔三间，进深三间，建筑面积 357 平方米，抬梁与穿斗混合式结构，悬山式屋顶。殿前有进深 5 米的敞轩一间，抬梁式结构，卷棚式屋顶，屋面施布筒瓦。正殿、敞轩前后檐下均各施七踩斗栱 14 朵，沿 45° 方向出斜栱，散斗呈棱形，横向栱端做斜向砍杀。殿顶施海漫天花，描金彩绘龙凤、麒麟、飞禽走兽、山水花鸟等图案，装饰精美华丽（图 6-2-51、图 6-2-52）。

图 6–2–53　后殿立面（来源：何龙　摄）

图 6–2–54　前檐斗栱（来源：何龙　摄）

图 6–2–55　王爷庙前千檣待发（来源：文保单位资料）

图 6–2–56　王爷庙内院戏楼（来源：何龙　摄）

后殿位于正殿后 30 米处，面阔三间，进深三间，建筑面积 140 平方米，抬梁穿斗混合结构，悬山式筒瓦屋顶。前檐下施七踩斗栱 12 攒，天花施以彩绘（图 6–2–53、图 6–2–54）。

陕西会馆大木做法，既保持了清式木作的做法特点，又有四川地方特色。2007 年公布为省级文物保护单位。

十、自贡王爷庙

王爷庙位于自贡市自流井区滨江路，北接龙凤山，南临釜溪河，清咸丰年间（1850 ~ 1861 年）由本地盐运商合资修建的行帮会馆。因在庙中供祀“镇江王爷”，以求神灵护佑，祈望运盐船只一路平安，由此得名“王爷庙”。王爷庙地处自流井门户，是当年自贡盐船入沱江，进长江，远至川、滇、黔、渝、鄂的必经之地。昔日王爷庙下，帆檣云集，景象壮观，被清同治年间（1861 ~ 1874 年）的《抚顺县志》列为一县胜景（图 6–2–55）。清末曾由本地盐商倡首，进行过维修与扩建。后因修筑公路，拆部分殿宇。

王爷庙原由正殿、戏楼、厢房、客廊、天街组合而成，呈四合院布局（图 6–2–56）。沿中轴线上依次排列戏楼、天街、正殿，自南而北，逐层增高，两侧厢房、走楼对称。整个建筑回廊曲径，飞檐比翼，崇楼丽阁，精美异常。正殿、走楼及左、右厢房于 1936 ~ 1937 年修建内乐公路时被拆毁。现存建筑为配殿（戏楼）和其他一些附属建筑，总占地面积约 1000 平方米。

配殿中部即为戏楼，紧靠河边，占地面积为 230 平方米左右，台高 2.5 米，戏楼台沿分上、中、下三层置以玲珑剔透的木雕，分别刻绘山川木石花卉、历史故事、戏剧场景、古玩钱币、诗词集句等，

图 6-2-57　戏楼木雕（来源：何龙　摄）

图 6-2-58　屋顶脊饰（来源：何龙　摄）

组成百余幅精美画面。戏台临江面的五根立柱，在高约 1.8 米处开一小方孔，五孔连成一线，平时可一眼望穿，如遇地基下沉或立柱倾斜，则不能望穿五孔，体现了古代匠师观测建筑不均匀沉降的高度智慧。建筑为抬梁式木结构，高 8 米，配殿长 26 米，进深 9.5 米，28 根圆柱支撑楼面。中部戏楼单檐歇山式筒瓦屋顶，屋顶举架陡峻，翼角飞翘轻扬，造型比较夸张。屋顶装饰繁复，正脊中置火龙宝珠一串，为辟邪防火之意，瓷片嵌花脊龙吻。正脊、垂脊、戗脊均饰以泥塑人像，脊饰布置左右对称，但细节又各不相同，所塑神祇人物栩栩如生。楼中雕梁画栋，其挂落、衬枋、垂花、雀替等雕刻，均极精致（图 6-2-57、图 6-2-58）。

王爷庙造型别致，依山临水、独踞形胜，现为四川省文物保护单位。当年凭栏眺望，对岸绿树掩隐，古苔斑驳，环境优美，曾是当地著名的风景胜地。

注释

① 蓝勇．西南历史文化地理．重庆：西南师范大学出版社，1997：507.

② 王雪梅，彭若木．四川会馆．成都：四川出版集团巴蜀书社，2009：15.

③ 王日根．明清时代会馆的演进．历史研究，1994(4)：48.

四川古建筑

第七章 园林

四川园林分布图

1. 罨画池
2. 杜甫草堂
3. 望江楼
4. 三苏祠
5. 离堆乌尤寺
6. 古常道观
7. 新繁东湖
8. 升庵桂湖
9. 文君井
10. 广汉房湖

（地图引自：中华人民共和国民政部编．中华人民共和国行政区划简册 2014. 北京：中国地图出版社，2014.）

第一节　园林的类型与特点

四川古称天府之国，其丰富的地形地貌和温暖湿润的气候特征为园林的产生和发展提供了优越的自然条件，因此，早在3000多年前的古蜀国，苑囿文化就在古蜀文明的滋养下生根发芽。此后，在蜀民顺应自然、改造自然的活动过程中和多元文化的融合共生下，蜀地逐渐形成了自成一体的四川园林风格，并成为中国地方园林当中重要的一支。

一、发展历史概述

（一）起源

传说古蜀有五王，曰蚕丛、柏濩、鱼凫、杜宇和鳖灵即开明。蚕丛、柏濩、鱼凫三位古蜀王时期，是蜀国生产力水平低下、民无定居的时期。但是自杜宇王大力发展农业之后，蜀中特别是成都平原粮食作物盛产，农业经济水平提高，部族实力增强，所以杜宇王以"褒斜为前门，熊耳灵关为后户，玉垒峨眉为城郭，江潜绵沱为池泽，以汶山为畜牧，南中为园苑"，这是一个北到汉中、南达南中的大方国，也是园囿艺术初步发展的大方国。杜宇王时期，古蜀国在礼制方面受到了周王朝较大的影响，在成都羊子山修建了土台，具有观天象、祭祀和观苑囿之用[①]。所以可以初步推论，杜宇王时期的蜀国，可能已经出现了王族苑囿的园林雏形[②]。开明氏迁都成都后，史书记载曾有蜀王为爱妃营建墓园武担山，"占地数亩，高七丈，上有石镜"，今遗迹尚存（图7–1–1）。

（二）发展期

蜀地归秦之后，秦派张若筑成都，自城外取土，取土成池，《华阳国志·蜀志》记载："城北有龙坝池，城东有千秋池，城西有柳池，西北有天井池，津流径通，冬夏不竭，其园囿因之。平阳山亦有池泽，蜀之渔畋之地也"。这些池沼作为达官贵人游玩的地方，是成都早期城市景观的雏形。五代两宋时期，在这些池沼的基础上形成了有名的成都园林"江渎池""万岁池"。

秦汉全国园圃业发达，四川地区良好的自然环境也为瓜果蔬菜的生长提供了良好的自然条件，因此呈现出《汉书·地理志》中所描述的"山林竹木疏食果实之饶"的情景，再加上当时强大的豪族经济，庄园迅速产生并发展了起来[③]。汉代四川庄园是一种自给自足的体系，1975年成都出土的画像砖显示其主要内容是种植，同时兼有家禽饲养、粮食加工等功能[④]。

图7–1–1　绿树环绕的武担山遗址（来源：贾玲利　摄）

秦汉三国，是四川传统文化与外来文化相融合的时期，这个时期四川在宗教、伦理、建筑等诸多方面都有了质的飞跃，特别是道教的产生和佛教的传入，彻底改变了蜀人的风格[5]，影响了四川园林气质的生成。虽然此时的北方园林已经有所发展，“一池三山”的仙境模式已经流行于皇家园林，而四川的园林发展才刚刚起步，这时期流传和发展的古蜀仙道精神对此后四川园林的气质起到了哲学奠基的作用。

（三）兴盛期

隋唐时期四川的局势一直较为稳定，有利于四川经济文化的发展。安史之乱形成了“天下才人皆入蜀”的兴盛局面。当时的蜀地成为全国经济文化最为繁盛的地方，文学、绘画、宗教等领域均有很大的发展。这对四川园林的发展起到了相当大的促进作用，官员、文人、画家、僧人均参与到各类园林建设活动中，使这个时期四川的园林类型丰富、成绩斐然。其中成就最为突出的当属寺观园林。著名的寺庙有大慈寺（图 7-1-2)、昭觉寺、万佛寺、皇泽寺等。道教方面也逐步发展壮大，在青城山形成了道教建筑组群，有上清宫、长生观、丈人观等大型道观 10 余座，逐步奠定了四川山地园林注重选址、顺应地形、因形就势、以“院”组织园林空间的基本特征。

隋、唐时期，四川有很多文化名人出任地方官，他们大多具有较高的文化素养，喜好将自己的文化性情寄情于园林中，因此出现了由官署出资修建园林的状况。蜀王杨秀喜好园林，由官署出资于成都修摩诃池，建造了成都历史上最早的官署园林。卢求《成都记》载:“隋蜀王杨秀取土筑广子城,因为池。有胡僧见之曰：‘摩诃宫毗罗’。盖摩诃为大宫，毗罗为龙，谓此池广大有龙，因名摩诃池”。另有唐朝西川节度使韦皋在府河与锦江的汇合处修建“合江亭”，《蜀中名胜记》记载该亭“鸿盘如山，横架赤霄，广场在下，砥平云截，而东南西北迥然矣”，后在亭旁又建芳华楼，在亭楼附近栽植奇花异草，尤其以梅花最盛。此后，又在合江亭周边建设楼阁，形成合江园。五代时期，前蜀王建、王衍父子改摩诃池为龙跃池、宣华池，并以此为基础建宣华苑；在合江亭旧址建芳华园，在百花潭上游建梅苑。后蜀则有孟知祥在成都北郊建御苑，孟昶则在成都城墙遍植芙蓉，使成都的城市公共园林景观盛极一时[6]。直至今日，成都依然有蓉城之称。其他著名的官署园林有唐代宰相李德裕为新繁县令时所凿的新繁东湖、曾为新都县署驿站后因杨升庵而闻名的桂湖、唐代著名宰相房琯在汉州任刺史时在城西北角所凿之州署园林房湖等。

图 7-1-2 大慈寺庭院
（来源：贾玲利 摄）

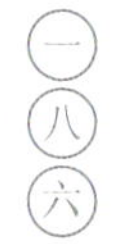

宋代的四川局势依然安稳，地方官员也重视发展经济。地方经济和文化在唐代基础之上平稳发展，四川社会各方面均呈现出五彩缤纷的面貌，有两宋“人文之盛，莫盛于蜀”之称。儒家思想的传播和教育的发展促进了这个时期文庙和书院园林的形成。道教和佛教在这个时期也有很大发展，青城山宫观规模更大。佛教由于当时皇家的尊佛抑道而发展更胜，峨眉山逐渐成为佛教名山，建造了多座著名寺院园林（图 7-1-3）。[7]

隋唐五代至两宋，是四川园林发展的盛期。文人造园、百姓参与是其特点；主要类型有寺观园林、私家宅园、官署园林以及继而形成的公共园林；茶文化、诗词文化、休闲文化则是其必不可少的园林精神载体。

（四）毁坏与重建

明末清初，四川陷入连绵的战乱，导致四川人口锐减，史书有四川全境“数千里，城郭无烟”的记载。大量的四川园林也难逃战火，尤其是寺观园林损失惨重，城中大量寺观尽毁。战争平息之后，清政府推行“湖广填四川”政策，在四川促生了新的园林形式——会馆园林。这些会馆园林将客家人移民地的建造工艺和四川本地的建筑技术很好地融合在一起，形成了新的建筑风格。

湖广填四川政策的实施以及当朝在四川治蜀策略的调整，使得四川的经济在清中期开始有所复苏。战乱之中破坏的建筑和园林在这个时期开始逐渐重建。重建园林以寺观园林和名人纪念园林数量最多。目前四川保留下来的寺观园林大部分属于清中后期重建。

由于四川历史名人居多，在重建和不断地增减过程中，很多园林逐渐转变为纪念性质的公共园林，包括一些私家宅园和祠庙园林。所以，纪念性和公共性也成为目前四川园林的主体特征。

二、园林类型、特征与分布

（一）寺观园林

四川因为道教的发源和佛教的较早传入，寺观园林整体上发展水平较高。一方面园林注重大环境的选择，追求坐拥险峰的人间仙境，善于利用自然地形，与自然融为一体，青城山宫观园林已成为我国山地园林的典型代表。另一方面，平原地区的寺观园林有较为严整的形制：沿轴线对称布置园林空间，主体建筑沿轴线层层递进，纵向展开。山地寺观尽可能利用自然环境，层层错台，形成小的庭院空间，也将山林美景引入寺观（图 7-1-4），如青城山、峨眉山的寺观园林大都是这种形式；闹市中

图 7-1-3　报国寺侧花园
（来源：贾玲利　摄）

图 7-1-4　二王庙庭院（来源：贾玲利　摄）

图 7-1-5　文殊院侧花园（来源：贾玲利　摄）

图 7-1-6　望丛祠（来源：贾玲利　摄）

的寺观一般在庭院中栽植乔木，摆放盆栽，营造寺中小景，如位于市区的青羊宫多利用盆栽、绿篱等庭院植物营造寺观之景；用地宽裕的城中寺观，如宝光寺、文殊院，则在寺观两侧和后方专门叠山理水，栽植花木，营造城中山林的意境。因此，就大的形式而言，四川的寺观园林基本上可以分为平原和山地两种形式，都极富特色。就造景手法而言，则主要有三种方式。一是选址之时，善于利用自然山水，依山就势营造优美的大环境。青城山古常道观借助自然山势，营造了丰富的前导空间：山亭、五洞天门、翼然亭和集仙桥或倚靠路边，或迎面而对，或横跨山涧，与风声、水声一起，烘托出别有洞天的清净氛围。峨眉山伏虎寺也是利用楠木成林的周边环境，通过两座牌坊、三座廊桥营造了“曲径通幽处，禅房花木深”的意境。第二种是在寺观的庭院空间中，利用植物进行简单的庭院造景，大部分城市寺观以此方式居多。第三种是在寺观的一定区域进行叠山理水，形成专门的园林区，如宝光寺和文殊院（图 7–1–5）。

四川的寺观园林目前分布较广，省域范围内均有分布。但园林造景更为突出的主要还是分布在成都平原和周边山地，川西北地区的寺观则以建筑空间和佛教文化为主，园林空间并不突出。

（二）祠庙园林

川人自古崇尚先贤，有为他们所崇拜的贤人立祠以纪念的传统，《蜀中广记》记载说：“凡守之贤者，蜀人必为建祠或绘其像，天下名镇未是有也”。因此四川早就有祠庙园林的存在。如早先在玉垒山麓，今二王庙处，有祭祀望帝杜宇的崇德祠。南北朝时（公元 494 ～ 498 年），孟州刺史刘季连将其迁往郫县，与丛帝鳖灵庙合并，称望丛祠。明末清初时望丛祠被毁，后清道光十四年（1834 年）重修，现已成为颇具规模的祠庙园林，是川内纪念望、丛二帝的主要场所（图 7–1–6）。园内曲水环绕，沿岸分布有荷风亭、望岷亭、春信亭、怀圣亭、搏浪轩、太元亭、避风雨轩、饮绿轩、观稼亭等园林建筑。

四川还拥有数量较多、保存较好的文庙园林，如崇州文庙、德阳文庙、资中文庙、富顺文庙，至今保存较好。这些文庙大部分只是在院落栽植花木，唯德阳文庙单独设园。花园以乔木为主，树下今已开辟茶园，祭孔与品茶和谐相融。

崇州文庙与罨画池为伴，在形制上沿用曲阜文庙的形制，沿轴线分布有棂星门、泮池、戟门、大成殿、启贤殿。主要的绿化空间分布在各重院落中，以泮池院落最为丰富，围绕泮池栽植了紫薇、银杏、香樟等多种树木，而其余院落多以高大的乔木规则栽植为主。陆游祠、崇州文庙与罨画池三者略呈“品”字形分布，陆游祠居于一角，文庙和罨画池在轴线上贯通，罨画池的尊经阁和罨画亭则为整个轴线的收尾。这种文庙与园林相隔相融的布局形式较为特别（图 7–1–7）。

很多祠庙园林在明末清初的战火中遭受毁坏，目前现存的多数祠庙园林多为清中期以后重建，武侯祠就是其中的代表。武侯祠始建于东晋，最初在成都“少城”内，后迁往南郊建于惠陵与汉昭烈庙旁，与刘备合祭。明洪武二十三年至二十四年（1390 ～ 1391 年），惠陵、汉昭烈庙、武侯祠三者合一形成整体，称为武侯祠。清康熙年间（1661 ～ 1722 年）改为两殿分祀，前殿为汉昭烈庙，后殿专祀诸葛亮；

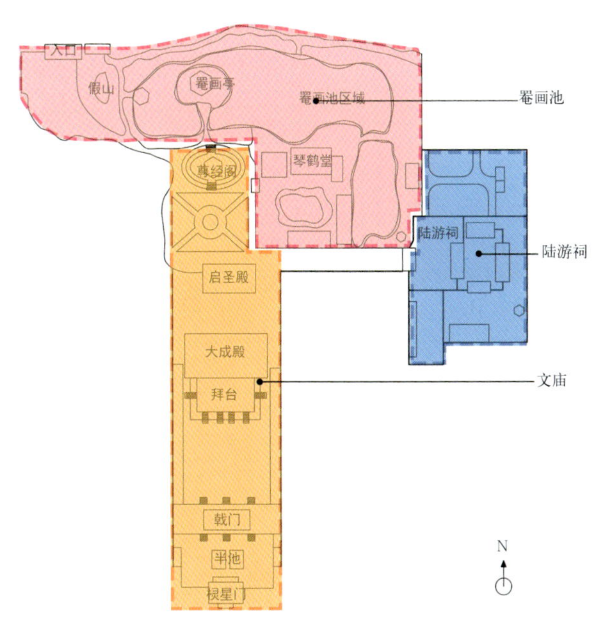

图 7–1–7　罨画池与陆游祠、文庙平面关系图（来源：贾玲利、高洁　绘）

清乾隆时期(1735～1796年)增修东、西配殿，祭祀关羽、张飞[⑧]，形成武侯祠由东部祠庙区和西部惠陵区组成的格局。祠庙区沿中轴线由南向北分布了大门、二门、昭烈殿、过厅、武侯殿，轴线两侧分布有听鹂馆、桂荷池、镜心池等自然式布局的园中园，栽植桃树、桂花、荷花等符合景点主题的植物，使整个祠庙庄严中不乏人情。整个园区内植物则以古柏为基调，营造出“丞相祠堂何处寻，锦官城外柏森森”的画面感。

武侯祠园林区主要分布在西北部的桂荷楼区域。该区域内以自然式布局为主，水面有开有合，夏季粉荷满池。环水分布亭、楼、舫等各园林建筑，曲水环绕，颇为秀美，与轴线部分的肃穆庄严大为不同。20世纪末，又在桂荷楼后侧改建盆景园，增设山石跌水，使这一区域园林空间更为丰富(图7-1-8、图7-1-9)。

四川的祠庙园林，在整体布局方面并不局限于某种单一的形制，而是融规整与自由式于一体，能够结合实际情况进行灵活调整，使其满足纪念先贤及当代人园林活动的需求。在植物方面，营造纪念氛围的松、柏是必不可少的，而当地的代表植物银杏、桂树等也是常用树种。

图7-1-8　桂荷楼前荷塘
(来源：贾玲利　摄)

图7-1-9　盆景园跌水
(来源：贾玲利　摄)

（三）私家宅园

四川的私家宅院历史已久，自汉代以来就有富足人家在房前屋后栽植瓜果蔬菜和花木，以美化环境和实现自给，成为四川私家宅院的雏形。唐宋之时，四川经济发展稳定，川中亦有不少风雅之士，私家园林得到了很大的发展，有名的如五代时的花林坊、赵园，宋代东园、西园等。明清时，一些大户人家或官僚地主修建庄园，庄园内又有花园。此外，四川还有很多名人名家的祖宅，多在宅内再设花园，如明代宰相卓秉恬的相府、镇边名将岳钟祺的宫保府、广汉大夫第张宅（又称叙伦园）、作家巴金祖居李宅等[⑨]。但遗憾的是，目前多已毁坏。现尚保存较好的有川南江安夕佳山庄园和川西温江陈家桅杆。夕佳山庄园院落鳞次栉比，庭院也叠山理水，曲径通幽。大门之前有月牙形水池，庄园之后则植有大片楠木林，以衬托山的体量，形成背山面水的理想风水模式（图 7–1–10）[⑩]。民居内部有东西花园、后园和枣园，以西园最为精美。园内有假山水景、小亭小径，园林虽小但各要素一应俱全，有江南园林的韵味（图 7–1–11）。陈家桅杆始建于清同治年间（1861 ～ 1874 年），集住宅、园林、宗祠于一体。建筑布局紧凑，花园则仿青城山的微缩景观建造（图 7–1–12）。

图 7–1–10　夕佳山庄园楠木林（来源：邱建　摄）

图 7–1–11　夕佳山庄园西花园一角（来源：贾玲利　摄）

图 7–1–12　温江陈家桅杆假山（来源：陈姝嫱　摄）

四川盆地气候温润，适合植物生长，而蜀人多有养兰弄梅之习俗，寻常百姓家也常常在自家庭院或是坝子里栽植和摆放花草，以兰、竹、梅等最为常见。成都著名私家宅园历史胜景多见于古代诗词中，大多已经在历史发展和城市变迁中拆除，少量保留下来的也是以建筑单体为主，园林部分少之又少。反而寻常百姓家在小庭院中栽花养草的习俗很好地保留了下来，如今在一些老街区尚能看到一些普普通通的私家宅园。

总体而言，四川园林自萌芽以来，经历了漫长的发展演变过程，其间产生过多种形式的园林，有些延续发展了下来，有些园林的类型与性质发生了转变：一些祠庙园林和宅园因历史事件或历史名人逐渐转变为专门纪念某人的纪念园林，从而衍生出历史名人纪念园林；一些业已形成的城市公共游览区，甚至个别接待外官使臣的馆驿，均因名人的到访或寓居而成为名人纪念园林；但是不论其目前的类型与形式如何，均离不开公共性和大众性的特点。即便是带有严肃特征的寺观园林，在四川也成为普通大众郊游休闲的场所。所以，公共性、大众性和开放包容是四川园林最明显的特征。在园林要素方面，四川园林更显得随意、自然、兼容并蓄：堆山材料可以随手拈来，土、砂、卵石、砂石都可以堆山（图 7-1-13），并不刻意追求太湖石那样的透漏之美，自然就是最美的；不刻意处理园林理水，借助自然江河是最好不过的（图 7-1-14），所以锦江

图 7-1-13　桂湖假山
（来源：贾玲利　摄）

图 7-1-14　望江楼与锦江
（来源：贾玲利　摄）

沿岸多有园林分布；建筑则更加因形就势，不追求刻意的对位关系和轴线关系，朴素的民居式建筑在园林中最为常见，甚至草亭、草屋更有园林趣味，成为四川园林建筑小品的典型形象；植物以四川本地的常见树种为主，多随意自然生长，桂花、梅花、石榴、桢楠等最为常见，寓意吉祥又适合生长，是四川园林中的常用树种。

第二节　典型园林实例

一、新繁东湖

新繁东湖位于成都市北新繁镇，由唐代宰相李德裕为新繁县令时所凿，属衙署园林，因湖在县署之东，故称东湖。李德裕（公元 787 ～ 849 年），字文饶，唐代赵郡赞皇（今河北赞皇县）人，为晚唐名相。唐大和四年（公元 830 年）十月，李德裕以检校兵部尚书兼成都尹的身份，充任剑南西川节度使。李德裕入蜀之后面对的是内忧外患的境地：外有南诏、吐蕃军队攻占川西平原，烧杀抢夺；内有百姓生活无依，民不聊生。在这样的情况下，李德裕对外广筑边塞，加强防备；对内鼓励生产，很快便取得了保境安民的巨大胜利。时事平息，经济复苏，李卫公凿湖堆山的爱好又得以展现。他曾在洛阳建平泉别墅，内筑亭台楼榭 100 余处，遍植奇花异草，广集珍木怪石，并撰写《平泉山居草木记》以记之。蜀中良好的自然条件为造园提供了不可多得的良机，李德裕便在县署之东开凿池塘，并在沿岸手植翠柏，形成今日东湖之前身。

东湖选址于新繁市井之中，为避喧哗，特意将入口置于一条深邃的小巷，园林自成一个幽静的壶中世界。而今入口已开辟为商业街区等公共空间，大大破坏了置身于闹市中园林的幽深静谧之感。整个园子可分为前部以瑞莲池为中心的前区和后部以城墙为中心的后区（图 7-2-1）。前区景色旖旎，

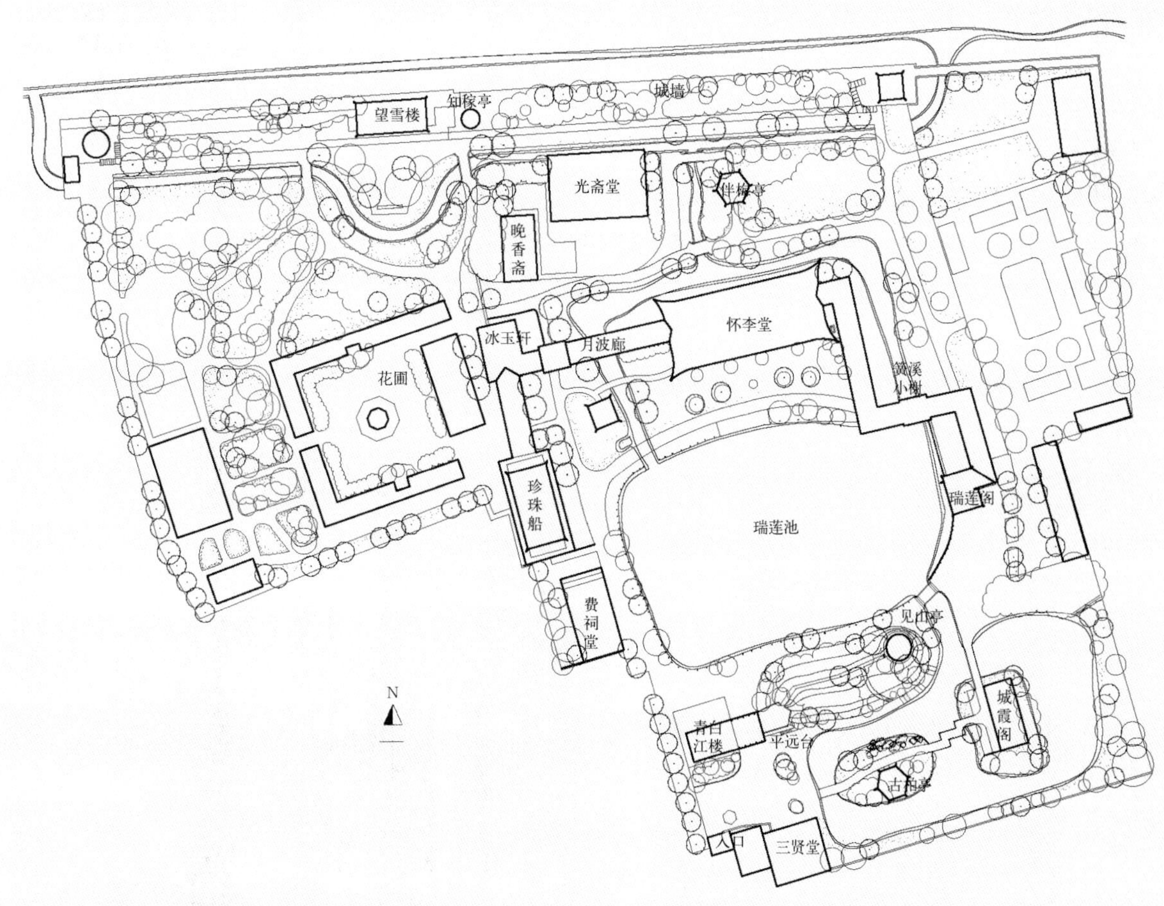

图 7-2-1　新繁东湖平面图（来源：贾玲利、高洁　绘）

池水荡漾，多座纪念建筑分列池岸。入口紧邻三贤堂，清白江楼与之相对而望。清白江楼之畔为挖湖堆土而成的“蝠崖”，上有见山亭，见山亭之东南角有古柏亭和城霞阁。与蝠崖隔瑞莲池相望的便是园中的主体建筑怀李堂。环湖建筑还有瑞莲阁、城霞阁、四费祠、珍珠船、冰玉轩等。后部景区以城墙为主体，上有望远楼、知稼亭等，观其名便可知古人常于此登高望远，知晓四季。东湖古城墙一为分割园内、园外之用，二为划分城郭内外，一举两得，这也是四川园林的特点之一。城墙之下，左、右分别有梅园、桂园，今尚留有明代古桂。

民国以来，新繁东湖又有多次不同程度的修缮，最近的一次是“5.12”汶川地震之后于 2010 年进行的主体建筑维修。新繁东湖虽经历代重建，但其今天的园林布局基本与清代时无异，其以池为中心，以城墙为屏障，纪念各时期先贤的纪念建筑环湖而建的园林格局已成为四川纪念性园林的典型布局方式。1996 年列为四川省文物保护单位。

1. 三贤堂

三贤堂，原为南宋时期纪念李卫公而建，后改为与北宋时期新繁县令王益、北宋右谏议大夫新繁人梅挚三贤同祭，明末清初战火中被毁。清乾隆五年（1740 年），知县郑方城重修三贤堂，并“外覆以亭”，名曰“爱亭”，取杜甫“不薄今人爱古人”之意。清同治三年（1864 年），江苏泰州学者程祥栋出任新繁知县，他重新疏浚东湖，修缮“三贤堂”。此后又经多次修葺。

2. 清白江楼

清白江楼建于 1864 年，为纪念北宋治蜀有方的成都知府赵汴而建，其坐落于 3 米见高的砖石台基之上，底部敦实，而上部建筑轻巧（图 7–2–2）。

3. 见山亭

清白江楼之畔为挖湖堆土而成的“蝠崖”，上有见山亭，建于 1864 年，为园中制高点，传古时天气晴好之时，与此处可远眺彭、灌诸山（图 7–2–3）。

4. 怀李堂

与蝠崖隔瑞莲池相望的便是园中的主体建筑怀李堂（图 7–2–4）。怀李堂专为纪念李德裕而建，始建于宋代，重建于清同治年间（1861 ～ 1874 年）。整体建筑青瓦覆顶，质朴大方，与李卫公之行事相符。怀李堂前后临水，前湖瑞莲池因荷闻名，后湖曲折曰万花湖。

图 7–2–2　清白江楼（来源：贾玲利　摄）

图 7–2–3　见山亭（来源：贾玲利　摄）

图 7–2–4　怀李堂（来源：贾玲利　摄）

二、升庵桂湖

杨慎（1488—1559），字用修、号升庵，明代新都状元，也是明代三大才子之一。后因流放滇南，故自称博南山人、金马碧鸡老兵。新都桂湖为杨升庵曾经生活过的地方，他曾作《桂湖曲》，使桂湖享有盛名。后又有纪念升庵的升庵祠，所以桂湖因升庵而扬名，后人常称之为升庵桂湖。桂湖最早开凿于两汉时期，公元222年，卫常在此凿湖筑堰，修水利以灌溉民田。后人为了纪念卫常，始称卫湖[11]。隋文帝开皇十八年（公元598年）改新都为兴乐县，并迁县到今址，由于卫湖位于新县城之南，所以名之为“南亭”。明代，杨升庵殿试折桂而归，新都县人欣喜而至，在卫湖之畔遍植桂树以寄托美好寓意，卫湖遂改称桂湖。杨升庵常流连于此，写下诸多诗作，使得桂湖更颇有盛名。明末战乱之中，桂湖渐荒芜。清嘉庆十七年（1812年），知县杨道南重修桂湖，复现原南亭的山水格局，正式定名桂湖。清道光十二年（1832年），知县汪树捐资培修桂湖，建仓颉殿、方亭，即今之枕碧亭、观音堂、杭秋等。道光十九年（1839年），县令张奉书博采各地园林之长，重开桂湖胜迹，并在湖上建升庵祠，奉升庵像，维修沉霞榭及城墙，石刻“桂湖图”[12]。桂湖明代之前的原貌已不可考，但据资料记载，杨道南重修桂湖，便是遵照了原南亭的山水格局，此后也大体上保留了杨道南重建之后的格局。1996年列为全国重点文物保护单位。

桂湖整体布局以水面为主体（图7–2–5），沿古城墙呈狭长形展开。水面被桥和堤划分成大小不一的四个部分，西部二区开阔舒展，东部二区狭长幽静，使水面开合有致，园林也因而生动起来。桂湖入口位于园林中部的一株古藤之下，传为杨升庵手植，至今依然苍翠盘亘，为桂湖搭建出一个自然的入口空间。桂湖湖中有岛，岛上尚有山亭，名翠屏亭和翠屏山，岛上是园中赏荷的最佳视点。岛之西部有枕碧亭、饮翠桥、沉霞榭一组建筑组成的长堤，东有飞虹桥，分别在影影绰绰之中，与升庵祠遥望。湖中尚有伸出水面的多个小岛，分别坐落有香世界、湖心楼、交加亭、绿漪亭等园林建筑，使整个水岸线丰富多变。整个桂湖虽然以水面组织园林空间，且因地形所限，水面狭长，但园林布局并不因此而局促，相反因水而生动，因岛而多变。园林西、南两个界面被古城墙所围合。

1. 升庵祠

升庵祠坐落于湖中岛上，坐东向西，与入口隔湖相望（图7–2–6）。升庵祠始建于清道光十九年（1839年），1959年成为杨升庵纪念馆，1980年更名为升庵祠。升庵祠建筑为朴素的川西风格，悬山覆顶，两侧各有三坡式偏厅，内有升庵殿、会宗堂、澄心阁、藏舟山馆等建筑。

2. 交加亭

交加亭是园中最有特色的建筑，为八角双亭，两亭相接之处共用二柱，因此取名交加亭（图7–2–7）。两亭一个靠岸，一个临水，一高一低，

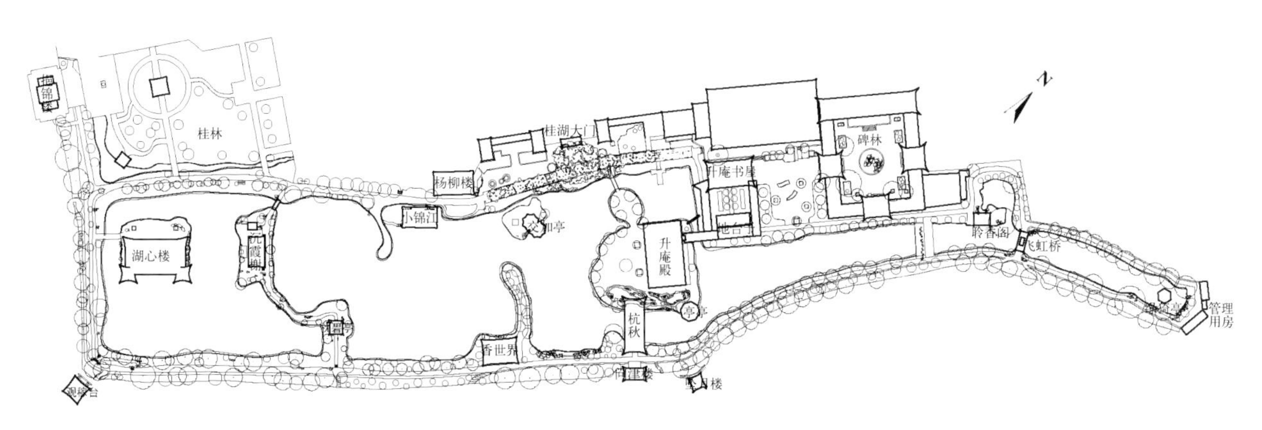

图7–2–5 桂湖平面图（来源：贾玲利、高洁 绘）

图 7-2-6　升庵祠（来源：贾玲利　摄）

图 7-2-7　交加亭（来源：贾玲利　摄）

图 7-2-8　桂湖城墙和坠月楼
（来源：贾玲利　摄）

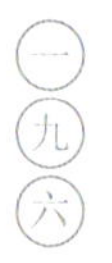

似升庵与黄娥临水远眺，寓意他们的美好爱情。亭柱上书有清代李海帆撰的对联“夫唯大雅名千古，所谓伊人水一方”。上联寓升庵的才情，下联意黄娥的痴情。

3. 古城墙

新都古城墙始建于隋唐时期，初时为土筑城墙，明正德初年，新都知县张宽和百户汤聘莘合砌砖石城墙，目前所有段落尚保留了当时的风貌，为成都平原保存较好的古城墙遗存。城墙上保留了挹锦楼、问津楼、坠月轩等建筑（图 7-2-8）。

4. 沉霞榭

沉霞榭建于清道光十九年（1839 年），原名谢公祠。沉霞榭位于湖中，前后濒临广阔的湖面，每当旭日东升或夕阳西下，彩霞映水，非常壮观，1949 年后改名为沉霞榭，现为黄娥馆（图 7-2-9）。

三、文君井

文君井园林位于邛崃市临邛镇里仁街，面积共 6500 平方米，园林依井而建。原为相如文君鼓琴之地，唐以后，琴台逐渐荒废，仅成为凭吊之地。清光绪二十七年（1901 年），文君井园林进行了较大的修建，1913 年夏季，县人又将文君井园林加以维修，整修琴台，淘浚月池，垒石为山，修筑茅亭，于假山与井东种植筇竹，扩建为公园。1958 年，沿文君井的东墙建涤尘轩，井南新建碑亭，于井北修建碑墙，正面刻“文君井”楷书大字，背面刻郭沫若《题文君井》墨书。被列为第一批四川省文物保护单位。此后文君井园林不断修缮，面积由原来的 3500 平方米增加为 6500 多平方米。布局以井、琴台为中心，新建了曲栏回廊，当垆亭、水香榭、听雨亭、文君楼等 10 余处景观，并扩大月池。又于东西墙建陈列室，后为茶园，组成了错落有序、玲珑秀雅的文君井古典园林（图 7-2-10）。

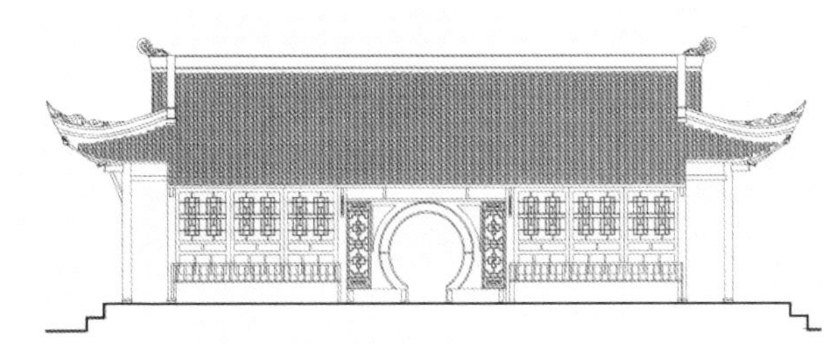

图 7-2-9　桂湖沉霞榭立面图（来源：景观 2011 测绘集）

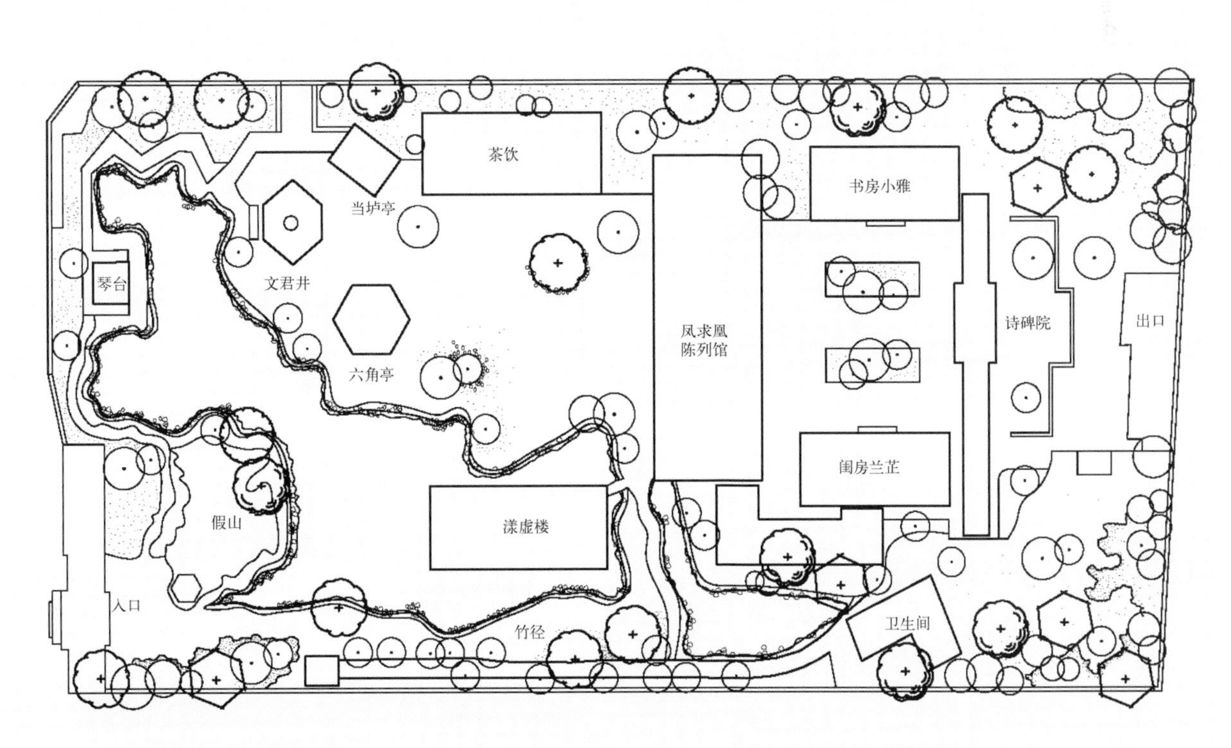

图 7-2-10　文君井园林平面图（来源：贾玲利、高洁　绘制）

1. 漾虚楼

"漾虚楼"与当垆亭及酒肆相对，是船舫式建筑，2层的楼阁，登高可见全园风貌。漾虚楼相传是卓文君当年的妆楼。系1913年邛崃政府在文君妆楼遗址所建（图7-2-11）。

2. 琴台

相传此处为司马相如抚琴之处，现存琴台始建于明代，清代重修。为单檐歇山四柱亭，三面环水，亭中有石琴（图7-2-12）。

3. 文君井

为西汉遗井，其形制为不规则矮罐形，井口直径0.5米，井深为4.2米。井壁不用砖石砌筑，而采用黄泥加小卵石浆砌，是典型的秦汉土瓮井形制（图7-2-13）。

四、罨画池

"锦屏罨画散红青"，画家谓色彩斑斓之画曰"罨画"，诗人谓色彩斑斓之水为"罨画"。崇州罨画池旧称东亭，是官府接待宾客的地方，唐朝诗人裴迪任蜀州（今崇州）刺史时曾邀杜甫登临，杜甫曾作《和裴迪登临蜀州东亭送客逢早梅相忆见寄》一诗可为证。北宋庆历年间（1041～1048年），赵抃（字阅道）入蜀任江原知县，挖湖蓄水，栽植花木，修建园林，使得东亭景色以梅花和菱花烟柳为胜，色彩极尽斑斓。宋仁宗嘉祐二年（1057年），江原县令赵抃应友人杨瑜之邀游览东亭时留下诗句："占胜芳菲地，标名罨画池"。罨画池之名由此来。北宋政和年间（1111～1118年），孙苏元老在崇州任知县，

图7-2-11 漾虚楼（来源：贾玲利 摄）

图7-2-12 琴台（来源：贾玲利 摄）

图7-2-13 文君井（来源：贾玲利 摄）

他在罨画池原有基础上，修建亭台楼榭，使得这里更为雅致。此后，南宋乾道九年（1173 年）春，陆游出任蜀州通判，居住在罨画池南岸的怡斋。陆游在此居住期间，写下多首著名诗篇，记载了他在罨画池畔充满诗情画意的生活，更加使得罨画池蜚声于文人雅士之间。明洪武元年（1368 年），蜀人于池旁修赵陆公祠，纪念陆游与赵抃，明末战乱罨画池诸多建筑和赵陆公祠遭毁，清代重建。最大规模的重建是在清乾隆五十五年（1790 年），包括罨画亭、琴鹤堂的重建。新中国成立后，罨画池辟为公园，并新增多处园林建筑。2001 年公布为全国重点文物保护单位。

现罨画池与崇州文庙、陆游祠呈“品”字形分布，罨画池居于北部偏西部分。园林入口位于西北角，大门内侧的画云泉从视觉和听觉上为罨画池营造了一个良好的入口空间，泉水沿石跌落，颇有气势。绕画云泉而过，有石碑“罨画池”立于湖边，碑后便是罨画池的主体水面。同唐宋时留下的四川园林一样，罨画池也是以水面为主体展开布局（图 7-2-14），水面分为大、中、小三个部分，北部水面最大，呈东西狭长形。池中有岛，上有罨画亭，岛上有拱桥与岸边相接，拱桥于影影绰绰之中，更显形态优美。拱桥接岸之处，有处于高台之上的尊经阁。岛、罨画亭、拱桥、尊经阁构成了园林南部

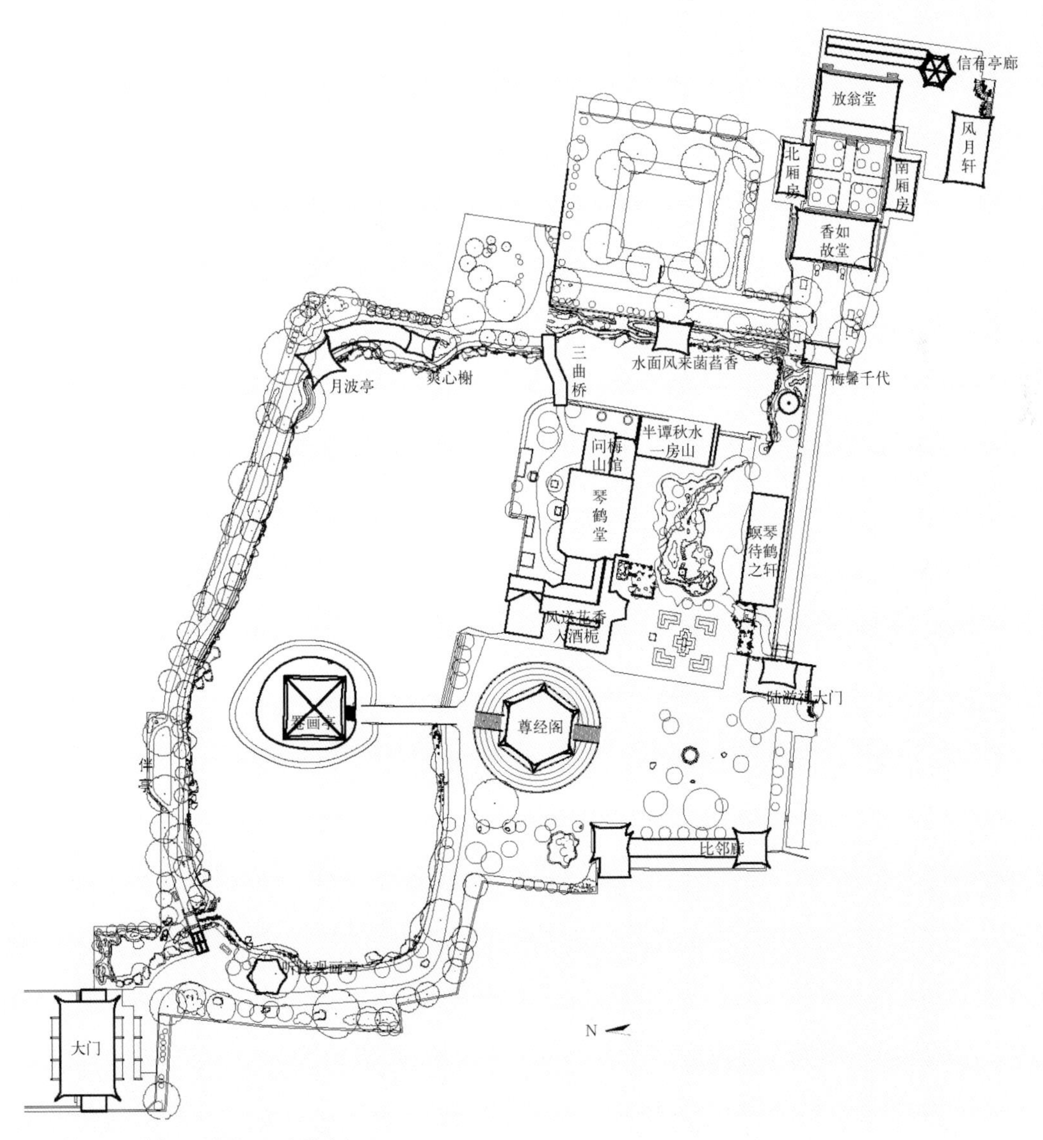

图 7-2-14　罨画池平面图（来源：景观 2011 测绘集）

文庙中轴线的最北端，将文庙和园巧妙地连接在一起。东南部有较为狭窄形的水面，为琴鹤堂建筑群，其东南角接陆游祠。

1. 尊经阁

尊经阁始建年代不详，重建于清康熙四十年（1701 年），位于罨画池南面丈余高的土台上。尊经阁是文庙建筑群的最北端，也在整个园林相对较高的视点上，是文庙和罨画池园林的视觉中心。建筑 2 层，四角攒尖顶，青瓦覆顶，底部有红砂石栏杆（图 7–2–15）。

2. 罨画亭

罨画亭本为西江桥上的桥亭。清道光三十年（1850 年），知州李向昺将其移建于罨画池内，改名罨画亭。亭位于湖中小岛之上，与尊经阁由拱桥相连，隔水对望。亭为四角重檐攒尖顶（图 7–2–16）。

3. 琴鹤堂建筑群

琴鹤堂之名源于曾任江原县令的赵抃。传北宋衢州人赵抃入蜀作官，只携一琴一鹤，当朝皇帝听说之后，大为赞赏，遂广为流传。琴鹤堂建筑群由琴鹤堂、问粿山馆、暝琴待鹤之轩、半潭秋水一房山（图 7–2–17）、风送花香入酒卮、水面风来菡萏香（望月楼）、野趣亭、飞虹桥（图 7–2–18）、云墙曲巷、荟萃园等组成，是一组疏密得当的园林建筑，近年辟为茶园。琴鹤堂内院有钟乳石堆筑的大型假山，上有草亭（图 7–2–19），为园林中不可多得的一处佳构。

4. 水面风来菡萏香亭

水面风来菡茗香（图 7–2–20）位于罨画池内池之外，与半潭秋水一房山隔水相望。亭为 2 层，底部以假山为基座。这里是赏月观荷的好去处。

图 7–2–15 尊经阁（来源：陈姝嫱 摄）

图 7–2–16 罨画亭（来源：贾玲利 摄）

图 7–2–17 半潭秋水一房山（来源：贾玲利 摄）

图 7-2-18　飞虹桥（来源：贾玲利　摄）

图 7-2-19　琴鹤堂院内假山草亭（来源：贾玲利　摄）

图 7-2-20　水面风来菡萏香亭（来源：贾玲利　摄）

五、杜甫草堂

杜甫草堂位于成都西郊浣花溪畔，为杜甫在成都时的居所。杜甫离蜀后，草堂曾荒废。五代著名诗人韦庄入蜀后，因崇拜杜甫，遂加以修缮。宋代绘杜甫像，成为纪念杜甫的祠庙。明弘治十三年（1500 年）和清嘉庆十六年（1811 年），杜甫草堂经历了两次大规模的修建，基本上奠定了今日的规模。1961 年列入第一批全国重点文物保护单位。现杜甫草堂由南北向的草堂寺和西侧的工部祠组成，中间有纪念浣花夫人的浣花祠。草堂寺建筑群沿南北向轴线展开，依次有山门、天王殿、大雄宝殿、戒堂等建筑。西部工部祠建筑轴线稍向西南、东北方向偏转，沿轴线依次坐落正门、大厅、诗史堂、工部祠。大门单檐硬山顶，灰瓦覆面，红柱白墙，简单大方。从大门进入，有水环绕，跨过水上的拱桥，便是大厅，又名大廨。厅正中有杜甫雕像，消瘦但矍铄，透着杜诗的风骨。大厅为敞开式建筑，透过大厅，可见与之相对的诗史堂。大厅与诗史堂两侧以回廊相连，形成一重院落，院中栽植红梅，初春绽放，成为草堂一大盛景。诗史堂后即为有名的柴门，因杜诗“野老篱边江岸回，柴门不正逐江开”而取名。柴门之后便是工部祠，杜甫在蜀时，曾作过严武幕僚，被举荐为检校工部员外郎，所以后世尊称其为杜工部，将纪念祠宇称为工部祠。祠后，有近代仿建的杜甫茅屋。工部祠东侧有“少陵草堂”碑亭，柴门向东，有花径通向浣花祠和东部的一组纪念建筑。草堂西北角有梅苑和荷花池，苑中高处有“一览亭”（图 7-2-21）。

图 7-2-21　杜甫草堂平面图（来源：贾玲利、高洁　绘制）

1. 诗史堂

诗史堂为川西民居式建筑，古朴典雅，两侧悬挂楹联“诗有千秋，南来寻丞相祠堂，一样大名垂宇宙；桥通万里，东去问襄阳耆旧，几人相忆在江楼”。

2. 杜甫柴门与茅屋

柴门和茅屋是杜甫草堂的核心景点。柴门之内有近代仿建的杜甫茅屋，稻草覆顶，如杜甫居住时的旧样（图 7-2-22）。

3.“少陵草堂”碑亭

“少陵草堂”碑亭是杜甫草堂中的有名景点。亭为六角形，棕草覆顶，又名草亭、茅亭（图 7-2-23）。亭子里立有一块石碑，石碑上草书“少陵草堂”四个白色大字。

4. 花径

花径取自杜诗《客至》“花径不曾缘客扫，蓬门今始为君开”，现为草堂中的著名景点（图 7-2-24）。

六、望江楼

望江楼公园位于成都市东南的锦江之滨，公园以纪念唐代著名女诗人薛涛而闻名，占地面积约

图 7-2-22　杜甫茅屋（来源：贾玲利　摄）

图 7-2-23　“少陵草堂”碑亭（来源：贾玲利　摄）

图 7-2-24　花径（来源：高洁　摄）

188亩，2006年公布为全国重点文物保护单位。薛涛（758—832），字洪度，生于成都，约生活在唐朝文学史中诗歌鼎盛的时代，她的诗词清新素雅，备受推崇，以唐朝女诗人而闻名。薛涛喜爱竹子，多用诗词寄情言志，因此望江楼公园中种植了大量的竹，高低疏密，斑驳成景，深邃幽静，形成了公园的一大特色，也以此来纪念女诗人薛涛。薛涛晚年居于浣花溪畔，自制精美的彩色笺用来写诗，取名为“薛涛笺”，而后人将古时用以汲水仿制薛涛笺的井命名为“薛涛井”以示纪念。

望江楼公园位于锦江河畔，三面被江流环抱，视线开阔，岸线起伏，借景众多。公园总体上自然飘逸，平面布局自由开放，由外围环路串联园内各个景点。现公园分为园林开放区和文物保护区，两区仅以一墙之隔。

纪念性建筑群主要分布在文物保护区内，它们面向锦江，收纳锦江美景，同时也丰富了锦江两岸的城市河流景观，崇丽阁、吟诗楼等在竹丛的掩映和江面的呼应下也成了成都市标志性景观。园内各建筑布局疏朗，每栋建筑之间都有合适的视线和距离，而且主体建筑群没有遵循轴线对称的布局形式，自由飘逸：崇丽阁、濯锦楼、薛涛井、浣笺亭、纪念馆等围合形成陆院，而其南侧由五云仙馆、吟诗楼、浣笺亭及中部开合收放的水池与流杯池形成水院，水陆两院相呼应，形成有收有放、开合有致、有水有陆的空间布局。在文物保护区内幽深的竹林丛中，还有薛涛墓、薛涛石像等。整个文物区便是纪念薛涛的精髓所在。

望江楼公园的开放区，园林布局自然舒朗，绵延开合的水系，在园内形成两处较大的水面：南部水面开阔，水系周围布置锦竹轩、清漪苑等建筑，水面西侧有湖心岛，石桥蜿蜒，竹丛掩映，幽深僻静；东北部水面开合有致，蜿蜒曲折，此处建有碧鸡园，薛涛晚年时居于碧鸡坊，隐居赋诗，不问世事，现在的碧鸡园是备受欢迎的品茗聊天的场所，在古树成荫、茂竹映衬下颇有四川独特的生活气息。整个水系的另一侧是圆形的薛涛广场，市民常常活动于此。

因望江楼濒临锦江，是过去迎来送往、宴饮之所，又是纪念女诗人薛涛的名园，故园内诗词歌赋、名人题咏甚多。同时因其竹子众多，也是全国有名的竹文化公园，并在此定期举办竹文化相关活动。与

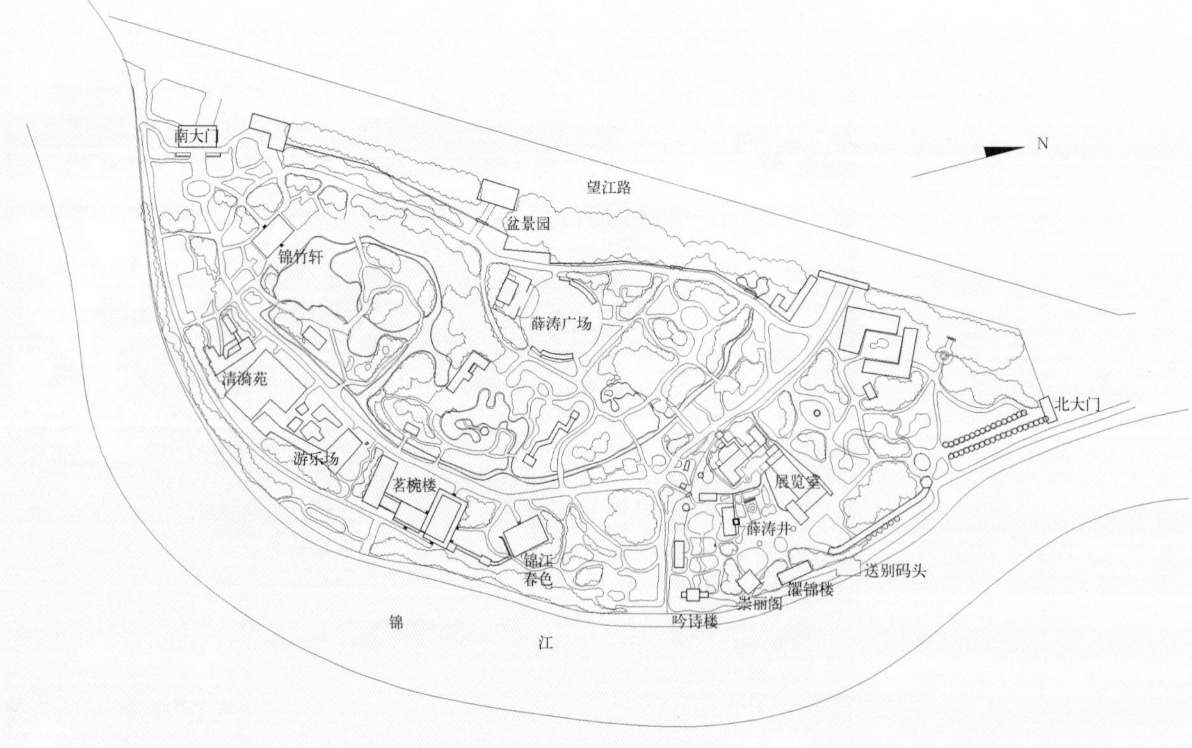

图7-2-25 望江楼园林平面图（来源：贾玲利、刘洪志 绘）

武侯祠、杜甫草堂并称为成都三大名胜（图 7–2–25）。

1. 崇丽阁

崇丽阁俗称望江楼，取自晋代左思《蜀都赋》“既丽且崇，实号成都”，是全园的主体建筑，也是清代成都市的标志性建筑，建于清光绪十五年（1889年）。它通高 4 层，以正方形为底层和二层平面，上面 2 层是八边形，为八角攒尖顶，结构为全木穿榫结构。崇丽阁底层的正方形对角线正对锦江，独特的布置方式便于江面上乘船的人们有最佳的观赏视角。从远处观赏，既雄伟又壮观，与江面、竹林构成一道美丽的城市边际线，从近处观赏，朱碧交错、雕饰精美、翘角飞檐，极有韵味（图 7–2–26）。

2. 濯锦楼

濯锦楼原建于清嘉庆十九年（1814 年），陪衬吟诗楼作为官民游宴之所。自“锦江之水，以能濯锦”得名。楼为全木结构，临江而建，造型独特，犹如船只，四周花木点缀，优美典雅。濯锦楼三楹 2 层，四面花格开窗（图 7–2–27）。

3. 吟诗楼

吟诗楼始建于清嘉庆十九年甲戌（1814 年），清光绪二十四年（1898 年）重建。吟诗楼为传统木结构建筑，造型轻巧，一楼 2 层三叠，四面敞轩。楼一侧叠石为山，且置以石梯蹬道。登楼远眺，一面可将水院内景观尽收眼底，一面可观赏锦江风光（图 7–2–28）。

4. 泉香榭

泉香榭位于流杯池旁的假山上，此为川西特有的竹制小亭，以树皮、毛草为顶，亭立于怪石之上，周围植物呼应，别有川西韵味（图 7–2–29）。

5. 薛涛井

薛涛井原名为玉女津，明代人们取井中之水仿制薛涛笺，后称此井为薛涛井。清康熙六年（1667 年），后世多名学者手书“薛涛井”三字，立石于井前（图 7–2–30）。

图 7–2–26 崇丽阁（来源：贾玲利 摄）

图 7–2–27 濯锦楼（来源：贾玲利 摄）

图 7–2–28 吟诗楼（来源：贾玲利 摄）

图 7-2-29　泉香榭（来源：贾玲利　摄）

图 7-2-30　薛涛井（来源：贾玲利　摄）

图 7-2-31　五洞天（来源：贾玲利　摄）

图 7-2-32　古常道观山门（来源：贾玲利　摄）

七、古常道观

古常道观始建于隋大业年间(公元605～618年)，初名延庆观，唐朝改名常道观，现大门匾额上题名“古常道观”。现存建筑部分属于清朝重建。古常道观是四川山地园林的典型代表，在园林选址、地形利用等方面均有独到之处，其选址于青城山白云溪和海棠溪之间的山坪上，观后有“混元顶”，且左接青龙岗，右携黑虎堂，前方有白云溪视野开阔。三面环山，前方临谷，这正是中国传统文化中所讲的风水宝地。

古常道观处于青城山海拔 1000 余米处，沿山拾级而上，要经过层层的引导方能进入古常道观，这种山地园林引导空间的处理是古常道观的一大特色。位于入口序列起点的是“五洞天”（图 7-2-31），这是一座砖石结构的石坊门，于绿树掩映之中，开启了青城仙道的高潮。穿五洞天而过，是横跨山涧的集仙桥和翼然亭，一路劳累的宾客大可在此稍做歇息，整理好心情，准备迎接峰回路转的古常道观。过集仙桥，山路回转，便是山门。山门并没有完全沿轴线对称分布，而是在轴线的基础上进行了一定的偏转，迎着上山的方向形成一个开放的空间，既放大了入口空间，又体现了广迎天下宾客的开放胸怀（图 7-2-32）。

图 7-2-33　大殿院落（来源：贾玲利　摄）

图 7-2-34　古银杏（来源：贾玲利　摄）

古常道观的主体建筑沿纵轴线分布，依次有山门、三清大殿、古黄帝祠、天王殿，沿地形层层升高，分别形成不同的院落。进入山门，是第一重院落，左、右有白虎殿与青龙殿。院中古木森森，清雅幽静。通过一道通长的巨型石阶，可直达第二重院落（图 7-2-33）。

石阶穿越殿堂灵官楼，空间利用紧凑而有气势。第二重院落主体建筑为三清大殿，左、右有横向扩展的院落，中间庭院布置灵活。三清殿后方的黄帝祠和天王殿两重院落均受地形所限而呈狭长形，且地面高差较大，因此多设置不同形式的台地，栽植各色花木丰富院落空间。三清殿一侧小院有古银杏，传为张道陵所植。树高 10 多米，亭亭如盖，金秋时节，满树黄金叶，蔚为壮观（图 7-2-34）。

八、三苏祠

三苏祠位于眉山市东坡区纱縠行南段，原为北宋著名文学家苏洵、苏轼、苏辙父子三人的故宅，元代初年，为纪念三苏父子，将其故居改为祠堂，明末不幸毁于战火，清康熙四年（1665 年）在原址的基础上，按明代规模重建，尔后历代均有增益补修，现占地面积 56800 平方米。1984 年建立“眉山三苏博物馆”。2006 年列为全国重点文物保护单位。三苏是唐宋八大家中的著名人物，指苏洵、苏轼和苏辙父子三人。苏洵（1007—1065），字明允，号老泉，人称老苏，是苏轼、苏辙之父，老泉年壮发奋，晚年成名，经多年苦读磨炼，擅长于散文、政论，议论明畅，笔试雄健；苏轼（1036—1101），字子瞻，号东坡，东坡居士年轻有为，但一生仕途坎坷，颠沛流离，然而他在辗转落脚之地为人民做好事，他疏浚西湖、修筑苏堤、捐钱修桥等，受到众多百姓爱戴，影响最深的还有他的诗词作品；苏辙（1039—1113），字子由，自晚年号颍滨遗老，是著名的散文家。

三苏祠富有浓厚的川西特色，总体为规则式与自然式布局结合，整个祠堂红墙环绕，水系池塘包围祠宇建筑，流经全园，园内古木葱翠，翠竹掩映，形成了“三分水二分竹”的岛居特色。川西地区多水系和竹子，园林也可谓无园不水，无园不竹，整个园子大致可分为两部分，一部分是具有明显中轴线、规则式布局的祠堂建筑群落，一部分是中部、西部呈自然式布局的园林（图 7-2-35）。

纪念性祠堂建筑群具有明显的川西民居特色，建筑布局不完全对称，中轴线上建筑从祠堂入口古树掩映、绿水环绕开始，依次为正门、正殿、启贤

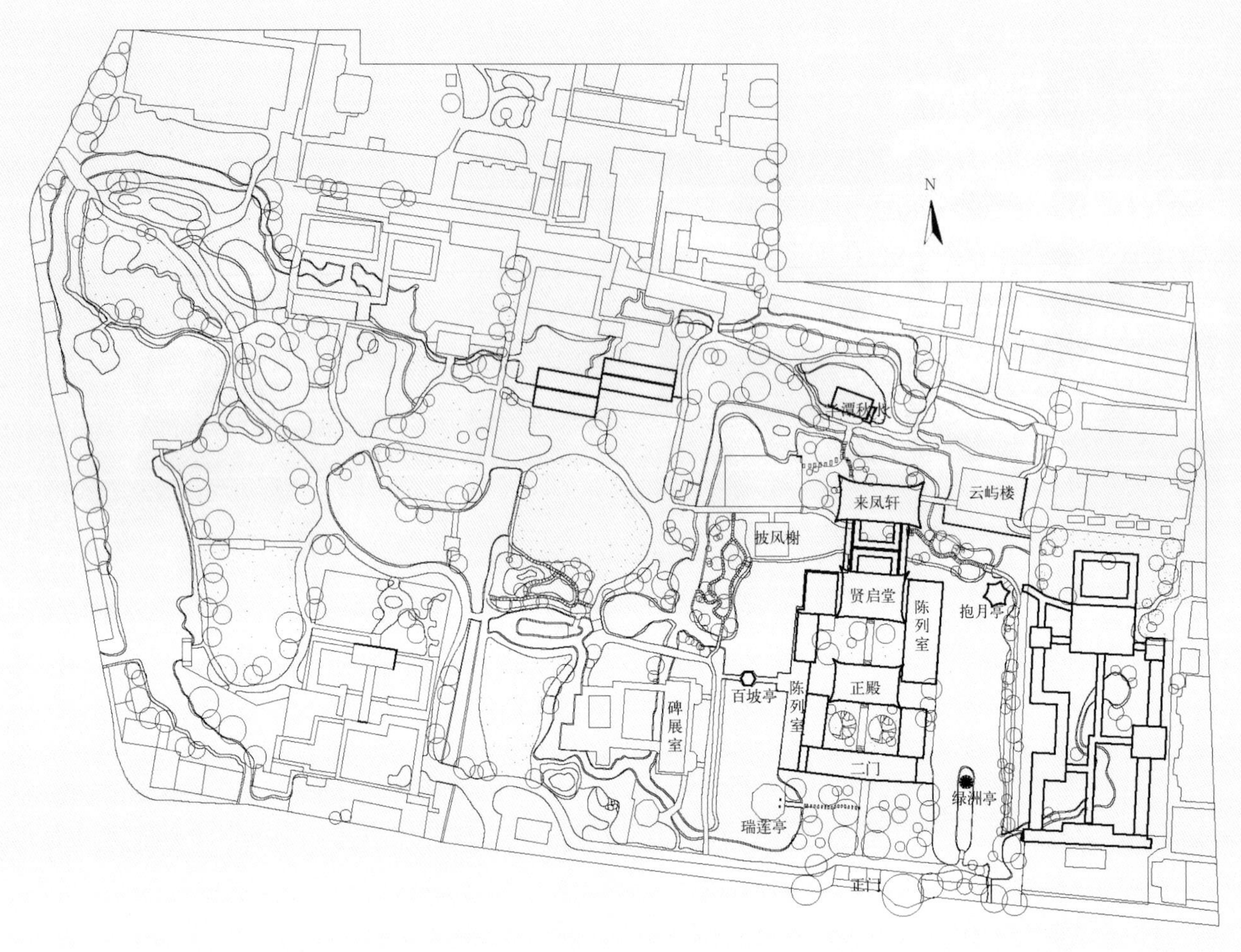

图 7-2-35　三苏祠平面图（来源：贾玲利、高洁　绘）

堂、木假山堂及来凤轩等贯穿的三进院落，形成了较为庄严正式的纪念空间，两侧运用了均衡（但不严整对称）而自由变化的手法，有收有放，变化灵活。祠宇建筑布局十分讲究，既有对称布局，又有均衡考虑，同时利用水系来组织展示景物，轴线建筑西侧湖面上有一隐形的轴线，从湖面上的百坡亭到湖岸边的披风榭，视线可一直延伸至最北边的东坡塑像。中西部自然式布局的园林树木茂盛，水系蜿蜒，其中分布有洗砚池、碑展室、船亭、式苏轩、八风亭、彩花舫、半潭秋水、抱月亭、绿洲亭等，它们在绿水竹树的映衬下也具有明显的纪念意义，如八风亭蕴含着丰富的佛门哲理等。

1. 正殿

正殿面宽三间，硬山青瓦顶，抬梁式梁架，山墙为穿斗式构架，殿前有外廊，殿后为启贤堂。殿宇整体朴素端庄，具有鲜明的川西民居特色（图 7-2-36）。

2. 启贤堂与木假山堂

启贤堂建筑为歇山青瓦顶，三面有回廊。启贤堂院落中有苏洵亲手栽植的古树，对植金桂银桂，别有一番古韵风味。启贤堂的建筑和门窗装修轻快，与正殿相比少了一分庄重肃穆。木假山堂是启贤堂的北轩，用来存放老泉所藏的珍宝。老泉赴京离开时将木假山带走，现今院中木假山非苏氏藏物。木假山堂枕于水上，是主轴线上的一个重要院落空间，水庭与东、西两个方形水池相连，水系贯通全园（图 7-2-37）。

3. 来凤轩

三苏祠东部古祠堂祠后一宇便是来凤轩，是中轴线建筑群的结景之景（图 7-2-38）。来凤轩原是

图 7-2-36　正殿（来源：贾玲利　摄）

图 7-2-37　启贤堂（来源：贾玲利　摄）

图 7-2-38　来凤轩（来源：贾玲利　摄）

图 7-2-39 披风榭（来源：贾玲利 摄）

苏轼、苏辙兄弟青少年时的寝室，后又为其书房，后来苏洵为勉励两兄弟勤学上进将其命名为“来风轩”。后来两兄弟果然金榜题名，后人便将其改名为“来凤轩”，寓意着苏氏家族中飞来两只凤凰。

4. 披风榭

披风榭位于瑞莲池北岸，坐南朝北，南临池沼，北对土山，山上黄莲古树，绿树成荫，山下有苏轼雕像一座。入榭南望，园池景物尽收眼底（图 7-2-39）。

九、“离堆”乌尤寺

史书记载的“蜀守冰出离堆以避沫水之害”就是乌尤离堆形成的由来。乐山城东的乌尤山与凌云山、马鞍山为一座山体，名为青衣山。蜀郡太守李冰治水减三江水势，在凌云山和乌尤山连接处开凿麻浩溢洪道，引部分江水绕乌尤山而下，使乌尤山成为水中孤岛，也就是“离堆”。离堆遗址四面环水，南北长约 500 米，东西长约 400 米，高出水面约 100 米，总占地面积约 20 万平方米。该遗址上有汉代的崖墓，明代至近代的摩崖题刻、乌尤寺、旷怡亭、尔雅台、普同塔等古建筑。2013 年被列为全国重点文物保护单位。

乌尤寺坐落在乌尤山顶，原名正觉寺。整个寺庙占地 7 亩余。该寺庙始建于盛唐天宝年间（公元 742 ～ 756 年），为唐代名僧慧净法师所建，北宋时改名为乌尤寺。元代寺院毁于兵火，明代之后开始陆续修建。现已是一座风景独特，面向岷江，结合山势，巧妙地把寺庙与自然地形地势结合在一起的寺庙园林（图 7-2-40、图 7-2-41）。

乌尤寺整体布局巧借山势，根据周围的自然环境，依山布局。从乌尤寺山门进入，经过曲折错落的石级阶梯进入园内，主体建筑群由正觉禅林、大雄宝殿、韦驮殿、如来殿、天王殿、弥陀殿构成，总体建筑坐北朝南，是该寺庙园林中的主体建筑。在茂盛的松柏竹林映衬下，面朝江水处还设有旷怡亭、听涛轩、景云亭等，可以在此远眺江面，俯瞰嘉州山水之景，进而淡化了寺庙园林庄重肃穆的气氛。

乌尤寺不同于其他寺庙园林的地方在于它巧妙地处理了山势高差与寺庙布局的关系，殿堂楼阁随山形山势自然分布。山前山后各有一亭，入口山门处石级阶梯在竹林松柏的掩映下层层递进，转折处恰有一亭，可供有人在蹬道途中休憩，同时蜿蜒的爬山小路给园林带来了深刻的文化内涵。

1. 旷怡亭

旷怡亭依山就势，紧邻江边，可以将江上开阔的美景尽收眼底，楹联上书法兼具，景如其名，令人心旷神怡。

2. 听涛轩

听涛轩面朝江面，可听到岷江水波涛不断的水声，轩壁上还刻有郭沫若和朱德的诗。

3. 尔雅台

尔雅台是汉代文学家郭舍人当年注《尔雅》的地方，是乌尤寺的著名古迹之一。台中有相关石刻，台前也可以眺望三江景色，收开阔之美景。

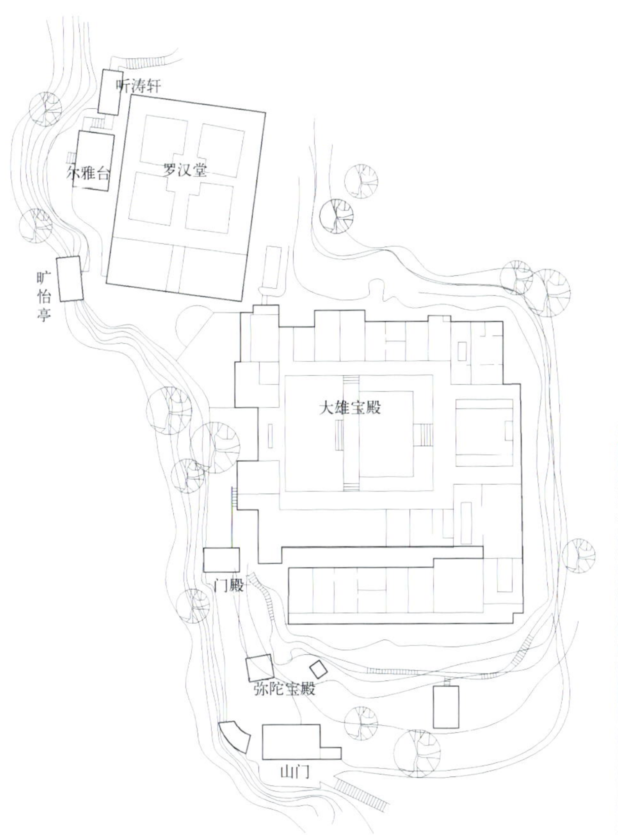

图 7-2-40　乌尤寺平面图（来源：《中国古代建筑史 · 第五卷》）

图 7-2-41　乌尤寺大门

注释

① 四川省文物管理委员会．成都羊子山土台遗址清理报告[J]. 考古学报，1957（4）：17-31.

② 贾玲利．四川园林发展研究．西南交通大学学位论文，2009：5.

③ 段渝．四川通史（第一册）．成都：四川大学出版社，1993.

④ 史占扬．汉代四川农作和庄园习俗的再现——成都西郊出土的东汉画像石浅析．农业考古，1988（2）：171-176.

⑤ 谭继和．古蜀国旁白（序）．成都：成都时代出版社，2006.

⑥ 张先进．四川古典园林初探．四川建筑，1995（1）：29-32.

⑦ 蓝勇．西南历史文化地理．重庆：西南师范大学出版社，2009.

⑧ 罗开玉．三国圣地—武侯祠．成都:四川人民出版社，2005.

⑨ 张先进．四川古典园林初探．四川建筑，1995（1）：29-32.

⑩ 邱建，贾玲利．A Study on Types and Characters of Sichuan Style Garden. 第十四届中日韩风景园林学术研讨会论文集．中国风景园林学会，2014:1-5.

⑪ 张渝新． 新都桂湖的起源、沿革及园林特征[J]. 四川文物，1999（5）：58-61.

⑫ 廖嵘． 初唐驿站园林——新都桂湖．中国园林．2004（04）.

四川古建筑

第八章　居住建筑

四川居住建筑分布图

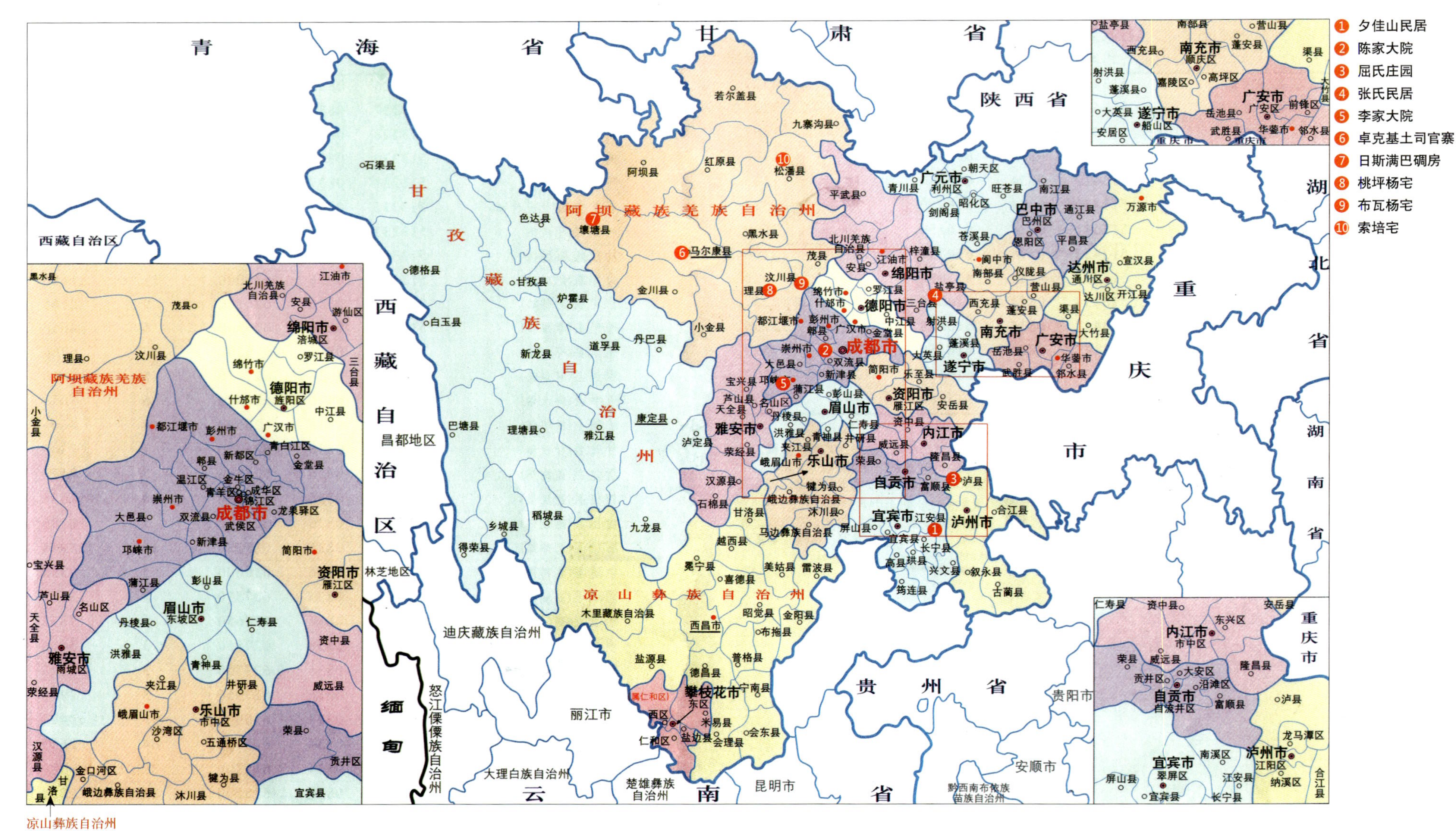

凉山彝族自治州

（地图引自：中华人民共和国民政部编．中华人民共和国行政区划简册 2014. 北京：中国地图出版社，2014.）

第一节　民居类型与特点

独特的地理文化背景孕育了具有地域特色的四川传统建筑文化。居住建筑是各地区建筑发展的原型，是地域特色的主要载体。民居的形成受自然条件影响，并与生产、生活方式及社会、文化、习俗密切相关，因而，民居特征及其分类的形成是综合的。从聚落形态角度可分为城镇民居、乡场民居、农村民居。依据民居所处的地貌条件，可分为平原地区民居与山地丘陵地区民居两类。从材料、结构体系又可分为墙承重体系、木构框架体系等不同类型。以自然环境与人文背景综合考察，四川地区主要形成了东部盆地汉族民居，川西北藏族民居、羌族民居，川西南彝族民居四种不同的体系。四个聚居区内还分布有其他散居的各民族人口杂居，其建筑营建大多都接受了当地的建筑文化，保留了一定的民族习俗，整体风格基本融于地域共性特色之中。

一、汉族民居

四川盆地由连绵相连的山脉环绕而成，从地貌可分为川西平原、川中丘陵和川东平行岭谷三部分。四川盆地土地肥沃，农业发达，经济富庶，人口稠密，是汉民族的主要聚居地。

四川民居形式的发展演变是伴随着文化的发展不断成熟的。自秦汉以来，随着历代不同地区移民的入川，带来的异地特征不断渗入本土文化。一方面各地文化熔于一炉，使得当地建筑形式与营建技术得以兼收并蓄，另一方面建筑上多元文化并存，使得各不同移民聚居处因所属原籍的不同而呈现出各自的差异。

汉族民居是由穴居体系和干阑体系综合发展而来的。秦灭巴蜀后，大量中原移民相继入川，带来了相应的风俗和居住形式，中原的城郭宫室之制逐渐浸入四川盆地并占据主流。从成都出土的汉代画像砖上可看到完整且复杂的四合院，此时盆地的居住形式与中原基本一致。这种呈北方民居特性的做法一直保持至元代。明初大量来自湖广地区的移民入川，把包括建筑在内的习俗带到了四川，四川民居逐渐带有南方色彩。明末清初，四川连年战乱，城镇建筑毁之殆尽，人口锐减。由于大量田土荒废，清政府大规模从湖北、湖南、广东、陕西、福建等省迁徙移民来到四川。至清代中叶，四川的经济繁荣达历史最高，城镇和民居建设再度兴盛。受到南方移民居住原型和工匠技术的影响，建筑形式上呈现出更为明显的南方特征。在结构上由北方的梁柱式转变为以南方穿斗结构为主，南方住宅中常用的敞厅、回廊、漏窗、隔扇门和封火山墙等均在盆地宅院中出现。随着场镇的繁荣，还出现了沿街联排布置住宅的形式并基本定型，形成连续、统一的街道风格。本土文化不断融入中原、南方文化，逐渐发展演变，最终形成了本地区民居建筑的地域特色，成为荟萃型的民居风格。而相对其他移民来说，客家人非常善于保持自己民系的纯粹性，其住宅也较完整地传承了原型的主要元素，现在还能看到典型的不同于本土传统民居的四川客家住宅。

四川民居的基本构成形式主要有“一”字形、曲尺形、三合院、四合院及其组合体几种形式。平原及浅丘区的民居大都选择较为平坦的地块建屋，较多采用合院形式，山地丘陵地区建筑组合随地势呈不规则形状，或不同房屋分处于标高不等的平台上，结构构造上局部采用吊脚、出挑等方式，平面基本布局相差无几。民居的布局反映了人们不同的生活方式以及社会结构关系，汉族地区民居可分为府邸宅院、地主庄园、城镇店宅、客家民居几种类型。

（一）府邸宅院

汉族传统民居以院落式组织为主。乡村院落围绕中心“院坝”扩展，主庭院宽大，沿面阔方向横向发展较多。城镇内的院落则受制于用地规模，面阔方向受限，主要沿纵深方向发展。根据家庭人口和经济情况，主人社会地位以及自然环境的不同，民居布局组织形式、规模大小有所差异。贵族、官僚或富家大户的府第、宅院一般散布于城镇的街巷中，避集市、占地广。基本是规整的多进四合院式布局，大多遵循着中原坐北朝南的正统习俗，若受街坊限制朝向，也会依靠入口、厅、廊的转承来实现，严整有序。

达官贵人的府第较多地受到封建宗法制度影响，规模相对宏大，功能繁复，有明确的主轴线，布局较为严整。房屋按长幼尊卑、内外有别的秩序排布，井然有序。临街设有显赫的大门，即“龙门”或“朝门”，有些还要再建二门或屏门，门两侧或为仆人居住，或作为轿厅使用。作为家庭核心的堂屋、正房坐北朝南，位于主轴线上。两厢围合，主体呈规整的厅、堂递进的多重合院。功能繁多的其他房屋则向轴线两侧以天井、廊联系，灵活扩展。天井花园引水叠石、栽种花木。如依轴线纵向递进布局的崇州宫保府，20 世纪 80 年代尚存三进院落，院内有 6 个天井、50 多个房间。院落正门是中西合璧的风格，院内建筑则为木结构、砖砌墙体、硬山瓦屋顶（图 8−1−1）。

自贡市福源灏则是多轴线并列扩展布局形式的代表，由 48 座“小天井”组成，各院落自成一体作为生活单元而独立，又互为一体成为整个宅院不可分割的一部分。

普通宅院则布局相对自由，房屋多少、井院大小规模不等。房屋功能均围绕居家生活，较单纯，有敞厅、堂屋、居室、客房、杂用厨房等，以天井院扩展，还有在天井院中建戏台、小亭的。宅中院落较小，天井尺度形状不一，房屋布置不拘一格。根据用地情况有纵向并列的宅院，也有纵横交织的宅院，扩展较为自由活泼（图 8−1−2）。

城镇宅院因用地紧张，以一个主庭院为主沿进深方向纵向发展。乡村宅院通常会利用平坝、台地可大可小，或各院坝分处不同台地上横向扩展。山地建筑布局因受到地形的影响，修建房屋时则采用干阑将房屋架空、架空院落和平地连接或者筑台的方式。规模较大的时候，采用逐台跌落的方式，房屋屋顶和院落都逐进升起。

（二）庄园式民居

庄园是农耕社会的产物，大多建于场镇附近或乡间。川西平原、川南、川东北地区都有分布，相对而言川西、川南地区数量较多且规模较大。

四川现存地主庄园布局、规模差异较大，基本布局仍为院落式。一般都是独立的大型合院组群。较普通民居而言，功能上除居住生活外，还包括社会交往活动、生产管理、生产作坊等，如各类客厅、私塾、戏楼、佛堂、作坊、雇工院、佣人房、家丁卫队等，院落规模大，宅院功能较多、复杂。通常不同功能分处于不同院落组群中，主人居住生活部分沿纵向多进院落布局，位于主轴线上。依此向两侧横向扩展，一侧院落布置待客、读书、娱乐部分，另一侧院落布置生产用房和佣人房等。通常还会利

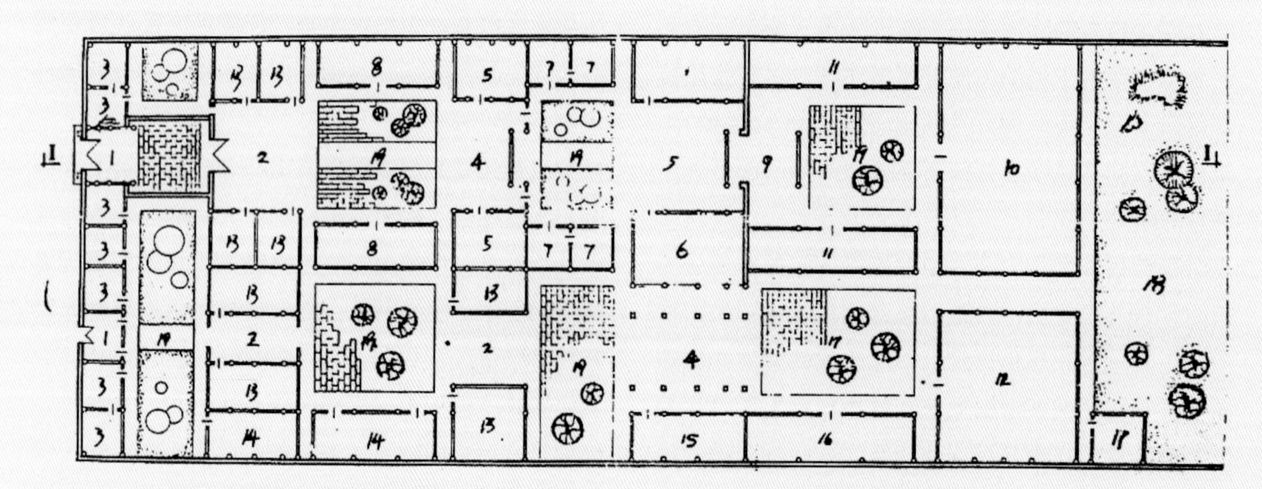

图 8−1−1　布局严整的府邸建筑（来源：《四川民居》）
1—大门；2—门房；3—门房；4—敞厅；5—堂屋；6—正房；7—书房；8—厢房；9—照壁；10—保管室；11—公务办；12—宴客厅；13—客房；14—住房；15—库房；16—厨房；17—厕所；18—后花园；19—庭院

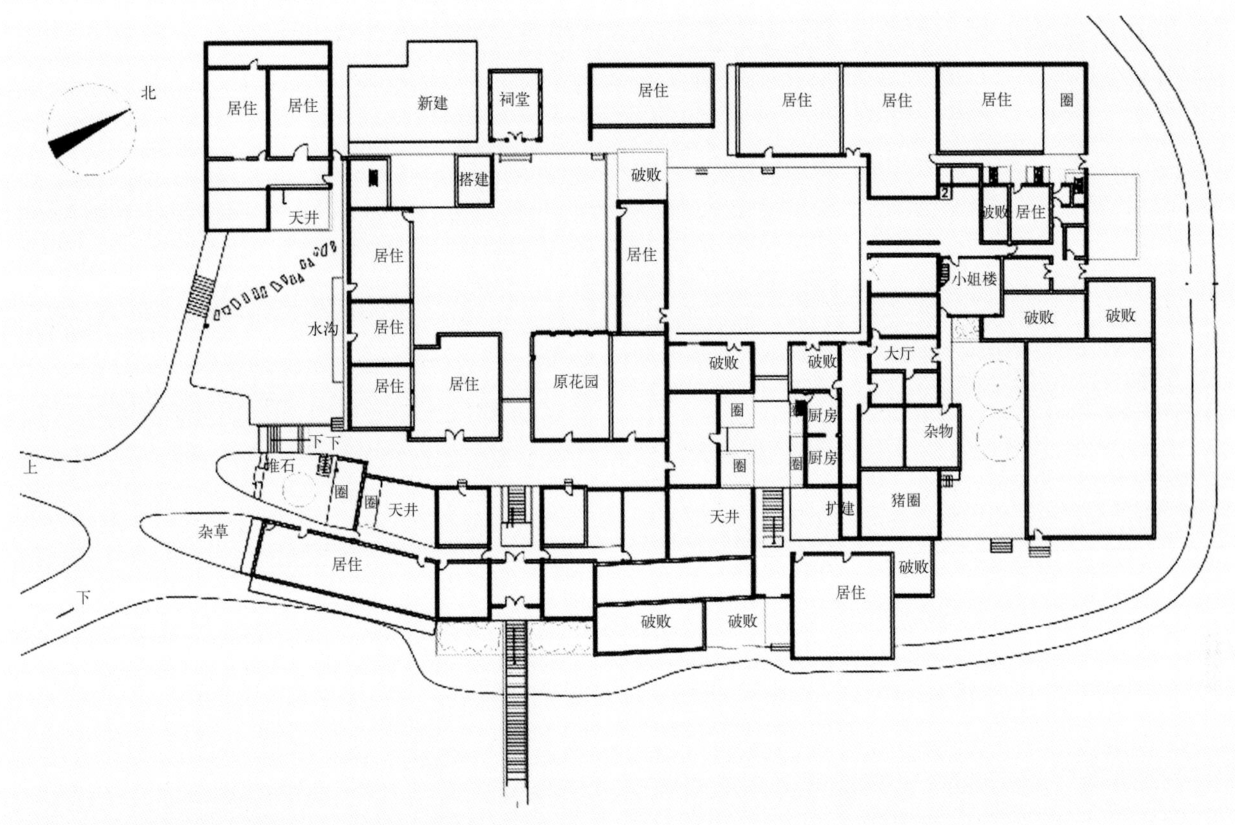

图 8-1-2 不拘一格的宅院布局（来源：季富政 提供）

用自然环境设置各类花园。由于规模庞大，大多因地制宜、布局自由，围墙与碉楼结合。对外封闭的多重院落群，自成一体的防御特征鲜明。建筑结构以穿斗式木架为主，主要厅堂采用抬梁式或混合形式。现存建筑大多为晚清至民初所建，主体建筑山墙及对外墙体多为砖砌筑，朝向内院则为传统木制门窗。

（三）城镇店宅

随着场镇经济的发展，人口激增，许多场镇的居民沿道路两侧建房，户户紧密相连。依照街巷格局，于街道间再纵深发展。为适应居住生活和商业经营的需要，主街沿街住户大多兼商业经营，成为两用的店居形的住宅。宅与店铺都直接对街巷开门，形成面宽窄、进深大、密度高的联排式布局。房屋多为穿斗式木架，过厅或正堂明间抬梁式结构。单层建筑大多设阁楼，小青瓦顶。因建筑密集，间或突出封火山墙。

联排式店宅的特点是每户沿街开间少，临街方向小者仅有一间，大者可为三开间铺面，平面布局向纵深方向和竖向发展，楼层向外出挑。门前还会再利用出挑的宽大前檐扩大经营，或设柱廊，或利用穿枋出挑、加披檐等。场镇街道空间有“挑厢式”，也有“廊坊式”，街景风貌丰富多样（图 8-1-3）。

根据店宅功能组织的不同，可分为前店后宅、下店上宅、前店后坊上宅几种形式。

前店后居式：沿街的房间作为铺面，后半部分供居住使用。堂屋居中，两侧及后部依次为卧室、厨房等。有些大户人家，沿街修一至二层的铺面出租，铺面之后为自家的宅院，仅在街面留一间作为入口。宅院一般为多进天井院式紧凑布局，较为规整（图 8-1-4、图 8-1-5）。

下店上居式：有些商户将临街的下房作为商铺，把后面几进改用店铺或为库房、杂用，卧室居住部分便向上发展，移至二层，形成下店上居的布局。

前店后坊上居式：以自产自销模式经营的商户，宅院沿街开设店铺，后部是客厅、库房、杂储，后院作为手工作坊。环绕天井的楼上一层才是店主的居处。形成前店后坊、上层居住的住宅格局。

图 8-1-3　丰富的场镇街道空间（来源：陈颖　摄）

图 8-1-4　阆中前店后宅空间示意图（来源：四川省文物局资料）

图 8-1-5　店宅内庭院（来源：何龙　摄）

崇州元通镇罗宅，底层为对外经营和内部起居、家务空间，楼层主要为居住空间。临街门面三开间，明间稍高。进深五进四院对称布局，2 层木构楼房，四周以空斗封火墙围合。前部狭长的庭院由砖石结构的牌坊式二门分为两个天井院，门顶塑楼台亭阁，并且带有透视处理，别具一格。第二进院落楼上为走马转角廊，周圈相通，临天井设栏杆。主轴线上厅、堂建筑逐渐增高（图 8-1-6 ~ 图 8-1-8）。

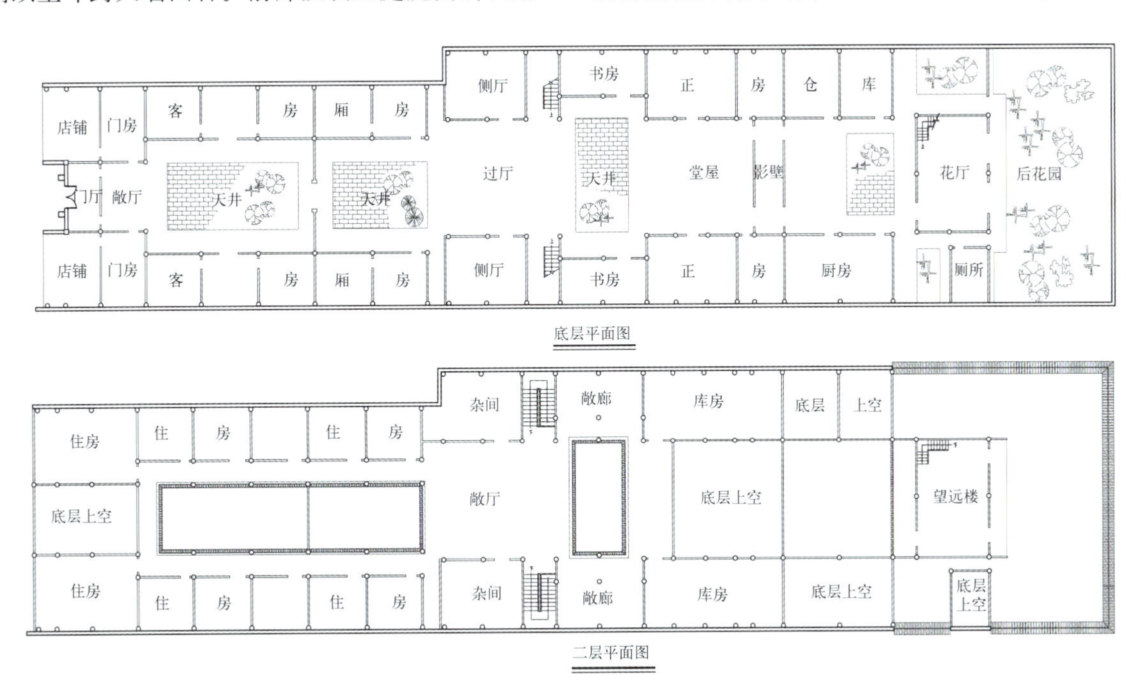

图 8-1-6　罗宅平面示意图（来源：唐剑参考《四川民居》绘制）

图 8-1-7　罗宅前院二门（来源：潘曦　摄）

图 8-1-8　罗宅内院（来源：潘曦　摄）

（四）四川客家民居

由于历史原因，四川经历了多次移民浪潮，也成为闽粤赣客家人向内陆移居的主要聚集地。四川客家民居也由原乡特征转化为适应于本土文化的新形式。在清前期及中期，客家建筑形制基本保持了其原乡藉建筑的特征，继承了闽粤赣客家民居的核心空间、建筑形制，特别强调祖堂的中心地位，强调“明堂暗屋”，严谨的中轴对称、表现等级秩序，等等。随后，受川渝地区“人大分家”“别财异居”的风俗，以及各省籍移民文化相互交融的影响，出现了聚居的规模向小型化发展，由家族聚居逐渐转向以家庭为单位的分居模式。

1.“门堂制”的客家“堂屋式”民居

源于“门堂之制”的“堂屋式”客家民居主要分布于成都东山地区，简阳、隆昌、仪陇、巴中、西昌、会理部分地区。其中东山地区及隆昌县是现最主要的客家聚居区。

客家堂屋式民居多为单层，有一堂屋、二堂屋、二堂二横、多堂多横等形式，布局中轴对称、严谨，等级关系明确。按照家族公共活动空间、不同辈分的居住空间、生活配套用房的等级关系，从中心向周边扩展，家族公共活动用房中祖堂地位最高，居于中轴线尽端，一般开间、进深尺寸最大。建筑正立面与平面相呼应，中轴对称，端庄严谨。一般外墙厚而封闭，不设窗或窗少而小，有较明显的防御特征。

四川客家“堂屋式”民居以“硬八间”“假六间”为常见，也分别称为“二堂屋”“一堂屋”（图 8-1-9）。占地为长、宽各 10 余米的方形，外形几乎一样，只是平面形式不同。多堂多横式民居的空间格局是以“硬八间”“假六间”空间格局为基本单元，横向或纵向扩展。建筑材料一般为土、木、竹、麦秆等。普遍采用土坯砖砌或夯土墙，少数城镇富裕人家使用木板墙或火砖墙。建筑的承重体系一般是土墙与檩相结合，穿斗式、抬梁式构架一般仅局部使用。民居装饰重点在屋顶及木作部位。装饰手法有灰塑、木雕、石雕、彩绘、瓦垒、草扎，等等。木作常仅以熟桐油罩之，也有刷黑色或红色的。墙面常饰以白灰，重点部位绘装饰图案。装饰题材多以平安吉祥、福寿如意为主题。如钟家大瓦房至今已有 200 余年的历史。建筑总面宽达 105 米，最大进深达 49 米，总建筑面积约 3400 平方米。建筑坐北朝南，位于一凹形地势中，建筑前有进深约 30 米，并与建筑面宽同宽的大敞坝及月形荷塘。整

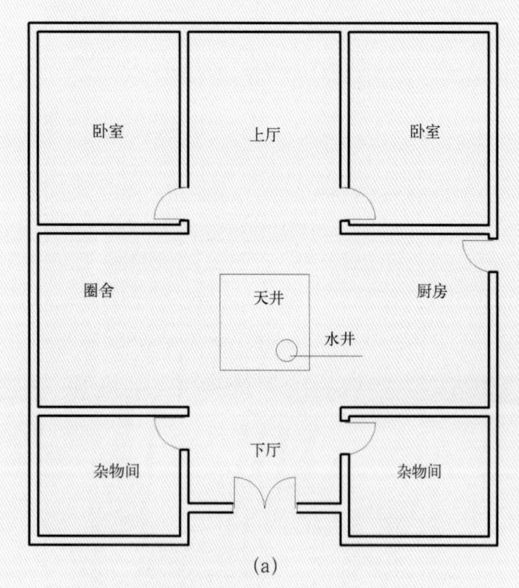

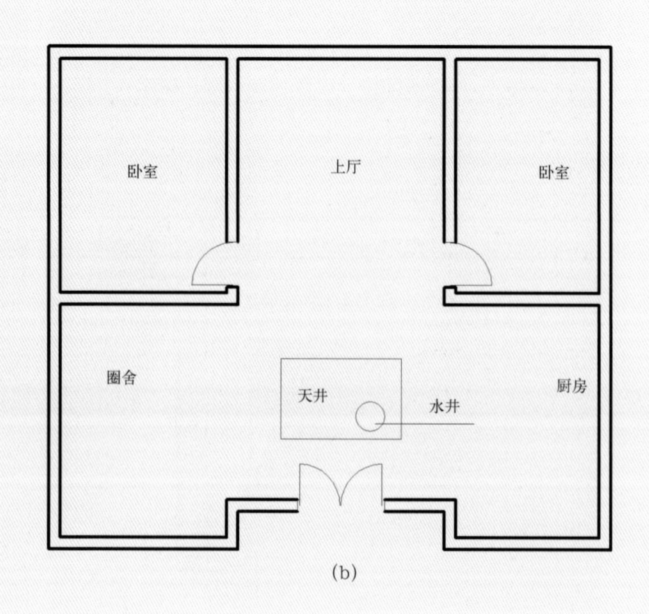

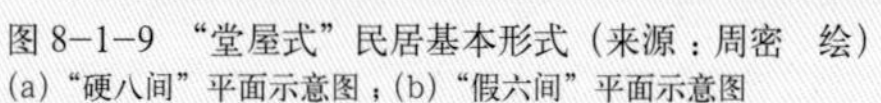
图 8-1-9 “堂屋式”民居基本形式（来源：周密 绘）
(a)“硬八间”平面示意图；(b)“假六间”平面示意图

幢建筑共有七道大门，20个大小不同的天井。建筑的中轴线十分突出，主从分明，处于中轴线上的上、中、下厅的开间为最宽，祖堂(即上厅)进深近6.6米，为整幢建筑之最。剖面由外至内递次上升，祖堂净空高达6米。在东、西两端各建有一排向南伸出的长屋，用作畜圈、作坊。立面严格对称，从中轴向左、右两端高度逐渐降低（图8-1-10、图8-1-11）。

2.客家“合院式”民居

客家“合院式”民居的主要特征是外围高大封闭，具有较强的防御性，内部形成院落式布局，主要分布在四川隆昌、川东南宜宾、泸州等地区。主要布局形式有两种：一种是四周建有高大围墙（廊）围合成院，内部生活功能用房围绕天井组织，与当地院落式布局较类似，院墙角部建有防御性的（或同时用于储藏的）碉楼。另一类是沿周边建对外封闭的房屋围合成院，院内依纵横轴线组织天井院，周边房屋高大（多夹层，或2层），角部增高成碉楼，内部建筑单层水平分布，类似江西围屋。在用地允许的情况下，布局仍然尽可能形成对称格局。

建筑材料一般为土、木、砖，多采用夯土、木穿斗抬梁相结合的结构形式，外围常采用夯土墙。高耸的碉楼及高大的封火山墙成为建筑形式要素，

图8-1-10 钟家大瓦房鸟瞰（来源：周密 摄）

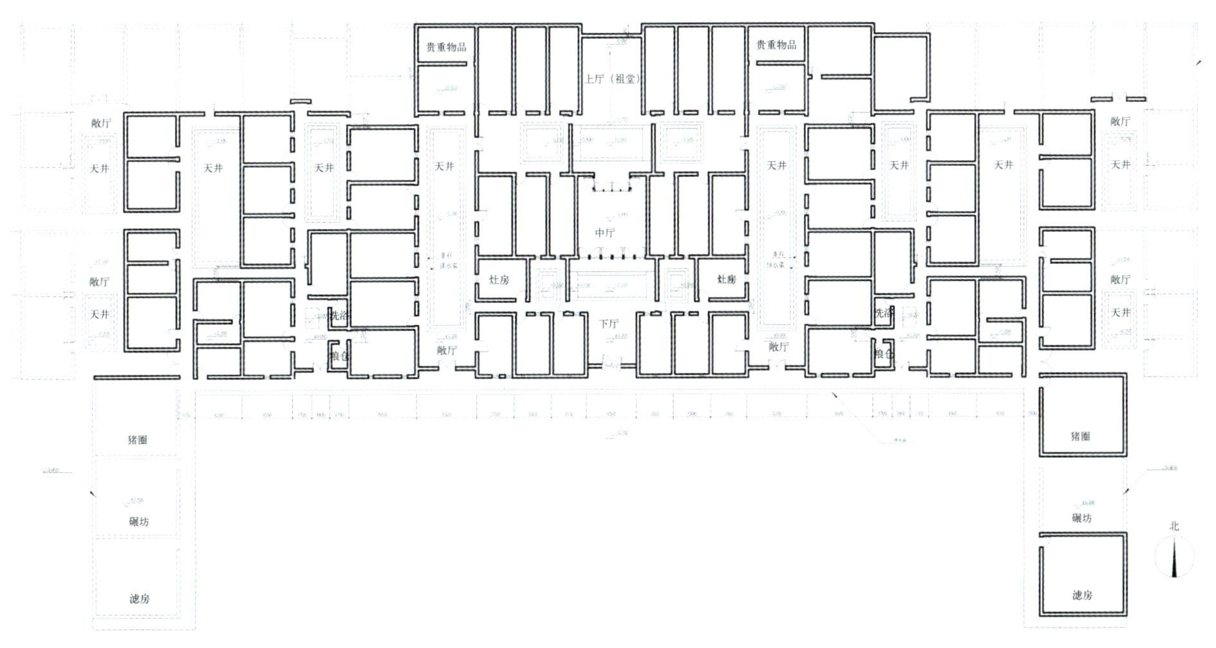

图8-1-11 多堂多横的四川客家民居（来源：周密 绘）

装饰重点大多在屋顶以及木作部位，富有人家木雕、石雕等装饰较为精美。装饰手法有灰塑、木雕、石雕、彩绘、瓦垒，等等。

宜宾龙氏山庄为墙院围合式，建筑面积约3000平方米，总占地面积近1万平方米，平面布局接近长方形，外围为条石围墙，围墙上置碉楼一座，入口处内侧贴围墙为2层门楼，底层为门厅，楼上为戏楼。距门楼约20米为四进合院，门楼、合院均大致中轴对称。建筑外围局部采用青砖封火山墙，内部为穿斗、抬梁混合式，歇山青瓦顶（图8-1-12～图8-1-14）。

受中国主流传统建筑文化的影响，四川的院落民居也讲究秩序，序列主次分明。但院落呈现出由宽敞到紧凑、由大到小的变化特色，空间层次丰富。四川盆地气候温和，多雨、少风，但空气湿度大，夏季闷热，民居常采用小天井、敞口厅、大出檐等做法以适应气候特点。传统民居大多采用穿斗结构，用料小，构造简单，取材容易，扩展简便、灵活。人们在适应和利用地形上因地制宜、填挖筑台，灵活的穿斗架实现了坡、挑、吊、架等多样化的处理，以简便的方法获得更多的建筑空间。民居的营建本着因地制宜、就地取材的原则，一般使用价廉、易得、加工方便的材料。有全木构和砖木混合两种类型。柱有木柱、砖柱，梁、枋、檩、椽为木构，墙体有竹编夹泥墙、空斗砖墙、镶板墙、土坯或夯土墙几种，山面墙体勒脚多以条石砌筑。屋面多用“冷摊瓦”铺设方式的小青瓦顶。

纵观四川汉族地区的民居，在其相同的建筑结构材料、相似的布局与形式风格中，因地理分布的不同也略有差异。相对而言，川西、南民居较川东北地区规模较大，川北一带民居建筑形体封闭、小巧，屋顶平直，出檐短促。川西平原一带建筑规模

图8-1-12　龙氏山庄鸟瞰（来源：季富政　绘）

图8-1-13　龙氏山庄前院鸟瞰（来源：李俍岑　摄）

图8-1-14　龙氏山庄内院（来源：李俍岑　摄）

较大，布局舒展，屋顶坡度略大于川东北地区，出檐平缓。川南建筑布局紧凑，建筑高敞，屋顶坡度更为陡峻，出檐宽大。四川建筑住宅外墙多采用白色或灰色为基础色调，门窗以浅褐色或是暗红色为主基调，与白粉壁、青砖墙相配，显得清新而淡雅。

川东北地区的民居建筑，布局紧凑，通常以竹篾土夹墙作为墙体。川西地区建筑屋顶多采用青瓦坡顶，墙面多为填充墙，尤以竹编夹泥墙为特色。川南建筑横向展开较多，依地形逐渐升高，在高差处理上显得变化多端。川南地区为求安全防卫，大户宅院常常采用土石墙或土墙围合封闭并建有各种碉楼。

二、藏族住宅

四川藏族地区属于青藏高原的东缘横断山系，多高山峡谷，河流密布，气候多变，独特的地理环境与深厚的民族文化传统，造就了四川藏族民居类型丰富、形式多样的独特风貌。

由于生产生活方式的差异，四川藏区有农区与牧区两类。牧区藏民大多居于易迁徙的帐篷，冬季则居于海拔较低避风处的小型土房或木屋内。大部分藏民以农业生产为主定居生活，农区地理分布广，因环境差异，藏房形式多样。大致可分为以下几类。

1. 以居住人职业和社会地位可分为土司官寨，活佛、喇嘛住宅，普通民居（农村居民、城镇居民）三类（图 8-1-15）。土司官寨既是土司居所又是官署，是集居住、统治管理和防御为一体的复合功能建筑。

2. 从平面布局看，有合院围合式、中庭式和集中式三种。如土司官寨功能复杂，不同功能用房组织在不同单体中，主体与附属建筑四周围合而成；中庭式，当房屋开间进深尺度都大，平面接近方形时，房间一般沿周边布置，四面围合呈内天井，二层以上天井周围为回廊，巴塘、道孚一带较多；集中式，建筑独立成栋，上、下各层重叠垒砌，建筑竖向发展，如马尔康一带。也有层层退台式，阶梯式体量组合，如丹巴。而甘孜、稻城地区则在二、三层设中庭（图 8-1-16）。

3. 依据民居的结构及形式可分为邛笼式石碉房、崩空式藏房、梁柱体系藏房、木架坡顶板屋四种类型。前三种为水平密铺梁檩的平顶形式，也有部分地区在平顶上架设木架铺盖石板坡顶。建筑材料有原木，夯土／土坯块，片石／块石。除崩空房为全木外，基本都是石木或土木相结合。

（1）邛笼式石碉房

四川嘉绒藏区是藏羌石砌建筑的发源地之一。现存的上百座碉楼，更是中国两千多年以来至今尚存的“邛笼”的实物见证。该地区的民居也是由古代先民“垒石为室而居”演变而来的“邛笼”式石砌碉房。碉房有两种类型：一类是纯居住功能的碉

图 8-1-15　嘉绒地区土司官寨（来源：毛良河　摄）

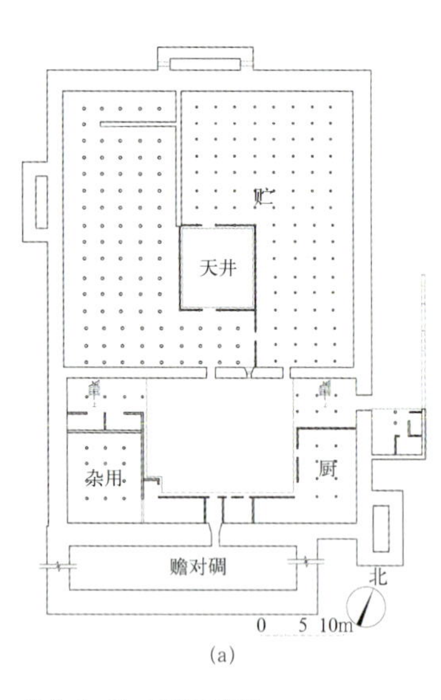

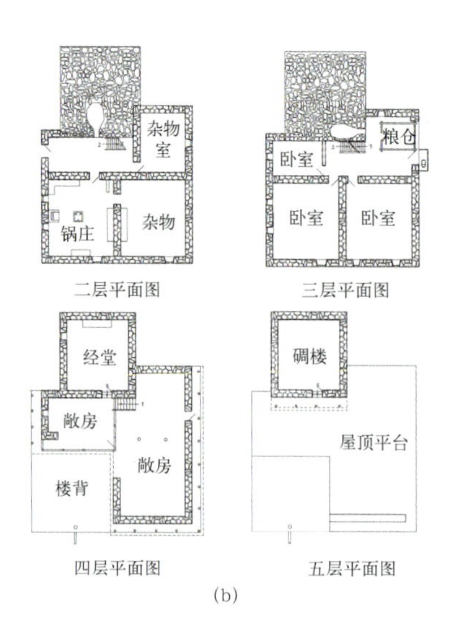

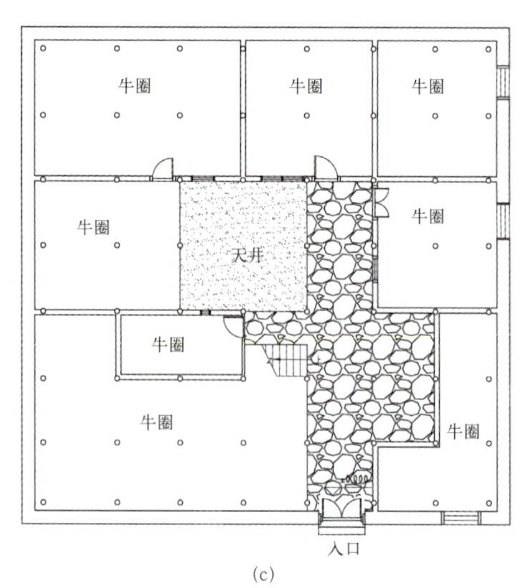

图 8-1-16 布局示意图
(a) 围合式；(b) 集中式；(c) 中庭式

图 8-1-17 平顶“邛笼式”碉房（来源：陈颖 摄）

图 8-1-18 坡顶“邛笼”式碉房（来源：田凯 摄）

房；另一类是住屋与高碉结合，即建有高碉，也称之为“宅碉”。3 ~ 5 层石砌平顶居多，高者有达 7 层或 9 层的。

“邛笼”式是墙承重体系的密梁平顶碉房，实墙划分空间，室内无柱或少柱，以房间为单位内、外墙承重。碉房平面为方整的矩形平面，占地百余平方米。上、下层分间基本一致，竖向重叠平面逐层减少，形成退台式。功能布局大致为底层牲畜圈；中间层有主室锅庄，作为客厅、厨房，卧室、各类储藏室、厕所位于二层以上并悬挑于主体之外是藏区民居的一大特色；上层为经堂、客房，有些还有喇嘛念经的住房。最顶层为宽大的屋顶晒坝，沿墙边建有“一”字或“L”“凹”字形平面的半开敞房间，敞间是供临时储存、放农具之用。敞间大多为木架平顶，马尔康草坡一带则为木架坡顶（图 8-1-17、图 8-1-18）。碉房整体封闭坚实。厚厚的石墙上只有少量小窗洞，三层以上面向屋顶晒坝的房间和出挑的木墙上才开设稍宽大的木窗。层层退台和木墙、廊架的交错出挑，形成虚实、轻重的对比，建筑形体丰富。

（2）康巴“崩空式”藏房

崩空是藏族建筑中最为常见的、极具民族与地域特色的木结构类型。“崩空”藏语意为木头架起来的房子，也有称为“崩科”“崩康”“棚空”“棒科”的。早期这种以半圆木垒叠而成的井干式结构的箱型木屋多为单层，较多林区。因其较好的整体性，后来

图 8-1-19 康巴“崩空”藏房（来源：陈颖 摄）

图 8-1-20 木框架结构“崩空”房（来源：陈颖 摄）

普遍建于地震区，并加以改造，常与木框架结构结合，或置于“邛笼”碉房上层局部使用。主要分布在甘孜州道孚、炉霍、甘孜、新龙、德格、白玉县一带。20世纪后期道孚、炉霍经历几次强烈地震后，人们对传统的“崩空”建筑在结构、布局上都进行了改进，木墙与框架式结构结合的“类崩空”做法逐渐增多。道孚民居成为四川藏区“崩空”民居建筑的典型代表。

“崩空”式藏房有两种类型：一类是井干式结构的箱型木墙，即当地称呼的“崩空”房；另一类与梁柱体系结合，为梁柱构成框架，柱间以圆木垒叠成墙，外观类似井干式的木墙，称为“灯笼框架”式（图 8-1-19、图 8-1-20）。与其他地区的井干式民居相比，康巴“崩空”藏房底层及后部夯筑土墙，二层以上为全木崩空。大多为2～3层的平顶形式，平面功能大致相同，底层为牲畜圈房，二层为生活用房，顶层供晒坝储藏。木件上五彩刷饰、镂刻吉祥图案，装饰华丽精美。特别是新民居的柱子普遍粗大，上、下层使用通柱，梁柱形成框架以增强抗震能力，并注重装饰。

（3）梁柱框架体系藏房

“梁柱框架体系”是分布最广的一种藏房类型。建筑主体结构以柱、梁构成框架，作为主要承重构件，墙体为起围护作用或仅承担部分荷载的一种结构形式。该类型又可细分为两种。一类是完全梁柱承重的纯框架结构，建筑的全部荷载由梁柱承担，墙体仅为围护结构。主要分布于甘孜州北线从甘孜到德格及巴塘、乡城、稻城、得荣等地。另一类为建筑外墙与室内梁柱架共同承担荷载的内框架结构，房屋室内采用梁柱框架，但靠近外墙的一列柱子被墙体取代，边跨梁一端位于柱头，另一端搭于外墙，墙柱混合承重。主要分布于甘孜南线经康定至雅江、泸定、九龙、理塘，及色达县、阿坝县、雅安地区、凉山州木里县等地（图 8-1-21）。

从建筑外墙材料看，沿河峡谷地区利用自然资源山岩片石砌筑墙体，河谷冲积地带及草原，普遍采用夯土筑墙作为围护体。土筑藏房主要分布于河谷冲积平原和高原牧区，如甘孜、炉霍、巴塘、新龙、乡城、壤塘、阿坝县等地。其他则为石砌碉房，如康定、雅江、理塘、稻城、雅安、木里等地（图 8-1-22）。

“梁柱框架体系”民居平面为规整的矩形，面阔和进深尺度都较大，多为2～3层石木或土木结构的平顶碉房，有些地区在顶层敞间立木架敷设石板瓦成坡屋顶。建筑以室内立柱多少称呼房屋大小，柱列间用木板墙分隔空间。底层为牲畜房及杂物间，二层为生活用房，用木隔墙分隔出厨房、卧室、经堂、储藏间等，三层退至呈“一”字形或“凹”字形平面的敞间，屋顶平台为晒坝，作为生产辅助之用。因此，梁柱框架体系藏房的特点就是梁柱起主要承重作用，建筑空间以横向扩展为主。建筑形体略有收分，上层开设小窗洞，外观封闭坚实。

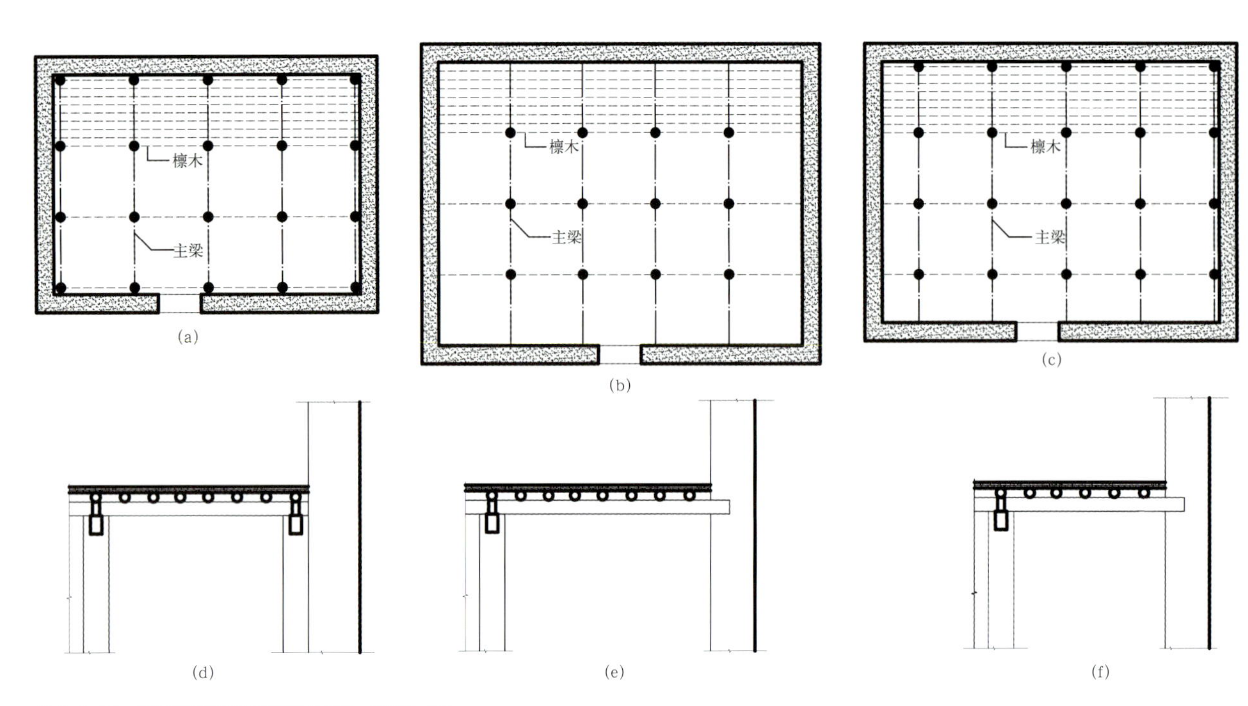

图 8-1-21　梁柱框架体系示意图（来源：唐剑　绘）
(a) 纯框架结构示意图 1；(b) 内框架结构示意图；(c) 纯框架结构示意图 2；(d) 梁、柱、墙关系示意图 1；(e) 梁、柱、墙关系示意图 2；(f) 梁、柱、墙关系示意图 3

(a)　(b)

图 8-1-22　梁柱体系藏房（来源：陈颖　摄）
(a)“框架式”夯土碉房；(b)“内框架”石碉房

（4）木架坡顶板屋

藏族木架坡顶板屋民居主要分布于四川阿坝州北部，海拔相对较低、气候温和湿润、木材丰盛的林区。藏、汉等多民族杂居的地区，如若尔盖、九寨沟、松潘县及平武县的藏族乡等地。不同民族文化、宗教信仰的相互交流，构筑方式及建筑形式出现文化融合的混合形式。藏式建筑的营造方式、构造节点与汉族传统穿斗木架建筑不相同，木架板屋下层为藏式梁柱搭接方法，上层吸收了汉族木构架的穿斗营造技术，形成汉藏混合形式（图 8-1-23、图 8-1-24）。

民居多由大门、主房、平台、耳房组成小院落。主房建筑为独栋式，以木架结构为主，木板墙。松潘地区大多在板墙外砌筑土石围护墙。房屋大小依室内柱头的多少，小则 9 柱，大到 40 多柱，采用杉板瓦坡屋顶。建筑外挂经幡、转经筒，以藏传佛

图 8-1-23　若尔盖县藏族木架板屋（来源：田凯　摄）

图 8-1-24　松潘县藏族木架板屋（来源：田凯　摄）

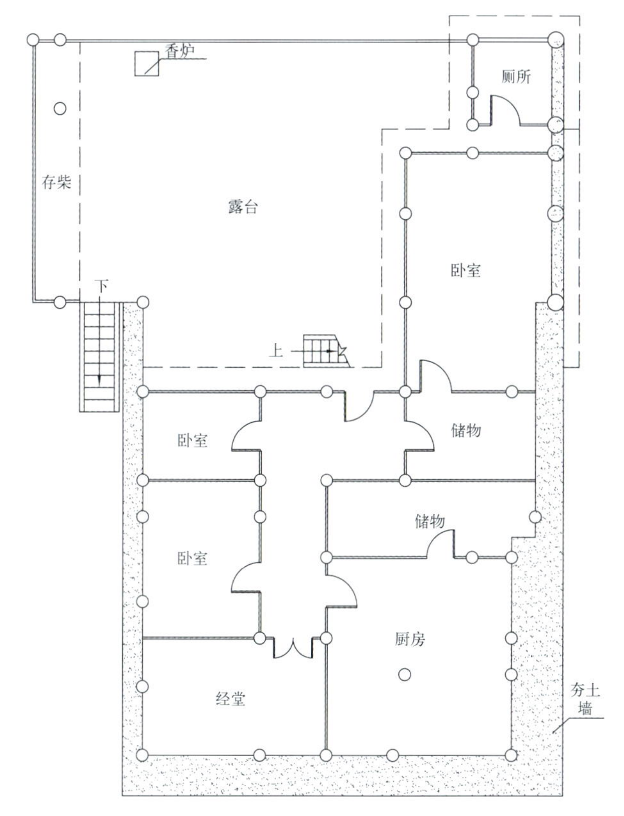

图 8-1-25　松潘安备村索培宅木架板屋布局示意图

教宗教图案装饰。

藏族木架板屋一般为 3 层。从一层经木梯到二层宽阔的晾晒平台，平台周围栏杆围护，角部建有一个敬神煨桑的香炉。从过道进入主房，两边是独立的卧室，里面最大的房间是起居主室，中间有火塘，兼有厨房、饭厅、客厅的多种功能，炉灶上空方井升高开高窗。三层是经堂和储藏室。松潘地区牟尼沟和热务沟的经堂在三层，漳腊川主寺一带经堂在二层火塘屋旁。三层（阁楼）是储藏家庭日常用品或储藏兵器的储藏室（图 8-1-25）。

四川藏族民居的造型风格生动多样，形成独特的地域风格。康北甘孜一带土质好，筑土墙房；道孚处在林区全木崩空藏房且用料粗大；石渠、色达是牧场居牛毛帐篷；新都桥盛产石料为外石内木藏房；丹巴地处高山深谷之间，取自周边石块泥土砌筑高耸的碉楼，丹巴古碉楼含有东女国的传奇；色尔坝藏房源自格萨尔的文化，顶层的出檐四周编扎当地盛产的柳条。康南一代的藏房 2 ~ 3 层平顶，民居的区别反映在外墙的色彩和装饰上，如乡城白藏房、巴塘红藏房，雅江地区则是原材本色，稻城民居突出黑色门窗。藏族民居以主室（火塘）为核心，上层为经堂空间以及顶部敬神场所的组织方式，独具特色。

三、羌族住宅

羌族住宅主要有土司官寨和普通民居两类。官寨既有居住的功能，同时也是土司管理施政的场所，因此也有官署的作用，功能复杂、形体高大。普通民居则方整简洁，以 2 ~ 3 层居多，体量较小，除门楣及在墙顶、窗上堆放白石外，较少装饰，以材料原色示人，较为古朴。

羌族民居的建筑材料主要为当地的石材、木材及夯土。由于地理环境的差异，民居也有不同的形

图 8-1-26　石碉房（来源：陈颖　摄）

图 8-1-27　土碉房（来源：陈颖　摄）

图 8-1-28　木架板屋（来源：陈颖　摄）

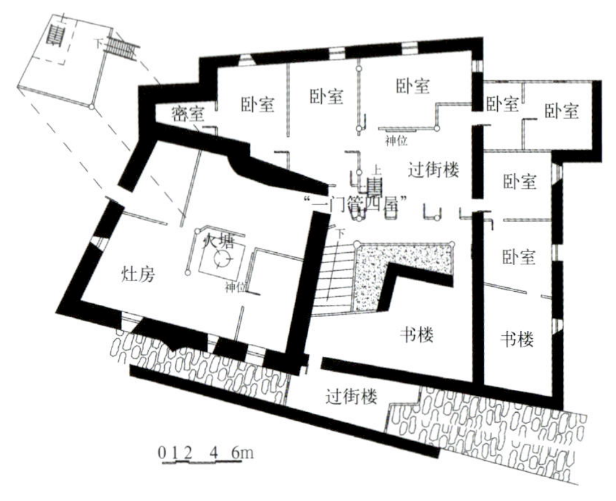

图 8-1-29　杨布先宅二层平面（来源：李路根据《中国羌族建筑》绘制）

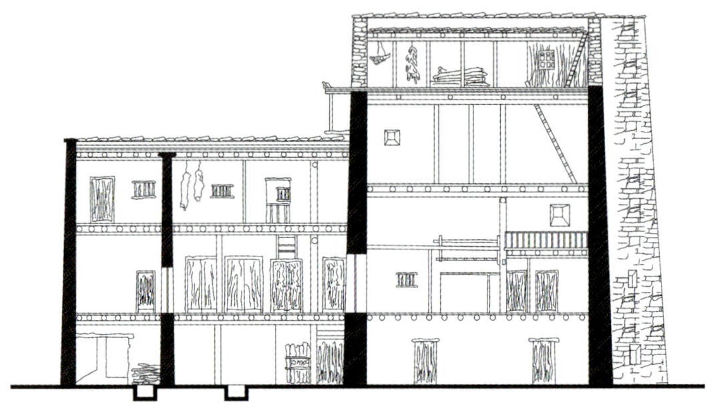

图 8-1-30　杨布先宅剖面（来源：李路根据《中国羌族建筑》绘制）

式风格。从建筑形态来看，羌族传统建筑可分邛笼式石碉房、木框架式土碉房、木架坡顶板屋三类（图 8-1-26 ~图 8-1-28）。

1. 邛笼式石碉房

岷江上游西侧的杂谷脑河流域、黑水河流域以及茂县境内的岷江东岸地区，靠近嘉绒藏区多建墙承重体系的邛笼式石碉房，寨中也建有高碉楼，结构做法与藏族碉房类似。碉房平面近似矩形，多为 3 ~ 4 层，高约 9 ~ 12 米。底层是牲畜圈，二层有堂屋、灶房、主室，三层是卧室，四层是储藏用的“照楼”。只有 3 层的民居，一般将卧室分散设于二层主室和三层储藏的空间里。上、下层之间以独木梯或活动木梯相连。石碉房形体变化较少，仅厚墙收分，在顶层退台。后照楼的后墙突起，以抵御北风，屋顶四角、后墙正中及院墙门上堆有白石，为羌族崇拜的“白石神”的象征。装饰极少，朴素明朗。

如位于桃坪寨中心地段的最古老的民居杨布先宅，占地近 400 平方米，原有 70 多间房，70 多道门，除堂屋外，其他房间的开间不大，但布局十分合理。水渠从底层穿过，主入口在二层。进大门，一个小小的门厅扼守三扇房间门。堂屋内有楼口，安有木板梯，也有安独木梯的，上梯后即可上小楼、大楼、顶楼。底层的圈舍及厕所在大门的左或右方，有门关栏（图 8-1-29 ~图 8-1-32）。

2. 木框架式土碉房

土碉房室内为木梁柱框架，外墙版筑夯土墙，二层屋顶仍为密梁平顶，形态上与石碉房类似，主要分布在汶川县城附近的布瓦寨、萝卜寨一带，是分布范围最小的一类羌族民居。

土碉房平面为矩形，多为 3 层，高约 6 ~ 9 米。一层是堂屋、主室、灶房，可能有卧室；二层

图 8-1-31　入口（来源：陈颖　摄）

图 8-1-32　火塘（来源：陈颖　摄）

是卧室和储藏室；三层是屋顶房背和照楼。上、下层之间以独木梯或活动木梯相连。在“主楼”外侧有一层牲畜棚。一层内中心空间是堂屋，是联系其他房间和上、下层空间的过厅，墙上设神位。主室在堂屋后方，类似现代住宅的客厅或起居室、火塘构成这个核心空间，同时兼有餐厅的功能。屋顶可供休息、家务、粮食作物加工。在结构上，一种为土墙和内框架共同承重，布瓦寨属此类；另外一种为木框架承重的，土墙仅起外围护作用，萝卜寨属此类。

3. 木架坡顶板屋

岷江以东紧邻汉族地区及接近松潘藏区的羌寨民居，基本为穿斗构架的干栏式，构架与建筑风格与汉民居相似，底层以石材砌筑维护，双坡瓦或石屋面。汶川南部、松潘南部、北川、平武一带多为此类，分布范围仅次于石碉房。

羌族板屋受近邻汉、藏建筑影响较大。邻近汉族地区的板屋多吊脚和“L”型平面，木板外墙，与四川汉族山区民居相似；邻近藏区的板屋多“一”字形平面，外墙往往土、木结合，有挑台厕所，底层多石墙。

一般来说，汶川南部羌族板屋为两坡顶、木屋架，二层，石砌墙体。松潘南部平面为矩形，多为 2 ~ 3 层，高约 7 ~ 12 米。底层是牲畜圈；二层是火塘、灶房等组成的主室；三层是卧室；利用坡顶空间的阁楼作为储藏室。只有二层的民居，一般将卧室分散设于二层主室两侧。上、下层之间固定木扶梯相连。二层的主室墙上有神位，火塘构成这个核心空间的主题，同时兼有餐厅的功能。北川、平武的羌族板屋多为一楼一底。底层根据地形做吊脚，形成的底层空间养牲畜。一层是生活区，有主室和卧室。

四、彝族民居

凉山彝族自治州的民居主要有瓦板房和土墙瓦房两种类型（图 8-1-33、图 8-1-34）。瓦板房是大小凉山彝族区的传统居住形式，高海拔彝族聚居区的大部分住房为矩形独栋式，以竹篱、柴篱围成方形院落，建筑室内穿斗木架，夯土山墙，屋顶覆盖云杉木板，俗称“瓦板房”，以美姑县、甘洛县的黑彝民居最为典型。土墙瓦房是居住在平坝以及山麓地区的彝族普遍使用的建筑类型，分布在攀枝花市，以及凉山州会理、会东等金沙江沿岸地区，建筑多为 2 层楼房，木架、土墙、瓦顶，多围合成三合院或四合院。

彝族民居最具特色的是作为房屋结构主体的各式木架，有穿斗屋架、桁架、拱架等。穿斗木架和桁架用于建筑的两端山墙面或室内有隔墙的部位，拱架用于室内无隔墙的部位，在桁架与拱架之间使用纵向的纵架（图 8-1-35），加强构架的联系并增加一列立柱，减弱拱架的水平推力。早期局部地区也有少量井干式木罗罗房。外墙有夯土厚墙或木板墙。屋顶均为悬山顶，覆以瓦、石、草、木等面材。

1. 瓦板房

按彝族习俗结婚后应独立门户，住宅均为小家庭的宅院。传统住宅布局是以土墙、竹篱、柴篱围成方形院落，院内修建坡顶“一”字形住房，屋门矮而宽，门两侧各留 50 厘米见方的小窗，有的不设窗孔。住房一般为长 9 ~ 15 米，宽 5 ~ 6 米的矩形，高约 5 米，屋檐及地 3.5 米左右。住宅四壁或土或木，悬山顶，屋顶上面盖杉木板，俗称“瓦板”，又有“瓦板房”的别号。院落角部常筑有碉楼。

住宅内分左、中、右三部分。入门正中为中堂，中堂设火塘，是待客和家事活动的中心。火塘左边，用木板或竹篱隔成内屋卧室，右侧原为畜圈，后改为杂物、储藏用。屋内上层空间设阁楼。阁楼左侧储粮，中部堆放柴草，右部为客房或未婚女子居住。

室内榫卯穿斗“拱架”。一般三或四柱落地，上层穿斗，从柱向两侧层层出挑。用混合石块和竹筋木杆的生土夯筑外墙。屋顶盖长约六尺、宽七八寸的云杉木板两层，下层铺满，上层于两板相砌处置一板，加横木压石固定。木板用刀剖砍，便于雨水顺木板纹路而下。

彝族瓦板房民居面向院内的檐下出挑拱架，门楣刻画日月、花鸟图案，或加以黑、红、黄色彩绘。彝族尚黑色。室内木架挑头及瓜柱雕刻花饰、牛头或吊爪。屋脊中部叠瓦花饰。山面做悬鱼。

如美姑县水普什惹宅，由高大的土墙围合成院，角部筑有高耸的碉楼，占地面积约 925.76 平方米。住宅为一矩形单体建筑，长 21.3 米，宽 11 米，高 7.65 米。房屋正中为堂屋，右侧设火塘置锅庄；左边为储藏间及马厩；火塘右边是主人和子女的卧室。室内上部空间用木檩隔出夹层，晾放粮食、堆置杂物及作客人临时住宿处。房屋采用木构架，包括穿

图 8-1-33　瓦板房（来源：刘妍　摄）

图 8-1-34　土墙瓦房（来源：《中国民居类型全集》）

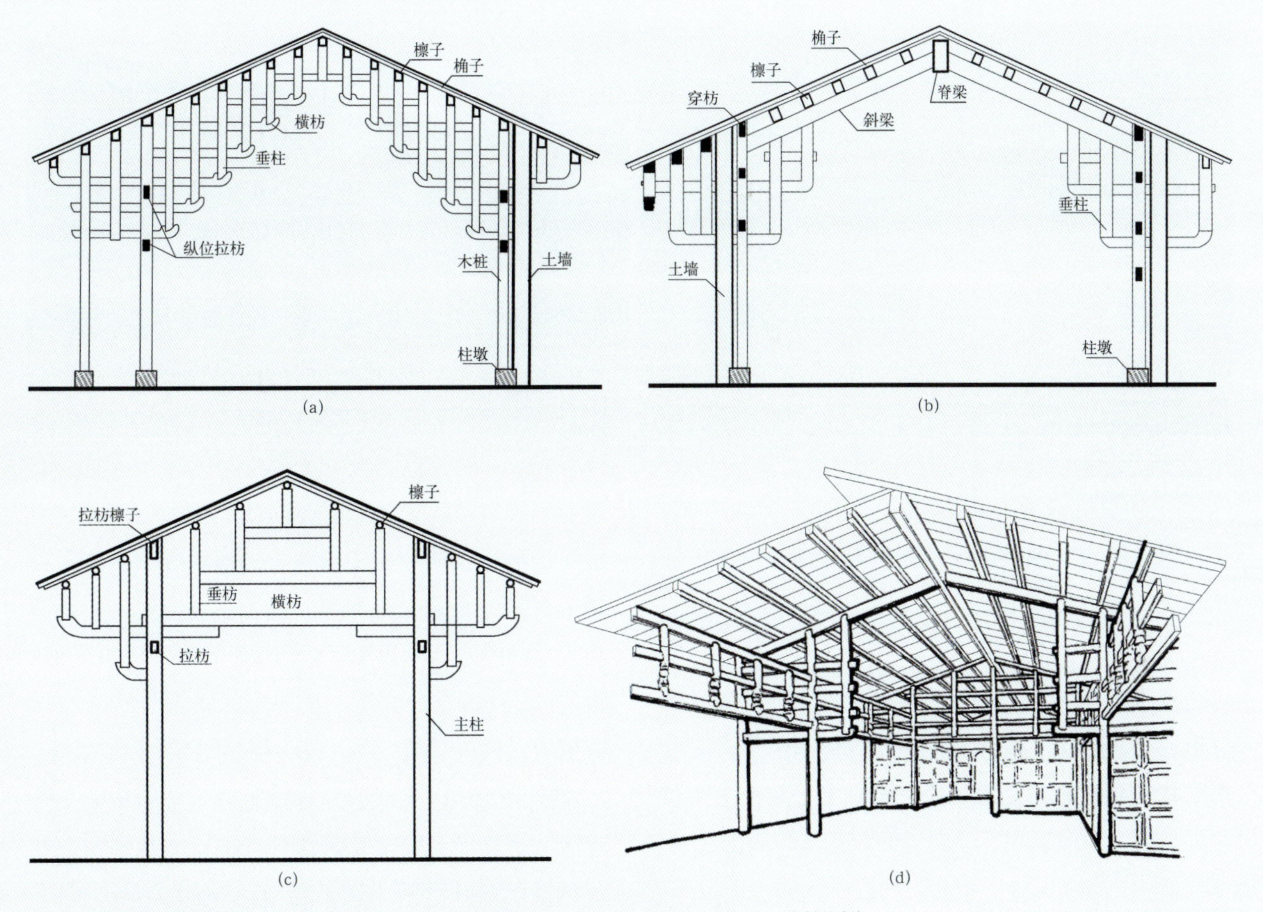

图 8-1-35　彝族传统民居木架示意（来源：甘雨亮、杨睿添根据《中国古代木结构建筑技术》资料绘制）
(a) 多层拱架；(b) 桁架式木架；(c) 抬梁式拱架；(d) 多种木架混合使用

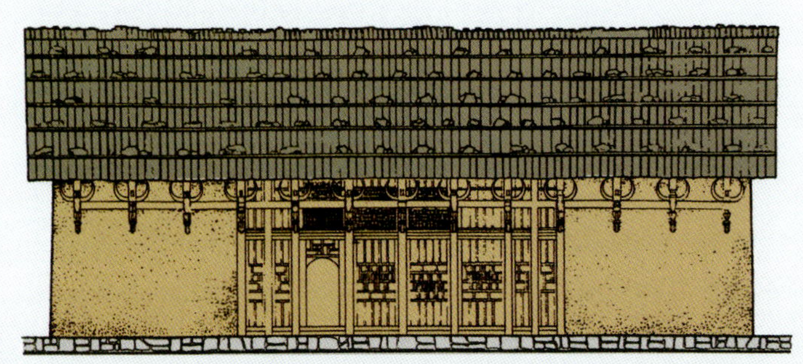

图 8-1-36　彝族传统民居平面、立面示意图（来源：《中国民居建筑类型全集》）

斗式构架和悬挑拱架两种类型，外檐多层出挑，前沿出挑 2.2 米，后檐出挑 1.2 米。房屋外围护墙体主要为夯土墙，正立面为木板墙，挑梁垂柱雕刻精美。屋顶为悬山瓦板顶（图 8-1-36、图 8-1-37）。

2. 土墙瓦房

土墙瓦房多为三开间 2 层楼，也有平房。房屋一层有宽大的前廊，称为“厦子”，用于日常起居和设宴。房屋多为双坡悬山瓦屋顶，屋脊、檐口均呈中间低、两侧高的柔和曲线。墙体有的为裸露土坯，有的刷成白色，有的刷成朱红色。

经济条件有限的人家仅建造一栋房屋，更常见的则是以院落形式居住。院落的基本形式有一正两厢的三合院，以及一正两厢加面房的四合院。其中，正房一般坐北向南，居于院落中最高的位置。正房一层明间为堂屋，供奉祖先牌位，左次间为主卧室，右次间为次卧室，分别供祖父母、父母居住，二层

图 8-1-37　彝族传统民居（来源：刘妍　摄）

用于储藏粮食。两侧厢房根据实际需求，可用于关养牲畜、储存草料、晚辈卧室、厨房等功能使用。面房主要作为会客使用。

彝族土墙瓦房一般为石砌基础，土坯外墙（部分刷白或刷红），木板内隔墙，抬梁、穿斗式混合木结构，双坡悬山瓦屋顶。形态朴素，装饰主要在柱础雕刻、门窗隔扇、屋脊与檐口瓦当等部位。

第二节　典型民居实例

一、夕家山民居

夕家山民居位于宜宾江安县夕佳山乡。明万历四十年（1612 年）建，经清、民国时期几次大的修葺，至今保存完整。庄园坐南向北，南倚安远山脉，透迤蜿蜒，北临层层浅丘，视野开阔，山势重叠，虚实相宜，正所谓“千人拱手，万山来朝”。庄园占地 105.7 亩，宅舍建筑占地 15 亩，深院高墙，古木参天，飞檐黛瓦，掩映于茂林修竹之中，风景格外秀丽，为第三批全国重点文物保护单位。整个民居建在四个台地之上，为四合院布局，纵深三进，有 11 个天井。以正门、前厅、堂屋为中轴线向两翼展开，布设有东花园、西花园、后花园。除固若金汤的围墙和四角的碉楼为石砌外，其余房屋均为悬山穿斗木质结构，青瓦盖顶而成。

大门前竖有双斗桅杆，因清光绪十三年（1887 年）该宅黄姓主人家有三人考中举人而立。大门、正厅、后厅依次位于中轴线上，中轴线左、右又各错落有致地布置三进厢房，整个布局形如一展翅欲飞的仙鹤停于一只古瓶上，意为平（瓶）安和祥（鹤翔）。庄园东三进厢房，利用房屋建筑与天井的虚实相生，构成“纸、墨、笔、砚”图形，匠心独运。庄园的前、后、左、右分别建有池塘、后花园、西花园、东花园。整个建筑布局严谨，主次分明，开合有序，互为呼应（图 8-2-1、图 8-2-2）。西面的园中园中有一株 200 多年的古黄桷兰、一株参天古榕树与一株高约 10 米的古棕树相加相抱，树根相连，暗寓“中（棕）庸（榕）之道”之意。庄园四周有近百亩 300 年前种植的楠木林，常年有近万只白鹭栖息其间，为庄园的一大奇特景观。

主体建筑上的装饰庄严肃穆、妙趣横生，在突出主要建筑的前提下，趋于多样性变化。柱础、驼峰多绘有云水、莲花、几何图形等吉祥图案，屋脊脊头上翘并辅以嵌瓷花纹装饰。正中塑以精美的“山谷题留”“庭坚换鹅”“黄鹤楼”“西游记”“八仙过海”等历史传说故事图案。

中门叫文魁门，门楣上雕刻着“文魁”二字。黄氏耕读传家，家风淳正，每以宋代著名诗人黄庭坚后裔为家门之荣耀，更以子弟勤奋好学屡中科举而自豪。因黄家出过三个举人，大门门楣才可镌以“文魁”。

前厅正面朱红色的木板墙，是可以开合的“十四抹、二十八扇”的雕花扇隔扇门。平时用门栓杠起来作墙，只留中门敞开，供人进出。打开所有门

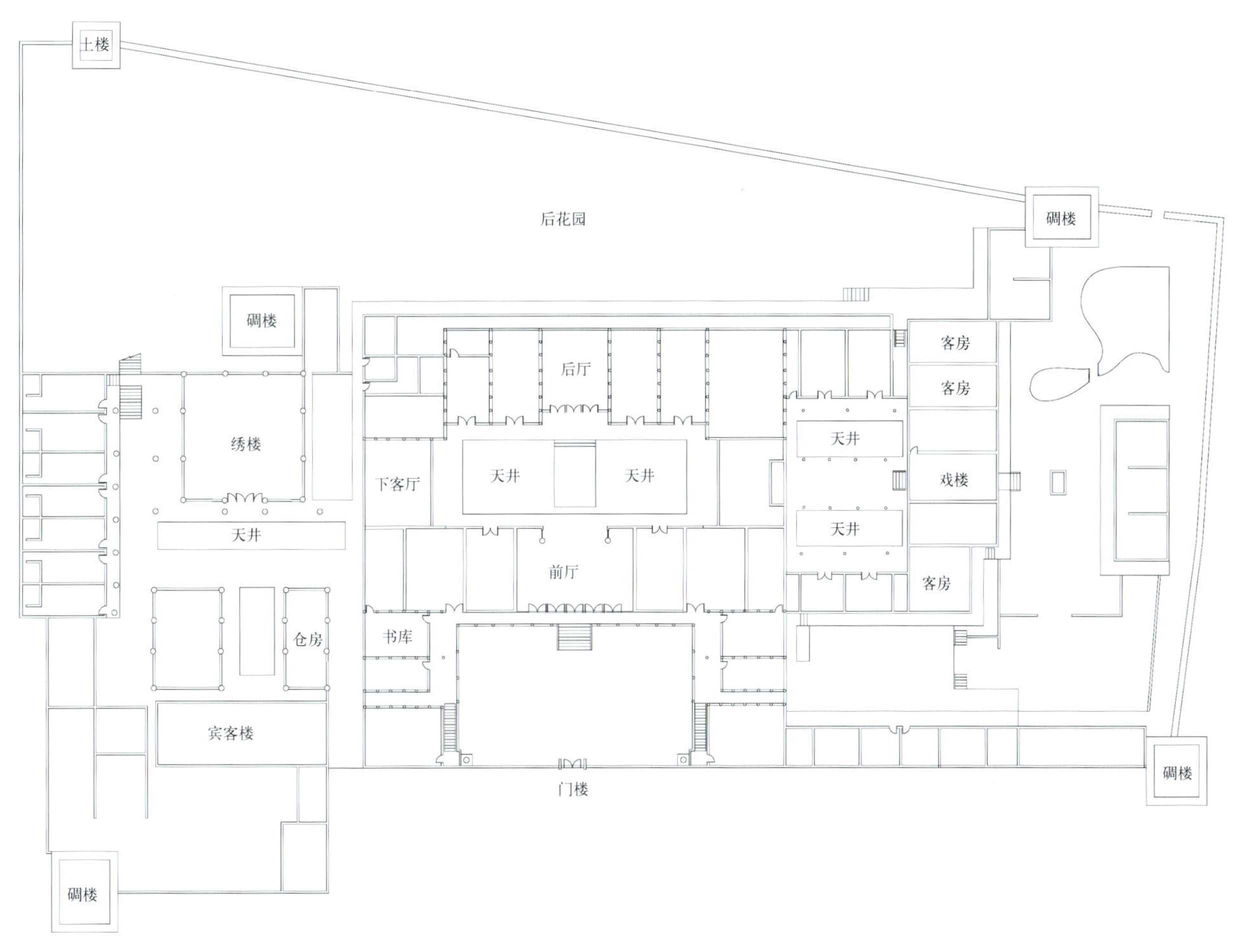

图 8-2-1　夕家山黄氏庄园平面示意图（来源：滕欢　绘）

图 8-2-2　院前池塘与入口（来源：何龙　摄）

扇时就形成了一个通畅的大厅。门扇上的雕刻内容，一是传统典故，如“渔”“樵”“耕”“读”。二是吉祥图案，如“双喜临门”“麒麟吐宝”“终身吉祥”“福”“禄”“寿”“喜”等。三是民间传说故事，如“麒麟吐玉书”“暗八仙”等。正面檐柱上的镂空木雕撑栱，刻有“福在眼前”“俸禄如意”“松鹤延年”“欢天喜地”等，寄托了当年主人美好的生活愿望（图 8–2–3、图 8–2–4）。

大厅正对墙壁上，挂着刘光第所赠的“龙光永树”匾。匾下是五彩缤纷、构思精巧的“鸡冠罩”，中为“百鸟朝凤”，左、右各一幅对称的“鱼跃龙门”，然后分别是“野鹿含花”和“鹿鹤通泰”。几幅图案用瓜和藤蔓串在一起，取《诗经 · 大雅》“绵绵瓜瓞，民之初生”句意，表现了主人希望子孙绵延不绝，一代更比一代强的愿望。

穿过前厅，正前方即是堂屋。堂屋的大门，是传统的“三抹六扇”雕花木门，这是“湖广填川”家庭的标志之一。堂屋门上尚保存有“三凤联飞”匾额，堂屋正上方设置着供奉“天地君亲师”牌位的神龛（图 8–2–5、图 8–2–6）。

图 8–2–3 前院（来源：何龙 摄）

图 8–2–4 前厅（来源：何龙 摄）

图 8-2-5　内院（来源：何龙　摄）

图 8-2-6　侧院戏台（来源：李俍岑　摄）

二、陈家大院

陈家大院位于成都市温江区寿安镇，系清代咸丰年间翰林陈宗典及其子武举陈登俊营建，始建于清同治三年（1864 年），经八年竣工，是一座集住宅、宗祠、园林于一体的综合性庭院式建筑群。整个建筑占地 7282 平方米，建筑面积 2736 平方米。大小 12 院，组合精巧紧凑，布局大方合理，具有清代特色，院内建筑为穿斗木结构，门前竖有双斗桅杆，故俗称为"陈家桅杆"（图 8-2-7、图 8-2-8）。

进入院内为一个横向大院坝，是 12 个庭院中最大的。它既是举行各种重大活动的场所，又是进入南北花厅、出入大门的枢纽。院前照壁横陈，八字粉墙分列两旁，墙上镌有浮雕石刻，镂空的"福""寿"二字和蝙蝠图案工艺精湛，黑漆卷拱重檐大龙门，檐上花鸟彩绘，光彩夺目（图 8-2-9）。

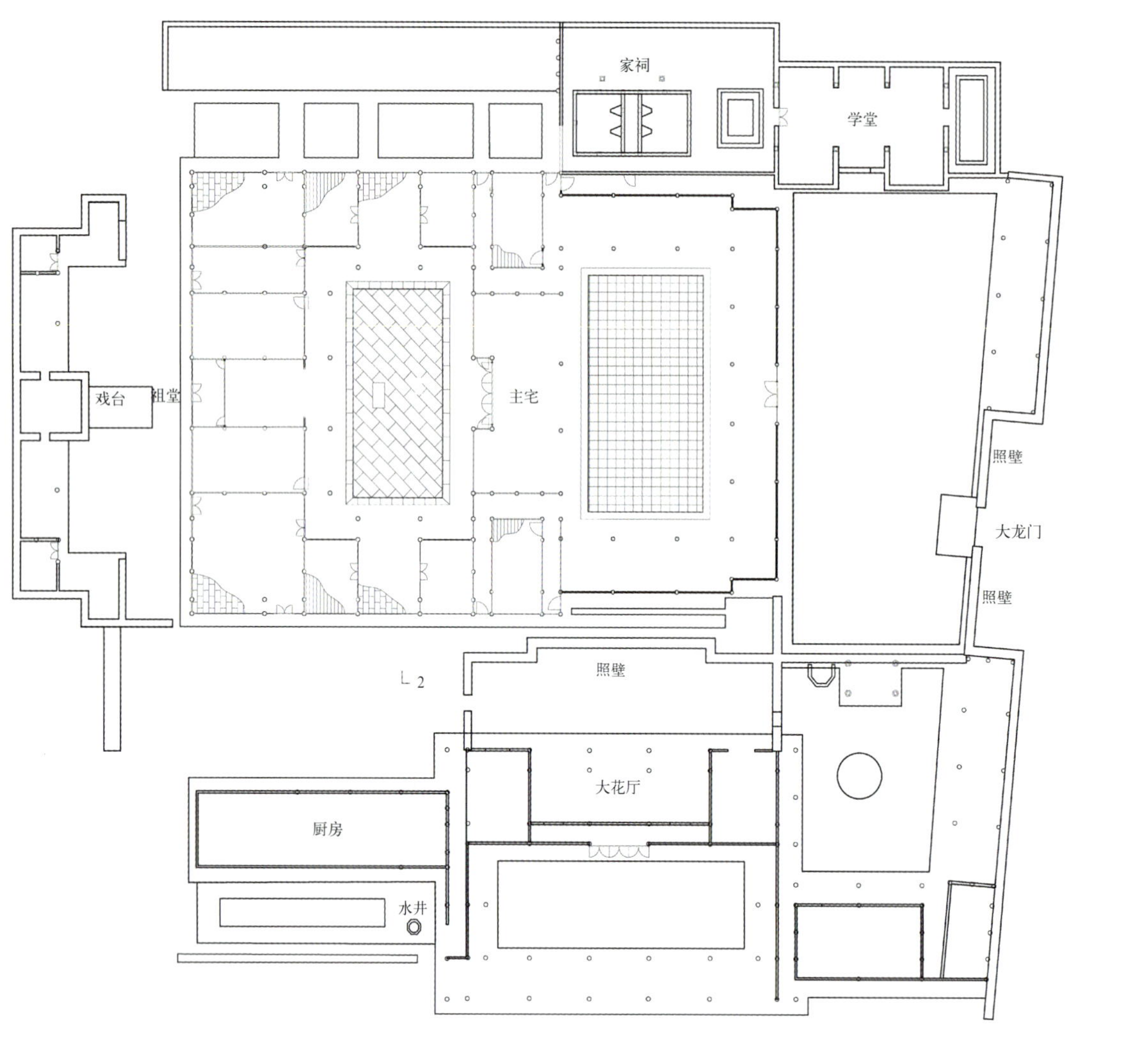

图 8-2-7　陈家大院平面示意图（来源：张馨梦　绘）

图 8-2-8　入口

图 8-2-9　前院

图 8-2-10　内院

图 8-2-11　墙头脊饰（来源：文保单位资料）

建筑分为三组，第一组为宅院主体，主轴线上三进合院的主宅，分为前厅、二厅、正宅三重大院（图 8-2-10）。前厅迎客，二厅待客，二厅后的住宅屋顶飞檐翘角，枋木撑栱五色彩绘（图 8-2-11），四厅山水壁画，绿窗红柱，是主人生活起居之所。大四合院西侧是戏台。第二组是北侧的小花厅，主要由“翠柏山房”“别有洞天”“忠孝祠”三个部分构成，环境清幽，结构小巧，布置典雅。四壁有名人书画、石刻，书房三间，内置凤雕书案、楠木书橱，陈设有序，是主人读书、授业之所。忠孝祠内有石拱桥，桥上人物浮雕，桥下鱼池照影。祠内正面石壁上有主人画像和石刻宗谱，设供桌香案，是祀祖之所。第三组为南北轴线组织的南花厅，院落规模略小于主建筑而大于北花厅，最为精美。南花厅沿轴线建有三个庭院、两座假山，自东向西并列而成。第一个庭院主要是长年月工、护院家丁居住的地方；第二个庭院是主人休闲冶情观花养草之所，池中石山，高仅七尺，阔不足一丈，山上竟配置青城山全景，楼台亭阁、宫观殿廊，应有尽有，体现了独特的园林艺术风格；第三个庭院是主人练功习武的场所。

建筑的装饰图案，许多是反映佛教文化的，特别是在南花厅园林式建筑的两座大门上，饰以佛家罗汉、菩萨等塑像。建筑群的朝向坐西向东，暗含“紫气东来”。在诗词楹联上，有许多是反映道家思想的，还大量地移青城山景物与都江堰景点缩微作装饰，也是对道家文化的崇拜。体现了“佛道合一，以道为主”的意图。陈家大院 2013 年列入全国重点文物保护单位。

三、屈氏庄园

屈氏庄园位于泸州市泸县方洞镇石牌坊村。西南临五仙山，南临濑溪河。庄园系屈应选在任前清州府知事，在清嘉庆至道光年间（1809 ~ 1845 年）修建，之后经过几代人陆续培修和扩建，逐步成为

结构宏大，占地30多亩，有房屋180多间的大型庄园。

现屈氏庄园占地7756平方米，坐西南向东北。始于清道光年间，完善于1916年，距今约有160多年的历史。经清代、民国期间多次扩建和修葺，至今保存较为完整。整个庄园建筑为土木混合的穿斗式木架结构。2013年公布为全国重点文物保护单位。

庄园由8米高的青砖砌筑的2层围墙围合而成，四角原各有一个22米高的碉楼，现仅存北极楼、东平楼两座碉楼。原有大小花厅、天井48个，房屋180多间，现存房屋87间，还有戏园、佛堂、内花园、外花园、水池、钓鱼台、网球场、跑马道、九道拐、金银库等，建筑规模非常庞大，庄园布局严谨、主次分明、开合有序、互为呼应（图8–2–12、图8–2–13）。

中轴线上依次排列着敞厅、下天井、中堂屋、上天井、堂屋。中轴线的左侧，厢房、账房、敞厅、寝舍、天井、戏台花园、左花厅、内佛堂等建筑错落有致地分布其间；中轴线右侧原有书房、寝舍、敞厅、右花厅、走廊、佣人室、杂工室、仓库等，这部分在20世纪60年代已改建为粮仓。整个庄园的娱乐区、生活区、下人区、接待区、花园区截然分明，分区合理。庄园内的石台阶、栏杆、柱石、木板上都有很多深浅浮雕，雕饰多以山水、花卉、瓜果蔬菜为主要内容，有些具有西式建筑风格应为民国时扩建所为。木刻、石刻造型生动、雕刻细腻、形态自然。庄园后侧原有内花园、后花园、外花园三重花园，外佛堂、看守室置于典雅精致的后花园内。这三重花园已于20世纪70年代改建成学校。

北极楼，长9.78米，宽8.95米，高22米。墙上设有观察口、“T”字形枪眼。

大门分外大门和二大门，外大门高2.66米，宽1.35米，左、右侧墙面刻有“万字不断纹”。外门上部有“醒庐”二字石刻匾额。正门两侧和顶部

图8–2–13 庄园局部鸟瞰（来源：何龙 摄）

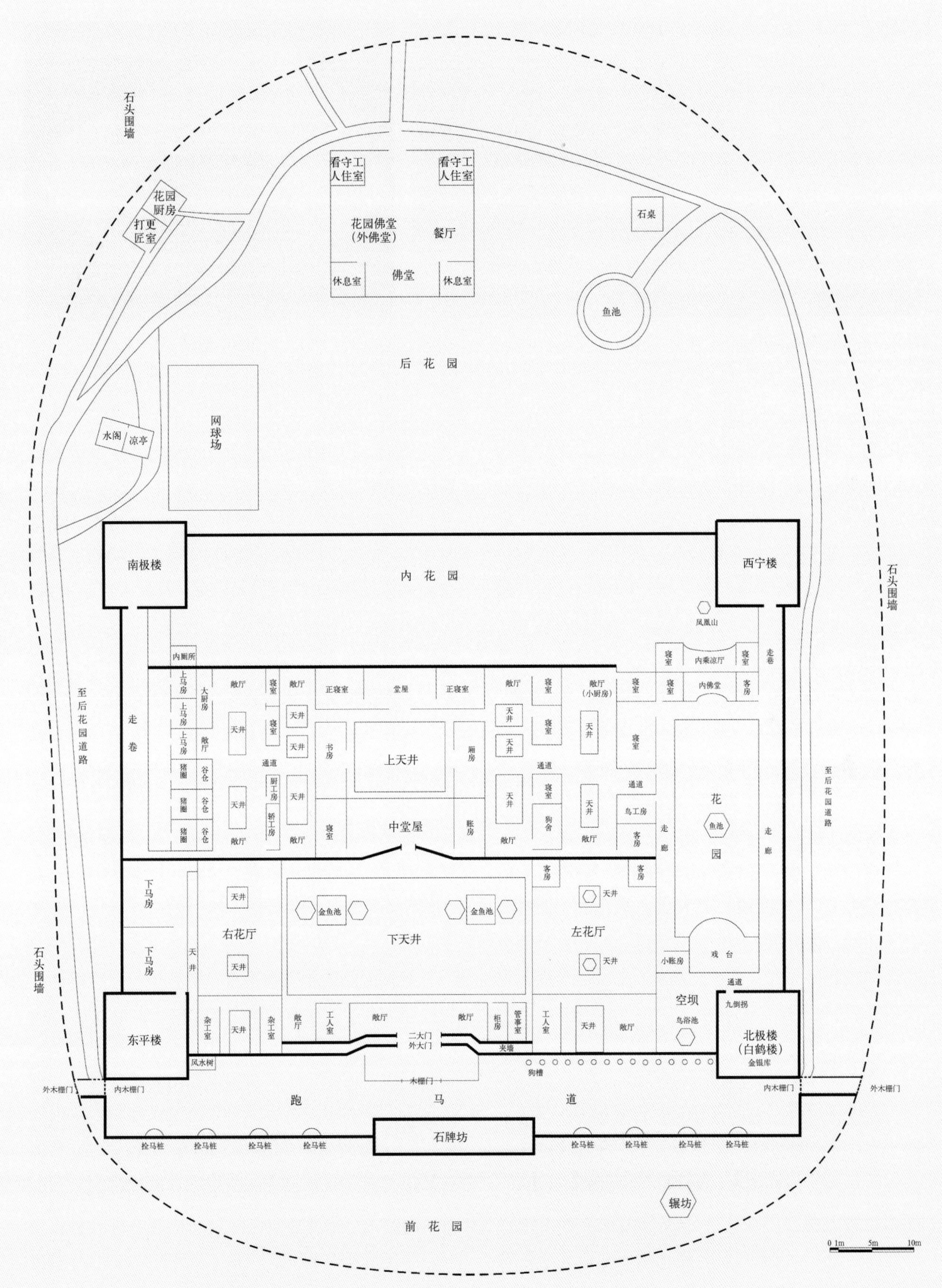

图 8-2-12　屈氏庄园复原平面示意图（来源：何龙　绘）

图 8-2-14　大门局部（来源：何龙　摄）

图 8-2-15　天井一角（来源：潘熙　摄）

的砖墙上用砖砌造型凸出的“福禄寿喜”字样。外大门内侧为二大门，中间为夹墙，二大门高 2.8 米，宽 1.32 米，正上方有“三闾世第”石质匾额，喻为屈原后裔（图 8-2-14）。

下天井长 24.8 米，宽 7 米，中部左、右两边各有一个正方形鱼池，中间各有一石质雕刻。左、右两侧分别为左花厅和右花厅，花厅中部为两个竖向排列的正方形天井。上天井宽 9.5 米，长 10 米，前方中堂屋以及寝室、账房仅剩地基石。左、右分别为书房和厢房，均宽 3.4 米，长 10 米。后侧中央为堂屋，左、右两侧为正寝室，堂屋长 6.7 米，宽 7.5 米（图 8-2-15）。

庄园西北角为花园，东北侧中央为戏台，左、右有小账房和北极楼一层入口。戏台长 7.50 米，宽 3.9 米。花园西南侧中央为佛堂，左、右分别为客房和寝室。佛堂长 5 米，宽 4.6 米，拱形门，表面刻有 27 个矩形图案。

四、张氏民居

张氏民居位于绵阳市盐亭县巨龙镇。建于清康熙二十一年（1682 年）。坐东向西。左靠青龙嘴，右接白虎嘴，北与张花山相望，东与圆宝山相邻，周围植被茂盛，形成了古建筑与山水的和谐统一（图 8-2-16）。张氏宅原名桅杆湾府宅，又名张勉行府宅，为六道正门径直贯通三层天井坝的多重四合院布局。由甬壁、石桅杆、头朝门、第一天井坝前院、二朝门、第二天井坝、前厅、后堂、左右厢房、配房与廊庑构成。全长 85.6 米，宽 35.5 米，建筑面积 3038 平方米（图 8-2-17、图 8-2-18）。建筑布局非常清晰明了，既以中轴为对称，层层递进，又灵活多变，空间高低错落。其建筑布局和建筑构造特征具有很鲜明的地域特点，有形体封闭、紧凑小巧、出檐短促、屋顶平直的川北地区特色。

前厅为穿斗抬梁混合式梁架，后堂为穿斗式梁架，单檐悬山式屋顶。前厅面阔 20 米，进深 10 米，通高 9.9 米。后堂面阔 23 米，进深 10 米，通高 10.3 米。保存了清代木结构建筑原貌(图 8-2-19)。现为四川省文物保护单位。

五、李家大院

李家大院位于邛崃市平乐镇花楸村。花楸村地处邛崃市西北的崃山山脉之末，村庄占地面积 1800 亩，现有人口 1680 人。地貌山、丘兼有，山势挺拔，丘陵起伏，良田极少，村内多条山涧小溪自山上顺流而下，自南向西穿村而过，汇入白沫江。境内最高海拔为 1030 米，最低为 520 米，四季如春，雨量充沛，属亚热带温润季风气候，盛产竹木。花楸村历史悠久，宋代天宝三年（1035 年）开始种植茶园，并开始制作手工茶，宋《元封九域志》中记载：“有火井茶场（今邛崃花楸堰地区），邛州贡茶，造

图 8-2-16 张氏民居环境（来源：何龙 摄）

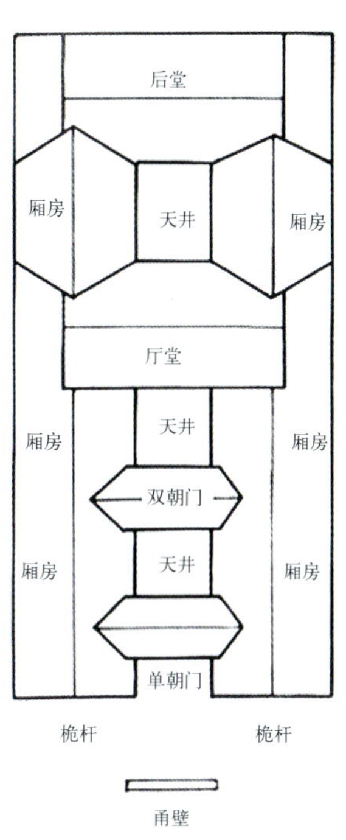

图 8-2-17 张氏民居平面示意图（来源：文保单位资料）

图 8-2-18 入口大门（来源：何龙 摄）

图 8-2-19 内院（来源：何龙 摄）

茶为饼，二两，印龙凤形于上，饰以金箔，每八饼为一觔"；从宋代开始造纸技术产生，花楸人就在此地开始利用竹木造纸，造纸业一度昌盛。后因清康熙御封邛州花楸堰为"天下第一圃"更让花楸之名闻名天下，自此成为皇家御用茶圃。

花楸村历来商贸相对繁荣，纸商、茶商等大户人家纷纷择地择基而建别宅大院，村内建筑主要集中在半山腰处，多为几户乃至十多户集中成组。村内现存传统建筑有始于明万历年间的李家老院、清康熙年间的御茶坊，以及清咸丰至光绪年间兴建的李家大院、徐家大院、杨家大院、彭家院子等 10 处，被称为"川西最大的古民居群"。

李家大院为清代名商李洪楷所建。其家族祖籍浙江，因逃避战乱而逃至此，以制茶造纸而富。始建于清咸丰年间，历经 56 年而成，由大院和造纸作坊两部分组成。地处深丘之沟底，院子后靠崖前临坎，俗称"佛爷晒肚"的地形特征。顺坡砌筑的石挡墙高达 10 余米，三个大院的建筑群南北向 120 多米。院子、堂屋、大门皆坐西向东，踞高东望。

现存建筑占地总面积 4534 平方米，建筑面积 4164 平方米，房屋 149 间，由三个院落、七个天井组成。乡村宅院通常会利用平坝或筑台来组织平面功能。李家大院主体为纵向两进合院，处于高差不大的两块台地上，入口位于院落转角处，第一进天井院横向狭长，作为过渡空间，位于外部约 1.5 米的台地上，第二进中心院坝近方形，尺度开阔，称为院坝，这里同时也是作为生产辅助之用的晒坝，堂屋、厢房对称围合。左、右两侧分别扩展出不尽规则的四合小院，各院坝分处于不同台地上横向扩展。房屋局部干阑架空以适应地形。

主要建筑为悬山顶穿斗抬梁木结构，建筑基础全部采用红砂石构筑。建筑雕刻精美、装饰丰富在边远山区实属罕见。一块御赐额牌“皇恩宠赐”是李家大院珍宝，装饰雕刻精美，彰显皇家威仪。大门屏风楠木雕花，“双凤朝阳”“寿星跨鹤”“八仙过海”“麒麟仰凤”浮雕镏金布彩，装饰精美。

清代造纸作坊位于大院西侧，占地面积 3000 平方米。作坊今已废弃，仅存遗址，布局尚存。遗址内水池、料池、水沟等遗迹、遗物保存较好。李家大院位于山坡上，周围地形起伏，周围为农田和民宅，建筑很好地融入环境之中，是典型的成都平原乡村宅院，现为四川省文物保护单位（图 8-2-20 ～图 8-2-23）。

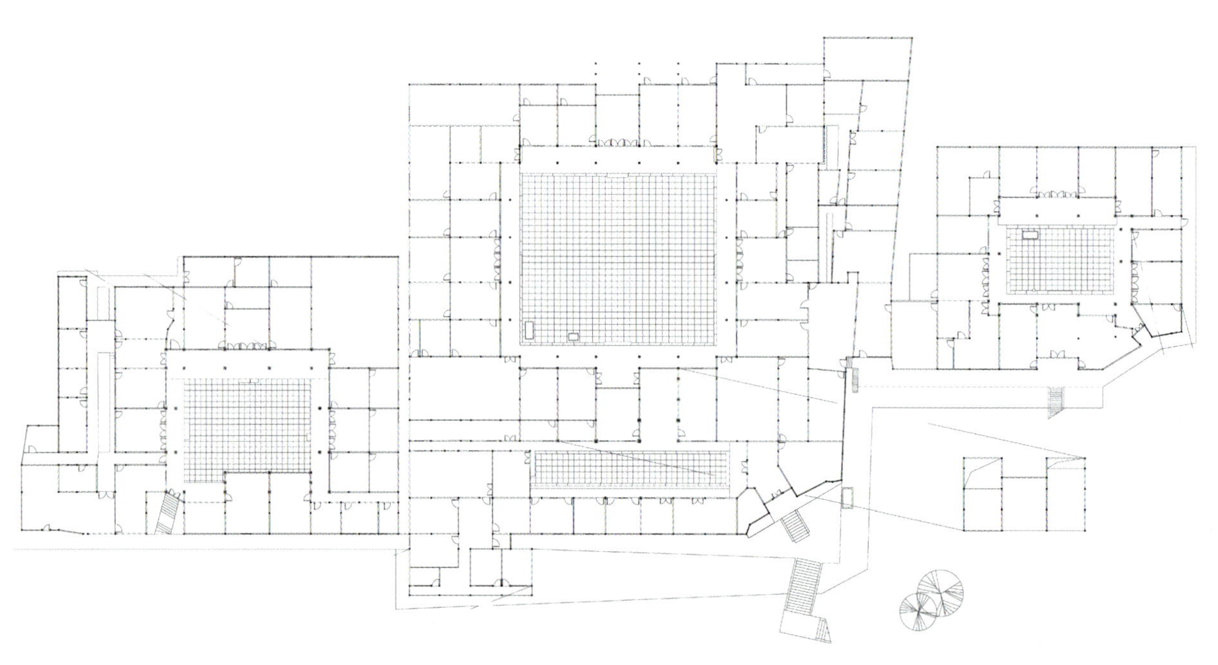

图 8-2-20　李家大院平面布局示意图

图 8-2-21　入口（来源：傅娅　摄）

图 8-2-22　中庭院坝（来源：陈颖　摄）

图 8-2-23　建筑与环境有机结合（来源：文保单位资料）

六、日斯满巴碉房

日斯满巴碉房位于阿坝州壤塘县宗科乡，是一座非常典型的藏族传统石砌碉房民居。建筑始建于元末明初，是该地土司为其画师修建的，现已传承使用 13 代。

碉房建于加斯满山前台地边沿，依山顺势而建。坐西向东，平面布局为长方形。墙基北高南低，是以片石砌墙、内部木架的平顶碉房建筑。碉房共分 9 层，下大上小，通高 25 米，自二层起层层靠北向内收成台，北石墙自底直通顶部，顶层面积仅为底层的 1/6，外形呈阶梯状，十分壮观。

碉房底层为牲畜圈，二层北为厨房，南为客厅，三、四层是寝室，五层设经堂，六层以上为杂物库房，各层间以独木梯联系上下，自二层起各层均向外出挑木廊，用于晾晒粮食。三、四层建有木质悬挑厕所，二层以上每层皆开有一扇大窗户和若干小窗孔，作通风或瞭望之用。日斯满巴碉房是四川省发现的年代最久、规模最大、层数最多、建筑最高的藏族传统民居建筑，被誉为“藏族民房之王”。2006 年公布为全国重点文物保护单位(图 8-2-24 ～图 8-2-26)。

七、卓克基官寨

卓克基土司官寨位于阿坝州马尔康县西索村的梭磨河畔，海拔约 2700 米。始建于清乾隆年间。卓克基土司系清乾隆十三年（1748 年）第一次“大小金川之役”后为清政府所封。次年五月授“长官司”印信，是川西有名的“理番四土”之一。现存建筑系 1912 年索观赢继承卓克基土司职位时所建。1936 年官寨毁于大火，1937 ～ 1939 年在原基础上重建，为典型的嘉绒藏族建筑。1935 年红一方面军长征途中翻过雪山后，经过卓克基，毛泽东、朱德、周恩来等曾在此居住一周。是四川现存唯一保存完整的土司官寨，1988 年公布为全国重点文物保护单位。

卓克基土司官寨占地面积约 1.5 万平方米，建筑面积 5400 平方米。由四组碉房围合而成封闭的四合院，庭内院面积约 1400 平方米。官寨正面南楼 2 层，底层门厅，二层汉式“会客厅”亦称“外宾厅”，为土司接待汉族官商客旅的专门场所，南楼屋顶为一平台，可以纳阳观景。北楼 5 层：一至

图 8-2-24　日斯满巴碉房（来源：网络百度百科）

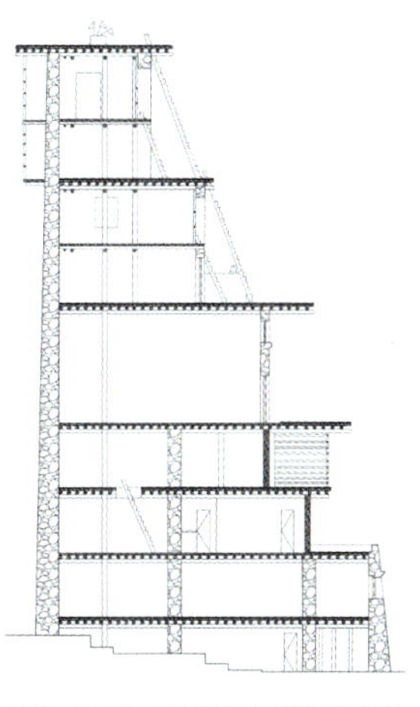

图 8-2-25　剖面图（来源：王及宏、潘星星　绘）

图 8-2-26　室内楼梯（来源：王及宏　摄）

三层为库房、客房、厨房、茶房等；四层为宗教活动场所，正中为经堂，两侧对称排列着小经堂，四层经堂墙外悬挑木质转经回廊；五层为防御建筑，筑有炮孔、瞭望室等。东、西楼4层，为土司及家眷的住房、书房、厨房、库房及当班大管家、小管家、杂役的住所。西楼、东楼分别设有阶梯式木楼梯直通顶层，各楼面对天井一侧有宽大的木质前廊作为同层间往来的通道。官寨西侧耸立着一座四角形石碉与西楼相连通，碉楼边长约8米，通高20米，形态稳健，气势轩昂，不仅是土司及家人在紧危情况储藏珍贵物品及藏身的防御性建筑，同时亦是土司至高无上的权力和地位的象征。

官寨的屋顶采用了嘉绒藏族传统的密梁平顶和汉式三角木桁架构成的悬山式屋顶的两种结构形式。由于官寨的整个建筑依山就势，在侧立面又采用前低后高的拖厢做法，因此各楼面高低起伏，错落有致，层次清晰。整个官寨四周群峰环绕，涧水流淌，悬崖壁立，景致秀丽（图8-2-27～图8-2-31）。

八、杨朝志宅

杨朝志宅位于阿坝州汶川县布瓦寨。“布瓦”在羌语里的意思是“住在云彩上的人们”，因此，地处威州镇岷江西岸海拔2170米的布瓦村寨，又被称作“云上布瓦”。布瓦寨现存三座有着千年历史的黄土碉楼，为四川省仅存的一处分布相对集中的黄土碉楼群，被誉为“中国最后的黄泥土碉楼群”。

杨朝志宅是一处典型的夯土版筑平顶房。住宅坐北朝南，占地约168.6平方米，建筑面积约为291.8平方米。室内木柱架，以木版分隔房间，墙柱共同承重。共3层。房子北边部分为羌族建筑特有的黄泥浆夯土墙，南边则是后来在院中加建的，做法与材料均为现代方法。老建筑外墙均为厚0.55米的夯土墙面，既是围护结构，也是承重结构。

一层包括两个客厅，一个半开放的院子，六间卧室以及一个厨房。第二层层高较矮，均为储藏空间。右部新建部分用以晾晒粮食。第三层是半开敞的照屋及屋顶晒坝，主要用于晾晒粮食（图8-2-32～图8-2-34）。

图8-2-27　卓克基官寨（来源：陈颖　摄）

图8-2-28　南楼（来源：陈颖　摄）

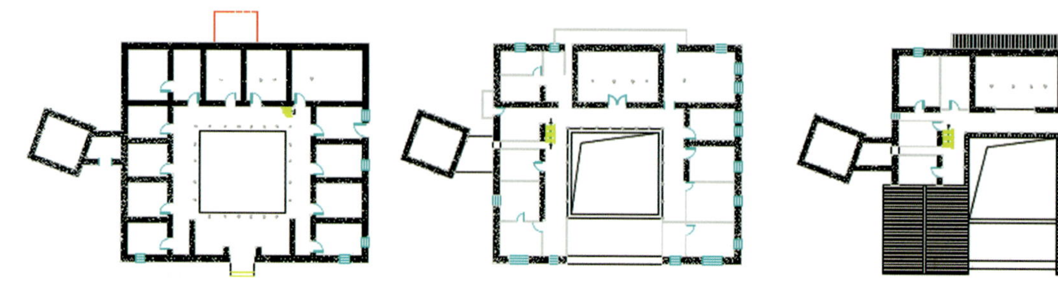

图8-2-29　卓克基官寨平面示意（来源：聂倩　绘）

图 8-2-30 内院（来源：陈颖 摄）（左）
图 8-2-31 北楼外观（来源：陈颖 摄）（右）

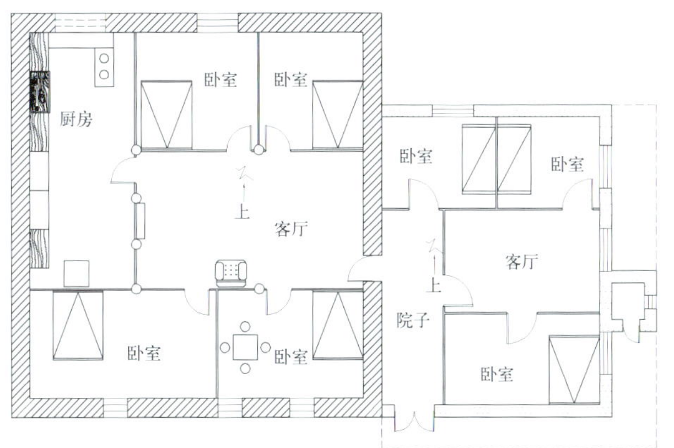

图 8-2-32 布瓦杨宅平面图（来源：李路 绘）

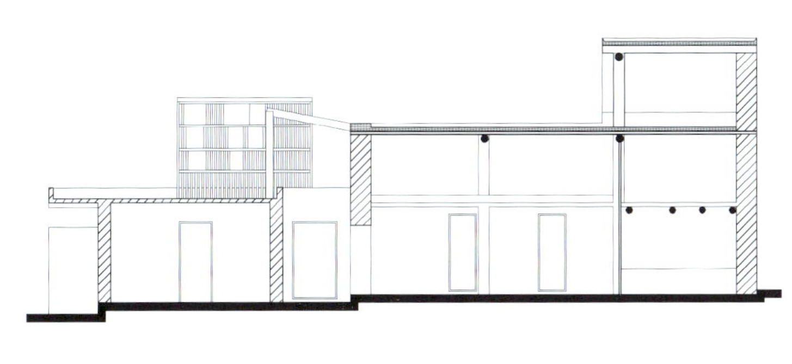

图 8-2-33 布瓦杨宅 2 剖面图（来源：李路 绘）

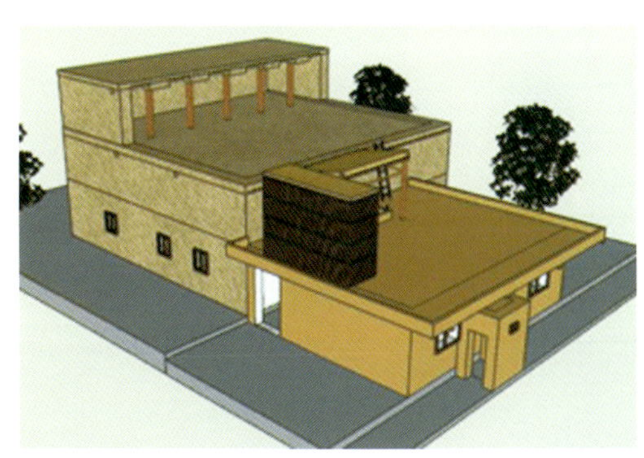

图 8-2-34 杨宅鸟瞰（来源：李路 绘）

四川古建筑

第九章　其他建筑类型

四川其他建筑类型（塔幢、牌坊、阙、桥）分布图

1. 玉台山石塔
2. 石塔寺石塔
3. 鹫峰寺塔
4. 无量宝塔
5. 瑞光塔
6. 旧州塔
7. 广安白塔
8. 丹棱白塔
9. 龙护舍利塔
10. 兴贤塔
11. 回澜塔
12. 隆昌石牌坊（17 处）
13. 开江牌坊（2 处）
14. 双堡牌坊（2 处）
15. 隘口石坊
16. 高颐墓阙
17. 渠县汉阙（6 处）
18. 龙脑桥
19. 波日桥
20. 木里伸臂桥
21. 二江拱桥
22. 五星桥
23. 永济桥
24. 泸定桥

（地图引自：中华人民共和国民政部编．中华人民共和国行政区划简册 2014. 北京：中国地图出版社，2014.）

第一节 塔幢

塔作为佛教建筑的一种类型，在汉代随着佛教传入中国并开始兴建，之后与中国楼阁建筑结合形成了中国塔的新形式。中国的塔从功能上可分为两类。第一类也是出现最早的就是佛塔，作为寺庙的一个部分建于寺中或附近，四川藏区的城镇村落中也有独立的佛塔供人膜拜。第二类是与中国传统文化相结合的景观塔、观景塔。如风水塔，受到道教阴阳五行思想的影响，为补地势、镇水患、引瑞气，建造保平安、镇妖邪的锁水塔、镇山塔，或兴文运的文峰塔、文星塔；还有用以感激恩德的纪念塔，如泸州报恩塔；以及以“敬惜字纸、惜字祈福”为目的，宣示伦理纲常、道德规范教化作用的字库塔。这类塔多选址于聚落的重要空间节点或公共场所附近，往往也是一种标志性的景观建筑。如四川现存最高的古塔，始建于明代的邛崃回澜塔，原名“镇江塔”，清代重建后更名为“回澜文风塔”。13 层的楼阁塔高 75.48 米，各层题匾与供奉的先贤神明集“祛患、致业、守成、崇贤、尚哲”思想于一体，体现了“振一代文风，法古今完人”的宗旨。

四川古塔数量众多，种类丰富，且建塔历史悠久，现存最早的塔为唐代所建，而成都平原、南充、宜宾、广安等地所见宋、元、明、清时期之塔比比皆是。塔的形式主要有楼阁式塔、密檐式塔、喇嘛塔、单层塔，峨眉山万年寺砖殿殿顶五塔装饰则是变体的喇嘛塔和金刚宝座塔的巧妙结合。[①] 平面形式有四方形、六角形、八角形等，四川汉族地区唐宋时期的塔多为四方形，圆形平面多见于藏区的喇嘛塔。建塔材料有用砖、石、金属等，砖塔最多。塔身的雕刻、贴砌、彩绘、佛像及几何图案等装饰千姿百态，精彩纷呈。结构类型主要有空筒式结构，即单层塔壁的筒体；壁内折上式结构，塔壁、楼板和楼梯合为一体砌筑，宋以后的古塔大多采用这种结构；之后逐渐演变出回廊式结构、穿壁式结构、穿心式结构以及混合结构等形式，其本质就是“套筒式”或“筒中筒式”结构，结构刚性的提高使得塔体空间及形体变得越加高大。

一、玉台山石塔

玉台山石塔位于阆中市保宁镇，又名滕王亭子石塔，始建于唐初，是四川现存最早的塔，原有玉台观、滕王亭，早年已毁，现已重修。

玉台山石塔为覆钵式喇嘛塔，塔高 8.6 米，坐北向南。主要分为塔基、塔身、塔刹三个部分。塔基为四方形，其上建四瓣梅花形须弥座。座上、下刻仰覆莲瓣，束腰处为镂空卷草纹。塔身为上大下小的长圆柱体，呈覆钵状，下内收，正中南向辟一龛，龛内刻一佛跏趺坐莲台。上装塔刹，基座为圆形莲盘，上有石雕八力士举刹身。刹身六面壶门内各浮雕佛像一尊。塔顶为一焰纹状圆石。石塔雕刻十分精美，除有局部风化损坏外，基本保存完整。石塔历史悠久，保存完整，在全国极其罕见（图 9-1-1），已被列为全国重点文物保护单位。

图 9-1-1 阆中玉台山石塔（来源：《中国文物地图集——四川分册》）

二、石塔寺石塔

石塔寺石塔位于邛崃市高兴乡，又名高兴寺塔。据明嘉靖十一年（1532年）碑记："寺建于南宋乾道五年。"现存建筑虽多次重修，但石塔依然屹立为宋代原物。邛崃大悲院石塔寺保存了早期寺庙以塔为中心，塔寺同建、塔在寺前、以塔为主的布局形式。

石塔位于寺前山门外，塔身用红色砂岩砌筑。通高17.8米，平面呈四方形，为十三级密檐式佛塔。石砌基台之上置双层方形须弥座，下层须弥座刻有精美浮雕及佛龛，上层高度较低，其形制与下层相似，上层须弥座下的四隅外出漩涡形圭角，十分罕见（图9-1-2）。

在座上第一级塔身之上出十二级密檐，塔檐均为石刻叠涩挑出。各层檐下塔身较低矮，高约50厘米，每面均刻佛龛及佛像。第一层塔身周围设有副阶，有12根方形副阶檐柱共同支承四角攒尖屋面。塔身为方形，整个塔身的外廓，从第二层起到第六层，每层略有增大，而从第七层到第十二层则逐渐收小，使之成为"梭形"，外观挺拔秀丽。

塔刹为石刻覆钵与宝珠组合，疑为明代重修。据《重刊古志碑记》说，在塔的基台四面，塔身中轴线四方约50厘米处，分别立四大天王像，为东方持国天王、南方增长天王、西方广目天王、北方多闻天王，具有四大天王托塔之意，在其他的石塔中非常罕见。此塔为第五批全国重点文物保护单位。

三、鹫峰寺塔

鹫峰寺塔又称蓬溪白塔，位于蓬溪县赤城镇白塔街。建于南宋嘉泰四年（1204年），系原鹫峰寺（已迁建）塔，梁思成著《中国建筑史》中记载"大雄殿之左侧白塔凌空，高十三级，甚峻拔"，塔身平面方形，13层砖砌仿木楼阁式，高约36米，坐东向西。各层仿木结构为四柱三间，柱有明显侧脚、生起及卷杀。撩檐枋上砖砌菱角牙子，牙子上再出叠涩五层，出檐深远。一至六层，施一斗三升补间铺作。底层塔门向西开设，余为三方设假门，每层每面置拱券形门窗洞三个。塔内有方形塔心柱，石砌蹬道盘旋至顶，每层塔心室顶施一斗三升承托穹隆顶藻井，穹壁彩绘壁画，前塑佛像为一佛二弟子，共13身。底层、二层正门柱以盘龙作饰。塔顶为覆钵上承五级葫芦形塔刹。此塔为第六批全国重点文物保护单位（图9-1-3）。

(a)

四川邛崃石塔寺宋塔立面

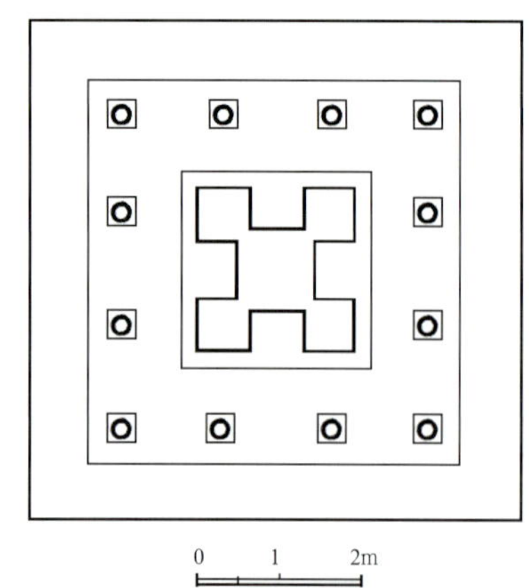

(b)

图9-1-2　邛崃石塔寺石塔（来源：(a)《中国文物地图集——四川分册》；(b)《中国古代建筑史》）

四、无量宝塔

无量宝塔位于南充市高坪区，始建于北宋建隆年间（公元960年），始名建隆万寿之塔，明崇祯十四年（1641年）维修碑记称为无量宝塔。为方形13层楼阁式砖石塔，坐东南向西北，通高37.1米。塔基条石砌成。塔身为砖砌仿木结构，第一层四面当心间设拱门，仅西门可出入，其余三门实为龛。每层四面四柱三间，圆柱施柱头铺作（一至三层为五铺作，四至七层为四铺作），不见铺作为一斗三升（二至七层仅施斗）。13层塔檐，由砖叠涩挑出，下施菱角牙子。第二至十一层，每层当心间、尽间设小龛，塔身共有龛94个，窗（孔）12个。塔内设蹬道，盘旋而上可登至第四层，第五层以上塔心室中空下大上小，内砌叠涩菱角牙子。第十至十三层为实心。塔顶为铁铸成仰覆莲塔刹。东面第十层当心间匾上楷书“乾隆万寿之塔”（图9-1-4）。现为全国重点文物保护单位。

五、淮口瑞光塔

瑞光塔，俗称白塔，位于金堂县淮口镇的蛇山上。背靠太平寺（俗称白塔寺），面对沱江，为13层楼阁式砖塔，高33米。石砌塔基两层，第二层为素面须弥基座。塔身底层6.8米见方，各层渐次收缩，直至塔顶，形成优美的曲线外形。

塔身形式为仿木四柱三开间。底层每面装饰有斗栱七朵，之上每层斗栱五朵，每间均有补间铺作。塔内可登临，采用“壁内折上”式结构，砖砌踏道可登至顶。

每层每面在当心间有拱券形门洞，左、右两侧有拱券形窗洞，有些为真门窗洞，可以采光通风，另外则辟为龛。在第五层的内壁老墙皮上还有隐约可见的彩画痕迹和一条墨书题记，文曰：“府城孙寄行宝祐（癸丑）仲夏吉日到此游”，这是1253年一个名叫孙寄行的成都游客留题的。此塔原有铁铸高大塔刹，据传，清代被雷电击落。塔身用黄泥、白灰砂浆砌筑，门窗、过洞及外墙与塔室间均用宽4.5厘米、厚约1厘米的扁铁条加固，施工精良，这种做法是四川古塔固定的工艺规程，称为“铁扁担”工艺。塔内天花做八面斗栱，形如“八卦”。宋代四川塔大多都是这种形式的方塔，形成了四川古塔之特征（图9-1-5）。瑞光塔为第六批全国重点文物保护单位。

图9-1-3 蓬溪鹫峰寺塔

图9-1-4 南充无量宝塔

图9-1-5 淮口瑞光塔

六、旧州塔

旧州塔，因位于岷江北岸的旧州坝上而得名，塔距宜宾城区约3公里，建于北宋崇宁元年至大观三年（1102～1109年），第七批全国重点文物保护单位。该塔为十三级密檐式砖塔，平面方形，形似西安荐福寺小雁塔，高25.9米，底部每边宽7.23米。塔身砖砌直出地面，没有塔基。每层塔檐，仅出一层密而窄的菱角牙子，牙子上出多层砖砌叠涩，檐部平直宽厚。

塔内有5层，每层设供塔心室，有蹬道环绕塔心柱而上，典型的壁内折上式结构。室顶为覆斗状八边形藻井，四角砖砌五铺作斗栱，异常精美，室内龛中供佛像。塔四周每层密檐下有四个圆拱形窗，其中12个为真窗，大部分为装饰性。整座塔外形庄重优美，与乐山灵宝塔、丹棱白塔相似。1941年，中国营造学社内迁至宜宾李庄时，梁思成、莫宗江、刘敦桢等古建筑专家曾到此塔考察，从塔的结构、建筑风格、塔内题刻等，认定其为典型的宋代建筑。梁思成先生在其《中国建筑史》一书中描述并绘有插图："塔平面正方形。初层塔身颇高，上叠涩出密檐十三重，塔内设方室五层，各层走道阶级，则环绕内室螺旋而上。塔建于北宋崇宁元年至大观三年之间（公元1102—1109年），在外观上，属于唐代常见之单层多檐方塔系统，但内室及走道梯阶之布置，则为宋代所常见。"旧州塔屹立于岷江之畔已逾900年，"古塔夕照"被誉为宜宾八景之一。它与宜宾白塔寺白塔、七星山黑塔，并称为宜宾三塔（图9-1-6）。

七、广安白塔

广安白塔又名"舍利宝塔"，位于广安渠江河畔聋子滩上，属于风水宝塔以镇水口。为南宋大学士安丙主持修造，具体始建时间不详。该塔坐南朝北，高33.6米，底层边长8.45米，为方形9层仿木楼阁式塔。一至五层为石结构，六至九层用砖砌筑并用红、白二色彩裱。塔中空，层与层之间有阶梯，可登至塔顶。无塔刹，只在第九层顶部用砖砌一高

图9-1-6 宜宾旧州塔（来源：(a)《中国文物地图集——四川分册》；(b) 论文《巴蜀古塔建筑特色研究》）

3米的方室，方室沿南北向开通道，既罩住第九级的出口，又作塔顶，室顶用砖叠涩收顶。此塔形制奇特，是本无塔刹还是原有塔刹已圮，值得研究。

塔底层边长6.8米，塔身仿木每面三开间，柱间施普柏枋，柱下有仰覆莲座，以石或砖制四铺作斗栱，每面四朵，以承托塔檐。各层拱形门洞上方有龙头或象头雀替。塔内第一至五层设直梯道穿塔体，沿塔檐通行，六至九层为环绕塔心的螺旋式石梯。第七层北面有砖制长方形立式匾额，其上书“如来须相舍利宝塔”。“白塔凌云”名列广安旧志十六景之首，白塔与对面奎星塔遥遥相对，“仰视远观，秀出云表”（图9-1-7）。该塔为第七批全国重点文物保护单位。

图9-1-7　广安白塔（来源：唐剑　绘）

八、丹棱县白塔

丹棱县白塔位于眉山市丹棱县城郊，原为白鹤寺建筑群的佛塔，建于唐大中（公元865年）前后，又称白鹤寺塔。如今寺庙已毁，仅存此塔，是四川境内现存历史最悠久、保存最完整的密檐式砖塔。

白塔为方形14层密檐式砖塔，通高27.5米。塔中间为方形塔心柱，塔内设有蹬道，可盘旋达顶，造型雄浑优美，与西安小雁塔造型较为相似，当地人又称之为“丹棱小雁塔”。该塔无塔基，塔身直出地面，这也是唐代佛塔的典型特征。塔身底边每边宽6米，正方底开有一道拱券门，以上各层各面均开圭角形窗洞，有真窗及假窗之分，窗洞两侧对称地刻有直棂窗，不能采光通风仅为装饰。每层叠涩出檐，塔在七级以上微向内收。塔内仅5层，底层心室顶装有砖砌斗栱八朵，以承覆斗形藻井。二、三、四层无斗栱，第五层不设心室，但有回廊可通塔顶，原有彩绘和佛像。据记载，塔内旧时供有孔子、岳飞等历史人物的遗迹和题写的诗词。雕砖上的图案有力士、伎乐、飞天、滚龙、飞雁、帷幔、花卉等。塔的外壁砖与内层砖相互交错砌筑，使整个塔身浑然一体。据文献记载，元顺帝时曾大震七日，塔依旧岿然不动（图9-1-8）。该塔为第七批全国重点文物保护单位。

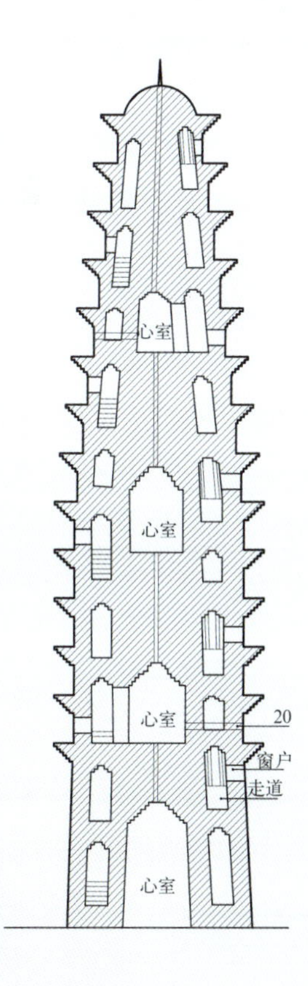

图9-1-8　丹棱县白塔（来源：唐剑　绘）

九、龙护舍利塔

龙护舍利塔位于德阳市孝泉镇北，建于元顺帝至正二年(1342年)，到至正十三年(1353年)竣工，前后经12年建成。明、清、民国时期多次进行维修。

龙护舍利塔为密檐式十三级方形砖塔，坐北向南，建于两层台座上，塔身通高34.75米。塔身底层南面设券门，二到八级中开券窗，九级开三扇券窗，十三级中设券窗，多为假窗。塔檐用砖叠涩出挑12层，塔底层高5.93米，上部12层各层高度大约与檐之高度相等，其尺度依次递减，七层以下收分甚小，以上则越上收分越多，外观形成柔和曲线。顶置双重葫芦形塔刹。

塔内共5层，另有5层天宫，一至五层塑有佛像。每层中为塔心室，一至四层室顶有砖砌斗栱及藻井，五层顶为空井，与天宫相通。天宫为一穹顶，贯通外观十一至十三层。一至五层间设磴道位于塔体外壁与内筒之间，属壁内折上式结构（图9-1-9）。

龙护舍利塔是四川境内唯一的一处元代砖塔，是研究四川砖塔由宋向明、清演变过程中的重要实物例证。该塔已列为全国重点文物保护单位。

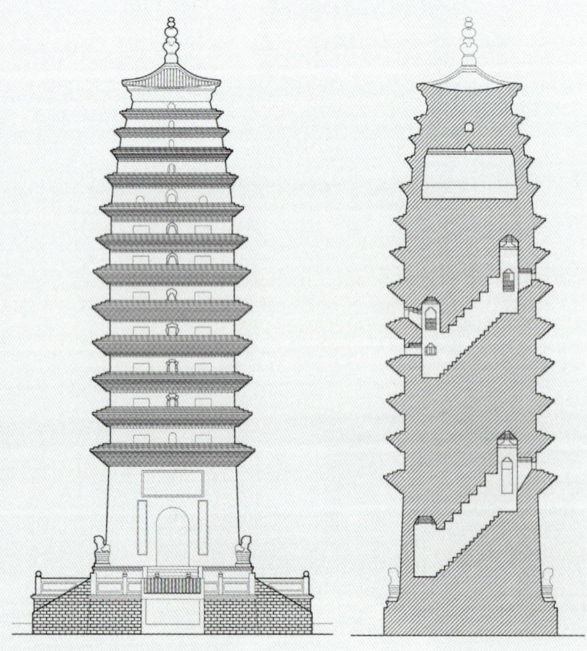

图9-1-9　龙护舍利塔（来源：唐剑　绘）

十、邛崃兴贤塔

兴贤塔位于成都邛崃牟礼镇，又名惜字塔。这种用于焚烧字纸的字库塔，四川留存较多，大多体量精巧，装饰细腻，塔身饰以儒释道中的文化内容，成为场镇的景观标志。

兴贤塔始建于清道光六年（1826年），由彭山工匠修建。底层匾名“字库”，第二层匾名“仓颉殿”“文昌宫”，第三层为“兴贤塔”“观音阁”。塔铭：“以回（文风）既倒之狂澜……修建字库，名曰‘兴贤塔’，以继镇江（塔）之芳踪，而培阖郡之风水”。

塔身为六角3层仿木构楼阁式塔，全用素陶雕刻和青砖砌筑。坐南向北，通高13.5米。塔基为须弥座，高1.5米，边长2.7米，雕刻各种花卉图案、八仙人物等。

青砖砌筑方式多样，主体采用平砖顺砌错缝法，立面表层的砖则根据构图需要，或拼花砌筑作图底或侧砖立砌作图框。不同规格的砌块至少达三种，拼接规律且灵活。塔身砖雕构件众多，装饰内容丰富，雕刻工艺精湛，塔身门额“字库”“仓颉殿”等皆为砖雕，二、三层的滚龙抱柱更臻奇绝。塔刹为蛙、蝉，蛙口含宝珠，呈现出刚柔并济、质朴清秀的风格。兴贤塔是清代建筑精品，现为四川省文物保护单位(图9-1-10)。

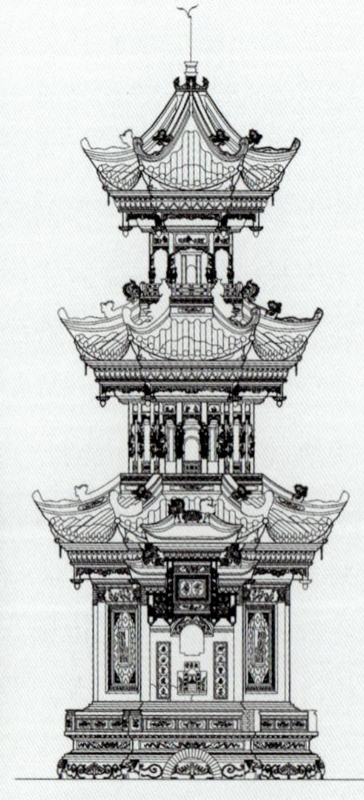

图9-1-10　邛崃兴贤塔（来源：周玲丽　摄，张功测　绘）

第二节　牌坊

牌坊是古代封建礼制的产物。一般用木、砖、石等材料建成，上刻题字，旧时多建于庙宇、陵墓、祠堂、衙署和园林前或街道路口，在建筑上起到组织空间、点缀景观的作用。最初为里坊的入口标志，后来与封建礼制及旌表制度相结合，具有传统文化中的标识、纪念、装饰、旌表和空间界定等功能，蕴藏着深刻的文化内涵。同时它也是传统建筑中装饰手法最为繁复、装饰艺术最为精美的建筑类型。

四川牌坊数量众多，分布广泛。从其功能类型上可大致分为三类。一类是标识性牌坊，建于祠庙宫观前或道路口，如同早期的坊门划分和界定空间，起标志和装饰的作用，并美化和烘托环境。第二类为礼制性牌坊，主要为宫室、墓园、文庙、武庙等重要建筑所用，以示对帝王、先贤的崇敬与景仰，其礼制性强且等级规范极高。第三类是纪念性牌坊，为纪念或褒扬某人而建，大部分是奉旨而建。如旌表“忠孝节义”的贞孝节烈坊、忠义坊，老人满百岁而赐建的百岁坊、五世同堂坊和捐款行善而赐建的功德坊。一般非皇帝圣旨赐建的牌坊，主要是为褒扬地方官员德政而建的德政坊、为考取功名者而建的功名坊和墓坊等。德政坊、墓坊是褒扬人物与标识空间功能相结合，贞孝节烈坊、忠义坊、百岁坊、五世同堂坊、功德坊等则承载着褒扬人物、标识空间与表现权力三项功能。牌坊的立面从建筑形式分为冲天牌坊和牌楼两类，冲天牌坊由立柱和柱间横枋组成，平面呈“一”字形，以四柱三间居多，如文庙前的棂星门；牌楼由立柱、横坊、屋顶构成，通常檐下都有装饰性极强的斗栱，屋顶正间高大，两侧间逐次降低，翼角飞翘，脊饰堆砌，梁枋施以人物花鸟等造型的雕饰与灰塑。以建筑材料划分，有木牌坊、石牌坊、砖陶牌坊等。木牌坊均为门楼式，斗栱层层出挑承托屋檐，因其难以长久保存，所以现存较少；石牌坊大多为仿木形式，繁简不一，造型丰富，主体石料砌筑形体简洁，极为注重细节装饰，以雕刻为主，现存大部分均为此类；砖牌坊即用砖砌筑坊体，并发券或叠涩形成拱门，青砖细部的处理体现了精湛的砖雕艺术。

四川牌坊雕刻题材广泛，内容丰富，涵盖了神话传说、历史故事、戏曲表演等，以各种动物、景物、装饰花纹等寓意吉祥的传统图案。以龙、凤、狮子、麒麟、鹿、龟、鹤、喜鹊等动物造型，莲花、牡丹、如意、竹子、梅花等植物，及水纹、“卍”纹、席纹、米字纹等几何图案和绶带状、缠枝花状、团花状图案等组合雕饰，用谐音、隐喻等手法，表达出象征意义。

一、隆昌石牌坊

隆昌县境内现存石牌坊共 17 座，石碑 4 座，分别分布在隆昌县城北关、南关和周边村镇。石刻牌坊群堪称中国石牌坊之冠，2001 年被列入全国重点文物保护单位。

北关（道观坪）牌坊建于清乾隆年间（1736 ~ 1795 年）至清咸丰六年（1856 年）间，主要有禹王宫山门坊、牛树梅德政坊、孝子总坊、刘光第德政坊、肃庆德政坊等，占地面积 798 平方米（图 9–2–1）。南关（春牛坪）牌坊建于清咸丰五年（1855 年）至清光绪十三年（1887 年）间，主要有郭玉峦功德坊、舒承是百寿坊、节孝总坊、李吉寿德政坊、觉罗国欢德政坊等，占地面积 560 平方米左右（图 9–2–2）。其中除禹王宫山门坊、斗栱镇山坊及一座玩赏坊外，其他 14 座皆属于旌表类牌坊。

隆昌牌坊大多为四柱三门三重檐五滴水牌楼式仿木结构。每座牌坊的正门上面分别刻有不同的碑文，上下、左右两侧也分别刻有善长芳名、立坊年代以及象征“善”“福”“寿”等浮雕，坊上故事人物、花草鸟兽雕刻栩栩如生。其建造工艺精湛，雕刻精细，寓意深远，具有很高的民俗史料价值和艺术价值。

二、开江牌坊

开江牌坊包括任市镇牌坊和甘棠镇牌坊，为全国重点文物保护单位。

任市陶牌坊位于开江县任市镇，又名达州街节孝牌坊。始建于清光绪八年（1882 年）。是清政府诰授

图 9-2-1　隆昌北关石牌坊（来源：戴志坚　摄）

图 9-2-2　隆昌南关石牌坊（来源：戴志坚　摄）

五品奉政大夫张九封之妻妾所造。该坊坐南朝北，四柱三间牌楼式，面阔 11 米，通高 12 米。牌坊用数十块烧制陶件拼合而成，仅柱底基石用巨石雕成，须弥座、牌坊的里外各个部件雕刻有不同的图案。中门高 4.3 米，宽 2.1 米，侧门各高 3.8 米，柱顶塑圆雕卧狮，柱底为雕饰仰莲、雷纹的须弥座，柱底两面饰有如意、花草、龟锦纹的陶鼓。基座用巨石雕成，宽 1 米，进深 4 米。明间正脊上高浮雕"云海双行龙"，脊下两面均嵌有"圣旨"竖板，周边堆塑"五龙捧圣"，两旁雕有文臣、武将。额枋与门楣之间刻"诰授奉政大夫张九封之妻刘氏、妾姜氏节孝坊"。浮雕戏曲、神话故事人物场面与"双凤朝阳"图案，镂刻棂窗，透雕"鱼跃龙门"及"水族"图案（图 9-2-3）。

甘堂镇牌坊位于开江县甘堂镇五幅桥村，俗称"雷家院牌楼"。该坊东西朝向，为四柱三间三楼式牌楼，通面阔 12 米，通高 15 米。坊柱前后均有抱鼓石，明间正楼檐下竖板刻"圣旨"二字，两旁雕二龙，明间字匾处两面分别刻"坤维正气""柏节松龄"，以及被旌表人后嗣与拜题。牌坊东、西两面浮雕戏曲人物场面、神像、龙凤狮、山水、宫殿、楼阁，其间刻有饕餮、水潮、雷、云等纹饰。坊上题刻"清道光甲辰年九月初六吉立"。牌坊用料考究，纹饰雕刻精湛别致，生动传神（图 9-2-4）。

开江牌坊造型独特，用料考究，是陶雕组合艺术中的珍品，人物走兽和图案，雕饰技法洗练，对于研究清代的制陶工艺以及绘画、雕刻技术都有重要的参考价值。

三、双堡牌坊

双堡牌坊位于仁寿县禾加区双堡乡，共两座。两坊南北向对立，间距 44.5 米（图 9-2-5）。

一号坊建于清光绪七年（1881 年），是为表彰徐母杨氏钦旨建造的节孝坊。坊通高 11.47 米，为四柱三间三重檐石牌坊。全坊用石材 109 块组成，仿木结构，正中屋面置宝瓶式坊顶，两端为鳌鱼形鸱吻。牌坊通体雕琢，内容为戏剧和民间故事，雕刻手法多样，工艺精湛。坊正、背两面浮雕戏文及

图 9-2-3 开江牌坊 1
（来源：张继舟 摄）

图 9-2-4 开江牌坊 2
（来源：张继舟 摄）

民间故事，人物有 250 余身，鸟兽 78 只。枋下镂雕雀替，柱前后刻楹联。石柱前后立 8 个镇门兽。

二号坊建于清光绪八年（1882 年），是朝廷旌表徐母老太君（杨氏之婶娘）所建的节孝坊。坊通高 12.53 米，建造风格与一号坊相似，坊顶为八角宝塔（已毁）。全坊用 102 块石料构成，戏文和民间故事及花卉雕刻共 166 龛，人物有 548 身，鸟兽 256 只，尤以南雕九龙绕《圣旨》，北刻七龙盘《旌表》，优美别致，生动精湛，所有雕刻多为镂空。

双石牌坊雕刻优美别致，花、鸟、人物、兽等雕刻生动、工艺精湛，所有雕刻多为镂空，有着较高的历史艺术价值和研究价值。被列入第六批全国重点文物保护单位。

(a) (b)

(c)

图 9-2-5 仁寿双堡牌坊（来源：文保单位资料）
(a) 一号坊；(b) 二号坊；(c) 二号坊雕刻

图 9-2-6　珙县隘口石牌坊（来源：文保单位资料）

四、隘口石坊

隘口石坊位于珙县玉和苗族乡，为清代贡生谢正业奉皇命为其母亲何慈惠修建的贞节牌坊，建成于清道光二十九年（1849 年）。石坊为四柱三间五楼式牌坊，通高 17 米，通面阔 11.65 米，南北两侧各有如意踏跺九级。石坊通体雕刻，分别用阴刻、线刻、浮雕、镂雕、圆雕、透刻等不同手法刻有文字、龙凤、花卉、飞禽、瑞兽、人物等图案，内容为古代节孝忠义及神话传说故事等，雕刻技艺精湛。所镌文字有篆、隶、草、楷不同书体，各具神韵，与其他石雕相映生辉。因石坊独特的风格与结构、精湛的书法与绘画，被誉为“川南第一坊”（图 9-2-6）。该石坊为全国重点文物保护单位。

第三节　阙

四川是现存汉阙最多的地区，汉代石阙也是现存最早的仿木结构的建筑遗存。其清晰的建筑结构和精美的雕刻，记载了早期建筑面貌，从石阙上可以看到当时建筑立面的“三分”构成形式和木构建筑的台基、立柱、阑额、地栿、楼层、斗栱及屋顶的结构，以及与之呼应的雕刻装饰艺术，是中国古代建筑与艺术研究不可多得的实证资料，具有极高的史料价值。东汉许慎《说文解字》曰：“阙，门观也”，四川现存的石阙是位于墓前的仿木构门阙，为神灵、鬼魂所设的“神道阙”。

一、高颐墓阙

高颐墓阙位于雅安市姚桥镇。东汉益州太守高颐及其弟高实的墓阙，是全国现存保存最完整、最精美的石阙。东汉建安十四年（公元 209 年）建造。高颐阙分东、西两阙，故也称为“双阙”，两阙相距 13.6 米，阙间有高君宋碑及巨型石辟邪。东阙仅存阙身，清代曾修复石刻屋顶，西阙的主阙和子阙保存完整。

西阙主阙高约 6 米，子阙高 3.39 米。为重檐五脊式仿木结构建筑，用多块红色长条石英砂岩叠砌而成。立面雕饰分为五层：第一层南、北两面各浮雕一饕、餮，转角大斗下均雕一角神；第二层浮雕内容有“张良椎秦皇”“高祖斩蛇”“师旷鼓琴”等历史故事以及神话故事传说中的九尾狐、三足乌等；第三层内为人兽相斗的图案；第四层向外倾斜，浮雕有“天马”“龙”“虎”等；第五层四面雕成枋头 24 个，并刻有隶书铭文“汉故益州太守阴平都尉武阳令北府丞举孝廉高君字贯口（方），正中脊部刻一鲲鹏（图 9-3-1）。1961 年公布为第一批全国重点文物保护单位。

二、渠县汉阙

渠县汉阙，包括冯焕阙、沈府君阙、蒲家湾无铭阙、赵家村西无铭阙、赵家村东无铭阙、王家坪无铭阙六处。

图 9-3-1　雅安高颐墓阙（来源：文保单位资料）

冯焕阙位于土溪镇赵家村东北，建于东汉建光元年（公元121年）。坐东北向西南，青砂石建造。阙体由阙基、阙身、枋子层、介石、斗栱层及屋顶六部分组成，现存东阙，阙身用整块青石雕琢而成，面阔二间，上部宽0.88米，下部宽0.96米，高4.38米。阙身正面镌汉隶“故尚书侍郎河南京令豫州幽州刺史冯使君神道”。铭文下端浅浮雕饕餮。枋子层雕栌斗及枋三层横直重叠，而第二层枋于阙之四隅雕平面45°之斜枋。介石上雕方胜纹图案。斗栱层四角雕斗栱，两侧为曲栱，均为一斗二升。栱眼壁上正面、背面雕有青龙、玄武。屋顶为庑殿式，刻出瓦垅、筒瓦，瓦当等（图9-3-2a）。

沈府君阙位于汉碑乡汉亭村。建于东汉延光年间（公元122～125年）。阙主沈氏事迹无考。坐西北向东南。两阙东西相距21.62米。阙由阙基、阙身、介石、斗栱层及屋顶六部分组成，高4.82米，宽0.98米，厚0.66米。阙身正面刻汉隶，东阙铭文为：“汉谒者北屯司马左都侯沈府君神道”，西阙铭文为：“汉新丰令交趾都尉沈府君神道”。二阙铭文上端均镌朱雀，下端镌饕餮。东阙内侧雕青龙，西阙内侧雕白虎。枋子层刻有铺首，四角为力士，用肩托着介石和斗栱层，斗栱向上外斜挑出，正面、背面分别为一斗二升曲栱，两侧面为1朵曲栱。其上刻有独轮车、农商交易、狩猎、骑鹿、戏虎以及牛、羊、马诸牲畜和果树、水草。其中狩猎场面有两人为裸体。沈府君阙旁有清代县令王椿源于清道光二十九年（1849年）撰写的《沈府君神道碑亭记》石碑（图9-3-2b）。

赵家村东无铭阙位于土溪镇赵家村东。坐西北向东南，现存东阙，子阙及阙顶盖已毁，各衔接处略有移位。青砂石质仿木结构，由阙基、阙身、楼部（包含枋子层、斗栱层及人物故事层）及阙顶四个部分组成，高4.17米，阙身宽1.18米。每部分为独立的方石。阙身正面上部雕朱雀，背素平。右侧面残留子阙镶嵌位置痕迹。东侧面刻一青龙利吻咬挂于梁上环佩之带。阙楼的枋子层枋子纵横相交。斗栱为一斗二升曲栱。枋子层正中的铺首其头在正面，而尾在背面相对的位置。四角的力士形态各异。斗栱层的斗栱托于柱上，承托斗栱的柱间则刻狩猎人、人物、家禽等图案。再上的人物故事层刻戏虎、执物妇人等，最为突出者为戏虎图（图9-3-2c）。

赵家村西无铭阙位于土溪镇赵家村南。坐西南向东北，现存东阙，子阙及阙顶早已毁。青砂石质仿木结构，由阙基、阙身、楼部（包含枋子层、斗栱层、人物故事层）及阙顶四部分组成，均为独立的方石，高3.96米，阙身宽1.2米。阙基为一长方形基石，阙身耸立于基上。阙身正面素平无铭文，其上端雕朱雀，下端浮雕玄武，西侧壁刻一白虎，虎尾卷一蟾蜍；东侧壁尚残留子阙镶嵌位置痕迹。阙楼的枋子层雕纵横相交的枋子，四角由形态各异的四力士承托，正面为铺首。枋子层和斗栱层之间有一长方体介石。斗栱为一斗二升曲栱，四周雕刻裸人捕鸟、妇人执物、戏虎、庖厨、六博、兽首人身像、骑怪兽者和交换物品者。背面刻“官人出行图”，精致生动（图9-3-2d）。

王家坪无铭阙位于青神乡平六村。坐西北向东

(a)　(b)　(c)　(d)　(e)　(f)

图 9-3-2　渠县汉阙［(b)、(e)、(f) 来源：文保单位资料］
(a) 冯焕阙；(b) 沈府君阙右阙；(c) 赵家村东无名阙；(d) 赵家村西无名阙；(e) 王家坪无名阙；(f) 蒲家湾无名阙

南，现存东阙，阙座右下角下陷 0.2 米，子阙及阙顶早已毁。阙身前倾 40°，斗栱层裂隙为 2.3 厘米，阙身上部有裂隙及裂纹。青砂石质仿木结构，由阙基、阙身、楼部（包含枋子层、斗栱层）及阙顶四个部分组成，高 4.19 米，阙身宽 1.17 米。阙身正面素平无铭文，上端浮雕朱雀，下端浮雕饕餮，阙身西侧面雕一青龙，作昂扬而上状。枋子层四角为力士，后侧转角处刻双螭嬉戏。阙楼部第三、四层石块雕刻“荆轲刺秦王”“玉兔捣药”“虎咬猎物”“百戏”等场面以及负重者、骑兽者、执杖人、庖厨、人首鸟身、铺首等（图 9-3-2e）。

蒲家湾无铭阙位于汉碑乡团林村。现存东阙，子阙早已失。青砂石仿木结构。坐西北向东南。阙由阙基、阙身、阙楼（包含枋子层、介石、斗栱层）

及阙顶四部分组成。阙身宽 1.16 米。每一部分都是一块独立的方石，层层叠压。现高 4.65 米。阙身由两块方石连接而成。阙身正面无铭文，上端雕一朱雀；背面为素面；西侧面雕一青龙利吻紧咬挂于梁上的环佩绶带；东侧面残留子阙镶嵌位置的痕迹。枋子层雕纵横相交的枋子，四角为形态各异的承力力士，正面中央雕一铺首，背面中央相对雕尾，为一兽穿梁而过，正在窥视。斗栱层均为一斗二升曲栱，斗栱立于柱上。正面、背面为两朵斗栱，左、右侧各一朵斗栱。此层图案刻于柱间，正面为骑虎者，背面为独轮车及禾本植物，西侧为双螭嬉戏。阙顶为庑殿式，刻出瓦垅、瓦当（图 9-3-2f）。

第四节　桥

四川境内水系发达，建桥历史悠久，数量众多。如《泸县志》记载境域曾建石桥 586 座，古代诗文也多有描述，包括成都市内许多地名也多与桥相关。四川古桥类型大致有以下几类：平板桥、拱桥、廊桥、索桥、伸臂桥、浮桥。平板桥即在河面设置桥墩，墩之上水平架梁铺石板桥面，如泸县境内的 70 余座龙桥多为此类。拱桥即桥体支撑发券而成，因河床宽度不同有单跨、三跨、五跨等不等，四川拱桥多为半圆形拱，少量双心拱，桥面也有平桥和曲面两种。廊桥为桥面上建造木架敞廊建筑，也称为风雨桥，人们在内可纳凉观景，也可物资交换兼作集市。索桥是四川西部地区古时常用的一种桥梁形式，即在两岸或桥墩之间以多根竹索或铁索架构联系，在水平布置的几根索上横向铺木板，两侧垂直布置的索加以一定距离的竖向联系形成桥栏，行人可手扶桥栏足踏桥板而过，如著名的泸定桥和都江堰安澜桥。伸臂桥为四川藏区常见的一种古桥形式，在河两岸以原木竖向垒叠，并逐层向河心悬挑，直至中心相连成为一个整体，河中不设桥墩，利用悬挑的原理架设，独具地方特色。浮桥则是利用竹或木筏连在一起贯通江面，或用铁索联系数条船舟，上铺木板形成桥面。[②]因地理环境差异，四川各地建桥因地制宜、丰富多样。

一、龙脑桥

龙脑桥位于泸县龙脑桥镇，横跨于蜿蜒曲折的九曲河上。该桥始建于明洪武年间（1368 ~ 1398 年），至今已有 600 多年的历史。

龙脑桥是一座集建筑造型和石雕艺术于一体的古石桥。桥为石墩石梁式平板石桥，全长 55 米，高约 2 米，宽 1.9 米，整桥共 13 跨，桥台两座，桥墩 12 座，桥墩由四层青砂岩石砌筑而成。桥面由长 3.6、宽 0.9 米、厚 0.6 米的石板，两块一组，并列铺成。桥南端的 2 个桥墩及北端的 1 个桥墩为素面，中部跨河水面的 8 座桥墩朝向上游一端，分别雕刻古代民间传说的吉祥走兽，有四条龙，两头麒麟，一只青狮和一只白象，桥面石板安置在动物的脊背上。祥兽在桥面的一侧露出头，另一侧露出尾部。这种布局，极为独特，给人以气宇轩昂之感（图 9-4-1、图 9-4-2）。该桥为第四批全国重点文物保护单位。

二、波日桥

波日桥也称“康巴第一桥”，位于新龙县乐安乡雅砻江上。波日桥是一座设计独特的木构悬臂桥。清道光二十四年（1844 年）由藏族杰出设计师唐东杰布建，1996 年曾维修。东西走向，跨雅砻江。桥长 70 米，宽 2.62 米，净跨 35.6 米，高 8.7 米（从水面计）。桥墩用圆木、卵石相间，树藤缠绕，叠砌而成。再由桥墩上逐层悬挑圆木，在悬臂上架横木为梁，再铺上木板成桥面，桥左、右两侧设木栏。1936 年 6 月中国工农红军四方面军与红二、六军团会师后，曾从此桥经过（图 9-4-3）。波日桥被列入第六批全国重点文物保护单位。

三、木里伸臂桥

现存的伸臂桥多为单孔藏式伸臂桥，史称“飞桥”。这些桥梁均系当地藏族群众自己设计的建筑，不用一铁一钉，用圆木、卵石相间，树藤相缠，叠砌为墩，从两岸逐层悬挑，在悬臂上架横梁铺桥板，装上木制栏杆，从侧面看，形成粗犷的圆弧，桥面

图 9-4-1　泸县龙脑桥（来源：张继舟　摄）

图 9-4-2　龙脑桥石兽（来源：张继舟　摄）

图 9-4-3　新龙波日桥（来源：文保单位资料）

三面表层整齐美观，整个大桥的接合部均用木榫，结构独特。

伸臂桥位于木里县唐央乡。始建于清代，后多次维修。南北走向，横跨理塘河。桥长 29.9 米，两端宽约 7.2 米，中间窄，只有 1 米宽。桥在石制桥墩上以圆木搭叠成木笼形桥墩，木笼均用直径 0.2 米左右的圆木，横竖交叉架设，中间填以石块加重桥墩自身重量，同时确保“大手臂”的支撑力度。从桥墩中分别向河心搭叠数排圆木，像手臂一样层层递伸向河心，然后再在上面搭叠圆木作为木梁和桥面。整个结构全部用圆木以公母榫的插榫衔接。每层递伸数尺，每层间均横置数根一寸左右宽窄的木条，木条两端凿有穿孔，上下对眼，然后插入木楔，中间填石块，加重桥身，使伸出的“手臂”有力。最后在两岸伸出的“手臂”上，搭上数根圆木插入木契完成。这种桥兴于元代，盛于清代、民国时期（图 9-4-4）。此伸臂桥为四川省文物保护单位。

四、二江寺拱桥

二江寺大桥又名二仙桥，位于成都双流县，北距府河与江安河汇合处 350 米。桥边原有“二江寺”，故名“二江寺大桥”。桥横跨于锦江上，东北—西南走向。始建于清道光五年（1825 年），清光绪四年（1878 年）重修，民国 7 年（1918 年）培修，

图 9-4-4 木里伸臂桥（来源：文保单位资料）

图 9-4-5 双流二江寺拱桥（来源：文保单位资料）

图 9-4-6 华蓥五星桥（来源：文保单位资料）

1969 年再次维修后可通汽车，并在桥头刻石为记，名“二江寺拱桥”。桥为砖石结构七孔拱桥，桥长 118.5 米，宽 7.5 米，高 40 米。拱圈为纵联砌置法，每孔跨径、拱高均不等，部分拱圈由红砂岩条石砌成，有些用青砖拱成。桥栏为条石砌成，高 0.87 米。传说中孔下面水拱石上嵌“大银锭”，桥拱中间刻有“天地良心”四字（据双流县文化志记载，此字毁于 1966 年冬）。二江寺大桥是成都地区至今为数不多保留较为完整的石拱桥之一（图 9-4-5）。二江寺拱桥为四川省文物保护单位。

五、五星桥

五星桥位于华蓥市庆华镇，为四川省与重庆市交界处，桥权属两省市共有。建于清道光七年（1827 年），南北走向，五孔券拱石桥，建筑面积 408 平方米，桥上置木构风雨长廊。此桥为当地村民遮阳避雨、休息纳凉、集市贸易等活动的多功能古代交通设施，现为四川省文物保护单位。

五星桥由石拱桥和廊坊建筑两部分构成。石拱桥长 68 米（其中桥身长 60 米，桥引长 8 米），宽 6 米，高 6.8 米。石砌五孔、券拱，桥孔跨度 9 米，拱高 4.4 米。桥墩上游呈三角形，下游为方形；桥面用板石铺砌；北端置如意式踏道 9 级；桥面左、右置素面石栏，用 0.3 米 ×0.3 米条石砌成。

廊坊建筑置于桥上，17 柱，前后檐柱置于桥栏上；面阔 16 间 51.5 米，其间与间之间面阔数据不等，最宽 3.5 米，最窄 2.3 米；进深三间 5.6 米，呈“三通式”布局，东西两侧形成宽 0.95 米的侧廊，中间成 3.7 米的通廊。高 4.4 米；抬梁穿斗综合式梁架，单檐悬山式屋顶，小青瓦屋面（图 9-4-6）。

六、永济桥

永济桥位于乐山市沐川县。南北走向，横跨沐卷河，始建于清乾隆三十年（1765年），清光绪三十年（1904年）重修。该桥两墩三孔石木结构廊式桥，桥长17.6米，宽4.82米，桥墩高5米。桥为石墩木梁，立柱覆瓦，桥头桥尾和桥中部均为重檐屋顶，小青瓦屋面，飞檐翼角，轻盈飘逸。桥北有阶梯式踏道4级，桥南有阶梯式踏道22级桥头阶梯踏道3级，桥头匾额“永济桥”。桥西北立有“凉桥秋月”石碑1座，宽1.2米，高1米，厚0.16米。该桥仍在使用，是沐川县唯一保存较为完整的石木结构廊式桥（图9-4-7）。永济桥为四川省文物保护单位。

七、泸定桥

泸定桥又名大渡河铁索桥，位于泸定县城西的大渡河上，桥的东侧衔接泸定县城。索桥净跨长100米，宽2.8米，由13根铁链组成，桥身9根铁链平行系于两岸，上铺木板，以作桥面，供行人来往。桥栏左、右各2条铁链作为行人扶手。两岸桥头建有木构建筑。史载桥始建于清康熙四十四年（1705年），历时五年建成。今桥头东侧仍立有康熙皇帝《御制泸定桥碑》，记述建桥的始末。康熙皇帝御书“泸定桥”三个大字匾额挂于桥头。自清以来，泸定桥为四川入藏的重要通道和军事要津。1935年5月29日，中国工农红军长征途经这里飞夺泸定桥而使该桥闻名中外。被国务院公布为全国第一批重点文物保护单位。

1977年修葺时改建了东西桥头建筑，修缮了红军楼，建立陈列泸定桥战斗史料的革命纪念馆。

图9-4-7　沐川永济桥（来源：文保单位资料）

图 9-4-8　泸定桥（来源：文保单位资料）

注释

① 现存万年寺砖殿为 1948 年补建。四川省地方志编纂文员会．四川省志 · 建筑志．成都：四川科学技术出版社，1996：32.

② 四川省建设委员会等编．四川古建筑．成都：四川科学技术出版社，1992：277.

四川古建筑

四川古建筑

第十章 建筑营造与装饰

第一节 汉族地区建筑的营造技术与装饰特征

四川地区现存古代建筑类型十分丰富，有民居府邸、祠庙寺观、会馆、园林、塔幢、阙、牌坊等，具有鲜明的地方风格和艺术价值。生在四川眉山的宋代大文豪苏东坡在《灵璧张氏园亭记》（1079 年）中说："华堂厦屋，有吴蜀之巧"，同举四川与江南为建筑营造翘楚之地。四川汉族地区古建筑以木构架为主体，其营造与装饰的地域特色主要体现在间架结构、围护结构、斗栱形制、装饰特点几个方面。

一、大式建筑的抬梁结构

四川大式建筑在应用官式抬梁构架之时，深受本地区源远流长的穿斗架技术影响，即充分强调构件间的整体拉结联系，由此形成间架结构的若干地方特色。

（一）大纵深间架

我国古建筑以长方形平面占据主导地位，但在南方地区，有若干实例的平面通进深等于或略大于通面阔，四川建筑中即有很大部分是这样的大纵深间架。这种大纵深间架可加上大面积顶盖，将更多室外空间转化为开敞的室内或半室内空间，有利于遮阳避雨，以适应四川夏季闷热、冬季温和、潮湿多雨的气候。

大纵深间架形成的平面通常是方形。方形平面在唐宋时期的北方中小型建筑中很常见，以后渐渐少有；而在南方地区却还保留有若干实例，尤以四川和江南集中分布。在四川现存的 13 处元代建筑案例中，除芦山平襄楼为 2 层楼阁、峨眉山大庙飞来殿为长方形平面外，其他 11 例都是单檐三间近方形建筑。四川明代建筑中也有相当部分是方形殿堂，正如刘致平先生在《西川的明代庙宇》（1953 年）中指出："这种正方形中殿，在明代庙宇上用的特别多，像广汉龙居寺……小寺即用中殿做正殿。西川明代大量用正方形殿竟成为特色了。"

四川这些元明建筑的间架向纵深发展，从四架椽屋到十架椽屋都有。十架椽屋的实例有元代的眉山报恩寺大殿（1327 年）和明代的新津观音寺观音正殿（1469 年）。尽管架数很多样化，面阔却基本固定为三间，平面保持方形，总面阔尺寸与总进深尺寸大致相等。落实在建造上，即为重视横向构件的相互穿插和拉结，从而形成整体性的框架结构。

（二）非对称屋架

在大纵深间架建筑中，前廊或前堂部分是人集中停留的部分，因此往往加以扩大。由此会做成前后不对称的屋架，对建筑前部加以突出强调。以新津观音寺观音正殿为例，其十架结构从侧立面的墙柱分隔即可清晰体现出来，其十架椽并不是对称分布，而是从前到后做成 3+2+3+2 的架数组合（图 10–1–1）。

更典型的不对称屋架是六架椽屋中的 2+3+1 架数组合。在四川的实例有：元代的蓬溪金仙寺藏殿（1327 年，图 10–1–2）、明洪武时期的遂宁百福院大殿（图 10–1–3）、明代新津观音寺毗卢殿（1462 年，图 10–1–4）。以室内造像陈设保存最为完整的毗卢殿为例，其具体做法是：用四柱，即设前檐柱、前金柱、后金柱与后檐柱。四柱将室内的空间分为前段、中段和后段；前金柱后移一架，从而使得进深方向的三个柱间距均不相同，空间由大到小依次

图 10–1–1　新津观音寺观音正殿（来源：张宇　摄）

图 10–1–2　蓬溪金仙寺藏殿（来源：张宇　摄）

图 10-1-3　遂宁百福院大殿侧立面水彩渲染图（来源：谢昕　绘制）

图 10-1-4　新津观音寺毗卢殿（来源：张宇　摄）

图 10-1-5　南部醴峰观大殿山面斗栱从前檐向后减挑（来源：张宇　摄）

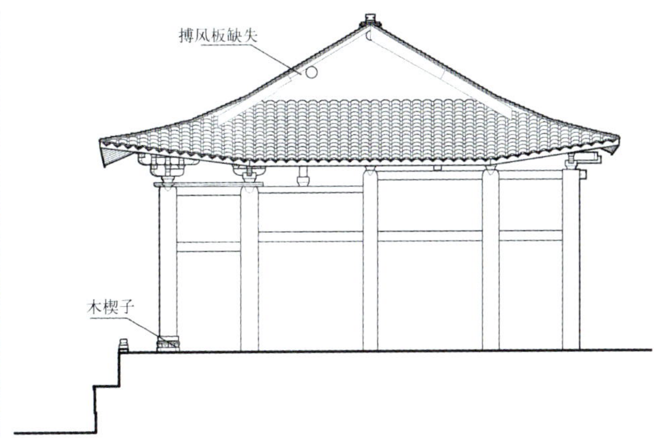

图 10-1-6　盐亭花林寺大殿侧立面图（来源：赵元祥、蔡宇琨　绘制）

排列为：中段三架、前段两架和后段一架。从使用空间上考虑，最大的空间居中，为神佛塑像所在；前段的空间次之，为信士提供足够的礼佛空间；后段的空间在功能上处于最次要的地位。

这种 2+3+1 架数组合的重要价值在于，它是北宋官方编纂的《营造法式》绘图记录下来的间架形式。在《营造法式》收录的侧样图中，用四柱的建筑大都是对称屋架，唯有一种非对称屋架即 2+3+1 六架椽屋。到目前为止，这一类别的实例在国内仅见三例，全部出自四川。作为对比，地处江南的宁波保国寺大殿（1013 年）和上海真如寺大殿（1320 年）虽然也用四柱且采用了不对称排列屋架（分别是 3+3+2 八架椽屋和 4+4+2 十架椽屋），但其间架形式并未被收录在《营造法式》中。

（三）重前轻后与突出前廊

与非对称结构相呼应，四川大式建筑中重前轻后的设计观念相当突出。前述实例中已经可以见到，前后檐柱不对称，后檐柱升高，后檐斗栱简化甚至不设斗栱，山面斗栱从前檐向后依次减挑。四川省内目前现存最早的元代木构建筑——南部醴峰观大殿（1307 年）也是这样的典型实例（图 10-1-5）。后檐不设斗栱的简化挑檐处理，可看作是清代四川穿斗建筑出檐技法的先声。

另一富有地方特色的设计手法是，通过普拍枋的设置来突出前廊空间。通常认为，普拍枋的作用是找平建筑周边一圈的柱顶高度，便于放置补间铺作，并有拉结建筑物的作用，相当于现代建筑中的圈梁。但四川的若干实例更新了这种既有认识，普拍枋在这里的主要功用并不是构造上的，而是空间视觉上的，用来标识建筑的前部。相关实例有前面提到的金仙寺藏殿、百福院大殿、醴峰观大殿，以及相距醴峰观仅几公里的盐亭花林寺大殿（1311 年，图 10-1-6）。在这些实例中，普拍枋没有围绕建筑一圈，而只设在前檐及山面前一进，形

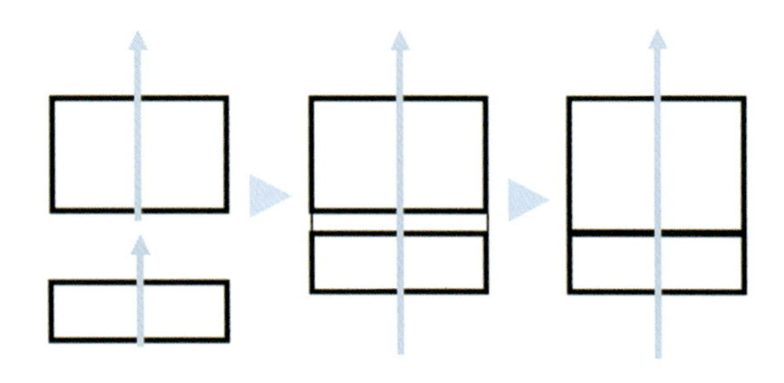

图 10-1-7　正堂 + 前堂的拼合演化：分离——拼合——融为一体（来源：杨安迪　绘制）

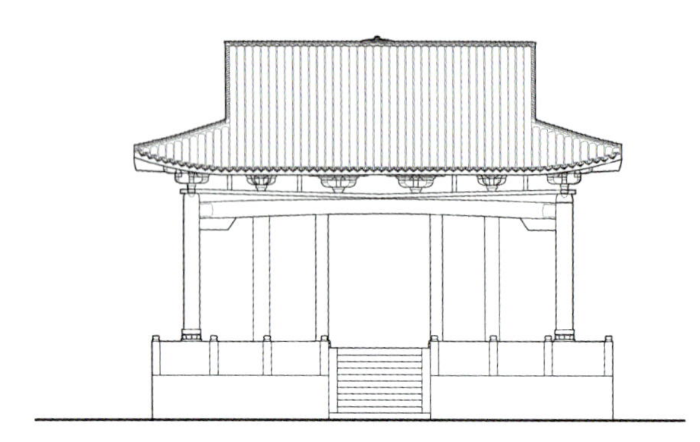

图 10-1-8　盐亭花林寺大殿正立面图（来源：赵元祥、蔡宇琨　绘制）

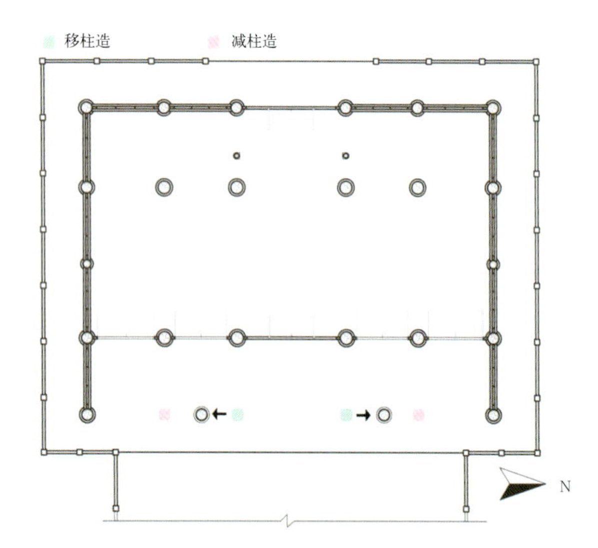

图 10-1-9　峨眉大庙飞来殿平面图（来源：柏呈　绘制）

图 10-1-10　潼南独柏寺大殿（元）大跨度内额及相应结构（来源：张宇　摄）

成“U”形三面排布，山面后几进不设普拍枋；且后部阑额特意抬到比前部普拍枋还高的位置。新津观音寺的毗卢殿相比前几例建成稍晚，其做法稍有变化——普拍枋虽沿建筑一周设置，但仍注意区分为前后两段，前部普拍枋和阑额均有意降低，如图 10-1-4 所示。

这样特意区分前后的处理手法，从设计意识看，是在一个整体屋盖下将室内空间分隔成两部分：正堂 + 前廊，或正堂 + 前堂。或者换一角度，也可理解为将两座长方形平面的建筑拼合为一座大纵深间架的建筑（图 10-1-7）。类似的设计思路后来也延续在小式穿斗建筑中，即通过降低挑枋，将前檐柱与金柱之间的前廊与后部建筑主体在视觉上区分开。

（四）大跨度横额

在四川大式建筑中，通常中间的明间特别宽，往往是左、右次间面阔的 1.5 ～ 2 倍。有些建筑会特意减掉前檐正立面居中的两根檐柱。例如盐亭花林寺大殿，省去了两根前檐檐柱，前檐大额跨度竟达 10.98 米，比明朝皇家巨构——北京太庙大殿明间宽度（9.6 米）和明长陵祾恩殿明间宽度（10.3 米）还大（图 10-1-8）。类似的还有建于元代的峨眉大庙飞来殿（1327 年），经过减柱由五开间变为三开间；再经过移柱，其前檐明间面阔遂由不足 5 米变成 8 米多（图 10-1-9）。除了面阔方向外，纵向内柱或金柱间的柱距往往也很大。这种空间形态，必然要求建筑在结构层面与过去的样式有明显的不同。由此萌生了兼有几方面设计特点的大跨度梁（图 10-1-10）：

1. 增大用料截面直径，可称之为“大额”。顾名思义，即屋盖受力不再大部分经由柱头下达地基，而是经由柱间跨度很大的粗壮阑额，自阑额与柱之接榫传至柱身。大额往往由圆木不经加工制成，其长度惊人，如前述花林寺大殿的阑额跨度接近 11 米。

2. 纵向拉结构件也采用大额。在宋《营造法式》中，描述到的顺身串、顺脊串是纵向的拉结构件，起稳定结构的作用。它几乎不承担受力，故构件的尺度一般较小。但在四川，建筑室内有的顺身（脊）串的断面尺度与脊槫相当。更有甚者如报恩寺四椽栿下的顺身串尺度更是脊槫的1.3倍，与大额尺度相当。构件形态多采用圆形或正方形。这种柱与柱间的大内额用以承托其上的梁架，并拉结两侧的柱，防止屋架纵向晃动。

3. 将阑额做成中段向上弯曲的月梁，以抵抗大跨度梁中段的向下重力。与江南建筑加工秀巧的月梁相比，四川建筑中的月梁多是利用天然圆木本身的弯曲，形成粗犷的风格。有的阑额受小式穿斗建筑明间“栱牵”做法（详见本节后文）影响，向上弯曲的程度很大（图10–1–11）。

4. 由阑额与其上的普拍枋构成双层拉结件，两者间有明显空隙，以很短的蜀柱相接（图10–1–12）；或者设置双重阑额，以蜀柱相接（图10–1–13）；或在内额下再加一道额枋，用蜀柱或斜撑联系，形成类似平行弦桁架的组合内额。通过导入这些拉结性的构材，防止横向摇动，屋身结构得以稳定加固，也增加了开口选择的自由度。

（五）斜材的应用

斜材即建筑上的斜向构件，例如斗栱上的昂，与屋盖下的椽大致平行。在中国早期建筑中曾大量应用斜材，但在唐宋以后的官式建筑中，随着营造技术的进步、节点的强化，以及横平竖直的传统审美倾向，真昂等斜材渐渐消失。然而在四川元明两代的建筑中，斜材仍有着广泛应用，其做法可谓独树一帜。

四川元明建筑很多在补间斗栱后尾设置挑斡。补间斗栱受力时，外侧受到檐口的向下重力，易向外翻倒；因此内侧可向后尾斜向上做成挑斡形式，以杠杆原理维持平衡。江南建筑的斗栱挑斡，陡峻笔直且刻有线脚，四川建筑的后尾挑斡形态与之显著不同，通常呈平缓而平滑的曲线（图10–1–14），更近于纯粹的斜材。

在有的例子中，挑斡后尾承托在中平槫与其下内额间，再向上承上平槫，最终可抵脊槫与其下内

图10–1–11　中江寿宁寺观音殿明间月梁式阑额（来源：张宇　摄）

图10–1–12　芦山青龙寺大殿（元）月梁式阑额与普拍枋（来源：张宇　摄）

图10–1–13　遂宁百福院大殿背立面水彩渲染图，双重阑额（来源：伍佳　绘制）

图10–1–14　遂宁百福院大殿补间铺作后尾挑斡（来源：温静　摄）

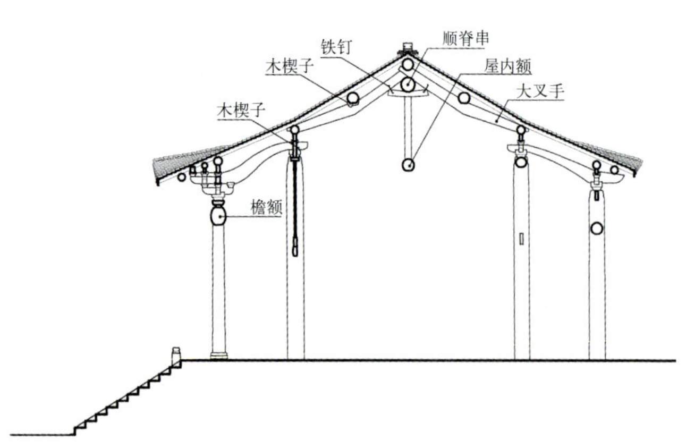

图 10-1-15　盐亭花林寺大殿明间剖面图，"大斜栿"结构体系（来源：赵元祥、蔡宇琨　绘制）

图 10-1-16　芦山青龙寺大殿"大斜栿"结构体系（来源：张宇　摄）

额之间，如盐亭花林寺大殿（图 10-1-15）和芦山青龙寺大殿（图 10-1-16）。弯曲的斜材将大额式建筑面阔方向的长跨梁架拉结在一起，可将其称为"大斜栿"结构体系。它利用杠杆原理，在支点两端的一端按压，"抬"起屋顶结构以承担荷载。斜栿沿屋面跨各椽槫，再与前后铺作搭接，形成"人"字形结构，与两侧梁架叠加形成三角稳定结构体系。斜栿所受各槫荷载及自身荷载通过铺作、蜀柱或直接传导至柱间的纵向联系构件上，再经由柱传导至地面。

大斜栿是针对前述大跨度梁的结构弱点而增设的。明间的大跨度梁中段易产生弯曲变形，大斜栿相当于在大跨度梁中间增加了一个支点，缩短了两榀梁架间的跨度；且与原有梁架构成整体结构，有效地防止建筑纵向晃动。这种做法在中原地区极为少见。山西平遥文庙大成殿（1163 年）和日本奈良东大寺南大门（1199 年）檐下补间有类似的"人"字形大斜栿（日本称为"游离尾垂木"），但均未无补间斗栱与之相结合。四川的"大斜栿"结构体系则由斜材、前后檐的补间铺作、各椽槫和两侧梁架共同构成，具有整体结构的稳定性。

二、小式建筑的穿斗结构

四川建筑中穿斗架形象的出现，最早可见于本地的汉代画像砖。建于明中期的平武报恩寺也有穿斗做法——大雄宝殿天花板下露明部分为明显的北方官式抬梁做法，而天花板上看不见的草架部分则采用了穿斗结构，推测是四川本地工匠的习惯做法。

在明清鼎革之际，四川的建筑营造产生了一种"突变"。大式斗栱建筑在四川几乎消失，纯粹穿斗结构得到了大量运用，用简洁的挑枋代替过去的斗栱承托出檐。与明代的建筑相比，这种新兴的建筑修建所耗费的时间更短，用材轻巧，节省人工，亦便于大规模建造；在功能上同样满足人们的需求，建筑的开间和进深灵活多变；造屋形式因地制宜，外形上符合当时人们的审美情趣；在建筑物的刚度方面较抬梁式更胜一筹。穿斗结构之所以能代替以往的建筑样式并广为流传，正是基于以上的原因。它不仅在农宅、民居、街坊普遍采用，而且连寺观、祠堂也大量地应用。

在四川地区，穿斗结构发展得最完美的当首推川西平原。这里素有"天府之国"的美誉，是西南地区历代的政治、经济、文化中心，古建筑之精致与数量可以代表四川地区的建筑水平。刘致平先生当年曾对川西穿斗建筑的构件做法与名称作过整理，是迄今为止最为全面的文献。以刘先生的文字为底稿[①]，以下就以川西小式建筑的穿斗结构为例，将各构件做法和名称加以图示（图 10-1-17），并将目前工匠之间流行的叫法与当时刘先生总结的有较大出入的，尽可能标注其后，以便于更加直观地展现四川建筑穿斗结构的营造技术。

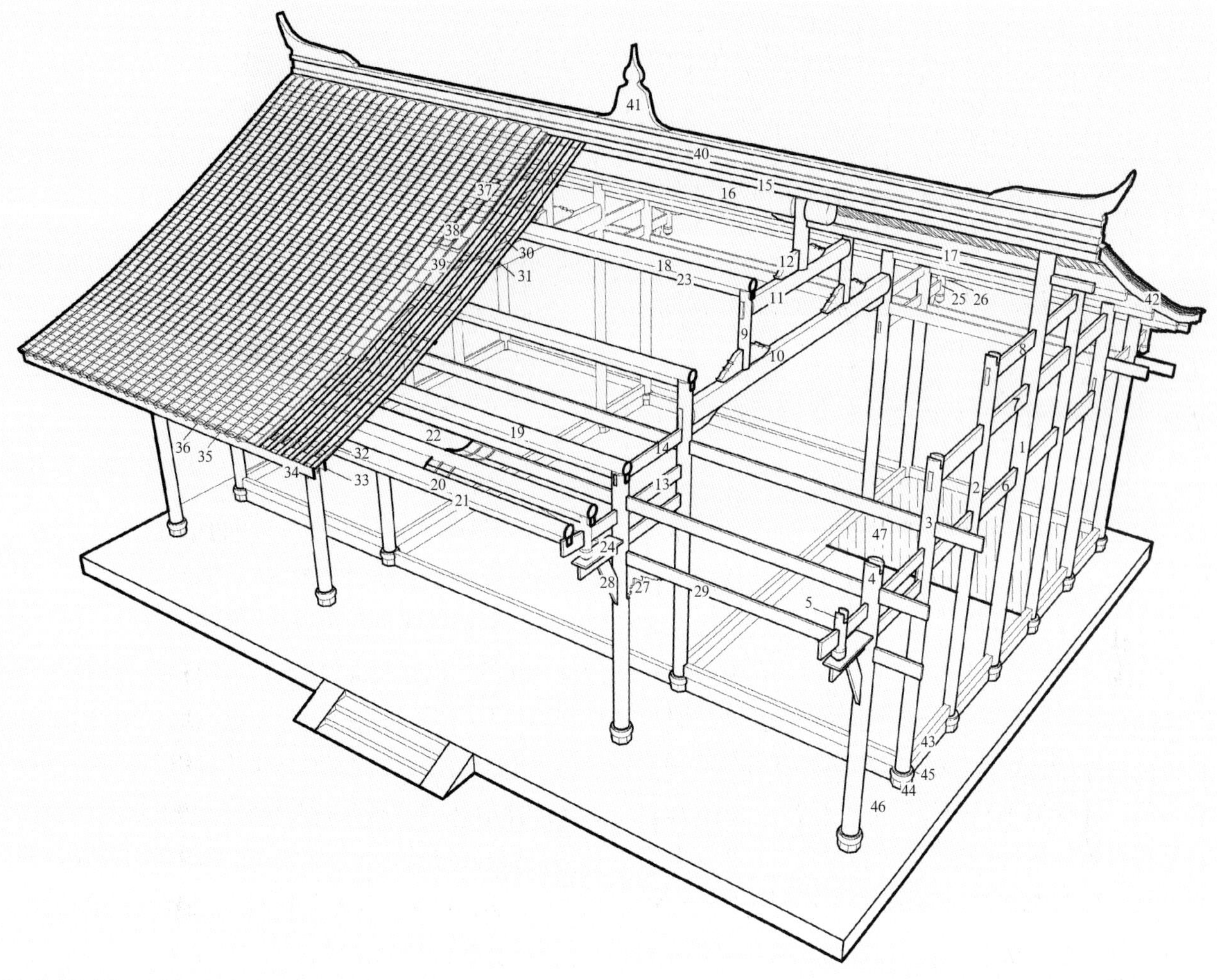

图 10-1-17　小式建筑穿斗构件示意图（来源：李林东　绘制）

1—中柱；2—井口柱；3—檐柱或门金柱；4—廊柱；5—坐墩；6—一穿枋；7—二穿枋；8—三穿枋；9—金墩或童墩（瓜柱）；10—二架梁或二过担；11—三架梁或三过担；12—书背；13—挑枋；14—步枋；15—脊檩；16—栱欠或看梁；17—天欠或天牵；18—金檩；19—檐檩；20—挑檩；21—挑挂；22—轩棚；23—挂枋；24—平盘（挑盘）；25—吊墩；26—抬子；27—挂落；28—撑栱；29—照面枋；30—桷子或椽子；31—走水或拉条；32—大罩（飞椽）；33—吊檐；34—外吊檐；35—勾头；36—滴水；37—盖瓦；38—底瓦；39—望瓦；40—正脊；41—中堆；42—搏风；43—底脚枋；44—磉墩；45—软磉；46—台基；47—地板

（一）穿斗构架的排扇

每一榀屋架当地称为排扇、排架或列子、排列，是结构的基本单元。穿斗结构同抬梁结构一样，是沿房屋进深方向立柱，但与抬梁式做法不同的是，檩直接由柱子承托，柱与柱之间利用水平构件即“穿枋”贯穿成一个排扇。在构造做法上，穿枋与柱眼处节点必须安装木栓，以防止节点位移及排扇变形。与斗栱建筑制式相比，穿斗构架的用料选材规格尺寸更为灵活。

典型的排扇可大致分成两种形式：柱柱落地式与筒柱组合式。

1. 柱柱落地式。做法是每檩下立落地柱一棵，显得古朴笨拙。柱间距离颇窄，往往只能用于开门或作墙壁，但通过灵活的开洞及分隔，也能创造丰富的室内空间。此方法是西南地区特有的，江南及东南沿海少见。在四川南部地区采用尤其多，可能是川南盛产树木、材料丰富的原因。

2. 筒柱组合式。即每隔一檩立落地柱一棵，柱间则在穿枋上骑一不落地瓜筒，节约了立柱用量，使柱距增加一倍，更方便装修及开窗。另外也有不是在每两柱之间增加一瓜筒，如檐柱与金柱之间不设瓜筒，而在金柱与中柱之间设置瓜筒的。总之穿斗的柱、穿枋、瓜筒的组合是十分灵活多变的，完全根据房主的经济能力、使用要求及占用地基的情

图 10-1-18　蓬溪常乐寺前殿穿斗结构与抬梁结构相结合（来源：张宇　摄）

况而具体制作。此做法在清代建筑中较多采用。

为组成内部更开阔的空间，穿斗式结构还吸收抬梁式优点而产生了一种变体，做法是在不希望有柱子的位置将落地柱改为不落地瓜筒，瓜筒置于“过担”（图 10-1-17，构件 10、11）之上，且从檐部到脊部瓜筒位置逐级升高，过担尺寸也因承重需要而增大，所以外观上与抬梁式屋架相似，但在梁柱节点位置依然是梁入柱中，由柱头承檩，保留了穿斗式特征。这种变体结构可称为“抬担式”。建于清代早期的蓬溪常乐寺前殿（1710 年）就体现了这种变体结构，明间的不落地瓜筒被进一步替换成抬梁式的散斗、驼峰（图 10-1-18）。

（二）穿斗排扇结构的主要建筑构件

1. 立柱（图 10-1-17，构件 1 ~ 4）

柱径：柱的粗细一般可为 200 ~ 600 毫米不等，如庙宇要求较大，民居农宅一般较小。有的柱径在 150 毫米左右，十分节约木材。

柱高：一般约为 4 ~ 9 米。若重檐中柱往往采用墩接，最常采用阴阳巴掌榫接，但重要建筑选材就严格得多了。有的建筑底层外柱选用石材，楼层再用木排扇，气势更加雄伟壮观。

柱距：一般在 1 米左右，如柱跨中设有瓜筒，那么柱距即增至 2 米，尚未见两柱之间连用两根瓜筒的建筑实例。

2. 穿枋（图 10-1-17，构件 6 ~ 8）

最下面的穿枋叫一穿，亦是楼层的“楼牵”（往往木匠将“牵”字用墨籤简写成“欠”）搁置位置，一般用它穿通前、后金柱。檐柱与金柱用步枋连接（或用挑枋），主要原因应是檐柱与金柱之间为走廊，走廊宽度因房屋高度变化较大，加之该处水法（举折）较平，经常采用挑枋（或步枋）低于一穿连接。另外穿斗结构特有的撑栱（亦称撑弓），可使走廊增加出檐宽度，使多雨的四川地区院落内各房屋人流通过走廊而不受雨淋，行动自如。

一穿约在柱高 2.7 米以上处设置，有些建筑因支承楼牵，将一穿尺寸变大成为大枋（不在建筑两山设置，而设在中间排扇内，榫接方式如同抬梁式），称之为铁尺枋。

二穿设在一穿 700 ~ 800 毫米高处，依次类推至中檩两侧檩木下为止。两穿之间距离由屋顶坡度变化而决定，越往上距离越大。屋顶坡度在当地称为屋面水法，以几分水来衡量，几分水就是将相邻檩间的水平距离分为十分而举高几分。若高差是水平距离的 1/10，叫一分水；高差是水平距离的 10/10，就叫十分水。简单的建筑有的采用单一值，即平直的屋顶；复杂的做法从檐部至脊部，数值渐渐增大，形成曲面，如同举架。穿斗木构架檐口水法从三分半或四分水起，至屋脊处有五分半至六分半水平左右；如高大庄严的寺观建筑，屋脊处可达十分水。水法在排扇制作时就决定了。

穿枋的宽度为 40 ～ 100 毫米厚，高度为 200 ～ 400 毫米。高宽比为 4 ∶ 1 ～ 7 ∶ 1 之间，而穿枋的厚度应小于柱径 1/4。由于穿枋用料较大，不可能全部用通长的木材制作，常常需要搭接，搭接位置均设定在立柱榫眼内，其方法有：穿枋制作时，高度尺寸可以统一，但穿枋的厚度两端相差约 5 ～ 7 毫米，目的是安装方便。当穿枋刚安装入柱眼时，由于柱眼按前、后柱依次减小宽度，穿枋插入十分轻松，当其接近设计位置时，开始越装越紧，最后需要大木槌（俗称响子，由木槌头及三片楠竹组合的槌柄）敲击方能到位。响子可使穿枋不被击破时留下槌痕，且有较大的冲击力，使用十分轻松方便。最后栓上木栓(亦是前小后大的方锥形)，如是一个排扇便告成功。

3. 照面枋（图 10–1–17，构件 29）

是排扇之间起到横向联系作用的构件，类似于大式建筑中的阑额。除照面枋外，脊檩之下，使用类似于顺脊串的“牵”（图 10–1–17，构件 16、17）作为联系，其中明间称为“栱牵（栱欠）”（图 10–1–17，构件 16），尺寸巨大，往往带有风俗或信仰的意义，相当于前述大式建筑的月梁式阑额。其余各檩下则使用枋木，为“挂”（图 10–1–17，构件 21、23）。

4. 挑枋（图 10–1–17，构件 13）

是枋子穿过外柱向外悬挑形成的构件。屋檐出挑一般不使用斗栱，但也不同于官式小式建筑檐檩仅止于最外侧檐柱或廊柱，而是通过“挑枋”将檐檩位置向前伸，加之撑栱斜撑功能，出檐可达 1 米以上，较官式建筑出檐更远。挑枋承檩的做法一般有两种。

单挑比较简单，就是在挑头上安置檐檩，即出挑一檩。讲究的做法或在挑头上安置不落地短柱，即“吊墩”（图 10–1–17，构件 25），吊墩向上承托檐檩，向下延伸至挑枋下方，往往饰以雕刻，外形类似垂莲柱。

双挑则短柱位于挑枋悬挑部分中部，短柱及挑头各承一檩，即出挑二檩，同时，短柱下方通常有第二层挑枋，用于安放短柱，此短柱称为“坐墩”（图 10–1–17，构件 5）。

（三）房屋的排扇组合

多个排扇的组合，可以组合成不同高度、体量的房屋，既可形成寺观、祠堂等庄严高大的建筑，连接成一条街道，亦可组成单间或多间民居和农宅。

实际上排扇的柱穿组合是在现场平面组合的，所以穿枋与立柱首先均是平放在地上，用响子组合成的，十分容易组装，组装完毕已经摆放到预定地点。然后把柱脚用锁脚枋绑（钉）牢，使每排扇的柱距不位移，再用大绳一端拴住柱脚，另一端拴在另一平放的排扇上，目的是避免立起排扇时排扇滑动。用大绳拴住排扇柱子上部，同时套上龙杆，龙杆至少排扇左右各一根（或者左、右各两根）。龙杆由楠竹制成，楠竹根部用斧砍开两孔，穿上绳套，在排扇上部被抬起时，将龙杆绳套套在柱顶上，拧紧绳套，龙杆随着排扇逐渐立起时，起支撑作用，而大绳拉起排扇后失去拉力，主要靠龙杆支撑。待第一排扇（梢间外墙）完全直立后，用斜撑固定。第二排扇立直就较第一排扇容易多了，它可利用第一排扇的立柱稳定拉绳，相对施工安全性较大一些。

然后用天牵（天欠），选用木材约 150 毫米直径，弯曲向上，通榫，用牛鼻栓固定柱间，照面枋（底脚枋）将第一、二排扇连接起来，构成了一个单间的穿斗建筑；如此一排排扇架逐一直立连接，直至整个建筑构架完成。

（四）穿斗构架的基础

因四川地区空气湿度大，木材容易朽坏，每柱下必设础石（称之为磉墩，图 10–1–17，构件 44），磉墩多同于北方官式，为古镜式；或者在柱墙处摆设长石条（约 200 ～ 300 毫米高，称之为连磉），乃四川特有的建筑物件。在沿纵轴和横轴的建筑处围柱脚处，要有底脚枋（图 10–1–17，构件 43），底脚枋下口高度与柱脚下齐平。但有时高大建筑物的磉墩较高，加上底脚枋高度，势必影响人们进出

活动，匠人们就在磉墩两侧增设磉耳，耳中凿榫槽，底脚枋两端就放入耳磉内，枋上口与磉墩上口齐平。在夯实找平的地基上，按轴线位置摆设制作好的磉墩。有时在磉墩与木柱之间摆放一块木质软磉（又俗称草鞋板，图 10-1-17，构件 45），阻隔地下水分通过石材的毛细作用，侵蚀木柱，如果有侵蚀，首先损朽软磉，而软磉更换就方便多了。建筑台基的常用石料是四川当地的土红色砂质岩，这种石材硬度较低，易于加工。

三、围护结构

（一）屋面

与四川地区的气候相适应，四川建筑的屋面通常做得很轻。屋面下的椽子通常横截面为扁长方形，称为“桷子”，垂直于檩条随坡铺设，椽间距则根据瓦尺寸来定。有的建筑也使用飞椽，飞椽也采用与椽子相同的形状。椽子之上一般不用望板，而用“望瓦”（图 10-1-17，构件 39）代替。望瓦用小青瓦，下方一端用石灰水描一条约 15 毫米宽白线（眉毛线），再将望瓦上、下口对齐平铺在两椽之间，不叠放。此即有望板功能。再在望瓦上铺筒瓦和盖瓦，正好位于椽子上方。所以瓦垄与椽子数量相关，和官式做法不同。椽子端头之上不使用连檐，但在椽子和飞椽前部钉上“吊檐板”（图 10-1-17，构件 33、34），可以挡住椽头并起到联系的作用。较大的建筑如果檩间距太大，还会在椽子下部用与椽子垂直的木条，即“走水”（图 10-1-17，构件 31）作为联系构件。

屋顶转角做法是四川建筑极有特色之处：转角各檩上，安放斜向构件“龙背”（图 10-1-19，构件 6），下端略比檐檩外凸，位置相当于老角梁；龙背以上，子角梁的位置安放向上弯曲的构件“大刀木”（图 10-1-19，构件 7；图 10-1-20），是屋角起翘的主要支撑；龙背两侧，檩上安放枕头木，形

图 10-1-19　四川清式建筑翼角结构示意图（来源：李林东　绘制）
1—廊柱；2—挑枋；3—挑挂；4—挑檩；5—斧老尖（枕头木）；6—龙背；7—爪（大刀木）；8—虾须；9—吊檐；10—外吊檐；11—桷子或椽子；12—大罩（飞椽）

图 10-1-20　雅安观音阁（1457 ~ 1514 年重修）落架大修拆换的上檐大刀木（来源：张宇　摄）

图 10-1-21　蓬溪金仙寺藏殿翼角平行出椽（来源：张宇　摄）

成至翼角逐渐向上的支撑，同时大刀木两侧至檐檩外用弧状构件“虾须”（图 10-1-19，构件 8）联系，以形成平滑的翼角曲线。

特别要指出，椽子铺设至翼角时，四川有很多实例采用平行出椽（图 10-1-21），而不同于官式建筑中翼角采用放射式布椽的方式。这是因为，按照四川铺望瓦的方式，翼角的椽子仍然采用水平铺设的方式，椽子的根部即置于龙背之上（图 10-1-22）。平行出椽是早期建筑的普遍做法，唐代以后的中原建筑里就非常少见了，然而在四川建筑当中还大量保留。

（二）墙体

四川建筑的墙体按材料分，有多种类型，如夯土／土坯砖墙、砖墙、竹编夹泥墙、木板隔墙等。与四川地区的气候相适应，四川建筑的墙体可以做得很薄。室内墙面可简易地用石灰浆粉刷，木材面选用黑色或红棕色油漆罩面，或者用清桐油涂刷，甚至不做任何油漆亦可。

墙体与立柱交接之处，可反映出清楚的建造逻辑。因沿进深方向已由穿枋、立柱构成若干方格（图 10-1-23），墙面装修就简单得多了。下部墙裙可作木墙裙、石板墙裙、空斗砖墙（近代才使用）甚至筑泥墙，上部可作编壁墙（竹篾骨架，上抹灰泥）及开窗（图 10-1-24，图 10-1-1 ~ 图 10-1-5）。室内的编壁墙可以沿排扇敷设，排扇在四川有很多采用柱柱落地式，柱间距 800 ~ 900 毫米，沿这种看似规矩的柱网可以灵活开门开窗，达到丰富的空间分隔效果。建筑正面可安装门窗、半砖墙及铺板（临街商业建筑）等。如有楼层时，则加安楼牵及铺楼板（图 10-1-23）。

图 10-1-22　江油窦圌山云岩寺飞天藏殿（1181 年），落架大修揭示的翼角平行出椽（来源：赵元祥　摄）

图 10-1-23　芦山县传统民居（来源：张宇　摄）

图 10-1-24　雅安老城传统民居（来源：张宇　摄）

四、斗栱形制

回顾四川地区的历史沿革，在宋元改朝换代之际与明末清初，两次经历极为惨烈的战祸，战后的建筑营造者财力有限，往往需要本着节约的原则省工省料。因此，在元代即开始探索不设斗栱的简化挑檐处理，到清代，斗栱更是普遍被简洁的挑枋所代替。不设斗栱，成了四川大多数现存大式建筑的重要特征。

不过，在上百例四川元明建筑实例中依然大量应用斗栱，且形制多样，有的受北方邻省甘肃、陕西乃至山西的影响，有的承接了长江中下游工匠的做法，有的则向明代官式建筑看齐，甚至直接引进北京的工匠。以下试举四川建筑中斗栱形制的几点独有特色。

（一）斗栱的同型排布

北方明清官式做法中，柱头科斗栱出头会显著宽于平身科斗栱出头，借此可分辨出斗栱所处位置是柱头还是补间。但在四川明代建筑中，尽管斗栱做法向官式靠拢，但柱头科、平身科出头往往会做成等宽。也就是说，从室外视觉效果看，除了角部的斗栱，其他所有斗栱外形都是均一同型的（图 10–1–25）。在平武报恩寺建筑群（1440 ～ 1446 年）里，中轴线上的大雄宝殿和天王殿就存在着有趣的对比——前者柱头科、平身科出头是依照北方官式做出区分，而后者则体现了同型化的手法

图 10–1–25　新津观音寺毗卢殿，前檐柱头科、平身科斗栱同型（来源：张宇　摄）

（图 10–1–26、图 10–1–27）。

在四川明代建筑中，斗栱的官式做法一般是做出两挑的五踩斗栱，但也有地方做法是将斗栱出头处理为简化的斗口跳，即在坐斗之上直接出一跳华栱，在视觉上直接表现建筑内部的梁与柱头斗栱的搭接关系。在明处遂宁百福院的例子中，可看到山面和后檐的斗栱不论在柱头还是补间，都表现成梁头伸出的样子；然而从构造角度来说，补间的斗栱实际上并不可能有梁与之搭接，所以其实是一种视觉上的掩饰，目的在于保持建筑整面斗栱的同型排布（图 10–1–28）。这种将斗栱排布和结构分离的巧妙做法同样见于同时期的日本中世建筑中。

图 10–1–26　平武报恩寺大雄宝殿，下檐柱头科、平身科出头对比（来源：张宇　摄）

图 10-1-27 平武报恩寺天王殿，柱头科、平身科斗栱同型（来源：张宇 摄）

图 10-1-28 遂宁百福院，后檐柱头科、平身科斗栱同型（来源：周阳 摄）

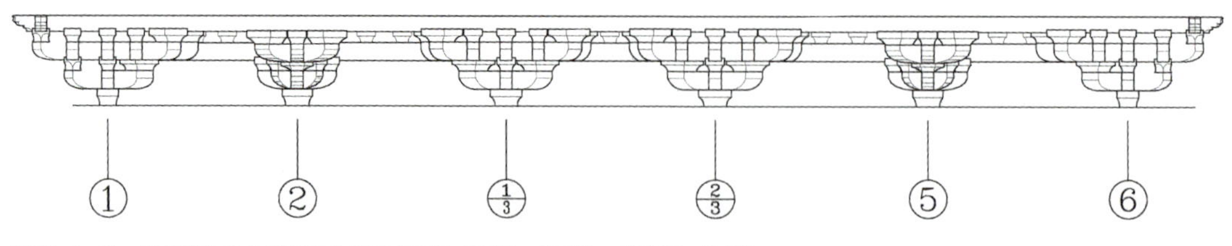

图 10-1-29 盐亭花林寺大殿前檐斗栱正立面图（来源：赵元祥、蔡宇琨 绘制）

（二）斜栱

斜栱，即补间铺作中 45° 或 60° 相互交叉的斗栱组，出跳支撑挑檐檩。斜栱的实例在山西各处辽金元建筑中屡见，而不见于北京官式建筑和江南建筑中。然而四川元明建筑对斜栱有着广泛的应用。分布在补间的斜栱通常有一朵或两朵，明代以后增加到四朵。盐亭花林寺大殿前檐省去了两根檐柱，在通长的普拍枋上设置了四朵斜栱（图 10-1-29）。有时，前檐柱头铺作与补间铺作均为斜栱，做同型排布，从而形成连续的饰带层，如图 10-1-27 所示平武报恩寺天王殿，及蓬溪鹫峰寺天王殿（1450 年，图 10-1-30）。

斜栱因其华丽的外形，无疑会成为视觉的重心；但其实它的出现一开始是为了发挥构造作用。首先，

图 10-1-30　蓬溪鹫峰寺天王殿斜栱饰带层（来源：张宇　摄）

图 10-1-31　芦山青龙寺大殿前檐斜栱（来源：张宇　摄）

图 10-1-32　芦山青龙寺大殿内檐斗栱翼形栱（来源：张宇　摄）

图 10-1-33　芦山青龙寺大殿外檐斗栱翼形栱（来源：张宇　摄）

它是有很多个支点的斗栱组，以阑额上的坐斗为承力中心，较之普通斗栱更为稳定；而且，在明间柱间较阔的情况下，由一朵斗栱可提供两个支承，较之两朵斗栱更为经济，用较小的部材可获得较大的柱间跨距。四川当地工匠将斜栱又称为“三花斗”，应该也是出于这个道理：一朵斗栱上向外垂直出了一个华栱和两个斜栱，而斜栱可以看作是斜的华栱，“华”通“花”，“三花斗”就是总共出三个华栱的斗栱（图 10-1-31）。

（三）翼形栱

四川建筑在斗栱出挑的横栱位置上广泛施用翼形栱，这可能是为弥补不设令栱而造成的视觉缺失感。令栱是在铺作最外一跳上的横栱，其下有耍头穿过，其上承橑檐枋。四川建筑斗栱最外跳通常不施令栱，取而代之的是以最上层出挑的华栱或跳头直接承橑檐枋。

翼形栱并不承重，一般见于北方金元建筑的内檐。四川建筑中有将其用于内檐的例子（图 10-1-32），更多的时候则把它移用在外檐斗栱正面（图 10-1-33）。翼形栱很容易成为建筑立面细节中的视觉焦点，为满足视觉要求，它进行着形态演化，装饰性日益增加。一方面，演变出越发丰富的卷草

图 10-1-34　遂宁百福院大殿角科斗栱上的鬼斗（来源：张宇　摄，伍佳、陈鹏　绘制）

图 10-1-35　蓬溪金仙寺藏殿横栱栱心曲线（来源：张宇　摄）

图 10-1-36　新津观音寺观音正殿象鼻昂（来源：张宇　摄）

图 10-1-37　泸县圆通寺大殿（1506 年），象鼻昂与翼形栱组合而成的斜栱（来源：张宇　摄）

纹样；另一方面，有的翼形栱还采取角度稍稍前倾的做法，以照应人们抬头细看的视角。

（四）装饰化的构件细部

斗栱的各个构件——斗、栱、昂，在四川元明建筑中发展出一些极富地方特色的装饰化细部手法，略举几点如下。

1. 鬼斗（图 10-1-34）。这类斗设在角科斗栱的转角处。在中原和江南地区罕有，但在四川广有分布，而在日本也有遗存，其形制传播路径值得研究。

2. 横栱栱心曲线（图 10-1-35）。横栱上缘做出曲线纹样，其形制传统可能来自四川汉代石阙或崖墓中那些栱壁弯曲的斗栱。

3. 象鼻昂。斗栱昂头拉长变细，其线条软化成为纤细华美的曲线，有如象鼻一样向上卷起，为四川惯有的做法。有时木构件上也配合刻出象头（图 10-1-36）。复杂化的象鼻昂还可做成 45° 向外斜出，并与翼形栱组合成花哨的造型（图 10-1-37）。

五、构件装饰

建筑的装饰是传统建筑的重要组成部分。如前文所述，它最初往往是由建筑的构造需要演化而来，与结构构件一起完成建筑的部分负荷承载。更进一步，装饰与建筑的结构、材质等一起，表达建筑的使用功能，反映建筑的等级高低，体现地域风格形象，成为文化信仰和审美意趣的重要载体。

从构件装饰来看，四川建筑的装饰风格相对简洁素雅。四川元明建筑装饰多在斗栱细部，已如前文所述。清代建筑檐下不施斗栱，屋面也少用琉璃；但四川匠人创造性地发展了一些官式建筑所没有的建筑构件，如撑栱、瓜筒等，在这些构件上做出考究的装饰。此外四川建筑的装饰还集中在屋顶、栏杆这些围护结构上，使建筑愈显轻盈灵透。

（一）撑栱

又称撑弓，是四川地区最具特色的古建筑构件之一，可做精细的雕刻及彩画。撑栱位于檐柱外侧，是用以支撑挑檐的斜撑构件。撑木两端用榫眼及铁钉固定，与挑枋、柱子形成三角形，是一种稳定的结构形式，可以辅助将出挑的压力传递给柱子。

撑栱有圆柱形撑栱及扁平形撑栱之分。前者横截面为圆形，多作圆雕或镂雕，内容有飞禽走兽、历史人物等，镂雕一般施在撑栱阳面；后者横截面较薄，表面常施以浮雕，局部也作镂雕，内容多为花草纹饰、历史故事等（图 10-1-38）。还有装饰性很强的“S”形斜撑（图 10-1-39），在闽北、浙东南多见，应是明清移民带到四川的做法。

（二）瓜筒

是置于挑枋之上的短柱，用以支撑上层的挑枋或者向上直接支撑挑檐檩。又称瓜柱、吊瓜、垂花柱，坐于挑枋头上的称之为坐墩（图 10-1-40），包过挑头向下垂的称为吊墩。无论是坐墩还是吊墩，都位于檐下直接面向观赏的重要位置，因此也是装修

图 10-1-38　都江堰西街民居撑栱和吊墩（来源：张宇　摄）

图 10-1-39　阆中民居“S”形斜撑（来源：张宇　摄）

图 10-1-40　阆中民居坐墩（来源：张宇　摄）

的重点部位。坐墩底部常雕刻成莲花状或覆盆样式，吊墩端部常被刻成花篮、金瓜、灯笼或垂莲等样式。

（三）屋顶装饰

是四川建筑地方特色的重要体现之处（图 10-1-41）。屋脊的通常做法是小青瓦堆叠砌成。正脊两端起翘部分压鸱尾或鱼吻样式；或起鳌头或鳌尖，也称翘头或老鹰头，使屋脊呈一舒展缓起的微曲线。正脊中央作中花，也称腰花，有压顶、防漏的寓意，造型可做成宝瓶状、火龙珠状，而更具地方特色的做法是以叠瓦砌成高耸的山形空花图案。歇山顶屋面上的垂脊前多作走兽、花瓶插花或花篮。

也有屋脊是砖砌成，可以保持清水砖表面，还

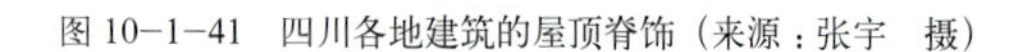

图 10-1-41　四川各地建筑的屋顶脊饰（来源：张宇　摄）

图 10-1-42　成都鼓楼清真寺（1742 年），飞来椅栏杆（来源：张宇　摄）

可以嵌瓷。这种装饰手法是采取瓷器碎片作为主要装饰材料，又称瓷贴、瓷片贴。其一般工艺是同灰塑结合，在基本成型的图案表面嵌入各色瓷片，常用青、白、蓝等色彩的瓷片，有青花瓷冰裂纹的装饰风格。因其废物利用工本低廉，风格雅俗皆宜，所以在四川地区应用十分普遍，成为四川建筑装饰工艺的一种主要地域特色表现。用在正脊中花上，可以贴蓝白相间的瓷片，也可用来装饰一些粉灰线脚。

（四）栏杆

其形式多为木条拼成各种花样，常用在正厅或敞厅左、右间及廊子的两侧。较为考究的栏杆是栏凳，即坐凳加曲木靠背，叫美人靠或飞来椅栏杆（图 10-1-42），也是四川地区颇具特色的建筑构件。

第二节　藏族建筑的营造与装饰

一、结构类型

四川藏区的藏族碉房有墙承重体系、梁柱框架结构体系、井干式以及它们的混合承重式、木架板屋等多种结构类型，虽然各地都有应用，但因地质、气候、历史等条件不同而有所侧重。其中，墙承重式结构类型主要分布在东部大渡河流域；梁柱框架结构体系主要分布在西部金沙江流域和北部黄河流域；墙柱混合承重式结构主要分布在中部雅砻江流域；井干式混合结构主要分布在金沙江流域和雅砻江流域的北部地区；木架板屋较少，主要分布于岷江上游汉藏结合部的林区。

二、营造做法

1. 梁架体系

藏族碉房的梁架布局一般为单向平行排列，体量高大或层数较多时，为改善结构受力性能，有将局部或不同楼层的梁架垂直布局的做法，现状中采用双向网格布局模式的碉房大都是 21 世纪前后建造的（图 10-2-1）。

当用柱承托梁架时，梁与柱头之间需设一个过渡构件——弓木，为藏族碉房梁架体系特有，有缩短梁跨和增加承托面积的作用。梁一般为单层，跨度大时，多在弓木间加一根连梁，以增加梁的承托能力。弓木与梁之间有两种构造关系：一是当梁与弓木同向叠置时，将梁安放于弓木之上，两梁接头正对下方弓木与柱头的中心；另一是当梁与弓木相互垂直时，两侧的梁须交错搁置于弓木之上，梁头超出弓木 20 ～ 30 厘米，以保持构架的平衡和稳定。当梁的用料较小时，还可以采用四梁交错的做法（图 10-2-2）。为防止梁柱接头滑动，多于柱头、弓木、梁头的节点处设置榫头。在混合承重式碉房的边跨和墙承重式碉房中，梁头直接埋置于墙中，靠墙体承托，同时墙体的嵌固又能提高梁架的抗震能力。

2. 楼地面和屋顶

一般是在墙或柱上架梁，梁上叠置圆木，中距约 40 厘米，圆木上密铺劈柴或粗树枝，树枝上密铺细树枝叶，枝叶上再铺土，并夯实形成楼层和屋顶面层，取材、施工都方便、经济，仅经堂、卧室等重要空间才在上面铺木地板。屋顶有平屋顶和坡屋顶两种形式，平屋顶构造做法与楼地面基本相同，面层的夯土层较楼面稍厚，并刷浆光洁，每年都要维护补修。坡屋顶为在平顶之上用凳状木架支撑形

(a)

(b)

图 10-2-1　碉房梁架布局模式（来源：王及宏　摄）
(a) 平行布局模式；(b) 网状布局模式

(a)

(b)

图 10-2-2　弓木与梁的布局关系（来源：王及宏　摄）
(a) 弓木与梁平行；(b) 弓木与梁垂直

成"人"字形屋架，面层铺设片石板或小青瓦等材料，近年来随着通往内地道路交通条件的改善和汉地工匠的进入，又增添了穿斗式构架做法以及机制瓦、彩钢板等屋面材料形式。

3. 墙体

四川藏区的石砌碉房高度一般在 3 层及以上，外墙高 9 ~ 14 米左右，碉楼可达 30 米以上，其精湛的砌石技术著称于整个藏区。传统做法均是以不规则石块加黏土砌筑，从下至上逐渐收分，内侧收分较少，外侧较多，具体收分大小由石匠目测确定，一般地基墙厚 3 尺，底部牲圈层墙厚 2.5 尺，上部人居层墙厚 2 尺，檐部墙厚 1.5 尺。

砌墙的片石、泥土、木料均取自当地。先在大石之间嵌小石并填充黏土铺筑一层，上一层的大小石块位置与下层错开，避免出现通缝，一层一层地砌筑。局部用小石片填缝找平，每砌 1 米左右，在墙内水平布放干木板一层（也有圆木、方木），作为墙筋，防止墙体开裂。墙体交角处要选用厚重、条状的石块，相互交错咬合，以保证整体的稳固。在大渡河流域，当石墙较高或较长时，还有局部加厚墙身，突出墙线形成类似鱼脊的三角形突起，结构上有扶壁柱的作用。在马尔康一带还有升高墙角

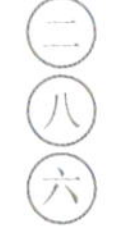

(a)

(b)

(c)

图 10-2-3　石砌碉房技术
(a) 墙体收分；(b) 添加墙筋；(c) 墙身鱼脊（来源：王及宏　摄）

(a)

(b)

(c)

图 10-2-4　檐部做法（来源：王及宏　摄）
(a) 女儿墙做法；(b) 边玛草女儿墙；(c) 挑檐做法

而降低中部墙身的石墙砌筑做法，并让整个墙身微微弧向室内方向，不仅外观更为柔和、整体，而且强化了外墙与内隔墙、梁枋、楼地面间的相互撑托，提高了碉房墙体的整体稳定性（图 10-2-3）。

土碉房在夯筑时，一般将每版的横向接缝做成斜缝，竖向接缝做成错缝，可减少墙身的垂直裂缝。在有条件时，下部墙基和墙脚还多采用石砌，形成混合墙体，来改善防潮性能，提高耐久性。

井干式混合结构碉房广布于四川藏区，墙体通常是用圆木或半圆木两端垂直咬接而成，整体性较强，其做法的变体较多，但结构整体性有所降低。

在降低墙体结构重心方面。一般从墙基开始向上收分，使得墙基和墙身连成一体，从而达到降低重心的目的。寺院大殿顶部也有采用边玛草檐墙，形成上轻下重的墙体构造，重心降低，稳定性提高。碉楼还通过加大碉体下部体量，形成筏式基础，来降低结构重心，所以经受住了历史上多次战争和地震的考验，屹立至今。

4. 檐部

碉房檐部有两种形式。一是女儿墙做法，雅砻江流域的扎巴藏区和大渡河流域的嘉绒藏区最为独特，将女儿墙四角突起呈尖角，一般在靠近神山一侧的墙体正中设敬奉神灵的小龛，松科炉可位于其前或左、右等位置，形式变化较多。仅佛殿等重要的建筑才可采用边玛草女儿墙做法，可单层或双层。另一是挑檐做法。将屋顶椽头挑出墙外 30 厘米左右，其上依次放置横枋和飞椽各一道，椽上铺树枝和泥土，上盖一层片石，石上再堆土埂一道作为反水（图 10-2-4）。玛尼旗龛一般设于屋顶正中或角上。

三、建筑装饰

四川藏族地区建筑的传统装饰总体上与西藏类似，即宗教性建筑与空间是装饰的重点，世俗建筑与空间多采用材料本色、材质与肌理，并在装饰题材上体现出藏传佛教文化的统一性，如色彩、木构件雕饰以及吉祥图案等。但因横断山脉的阻隔，四川本土早期的原始土著文化痕迹以及藏区早期宗教教派文化得以存续，并在部分地区的建筑装饰上呈现出明显的地域特征。

图 10-2-5　柱头、替木、檐部木雕

图 10-2-6　嘉绒藏区大门挑梁

（一）木雕

寺院殿堂是装饰重点，木雕应用最多，将梁、弓木和柱作为一个整体进行装饰，弓木下缘一般加工成曲线，形似卷草花状，上施彩绘，题材多为佛八宝、七政宝等，形似金刚杵，极少数富有家庭的经堂也采用这一做法。大渡河流域的嘉绒藏区，有在大门或碉房檐部墙角上安插木雕龙头、金翅鸟镇邪的习俗（图 10-2-5、图 10-2-6）。

门窗是藏族碉房的装饰重点，一般在过梁上方出挑一至多层短椽作为门窗楣，呈倒梯形。一般住宅椽头多素作，或涂白祈求吉祥，寺院殿堂多涂色。框扇形式一般较为简单，仅民居经堂、寺院和官寨在门窗框料上增加一至多道蜂窝、莲瓣或连珠装饰带，窗扇面多增添雕花、彩饰等装饰，复杂的还将窗格拼成“卍”或吉祥图案（图 10-2-7）。

（二）石雕

石雕多为玛尼石雕刻，内容以藏传佛教吉祥文字和图案为主，如六字真言、十相自在等，一般镶嵌在墙角和墙脚等需要护佑建筑安全的部位上。特别是嘉绒藏族有白石崇拜习俗，在大渡河流域盛行将天然白石直接摆放在屋顶四角的做法，而在雅砻江流域的个别地方，为祈福禳灾，还有用白石拼成牛头、人形图案镶嵌在檐部的做法（图 10-2-8）。

（三）彩绘

藏族有红、黄、蓝、绿、白、黑等色彩崇拜习俗，均源自与高原生活息息相关的自然环境，如雪山、牛奶、森林、草地、河水、蓝天、土地、鲜血、牦牛、格桑花，等等，涂刷在外墙上代表不同的文化寓意。在藏文化中，白色代表纯洁、吉祥、平安之意，大都涂刷于檐口、门窗套、墙脚、挑檐椽头等部位，

(a)

(b)

图 10-2-7　门窗做法（来源：王及宏　摄）
(a) 民居门窗；(b) 寺院门窗

(a)

(b)

图 10-2-8　石雕（来源：王及宏　摄）
(a) 墙角顶部镶嵌玛尼石；(b) 墙顶镶嵌牛角

仅乡城——得荣一带外墙全部被涂刷成白色，被称为白房子，象征天上的星星。黄色代表高贵，仅寺院中的佛殿、活佛住宅才有资格使用。红色既是等级地位的象征，也具有震慑妖魔和护佑加持的作用，一般仅用于佛殿檐口、护法神殿、灵塔殿、经堂等的外墙。黑色代表护法神，可以避邪驱魔，一般涂刷于门窗套部位，形似牛角，有护佑作用。色彩还可以组合使用，如萨迦派以红、白、蓝三色分别象征文殊菩萨、观音和金刚萨埵，凡该派寺院建筑和教区民居的外墙均涂刷该三色饰带作为标志；丹巴地区信奉苯教，在外墙檐口涂刷白、红、蓝三色饰带，以象征苯教的三界宇宙观。另外，碉房门窗楣和屋顶檐口部位还以挂饰五彩经幡以示平安吉祥（图 10-2-9）。

碉房室内装饰有素作和彩饰两种，历史上，寺院殿堂建筑多彩饰，民居多为素作，仅在梁、墙上用白色涂绘各种吉祥符号，仅极少数民居的经堂、客厅彩饰，题材均来自藏传佛教文化，如八吉祥、七政宝、八瑞图、曼荼罗，等等（图 10-2-10）。

(a)

(b)

(c)

(d)

(e)

(f)

图 10-2-9 外墙装饰（来源：王及宏 摄）
(a) 红色涂刷；(b) 黄色涂刷；(c) 白、黑色涂刷；(d) 萨迦派三色带；(e) 丹巴三色带；(f) 源于民间信仰的墙面图案

(a)

(b)

图 10-2-10 室内装饰（来源：王及宏 摄）
(a) 素作；(b) 彩饰

第三节　羌族的建筑营造与装饰

一、用材与结构

（一）石砌

羌族有出色的石砌技术，而且羌人普遍掌握这门技艺，历史上都江堰水利工程每年冬季的维修都以羌人为主。

羌族地处岷江上游，山高谷深，遍布岩石，所需建筑石材就来自村寨附近。因有良好的砌筑方式和厚度，造就了垒石墙良好的被动热工体系，使得室内环境冬暖夏凉。

羌族碉房一般的建造方法：先在选择好的地面上掘成方形的深 1 ~ 2 米的沟，在沟内选用大块的石片砌成基脚。宽约三尺，再用调好的黄泥作浆，粘结片石。墙体层层收分，片石互相挤压，再加上木质筋条在墙体中的横向联系作用，更提高了建筑的刚性和整体性。石碉房体形厚重雄浑，外墙收分，平屋面可上人，个性鲜明（图 10−3−1）。

（二）木构

羌在汉、藏之间，建筑上也会受到汉、藏文化的影响，出现了木架板屋民居，主要分布在汶川南部、松潘南部、北川、平武一带，范围仅次于石碉房。木架坡顶板屋的承重木屋架为穿斗式，体形轻盈，有歇山顶和悬山顶（图 10−3−2、图 10−3−3）。

邻近汉族地区的板屋多吊脚和“L”字形平面，木板外墙，与四川汉族山区民居相似；邻近藏区的板屋多“一”字形平面，外墙往往土、木结合，有挑台厕所，底层多为石墙。木作技术要求较高，一般由专门的工匠营建。因此，同一地区的木架板屋形制相近，平面柱网规律。

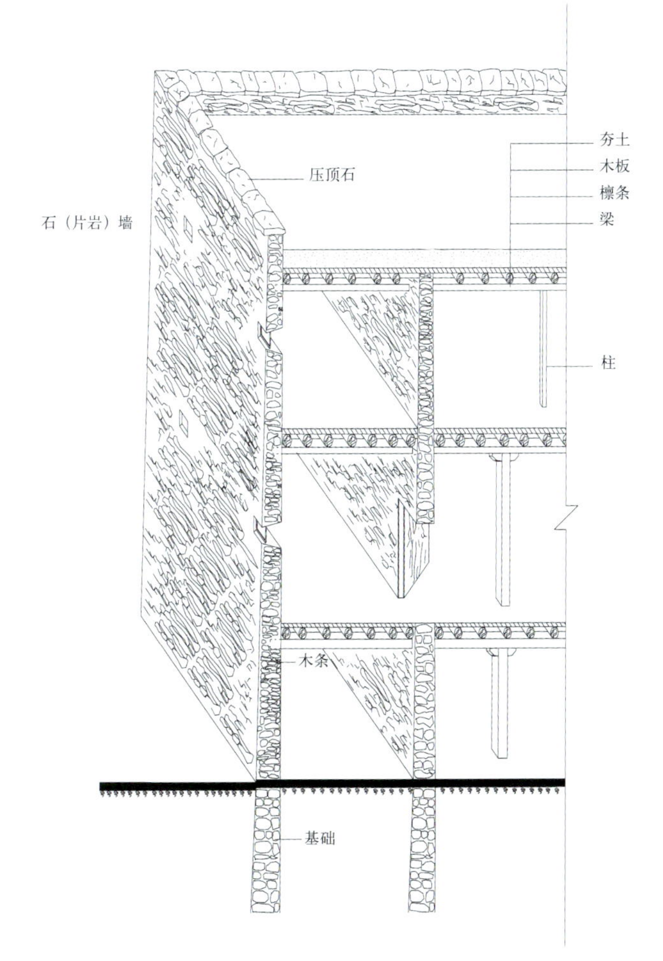

图 10−3−1　碉房民居结构（来源：李路　绘）

图 10−3−2　松潘木架板屋（来源：李路　摄）

（三）土作

土碉房也是羌族民居的一种类型，外墙由生土夯筑，形态上与石碉房类似，室内梁柱呈框架式，分布区域很小，仅在汶川县城附近的布瓦寨、萝卜寨一带。

一般是家庭自建。建筑过程原始，没有绘图、放线、吊线等步骤，全凭经验掌握外墙收分。就地取土，加入竹筋增加横向拉结，用版筑方法逐层夯筑生土，每层约300毫米。外墙收分比石碉房略小，高度也普遍小于石碉房（图10-3-4、图10-3-5）。

二、建筑装饰

羌族建筑淳朴自然，装饰不多，最具代表性的是在窗顶和房顶四角放置白石，以及檐口饰白石带装饰，这是源于羌族白石崇拜的古老文化习俗。由于处于汉、藏民族间，建筑当中也多少也有文化融合的痕迹。如院落大门有汉式门楼做法，似简洁的垂花门。装饰上有着浓厚的汉族建筑味道，简练的垂花、贴对联和年画，显示出汉族文化的影响。大门外或小巷要道口摆放石敢当"吞口神"，用以辟邪。少数石墙上的窗楣也有类似藏族民居出挑的小檐椽（图10-3-6～图10-3-9）。

图10-3-3　松潘木架板屋民居（来源：李路　摄）

图10-3-4　汶川萝卜寨夯土施工（来源：李路　摄）

图10-3-5　汶川萝卜寨土碉房（来源：李路　摄）

图 10-4-6　屋顶白石

图 10-4-7　大门

图 10-4-8　石敢当（左）
图 10-4-9　外窗窗楣
（来源：陈颖　摄）（右）

注释

① 构件名称参考《建筑名词对照表》[刘致平著，王其明增补．中国居住建筑简史——城市、住宅、园林（第二版）（附：四川住宅建筑　云南一颗印）．北京：中国建筑工业出版社，2000：206-266.] 现在的通用名称以括号形式标注其后。

四川古建筑地点及年代索引

序号	名称	类型	地点	建成年代（变化情况）	材料结构	规模	文保等级
1	阆中	古城	阆中市	战国时期（约公元前330年）巴国迁都于阆中。公元前314年秦置县。城郭体系自唐相沿至清			国家历史文化名城
2	会理	古城	凉山州会理县	西汉元鼎六年（公元前111年）设县，明定型，现为清同治六年（1867年）形成的格局			国家历史文化名城
3	成都	古城	成都市	公元前310年筑城，经历代建设。明末毁于战火，清顺治十六年（1659年）迁回成都之后再建			国家历史文化名城
4	松潘	古城	阿坝州松潘县	明洪武十二年（1379年）至明嘉靖五年（1526年）			四川省历史文化名城
5	尧坝镇	场镇	泸州市合江县	北宋皇祐年间为驿站。现古街始建于明清时期	木结构，砖木混合		中国历史文化名镇
6	罗泉镇	场镇	内江市资中县	初创于秦，现格局为明末至清代形成	木结构，砖木混合		中国历史文化名镇
7	罗城镇	场镇	乐山市犍为县	始建于明崇祯年间（1628年）。清同治年间重修	木结构		四川省历史文化名镇
8	花楸村	村落	成都市平乐镇	宋天宝三年（1035年）开始种茶。现为明万历、清咸丰至光绪年间及以后建造	木结构	占地面积1800亩。10处传统宅院	中国传统村落、四川省历史文化名村
9	宝箴寨	村落	广安市武胜县	始建于清宣统三年（1911年），清宣统至民国时期	木结构，砖木混合	占地面积约2万平方米	全国重点文物保护单位、中国传统村落
10	梭坡乡莫洛村	村落碉楼	甘孜州丹巴县	元以前	石木混合	占地面积2672亩。7座碉楼，10户古民居	中国历史文化名村、中国传统村落
11	拉日马藏寨	村落	甘孜州新龙县	明～清	石木混合	由扎宗寺、佛塔群与372户民居组成	全国重点文物保护单位
12	鹰嘴河羌寨	村落碉楼	阿坝州茂县	始于明清时期（17～18世纪）	石木混合	占地面积21亩。碉楼7座，23户传统民居	中国传统村落、全国重点文物保护单位
13	桃坪羌寨	村落碉楼	阿坝州理县	始于汉，形成于清代	石木混合	村落面积约7公顷。碉楼2座，98户传统民居	中国传统村落、四川省历史文化名村、全国重点文物保护单位
14	迤沙拉村	村落	攀枝花市仁和区	明～清	木结构，土木混合	占地面积3086亩	中国历史文化名村、中国传统村落
15	丹巴古碉群	碉楼	甘孜州丹巴县	唐～清	石木结构	四角碉、五角碉、八角碉、十三角碉共562座	全国重点文物保护单位

续表

序号	名称	类型	地点	建成年代（变化情况）	材料结构	规模	文保等级
16	直波碉楼	碉楼	阿坝州马尔康县	明～清	石木结构	八角碉2座	全国重点文物保护单位
17	布瓦碉楼	碉楼	阿坝州马汶川县	始建年代不详，至清代	土木结构	5座四角碉	全国重点文物保护单位
18	都江堰城隍庙	祠庙	都江堰市	始建年代不详。明至清乾隆年间重建。清光绪三年(1877年)毁于火灾，次年（1878年）重建	木结构，砖木混合	占地面积3000平方米，建筑面积约1374平方米	全国重点文物保护单位
19	尧坝东岳庙	祠庙	泸州市合江县	初建于明万历年间，清康熙、嘉庆年间重修	木结构，砖石	占地面积6500多平方米	全国重点文物保护单位
20	李庄东岳庙	祠庙	宜宾市翠屏区	始建于明正德年间。清道光七年（1827年）重建	木结构，砖木混合	占地面积3046平方米	四川省文物保护单位
21	成都武侯祠	祠庙、园林	成都市	始于东晋（公元303～334年），后迁于此。明末毁，清康熙十一年(1627年)重建。清乾隆五十三年(1788年)增修	木结构	占地3.7万平方米，总建筑面积约1.25万平方米	全国重点文物保护单位
22	阆中张桓侯祠	祠庙	阆中市	祠始建于唐，屡遭损毁。明清重建	木结构	建筑面积约2500平方米	全国重点文物保护单位
23	都江堰二王庙	祠庙、园林	都江堰市	南北朝齐建武年间（494～498年）改祀李冰，宋开宝五年（公元972年）扩建，现为清代建成	木结构	占地面积约1.02万平方米，建筑面积约6000平方米	全国重点文物保护单位
24	资中武庙	祠庙	内江市资中县	始建于明嘉靖年间（1522～1566年竣工），清乾隆、同治年间三次修葺	木结构，砖木混合	占地面积3730平方米，建筑面积1608.8平方米	全国重点文物保护单位
25	姜侯祠	祠庙	雅安市芦山县	始于北宋。现存建于元明两代	木结构	占地面积约850平方米	全国重点文物保护单位
26	庞统祠墓	祠庙	德阳市罗江县	墓始建于东汉建安十九年（214年）。遭兵燹后，清康熙三十年（1691年）重建，清乾隆、嘉庆年间增修	木结构	占地面积约4000平方米	全国重点文物保护单位
27	七曲山大庙	祠庙	绵阳市梓潼县	始于晋代，唐代为“灵应祠”，元代扩建为“文昌宫”，元末明初毁。明初重建，清扩建	木结构，石	占地面积约1.2万平方米，建筑面积约6000平方米	全国重点文物保护单位
28	姚氏宗祠	祠庙	达州市宣汉县	清光绪二十五年（1899年）	木结构，砖木混合，砖石	占地面积813.2平方米	四川省文物保护单位
29	自贡陈家祠	祠庙	自贡市	清光绪二十七年（1901年）	木结构，砖石	建筑面积760平方米	四川省文物保护单位
30	资中王家祠	祠庙	内江市资中县	清嘉庆十二年（1807年）	木结构，砖石	建筑面积990平方米	四川省文物保护单位
31	大英戴氏祠	祠庙	遂宁市大英县	清道光十年（1830年）	木结构，砖石	建筑面积1535平方米	四川省文物保护单位
32	李亨祠堂	祠庙	自贡市大安区	清道光年间（1821～1850年竣工）	木结构，砖木混合	建筑面积2028平方米	四川省文物保护单位
33	白坪村马氏祠堂	祠庙	巴中市南江县	始建于清嘉庆二十五年（1825年），清光绪年间续建	木结构，砖石	建筑面积740平方米	四川省文物保护单位

续表

序号	名称	类型	地点	建成年代（变化情况）	材料结构	规模	文保等级
34	开善寺	佛教建筑	雅安市荥经县	建于明成化十七年（1481年），后经多次维修	木结构	占地面积约3000平方米	全国重点文物保护单位
35	平武报恩寺	佛教建筑	绵阳市平武县	始建于明正统五年（1440年），至天顺四年（1460年）竣工	木结构	占地面积约2.78万平方米，建筑面积约3500平方米	全国重点文物保护单位
36	峨眉山古建筑群	佛教建筑、园林	峨眉山市	始建于东晋，历代皆有重修、续修，现存建筑为明清时期	木结构，砖木混合	建筑面积约5万平方米	全国重点文物保护单位
37	广德寺	佛教建筑	遂宁市船山区	始建于唐开元年间，重建于明洪武至宣德年间，清康熙年间维修并扩建	木结构	占地面积4.7万平方米，建筑面积约8350平方米	全国重点文物保护单位
38	木门寺	佛教建筑	内江市安岳县	始建于明永乐年间（1403～1424年竣工）	石木混合	占地面积约3450平方米	全国重点文物保护单位
39	阆中永安寺	佛教建筑	阆中市	大殿建于元至顺四年（1333年），其余建于明清时期	木结构	占地面积约1.3万平方米，建筑面积约1700平方米	全国重点文物保护单位
40	眉山报恩寺	佛教建筑	眉山市	始建于唐，元泰定四年（1327年）重修，清乾隆二十六年（1761年）补修	木结构	占地面积635平方米	全国重点文物保护单位
41	醴峰观	佛教建筑	南充市南部县	始建于元大德十一年（1307年）	木结构	占地约1600平方米，建筑面积133平方米	全国重点文物保护单位
42	芦山青龙寺大殿	佛教建筑	雅安地区芦山县	始建于元至治三年（1323年），历代皆有修缮	木结构	建筑面积234.09平方米	全国重点文物保护单位
43	金仙寺	佛教建筑	遂宁市蓬溪县	始建于元泰定四年（1327年），后经多次修葺、加建	木结构	占地面积260平方米，建筑面积约104平方米	全国重点文物保护单位
44	阆中观音寺	佛教建筑	阆中市	始修建于唐朝初期，明弘治四年（1491年）迁建于现址。山门及厢房等建筑在新中国成立初期被拆除	木结构	占地面积3500平方米，建筑面积616.60平方米	全国重点文物保护单位
45	宝梵寺	佛教建筑	遂宁市蓬溪县	始建于北宋，明景泰元年（1450年）重建	木结构	占地面积约1.4万平方米，建筑面积约2000平方米	全国重点文物保护单位
46	观音寺	佛教建筑	成都市新津县	始建于南宋淳熙八年（1181年）。元末毁，明清时期重建	木结构	占地面积约3.96万平方米，建筑面积1530平方米	全国重点文物保护单位
47	觉苑寺	佛教建筑	广元市剑阁县	始建于唐元和年间，北宋赐名“觉苑寺”。明天顺初年（1457年）重建	木结构	占地面积约3200平方米	全国重点文物保护单位
48	百福院大殿	佛教建筑	遂宁市船山区	前殿建于明洪武年间（1368～1398），后殿建于清乾隆四十七年（1782年）	木结构	占地面积947.42平方米，建筑面积676.03平方米	四川省文物保护单位
49	常乐寺	佛教建筑	南充市蓬溪县	始建于唐贞观十二年（公元646年），后毁废，明宣德年间重建，清代、民国时期有续建	木结构	占地面积26013平方米，建筑面积2858平方米	四川省文物保护单位
50	泸县圆通寺	佛教建筑	泸州市泸县	始建于明正德元年（1506年），于明嘉靖元年（1522年）竣工，后被毁。明万历三十六年（1608年）重建，清光绪四年（1878元年）培修	木结构	占地面积966.5平方米	四川省文物保护单位

续表

序号	名称	类型	地点	建成年代（变化情况）	材料结构	规模	文保等级
51	花林寺	佛教建筑	绵阳市盐亭县	始建于唐代，明万历年间（1573 ~ 1620 年）重建	木结构	占地面积 2405.32 平方米	四川省文物保护单位
52	观音殿	佛教建筑	雅安市名山县	始建于明洪武二年（1369 年）	木结构	占地面积约 232 平方米	四川省文物保护单位
53	云顶寺	佛教建筑	成都市金堂县	始建于南北朝齐、梁间，历代增修改建，现存建筑多为清代。5·12 地震时受较大损毁	木结构	建筑面积约 5494 平方米	四川省文物保护单位
54	宝光寺	佛寺、园林	成都市新都县	相传东汉始建，清康熙九年(1670 年)重建	木结构，砖石	占地面积约 10 万平方米，建筑面积 20000 多平方米	全国重点文物保护单位
55	文殊院	佛寺、园林	成都市	始建于隋大业年间，清顺治元年（1644 年）全毁，清康熙三十六年（1481 年）	木结构	建筑面积 11600 平方米	成都市文物保护单位
56	大慈寺	佛寺、园林	成都市	始建于 3 ~ 4 世纪，清顺治至同治年间陆续重建	木结构，砖石	占地面积 70 亩	成都市文物保护单位
57	昭觉寺	佛教建筑	成都市	唐贞观年间改建为佛刹。唐僖宗乾符四年（公元 877 年）扩建。明崇祯十七年（1644 年）毁于兵火。清康熙二年（1663 年）重建	木结构	占地面积约 8 万平方米，建筑面积 9000 余平方米	成都市文物保护单位
58	什邡龙居寺	佛教建筑	德阳什邡市	始建于隋大业年间，元至顺年间修葺，明成化年间增修前殿，清康熙至光绪三年（1877 年）续修	木结构	占地面积 23450 平方米，建筑面积 4200 平方米	全国重点文物保护单位
59	乐山凌云寺	佛教建筑	乐山市	建于初唐武德年间，清康熙六年（1667 年）重修	木结构	建筑面积约 1300 平方米	乐山市文物保护单位
60	措尔基寺	佛教建筑	阿坝州壤塘县	始建于元大德十一年（1307 年），存元明清建筑四座	石木混合	占地 2500 平方米	全国重点文物保护单位
61	白玉嘎托寺	佛教建筑	甘孜州白玉县	始于南宋绍兴二年（1132 年），后不断增建	石木混合	占地约 1 平方公里	全国重点文物保护单位
62	棒托寺	佛教建筑	阿坝州壤塘县	始建于元代，经明、清、民国时期陆续修建	石木混合	总占地约 1 公顷，建筑面积 1538 平方米	全国重点文物保护单位
63	大藏寺	佛教建筑	阿坝州马尔康县	始建于明永乐十二年（1414 年）	石木混合	占地面积约 15 万平方米，建筑面积约 2.08 万平方米	全国重点文物保护单位
64	德格印经院	佛教建筑	甘孜州德格县	始于清雍正七年（1729 年）	石木混合	主体建筑占地面积 5896 平方米	全国重点文物保护单位
65	松格玛尼石经城	佛教建筑	甘孜州石渠县	始建于 11 ~ 12 世纪	石	石经城总占地约 4000 平方米	全国重点文物保护单位
66	巴格玛尼石经墙	佛教建筑	甘孜州石渠县	始于明崇祯十二年（1639 年）	石	长 1.7 公里	全国重点文物保护单位
67	八邦寺	佛教建筑	甘孜州德格县	始于 13 世纪中叶，14 世纪中叶毁于火。清雍正五年（1727 年）重建	石木混合	建筑面积 8000 余平方米	全国重点文物保护单位
68	长青春科尔寺	佛教建筑	甘孜州理塘县	创建于明万历八年（1581 年）。受多次地震毁坏。现存建筑主要为 1978 年之后复建	石木混合	占地面积 9000 多平方米	全国重点文物保护单位

续表

序号	名称	类型	地点	建成年代（变化情况）	材料结构	规模	文保等级
69	八美惠远寺	佛教建筑	甘孜州道孚县	始建于清雍正六年（1728年）。清乾隆十三年（1748年）、五十八年（1793年），清光绪十九年（1887年）毁于三次地震，后复建	土木混合	占地面积29.63万平方米	全国重点文物保护单位
70	大庙飞来殿	道教建筑	峨眉山市	主殿飞来殿相传始建于唐，重建于宋淳化中，元大德中再建，明万历年间重修	木	大庙占地面积约1.98万平方米，建筑面积1940平方米	全国重点文物保护单位
71	真武山古建筑群	道教建筑	宜宾市	明万历初年建真武祠。明清续建	木结构，砖木混合	占地50亩	全国重点文物保护单位
72	青羊宫	道教建筑	成都市	唐僖宗中和三年(公元883年)扩建。明清续建	木结构	占地面积45000平方米	四川省文物保护单位
73	二仙庵	道教建筑	成都市	始建于清康熙年间。清乾隆四十六年（1781年）、道光十三年（1833年）、光绪十九年（1893年）重修和扩建	木结构	占地面积约3280平方米	四川省文物保护单位
74	青城山古建筑群	道教建筑	都江堰市	初创于东汉顺帝汉安二年（公元143年）。现存主要为清光绪年间及民国时期重建	木结构，石木混合	占地面积8132.5平方米，建筑面积5749平方米	全国重点文物保护单位
75	云岩寺	道教建筑	江油市	始建于唐。明末毁于兵火，清雍正三年（1725年）重修，2008年地震时毁坏严重	木结构	建筑面积2771平方米	全国重点文物保护单位
76	云台观	道教建筑	绵阳市三台县	始建于南宋，历代修缮和扩建。自明永乐年间起，历代明蜀藩王有增修	木结构，砖石结构	占地300余亩，建筑面积5550平方米	全国重点文物保护单位
77	巴巴寺	伊斯兰教建筑	阆中市	清康熙二十八年（1689年）～康熙三十年（1691年）	砖木混合	占地面积2.18万平方米，建筑面积1520平方米	全国重点文物保护单位
78	阆中清真寺	伊斯兰教建筑	阆中市	始建于清康熙八年（1669年），嘉庆年间重修	砖木混合	占地面积2380平方米，建筑面积864平方米	四川省文物保护单位
79	米易清真寺	伊斯兰教建筑	攀枝花市米易县	始建于清康熙四十一年（1702年）。清乾隆、嘉庆、道光年间多次扩建维修	砖木混合	占地1200平方米	四川省文物保护单位
80	永陵	陵墓	成都市	五代时期（公元907～960年）	石结构	直径约80米，高15米	全国重点文物保护单位
81	富顺文庙	祠庙	自贡市富顺县	始建于北宋庆历四年(1044年)。经宋、元、明、清21次修葺、改建。现存为清道光十六年（1836年）形成	木结构，砖木混合	占地6000多平方米，建筑面积3000余平方米	全国重点文物保护单位
82	犍为文庙	祠庙	乐山市犍为县	始建于北宋，重建于明洪武四年（1371年）。现存为清代重建及多次维修、增建基础上形成	木结构砖木混合	占地面积2.4万平方米，建筑面积3443平方米	全国重点文物保护单位
83	德阳文庙	祠庙	德阳市	始建于南宋开禧二年（1206年），明洪武年间迁建于今址。明万历三年（1575年）增修与修缮。明末遭严重破坏。清顺治及康熙年间修葺和重建	木结构砖木混合	占地面积2.9万平方米	全国重点文物保护单位

续表

序号	名称	类型	地点	建成年代（变化情况）	材料结构	规模	文保等级
84	资中文庙	祠庙	内江市资中县	始建于北宋雍熙年间。清道光九年（1829年）迁于现址，道光十五年（1835年）竣工。清光绪二十一年（1895年）重修。清同治十二年(1862年）及民国31年（1942年）整修	木结构 砖木混合	占地面积6780平方米，建筑面积2643平方米	全国重点文物保护单位
85	渠县文庙	祠庙	达州地区渠县	始建于宋嘉定以前，其后几毁几建，现存为清康熙二年（1663年）始修，康、雍、乾、嘉相继修葺，至道光元年（1821年）竣工	木结构，砖木混合	占地5711平方米	全国重点文物保护单位
86	乐山文庙	祠庙	乐山市	始建于唐武德年间。经多次搬迁，明天顺八年（1464年）迁至现址。清康熙年间重建	木结构，砖木混合	占地面积约2万平方米	四川省文物保护单位
87	翠屏书院	书院	宜宾市	始建于明成化十八年（1482年）。清嘉庆六年（1801年），移建城内	木结构	占地面积约5500平方米，建筑面积约1650平方米	四川省文物保护单位
88	绣川书院	书院	成都市	始建于宋代。清康熙五十九年(1720年）迁建于此	木结构	占地面积5085平方米，建筑面积1969平方米	四川省文物保护单位
89	金江书院	书院	会理县	创建于清乾隆十六年（1751年）。清嘉庆十六年（1811年）迁建。清咸丰十年（1860年）被毁。咸丰十一年（1861年）改建于现址，清同治元年（1862年）建成	木结构	占地面积约960平方米	四川省文物保护单位
90	川北道贡院	贡院	阆中市	始建于清顺治九年（1652年）。清嘉庆年间重修	木结构	占地4500平方米，总建筑面积1600平方米	全国重点文物保护单位
91	合江考棚	贡院	合江县	清道光十一年（1831年）修建	木结构	占地面积1743平方米	四川省文物保护单位
92	西秦会馆	会馆	自贡市自流井区	始建于清乾隆元年（1736年），至十七年（1752年）竣工。清道光七年（1827年）至九年（1829年）维修与扩建	木结构，砖木混合	占地民居约3150平方米，建筑面积约为3000平方米	全国重点文物保护单位
93	自贡桓侯宫	会馆	自贡市自流井区	始建于清乾隆年间，咸丰庚申年（1860年）被焚毁，同治四年（1865年）重修，光绪元年（1875年）落成	木结构，砖木混合	占地面积约1200平方米，建筑面积约560平方米	全国重点文物保护单位
94	资中盐神庙	会馆	内江市资中县	清同治七年（1868年）创建	木结构，砖木混合	占地面积1275平方米，建筑面积1191平方米	全国重点文物保护单位
95	叙永春秋祠	会馆	泸州市叙永县	原关帝庙始建于明，清光绪二十六年（1900年）重建	木结构，砖木混合	原建筑4500平方米。现保存建筑面积2500平方米，占地面积约4000平方米	全国重点文物保护单位
96	广东会馆	会馆	成都市龙泉驿区	始建于清乾隆十一年（1746年），清末时除乐楼、耳楼外，余均毁于火，民国2年（1913年）重建。后又有修复	木结构，砖木混合	主体建筑面积3310平方米	全国重点文物保护单位

续表

序号	名称	类型	地点	建成年代（变化情况）	材料结构	规模	文保等级
97	江西会馆	会馆	成都市龙泉驿区	始建于清乾隆十八年（1753年）	木结构，砖木混合	建筑面积2200平方米	全国重点文物保护单位
98	湖广会馆	会馆	成都市龙泉驿区	始建于清乾十一年（1746年），民国元年（1912年）毁于火灾，民国2年（1913年）重建	木结构，砖木混合	建筑面积2480平方米	全国重点文物保护单位
99	南充田坝会馆	会馆	南充市嘉陵区	建于清乾隆五十六年（1791年）	木结构，砖木混合	总面积约800平方米	四川省文物保护单位
100	资中南华宫	会馆	内江市资中县	明代改建。清代曾几经补修和扩建，道光十七年（1837年）增修，并在此设“凤鸣书院”	木结构，砖木混合	占地面积1520平方米	四川省文物保护单位
101	遂宁天上宫	会馆	遂宁市船山区	始建于清咸丰元年（1851年）。后经多次维修，仅存建筑于2003年迁至现址并复原	木结构，砖木混合	占地面积4320平方米，建筑面积870平方米	四川省文物保护单位
102	阆中陕西会馆	会馆	南充市阆中市	清乾隆元年（1736年）重建，经嘉庆、道光、咸丰、同治时期六次修葺	木结构，砖木混合	占地10亩，建筑面积720平方米	四川省文物保护单位
103	自贡王爷庙	会馆	自贡市自流井区	始建于清咸丰年间，光绪年间大规模地修复与扩建，于光绪三十二年（1906年）竣工。正殿及左、右厢房1936～1937年修建公路时拆毁	木结构，砖木混合	现仅存建筑为配殿和附属建筑，总占地面积约1000平方米	四川省文物保护单位
104	罨画池	园林	崇州市	始建于唐代，兴于两宋，清后多次修葺	木结构，砖木混合	占地34541平方米	全国重点文物保护单位
105	杜甫草堂	园林	成都市	始建于唐乾元三年（公元760年）。中唐后不复存在。北宋元丰年间重建茅屋，明弘治十三年（1500年）和清嘉庆十六年（1811年）两次重修	木结构，砖木混合	占地面积约165000平方米	全国重点文物保护单位
106	望江楼	园林	成都市	始建于清，清光绪二十四年（1898年）、光绪二十九年（1903年），民国17年（1928年）均有增修	木结构	占地面积125000平方米	全国重点文物保护单位
107	三苏祠	园林	眉山市东坡区	清康熙四年（1665年）重建，此后多次增修	木结构	占地面积约65000平方米	全国重点文物保护单位
108	离堆乌尤寺	佛寺、园林	乐山市	始建于盛唐天宝年间，清康熙十八年（1679年）重建，清同治年间修旧补废	砖木结构	占地约4700平方米	全国重点文物保护单位
109	古常道观	道观园林	都江堰市	始建于隋大业年间，清康熙中叶重建	木结构	总建筑面积5749平方米	全国重点文物保护单位
110	新繁东湖	园林	成都市	始建于唐，重建于清同治年间	木结构	占地18000平方米	四川省文物保护单位
111	升庵桂湖	园林	成都市新都区	清道光十九年（1839年）始建	木结构	占地50000平方米	全国重点文物保护单位
112	文君井	园林	邛崃市	清光绪二十七年（1901年）修复，民国时期又多次维修扩建	砖木结构	占地6500平方米	四川省文物保护单位
113	广汉房湖	园林	广汉市	始建于唐上元元年（公元674年），1981年重建	木结构	占地面积5万余平方米	四川省文物保护单位
114	望丛祠	祠庙、园林	成都市	始建于南北朝，清乾隆十二年（公元1747年）后多次修缮	砖木结构	占地面积55000平方米	四川省文物保护单位

续表

序号	名称	类型	地点	建成年代（变化情况）	材料结构	规模	文保等级
115	夕佳山民居	住宅、园林	宜宾市江安县	明万历四十年（1612 年）建，经清、民国时期几次大的修葺	木结构，砖木混合	庄园占地 105.7 亩，宅舍建筑占地 15 亩	全国重点文物保护单位
116	屈氏庄园	居住建筑	泸州市泸县	清嘉庆至道光年间修建，后经几代人培修和扩建。完善于 1916 年	木结构，砖木混合	占地 7756 平方米	全国重点文物保护单位
117	陈家大院	住宅、祠庙、园林	成都市温江区	始建于清同治三年（1864 年），经八年（1872 年）竣工	木结构，砖木混合	占地 7282 平方米，建筑面积 2736 平方米	全国重点文物保护单位
118	张氏民居	居住建筑	绵阳市盐亭县	始建于清康熙二十一年（1682 年）	木结构	建筑面积 3038 平方米	四川省文物保护单位
119	李家大院	居住建筑	邛崃市平乐镇	始建于清咸丰年间	木结构	占地总面积 4534 平方米，建筑面积 4164 平方米	四川省文物保护单位
120	卓克基土司官寨	居住建筑	阿坝州马尔康县	始建于清乾隆年间。现存系 1912 年所建，1936 年毁于火灾，1937 ~ 1939 年在原基础上重建	石木混合	占地面积约 1.5 万平方米，建筑面积 5400 平方米	全国重点文物保护单位
121	日斯满巴碉房	居住建筑	阿坝州壤塘县	始建于元末明初	石木混合	占地面积 221.9 平方米，通高 25 米	全国重点文物保护单位
122	桃坪杨宅	居住建筑	阿坝州理县	不详	石木混合	占地近 400 平方米	
123	布瓦杨宅	居住建筑	阿坝州汶川县	不详	土木混合	占地约 168.6 平方米，建筑面积约为 291.8 平方米	
124	索培宅	居住建筑	阿坝州松潘县	清	土木混合	建筑面积约 220 平方米	
125	玉台山石塔	塔	阆中市	始建于唐初	砖石混合		全国重点文物保护单位
126	石塔寺石塔	塔	邛崃市	南宋乾道五年（1169 年）	砖石混合		全国重点文物保护单位
127	鹫峰寺塔	塔	遂宁市蓬溪县	南宋嘉泰四年（1204 年）	砖石混合		全国重点文物保护单位
128	无量宝塔	塔	南充市	始建于北宋建隆年间（公元 960 年）。明崇祯十四年（1641 年）维修	砖石混合		全国重点文物保护单位
129	瑞光塔	塔	成都市金堂县	创建于东晋，南宋绍兴十八年（1148 年）重修	砖石混合		全国重点文物保护单位
130	旧州塔	塔	宜宾市	建于北宋崇宁元年（1102 年）至大观三年（1109 年）	砖石混合		全国重点文物保护单位
131	广安白塔	塔	广安市	宋	砖石混合		全国重点文物保护单位
132	丹棱白塔	塔	眉山市丹棱县	唐大中年间（公元 865 年前后）	砖石混合		全国重点文物保护单位
133	龙护舍利塔	塔	德阳市孝泉镇	始建于元顺帝至正二年（1342 年），到至正十三年（1353 年）竣工。明、清、民国时期多次维修	砖石混合		全国重点文物保护单位

续表

序号	名称	类型	地点	建成年代（变化情况）	材料结构	规模	文保等级
134	兴贤塔	塔	成都市邛崃市	始建于清道光六年（1481年）	砖石混合		四川省文物保护单位
135	回澜塔	塔	邛崃市	始建于清光绪八年（1826年）	砖石混合		四川省文物保护单位
136	隆昌石牌坊（17处）	牌坊	内江市隆昌县	北关牌坊始建于清乾隆年间(1736～1795年)至清咸丰六年(1856年)。南关牌坊建于清咸丰五年(1855年）至光绪十三年（1887年）间	石		全国重点文物保护单位
137	开江牌坊	牌坊	达州地区开江县	任市镇牌坊始建于清光绪八年(1882年)。甘棠镇牌坊建于清道光甲辰年(1844年)	砖		全国重点文物保护单位
138	双堡牌坊	牌坊	眉山市仁寿县	1号建于清光绪七年（1881年），2号建于光绪八年（1882年）	石		全国重点文物保护单位
139	隘口石坊	牌坊	宜宾市珙县	始建于清道光二十九年（1849年）	石		全国重点文物保护单位
140	高颐墓阙	塔	雅安市姚桥镇	始建于东汉建安十四年(公元209年)	石		全国重点文物保护单位
141	渠县汉阙(6处)	塔	渠县	东汉	石		全国重点文物保护单位
142	龙脑桥	桥梁	泸州市泸县	始建于明洪武年间(1368～1398年)	石		全国重点文物保护单位
143	波日桥	桥梁	甘孜州新龙县	始建于清道光二十四年（1844年）。1996年曾维修	木		全国重点文物保护单位
144	木里伸臂桥	桥梁	凉山州木里县	始建于清代，后多次维修	木		四川省文物保护单位
145	二江拱桥	桥梁	成都市双流县	始建于清道光五年（1825年），光绪四年(1878年)重修,民国7年(1918年）培修，1969年再次维修	石		四川省文物保护单位
146	五星桥	桥梁	广安地区华蓥县	始建于清道光七年（1827年）	石木混合		四川省文物保护单位
147	永济桥	桥梁	乐山市沐川县	始建于清乾隆三十年（1765年），光绪三十年（1904年）重修	石木混合		四川省文物保护单位
148	泸定桥	桥梁	甘孜州泸定县	始建于清康熙四十四年（1705年），历时五年建成。1977年修葺改建桥头建筑	铁		全国重点文物保护单位

参考文献

[1] 蒙默等编．四川古代史稿[M]. 成都：四川人民出版社，1989.

[2] 段渝．四川通史(第一册)[M]. 成都:四川大学出版社，1993.

[3] 徐中舒．论巴蜀文化[M]. 成都：四川人民出版社，1982.

[4] 蓝勇．西南历史文化地理[M]. 重庆：西南师范大学出版社，1997.

[5] 甘孜州志编纂委员会．甘孜州志[M]. 成都：四川人民出版社，1997.

[6] 甘孜藏族自治州概况编写组编．甘孜藏族自治州概况[M]. 北京：民族出版社，2009.

[7] 阿坝藏族羌族自治州概况编写组编．阿坝藏族羌族自治州概况[M]. 北京：民族出版社，2009.

[8] 四川省地方志编纂委员会．四川省志·建筑志[M]. 成都：四川科技出版社，1996.

[9] 四川省地方志编纂委员会．四川省志·宗教志[M]. 成都：四川人民出版社，1998.

[10] 国家文物局主编．中国文物地图集·四川分册[M]. 北京：文物出版社，2009.

[11] 巴蜀文化丛书编委会．巴蜀文化论集[C]. 成都：四川民族出版社，1999.

[12] 应金华，樊丙庚主编．四川历史文化名城[M]. 成都：四川人民出版社，2000.

[13] 四川省文史研究馆．成都城坊古迹考[M]. 成都：成都时代出版社，2006.

[14] 冯尔康．中国古代的宗族与祠堂[M]. 北京：商务印书馆国际有限公司，1996.

[15] 郑土则，王贤淼．中国城隍信仰[M]. 上海：上海三联出版社，1983.

[16] 罗开玉．三国圣地——武侯祠[M]. 成都：四川人民出版社，2005.

[17] 李维信．四川灌县青城山风景区寺庙建筑[C]. 建筑史论文集（第五辑）. 北京：清华大学出版社，1981.

[18] 黄枝生．文昌祖庭探秘[M]. 北京：中国三峡出版社，2003.

[19] 冉光荣．中国藏传佛教寺院[M]. 北京：中国藏学出版社，1994.

[20] 杨嘉铭，杨环．四川藏区的建筑文化[M]. 成都：四川民族出版社，2007.

[21] 陈耀东．中国藏族建筑[M]. 北京：中国建筑工业出版社，2007.

[22] 四川省文物考古研究院．四川文庙[M]. 北京：文物出版社，2008.

[23] 胡昭曦．四川书院史[M]. 四川大学出版社，2005.

[24] 王雪梅，彭若木．四川会馆[M]. 成都：四川出版集团巴蜀书社，2009.

[25] 陆元鼎主编．中国民居建筑[M]. 广州：华南理工大学出版社，2003.

[26] 李先逵．四川民居[M]. 北京：中国建筑工业出版社，2009.

[27] 四川省建设委员会等编．四川民居[M]. 成都，四川出版集团四川人民出版社，2004.

[28] 陈颖，李路，周密．四川民居[M]// 中华人民共和国住房和城乡建设部．中国传统民居类型全集（中册）. 北京：中国建筑工业出版社，2014.

[29] 季富政．巴蜀城镇与民居[M]. 成都：西南交通大学出版社，2000.

[30] 陈颖．丹巴藏寨碉房[M]// 吴正光,陈颖,赵逵等．西南民居．北京：清华大学出版社，2010.

[31] 季富政．中国羌族建筑[M]. 成都：西南交通大学出版社，2002.

[32] 四川省建设委员会等编．四川古建筑[M]. 成都：四川科学技术出版社，1992.

[33] 丛刊编辑委员会．四川省凉山彝族社会历史调查（综合报告）[R]. 北京：民族出版社，2009.

[34] 陈明达．中国古代木结构建筑技术(战国－北宋)[M]. 北京：文物出版社，1990.

[35] 林向．四川名塔[M]. 成都：四川人民出版社，1986.

[36] 刘致平著，王其明增补．中国居住建筑简史——城市、住宅、园林[M](第二版)．北京：中国建筑工业出版社，2000．

[37] 张先进．横断山系的神奇聚落——嘉绒藏寨碉群．中国民族建筑论文集[C]．中国建筑工业出版社，2004．

[38] 张先进．横断山系的族群流布与古老聚落遗存．族群·聚落·民族建筑[C]．昆明：云南大学出版社，2009．

[39] 四川省文物考古研究院编．四川省古建筑测绘图集第1辑[M]．北京：科学出版社，2010．

[40] 刘敦桢．中国古代建筑史（第二版）[M]．北京：中国建筑工业出版社，1984．

[41] 傅熹年．中国古代建筑史（第二卷）[M]． 北京：中国建筑工业出版社，2009．

[42] 郭黛姮．中国古代建筑史（第三卷）[M]． 北京：中国建筑工业出版社，2009．

[43] 潘谷西．中国古代建筑史（第四卷）[M]． 北京：中国建筑工业出版社，2009．

[44] 孙大章．中国古代建筑史（第五卷）[M]． 北京：中国建筑工业出版社，2009．

[45] 张先进．峨眉山古建筑[J]．四川建筑，1982（4）．

[46] 赵文斌．中国佛寺布局演化浅论[J]．华中建筑，1998（1）．

[47] 潘熙．移民背景下的宗族祠堂建筑研究[D]．成都：西南交通大学，2013．

[48] 焦慧颖．自贡宗族祠堂建筑研究[D]．重庆：重庆大学，2008．

[49] 柏呈．四川元代木构建筑大木作研究[D]．成都：西南交通大学，2014．

[50] 张新明．巴蜀建筑史[D]．重庆：重庆大学，2010．

[51] 贾玲利．四川园林发展研究[D]．成都：西南交通大学，2009．

[52] 陈蔚．巴蜀会馆建筑[D]．重庆：重庆建筑大学，1997．

[53] 谢岚．自贡会馆建筑文化研究[D]．重庆：重庆大学，2004．

[54] 龙珠多杰．藏传佛教建筑文化研究[D]．北京：中央民族大学，2011．

[55] 王及宏．康巴藏区碉房体系研究[D]．重庆大学，2010．

[56] 李路．杂谷脑河下游羌族建筑演进研究[D]．成都：西南交通大学，2004．

[57] 张墨青．巴蜀古塔建筑特色研究[D]．重庆：重庆大学，2009．

[58] 周玲丽．四川字库塔的文化遗产价值与保护修复研究[D]．成都：西南交通大学，2010．

[59] 刘莉．川南石牌坊建筑形态特征与建造技术[D]．成都：西南交通大学，2012．

[60] 杨嘉铭，陈颖等．藏、羌碉楼与村寨，世界文化遗产申报资料．

[61] 姚光．文昌祭祀与梓潼民俗．绵阳市文艺创作办公室编印．

[62] 四川省文物局．文物保护单位资料．

[63] 四川省住房和城乡厅．历史文化名镇资料、中国传统村落资料．

（说明：书中未标注来源的图片、照片，选自西南交通大学古建筑测绘图集，或编写组成员绘制、拍摄）

后记

本书的研究开始于2011年，至今已近五年时间。五年中，西南交通大学建筑学院的许多教师和研究生、本科生积极地参与到这项工作中，收集材料，查阅文献，综合排比，调查拍照整理测绘图，最后用了三年多的时间撰写修改。值得说明的是，本书编著的基础是20多年来西南交通大学建筑学院建筑历史研究的成果，也是编撰者长期研究积累的结晶。

回顾整个工作，我们深深感受到建筑历史学科是一项只能日臻完善、无法完美无憾的学科。本书的许多地方仍感到有些不足，有些地点仍然需进一步调研测绘，有些章节材料仍有些薄弱环节，有些章节可能会联系呼应不畅。但在编写过程中，限于时间和资料，目前只能将工作告一段落，希望抛砖引玉，就正于读者，粗疏不当之处，敬希批评指正。

本书主要编撰者为陈颖、田凯、张先进三人，其他参与编写的成员还有：朱小南（参与提纲拟定、文稿审阅，早期建筑照片及相关资料）、蔡燕歆（编写汉地佛教建筑）、王及宏（编写藏传佛教建筑及藏族建筑营造与装饰部分的主要内容）、熊瑛（编写会馆建筑的主要内容）、贾玲利（编写园林部分）、张宇（编写汉族地区建筑的营造技术与装饰特点）、李路（编写羌族村落民居、羌族建筑的营造与装饰）、潘熙（编写祠庙建筑的部分内容）。此外，研究生杨炎为、詹力耘、张朦、张继舟、汪婧、王一媚、柏呈、何龙、唐剑同学完成了主要建筑实例的基础资料收集及部分测绘图整理工作。经过大家的通力合作，这项艰巨的任务得以最终完成。同时，本书引用了由作者指导的西南交通大学本科生古建筑测绘图资料，以及其他参考文献成果和图照资料，在此表示衷心的感谢。

在研究撰写过程中，还得到关心此书的专家学者以及相关单位的支持帮助。庄裕光先生以高龄，不辞辛劳，对此稿进行了细心的审读，提出了宝贵的意见，指正了稿中一些疏失错误之处。四川省文物局提供相关资料，协助我们核实文物保护单位信息，确保了资料的翔实。在对四川藏区城镇建筑的调研中，得到了四川省住房和城乡建设厅的大力支持。编撰期间还获得了西南交通大学学科发展工程项目的资助。在此一并表示感谢。

中国建筑工业出版社的编辑负责编辑文稿，在整个工作过程中认真负责的精神，我们特别表示敬意和谢忱。当此书即将付梓之际，谨在此表示诚挚谢意。

作者

2015 年 11 月于成都

作者简介

陈颖，西南交通大学建筑与设计学院副教授。主要从事中国建筑史、建筑遗产保护与利用、地域传统建筑文化相关领域的教学与研究工作。主持完成有关四川藏羌聚落可持续发展研究、传统场镇与民居保护利用研究、成都近代建筑保护与利用等研究课题。参与编写《藏羌碉楼与村寨》（世界文化遗产申报项目），合著出版《西南民居》，主编《中国民居类型全集——四川民居》，参编《西藏古建筑》等书籍。

田凯，西南交通大学建筑与设计学院副教授，博士。相继担任《建筑历史》、《四川建筑简史》、《城市发展史》、《传统建筑文化概论》等相关课程的教学工作，长期从事建筑历史理论及城市史研究，发表相关论文十余篇，其中中文核心期刊论文 7 篇，CSSCI 来源期刊论文 10 篇。近年来主持国家自然科学基金《内地化进程中的四川藏区城镇形态演变研究》，主持省教育厅课题一项，此外参研国家自然科学基金及省部级课题多项。

张先进，西南交通大学建筑与设计学院教授；中国建筑协会十届理事；中国民族建筑研究会专家；四川省住房和城乡建设厅专家组成员；四川省文物局专家组成员；四川省土木学会古建园林专业委员会顾问；四川省古迹遗址保护协会理事。

主要研究方向为传统建筑园林与建筑文化；建筑文化遗产保护与利用；民族聚居区建筑、聚落与民族文化。从事建筑、规划、风景园林教学、设计、科研工作四十余年，参与主编《四川古建筑》（1992 年版）、《城市风貌特色塑造》等学术专著，发表学术论文 30 余篇。先后主持中日合作“成都近代建筑研究”、“丹巴中路—梭坡藏寨碉群保护规划”、“双流县黄龙溪历史文化名镇保护规划”和双流棠湖公园、阆中贡院修复等科研、规划与建筑设计项目近百项。其中部分获全国或四川省科技成果奖或优秀设计奖。